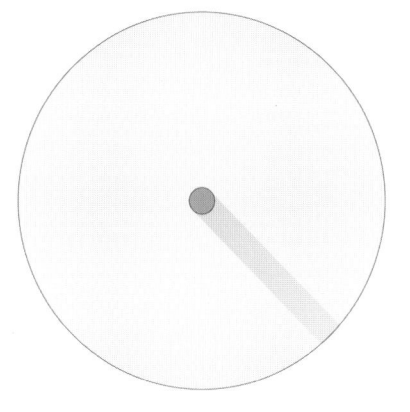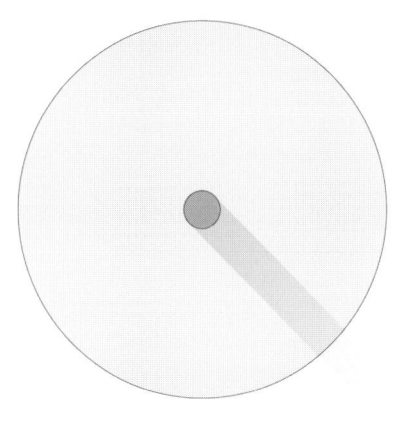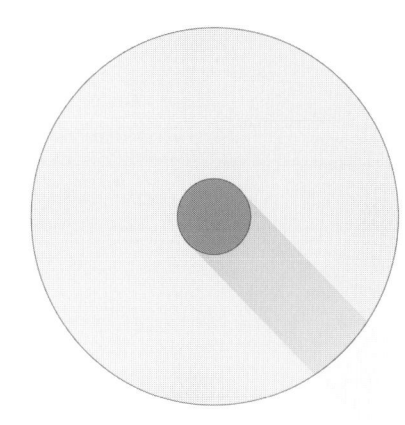

生涯学習実践技法シリーズ

生涯学習［答申］ハンドブック

［目標・計画づくり、実践への活用］

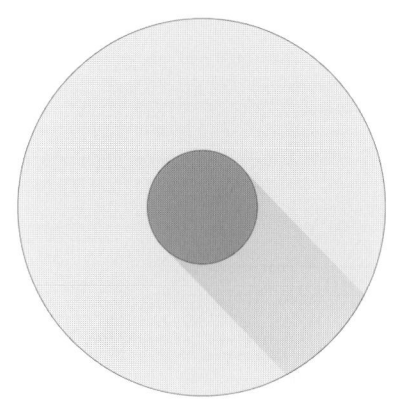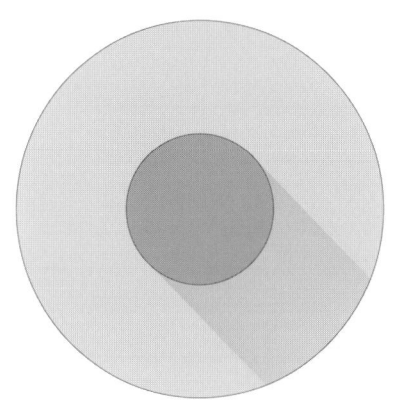

井内慶次郎　監修

山本恒夫・浅井経子　編

文憲堂

カバーデザイン──道吉 剛・辻村亜紀子
Cover Design by Michiyoshi Design Laboratory Inc.

■ シリーズ刊行にあたって

　昨今の情報コミュニケーション技術の発展はめざましく、斯界でも遠隔大学公開講座、最先端メディアを活用した生涯学習実践などの研究開発が次々と行われるようになった。

　それらの取組みに追われていた平成15年の夏に、突然文憲堂小林恒也氏の訪問を受け、新たに検討をすすめている「生涯学習実践技法シリーズ」の監修の労をとってもらえないか、という依頼を受けた。同行された山本恒夫教授、浅井経子教授から検討をすすめている企画の概要も承った。まことに光栄のことではあるが、私には重すぎると思い、お断りした。

　昭和20年８月15日、敗戦の日の夜、東京五反田のホームから眺めると、一面の焼野が原の闇の中に、ぽつぽつと裸電球が瞬き、人懐かしさに、ホームを去り難く、暫く椅子に座りこんだ。それから間もなく復員、復学して、22年春大学を卒業し、文部省社会教育局に職を奉ずることになった。日本国憲法公布施行の直前であった。

　入省後暫くして、社会教育法等の立案を命じられた。いろいろな曲折はあったが、24年の「時の記念日」６月10日に、社会教育法が成立し、公布施行された。同法の規定の中で、凡そ国や地方公共団体の任務として、
"すべての国民が、あらゆる機会、あらゆる場所を利用して、自ら実際生活に即する文化的教養を高め得るような環境を醸成するように努めなければならない。"
という修文に苦労した案文が、法第３条として確定した時は、静かな深い感動を覚えた。

　このようなサービス行政に若干でも関与できたらどんなに生き甲斐があり、幸せなことであろう。こんな気持が心の伏水流となって流れ続けてきたように思えてならない。

　平成２年６月いわゆる「生涯学習振興法」（生涯学習の振興のために施策の推進体制等の整備に関する法律）の施行を承けて、３年10月、全日本社会教育連合会から『生涯学習を振興するための行政』が刊行された。その時編者として関係したが、爾来十年余の月日が推移した。国の内外は目まぐるしいスピードの速い激変の明け暮れであった。この間、現に生涯学習ということで、どのような営み、活動が展開されて来たことか。どのような進展、停滞、混迷があったのか。新しい時代を迎えて、これからどのようなよい汗をかけばよいのか。

　その後、山本先生、浅井先生からさらに具体的な企画の構想を伺い、多くの友人、知人から現状における生涯学習の実践の問題点、課題を伺った。周囲の熱意あるすすめに推されて、私は監修者をお引き受けすることにした。

「生涯学習実践技法シリーズ」の編集・執筆には、椎廣行国立教育政策研究所社会教育実践研究センター長、伊藤康志独立行政法人国立オリンピック記念青少年総合センター事業課長（当時）にも参加していただくことになった。
　「生涯学習実践技法シリーズ」の最初の企画として、生涯学習の言葉だけが独り歩きしないように、
　⑴生涯学習に関する国レベルの審議会の答申等の客観的な正確な認識のために、
　⑵生涯学習関連の自己点検、評価のために、
　⑶インフォーメーション、テクノロジー（IT）を活用する生涯学習eソサエティ、コンテンツ、
　　メディアネットワーク活用のために、
関係者に親しみやすいハンドブックをまず3冊刊行、提供しようということになった。

　生涯学習の現場と、学界と行政の接点としての国立教育政策研究所社会教育実践研究センター（略称国社研）の重さをしみじみ思う昨今である。
　五十余年前、焼野が原に瞬いた裸電球。実際生活に即する文化的環境の醸成。この「生涯学習実践技法シリーズ」が、その時と同様に、新しい時代の瞬きとなって役立って欲しいものと心から祈り、シリーズ刊行の言葉とする。

監修者　井内慶次郎

■ まえがき

　生涯学習に関する中央教育審議会、生涯学習審議会の答申はかなりの数に上り、その内容も多岐にわたっている。その中には時代を超えて意味を持つものも多い。しかし、時とともに、せっかくの貴重な提言や指摘が活用されずに埋もれたりする。また、新しい提言かと思うことが実はすでに言われていたり、繰り返しにすぎないこともあったりする。

　本書は、そのような事情を考え、主として平成期に出された答申をいろいろと活用できるようにすべく企画されたものである。

　第1部では、平成期の生涯学習に関する答申の概要を述べており、第1章「社会教育審議会から生涯学習審議会へ」は、本生涯学習実践技法シリーズの監修をお願いした井内慶次郎先生に特に書き下ろしていただいたものである。

　第2部は、数ある答申の中から、行政や実践に役立つと思われるところを抽出して、分類し、解説を加えたものである。

　第3部には、資料として答申抄を掲載したが、これは、答申全文では膨大な量になるため、やむなく抄としたものである。

　われわれとしても、このような試みは初めてのことであり、至らぬところが多々あるものと思われる。ご叱正いただければさいわいである。

　本書を刊行するまでには、国立教育政策研究所社会教育実践研究センターをはじめ多くの方々にひとかたならぬお世話になった。また、文憲堂の小林恒也社長には編集の煩雑な作業ですっかりご迷惑をおかけした。ここに改めて御礼申し上げる次第である。

平成16年4月

編者　山本　恒夫

　　　浅井　経子

生涯学習［答申］ハンドブック／目次

シリーズ刊行にあたって／1
まえがき／3
本文目次／4
Q＆A目次／7

[解説編]

第Ⅰ部　生涯学習関連答申の動向

第1章　生涯学習関連答申の動向 …… 4
1．社会教育審議会から生涯学習審議会へ／4
　(1)「急激な社会構造の変化に対処する社会教育のあり方について」
　(2)「生涯教育について」
　(3)「臨時行政調査会基本答申」
　(4)臨時教育審議会と社会教育審議会
2．「今後の社会の動向に対応した生涯学習の振興方策について」／7
　(1)基本的な考え方
　(2)具体的な提言

第2章　生涯学習審議会答申の動向 ── 平成8年以降 ── …… 11
1．生涯学習機会の充実方策から情報化への対応まで／11
　(1)「地域における生涯学習機会の充実方策について」
　(2)「社会の変化に対応した今後の社会教育行政の在り方について」
　(3)「学習の成果を幅広く生かす」
　(4)「生活体験・自然体験が日本の子どもの心をはぐくむ」
　(5)「新しい情報通信技術を活用した生涯学習の推進方策について」

第3章　生涯学習審議会から中央教育審議会生涯学習分科会へ …… 15
1．新中央教育審議会としての答申／15
　(1)「青少年の奉仕活動・体験活動の推進方策等について」
　(2)「新しい時代にふさわしい教育基本法と教育振興基本計画の在り方について」

第Ⅱ部　生涯学習関連の答申と解説
　第Ⅱ部の利用のために／22
　生涯学習関連の答申と解説カテゴリー一覧／23

第1章　生涯学習 …… 24
1．生涯学習のとらえ方／24
　(1)生涯学習・生涯教育の定義等
　(2)リカレント教育の定義等
2．生涯学習と教育／27
　(1)生涯学習と社会教育
　(2)生涯学習と家庭教育
　(3)生涯学習と学校教育
　(4)生涯学習と企業教育等

第2章　生涯学習社会 …… 34
1．生涯学習社会の構想／34
　(1)生涯学習社会の考え方
　(2)ネットワーク
　(3)公　共

2．生涯学習支援・推進体制／39
　　　(1)センター機能、コーディネート機能
　　　(2)まちづくり

第3章　連携・協力・融合　　43
　　1．連携・協力／43
　　2．学校・家庭・社会の連携・協力／47
　　3．学社融合／51

第4章　情報系生涯学習支援　　54
　　1．学習情報提供システム／54
　　2．高度情報通信技術の活用／59
　　3．学習用コンテンツ／64

第5章　生涯を通じての教育・学習　　66
　　1．生涯を通じての教育・学習／66
　　2．乳幼児期／68
　　3．青少年期／68
　　4．成人期（社会人、女性等を含む）／71
　　5．高齢期／72

第6章　生涯学習の内容・方法　　74
　　1．生涯学習の内容（現代的課題を含む）／74
　　2．生涯学習の方法／83

第7章　生涯にわたる学習機会等　　85
　　1．学校による生涯学習機会等の提供／85
　　2．社会の中の生涯学習機会等／91
　　3．家庭における生涯学習機会等／92
　　4．企業関連の生涯学習機会等／93
　　5．その他／94

第8章　社会参加・ボランティア活動　　95
　　1．社会教育関係団体・NPOの活動／95
　　2．ボランティア活動／97
　　3．奉仕活動／107

第9章　学習成果の評価・認定・認証　　114
　　1．学習成果の評価・認証／114
　　2．学習歴・生涯学習パスポート／120

第10章　生涯学習関連指導者と施設　　124
　　1．指導者の養成／124
　　2．指導者の任務等／128
　　3．社会教育施設、その他の施設／130
　　　(1)社会教育施設
　　　(2)その他の生涯学習関連施設

第11章　生涯学習関連行政・法規　　140
　　1．これからの社会教育行政／140
　　2．生涯学習振興行政ネットワークの在り方／147
　　3．生涯学習振興行政における規制緩和と地方分権／148

［資料編1］（生涯学習関連答申抄）

急激な社会の構造の変化に対処する社会教育のあり方について（抄）／157

生涯教育について（抄）／158

生涯学習の基盤整備について（抄）／159

新しい時代に対応する教育の諸制度の改革について（抄）／162

今後の社会の動向に対応した生涯学習の振興方策について（抄）／167

地域における生涯学習機会の充実方策について（抄）／177

21世紀を展望した我が国の教育の在り方について［第1次］（抄）／188

生涯学習の成果を生かすための方策について（審議の概要）（抄）／205

社会の変化に対応した今後の社会教育行政の在り方について（抄）／206

今後の地方教育行政の在り方について（抄）／219

学習の成果を幅広く生かす（抄）／226

生活体験・自然体験が日本の子どもの心をはぐくむ（抄）／242

新しい情報通信技術を活用した生涯学習の推進方策について（抄）／250

新しい時代における教養教育の在り方について（抄）／256

大学等における社会人受入れの推進方策について（抄）／260

子どもの体力向上のための総合的な方策について（抄）／264

青少年の奉仕活動・体験活動の推進方策等について（抄）／267

新しい時代にふさわしい教育基本法と教育振興基本計画の在り方について／279

今後の生涯学習の振興方策について（審議経過の報告）／291

［資料編2］（教育基本法）

教育基本法／298

解説　教育基本法の改正／301

[Q&A] 目次

Q1 生涯学習のキャッチフレーズとなっている「いつでも、どこでも、誰でも」は、これまでどのように取り上げられてきたのでしょうか。 …… 18

Q2 ボランティア活動と生涯学習との関係はどのようなものですか。また、ボランティア活動にはどのような教育的意義があると考えられていますか。 …… 18

Q3 リカレント教育とはどのような教育ですか。 …… 19

Q4 リフレッシュ教育とリカレント教育はどう違うのですか。 …… 20

Q5 基本法に基づく基本計画とはどのような性格のものですか。 …… 20

Q6 生涯学習推進センターについて、国の答申はどのようなことをいっているのでしょうか。 …… 151

Q7 中教審答申「生涯学習の整備について」(平成2年)の中で言われている、都道府県で設置する生涯学習推進センター等と大学・短大等の生涯学習センターについて、現在の設置状況を教えてください。 …… 151

Q8 「第4の領域」とは何ですか？ …… 152

Q9 奉仕活動・体験活動を支援する組織はどのように整備されていますか。 …… 152

Q10 全国体験活動ボランティア活動総合推進センターとはどのような施設ですか。また、都道府県や市町村の体験活動ボランティア活動支援センターの整備状況についても教えてください。 …… 153

Q11 個人のキャリア開発はなぜ必要といわれているのでしょうか。 …… 153

Q12 なぜ、ネットワーク型行政を推進する必要があるのですか。 …… 154

索　引／304

監修者紹介・編者紹介／306
執筆分担一覧／307

解 説 編

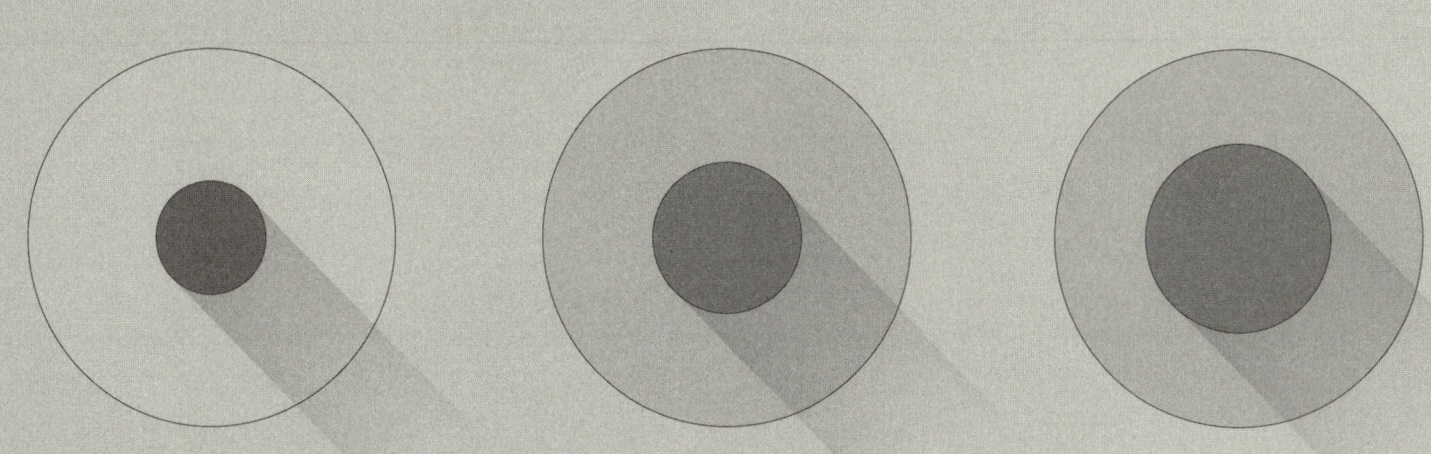

第Ⅰ部　生涯学習関連答申の動向

第Ⅱ部　生涯学習関連の答申と解説

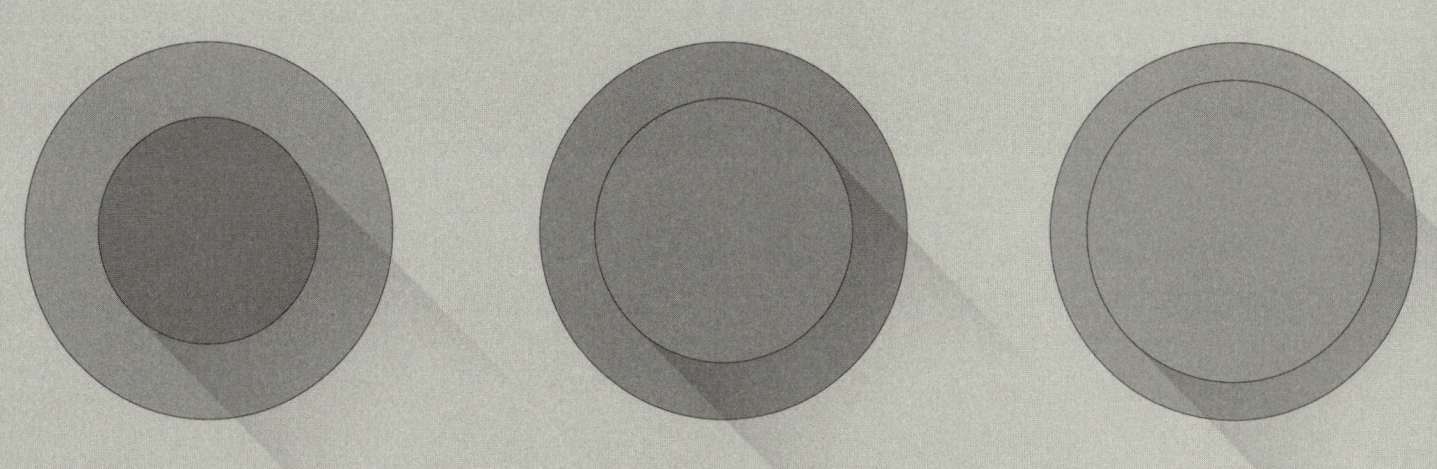

第Ⅰ部

生涯学習関連答申の動向

第1章　生涯学習関連答申の動向

1. 社会教育審議会から生涯学習審議会へ

　昭和40年秋、ユネスコの第3回成人教育推進委員会で発表された、ポール・ラングラン氏（ユネスコ教育局継続教育部長）のワーキングペーパーで「生涯教育」という言葉が使用された。この会議で「生涯教育」という言葉が定着しはじめたとされる。この会議に出席された波多野完治氏は、ラングラン氏から「このワーキングペーパーは、著書『エドュカシオン・ペルマナント』の抜き書き」と言われ、その本をもらった。波多野氏は、これを『生涯教育入門』第1部及び第2部として翻訳し、全日本社会教育連合会から出版された。

　ラングラン氏によって提唱された生涯教育は、人間の一生を通しての教育の提言、人間の発達の総合的な統一性の強調と教育諸部門内の調和の試み、教育を全体的、合理的に計画化すること、生活と教育の密着、労働時間と自由時間の合理化による労働日の調整と文化・教育休暇の設定などであった。

　この提言の行われた昭和40年前後の状況をみると、昭和39年には、第18回オリンピック東京大会で国中が沸き、40年には日韓基本条約調印、朝永振一郎教授のノーベル物理学賞の受賞などがあり、活気に溢れていた。またその5年後の昭和45年には、大阪吹田での日本万国博覧会の開催、ソニーのニューヨーク証券取引所に日本企業初の株式上場等、日本経済の上昇が続き、昭和46年には沖縄返還協定の調印があり、ボーリングゲームが空前のブームとなった。

⑴「急激な社会構造の変化に対処する社会教育のあり方について」
〔昭和46（1971）年4月30日〕社会教育審議会答申

　中央教育審議会の「今後における学校教育の総合的な拡充整備のための基本方策について」という、いわゆる「四六答申」とほぼ同時に答申された、この社会教育審議会の答申は、当時の激しい時代の変化を踏まえた画期的なものであった。

　社会教育がややもすると狭く解されるようになり、変化の激しい時代の要請に充分対応できなくなるという問題意識から、戦後の社会教育の原点、本来の在り方に即すべしとした、あらゆる機会と場所における学習を助けるものとして社会教育を広くとらえ直すべきであること、生涯教育の観点——生涯にわたる学習の継続と、家庭教育、学校教育、社会教育の三者の有機的統合——からあらゆる教育の再検討を提言した。そして生涯教育においては、とくに社会教育が果たすべき役割が

極めて大きいことを指摘した。
　生涯教育の理念や概念を明確にうち出した画期的答申で、平塚益徳国立教育研究所長を中心にとりまとめられた。

(2)「生涯教育について」　　　　　　　　　　　　　　〔昭和56(1981)年6月21日〕中央教育審議会答申

　中央教育審議会においても、生涯教育の課題を真正面から採りあげることとなり、昭和53年9月に「生涯教育に関する小委員会」を設けて以来、生涯教育、生涯学習に関する審議を継続し、「生涯教育について」という答申を行った。筆者が文部省在任中、次官として関わった最後の仕事であった。なお、この答申の行われた昭和56年に福井謙一郎教授がノーベル化学賞を受賞された。
　人々が自己の充実や生活の向上のため、その自発的意志に基づき、必要に応じ自己に適した手段、方法を自ら選んで行う学習が生涯学習であり、この生涯学習のために社会のさまざまな教育機能を相互の関連性を考慮しつつ、総合的に整備充実しようとするのが、生涯教育の考え方である。言い換えれば、生涯教育とは、国民一人一人が充実した人生を送ることを目指して生涯にわたって行う学習を助けるために、教育制度全体がその上に打ち立てられるべき基本的な理念である。マスターコンセプトとしての生涯教育。中長期的な努力によって実現していく大きな方向が示された。ライフロング・アンド・インテグレィテッド・エデュケーションである。さらに、いわゆる学歴偏重の社会的風潮を改め、学習社会の方向を目指すことが望ましいとされた。
　この中央教育審議会の答申が、その後の臨時教育審議会の底流となっている。ここで、ややもすると見落とされやすいいわゆる「臨調」のことにふれておく。

(3)「臨時行政調査会基本答申」　　　　　　　　　　　　　　　　　　　　〔昭和57(1982)年7月30日〕

　国の財政状況の悪化により、昭和55年度予算を境として、赤字克服を政府をあげて努力することとなり、政府は「臨時行政調査会」を発足させた。56年4月から筆者も参与として審議に参加したが、いわゆる「土光臨調」の基本答申として、文教に関する検討の視点が示された。
　いわゆる所得水準の上昇、高い大学進学率、生涯教育機会の拡大等、近年のわが国の教育環境の大きな変化を踏まえ、学校、家庭、社会が連携を保ちつつ個人の生涯の各段階において、それぞれの能力と自主的努力に応じて、適切な教育が受けられるようにすることが必要である。特に高等教育については、量的拡大よりは質的充実を進めるとともに、その費用負担について、教育を受ける意志と能力をもつ個人の役割も重視し、国としては必要に応じてそのような個人の努力を助長していくことが重要であるとした。

第Ⅰ部　生涯学習関連答申の動向

　財政再建に取り組んだ「土光臨調」においても、生涯教育の動向は注目されたが、その審議は極めて厳しいものであった。すべてのことについて言えることであろうが、文教の問題に対処するにも、必要なコスト、必ず伴うリスク、トラブルを予見する努力が必要なことを痛感した。

(4) 臨時教育審議会と社会教育審議会

　臨時教育審議会（「臨教審」）の審議は、昭和59年から62年にわたって行われた。この間に昭和60年6月26日、昭和61年4月23日、昭和62年4月1日と、3回の中間答申が行われ、最終答申は昭和62年8月7日に行われた。生涯教育の理念を拠り所とし、学習する側の立場を尊重する生涯学習社会の実現を提唱する答申であった。

　臨教審の審議中、社会教育審議会においては、臨教審の進展を見つめながら、当面する課題の審議を進めた。激しい時代の変化に対応して、社会教育関係職員の養成、研修をどう改善すべきか、求められる資質、能力とは何か。当に緊急の課題であった。成人教育分科会において集中的な審議が進められ、臨教審の第2次中間答申と第3次中間答申の間、昭和61年10月24日に報告を提出した。これに基づき、「社会教育主事講習規程」が大幅に改訂された。報告の主たる内容は、

①行政部門、民間の教育、学習機関、あるいは企業の学習関連部門にも、社会教育主事の進路を選択できるようにすること。

②社会教育主事の資質、能力として、「学習課題の把握と企画立案の能力」、「コミュニケーションの能力」、「組織化援助の能力」、「調整者としての能力」、「幅広い視野と探求心」が求められること。

③大学における社会教育主事の養成課程を、従来の甲、乙、丙群の個別授業科目から、総合的な科目編成とし、「社会教育の基礎」、「社会教育計画」、「社会教育演習」、「社会教育実習」、「社会教育課題研究」、「社会教育特講」とすること。

④総単位数は、24単位以上で現行通り。社会教育主事講習は、1単位少なく9単位とし、演習1単位を2単位とすること。

このような方向で社会教育主事の急変する新しい時代への対応を期した。

　また、臨教審の最終答申の直前に、社会教育審議会の香月秀雄会長名で次のような見解が示された。

①生涯学習の振興については、社会教育関係者が多年にわたって努力してきたところであり、そのために文部省の機構を整備することについては異存はないが、これにより社会教育の一層の発展が期しうるよう配慮されたいこと。

②局の名称等については、社会教育、生涯教育、生涯学習等の意味あいを明確にして、適切な名称とされる必要があること。
③生涯学習の整備を進めるにあたっては、学習意欲を持つ者と学習意欲に欠ける者との間で一層の隔差が生ずるおそれがあることに十分配慮して、今後の行政施策の展開を図る必要があること。

　これは文部省の社会教育局が生涯学習局に改組（昭和63年7月1日）される約1年前の見解である。回顧して感なきを得ない。

　さて、3年有余にわたる臨教審の最終答申がなされたのは、昭和62年8月7日であった。この年は4月に国鉄の分割民営化が行われ、同月の国土庁の地価公示は、当にバブルの暴騰であった。この答申は、生涯学習体系への移行を主軸とする提言であった。

　我が国は今日、21世紀に向かって社会の成熟化への展開、情報中心の科学技術への転換、新しい国際化への移行の時期にさしかかっている。これらがもたらす可能性と問題点を見定めるとともに、日本文化、社会の特質と変動を十分に認識することが、今次教育改革の出発点でなければならない。我が国は今後、社会の変化に主体的に対応し、活力ある社会を築いていくために、学歴社会の弊害を是正するとともに、学習意欲の新たな高まりと多様な教育サービス供給体系の登場、科学技術の進展などに伴う新たな学習需要の高まりにこたえ、学校中心の考え方を改め、生涯学習体系への移行を主軸とする教育体系の総合的再編成を図っていかなければならない。

　この臨教審の最終答申を受けて、生涯学習振興のための施策に関する審議は深まっていく。

2.「今後の社会の動向に対応した生涯学習の振興方策について」
〔平成4年（1992）7月29日〕生涯学習審議会答申

　生涯学習審議会は、「生涯学習の振興のための施策の推進体制等の整備に関する法律（平成2年法律第71号）」により設置され、平成2年1月、文部大臣から「今後の社会の動向に対応した生涯学習の振興方策について」の諮問を受け、臨教審答申の具体化に向かって審議を開始した。審議内容は、生涯学習に関することがらであるから、文部省、教育委員会の所掌することが中心であることはもちろんであるが、その審議内容は広きに及んだため、各省庁、地方公共団体の長の部局の仕事にも関連し、生涯学習審議会の幹事として、警察庁、総務庁、経済企画庁、科学技術庁、環境庁、大蔵省、文部省、厚生省、農林水産省、通商産業省、運輸省、郵政省、労働省、自治省等、各省庁の局

長、官房長、審議官、参事官等がずらりと名を列ねた。会議への出席者は、代理者が多かったが、生涯学習の関連する分野の広いことを実感した。さて、審議会の審議は4つの部会に分かれて約1年半活発に行われ、平成4年7月に答申が行われた。その基本的な考え方と具体的提言などは次の通りであった。

(1) 基本的な考え方
①人々が生涯にわたって学習に取り組むというライフスタイルの確立が重要である。人々が自己の充実や生きがいを目指し、自発的意志に基づき、生涯にわたり学習に取り組むという生き方の確立が重要である。
②人々のさまざまな潜在的な学習需要を顕在化し、具体的な学習行動にまで高める必要がある。さまざまな理由から、意欲はあるものの具体的な活動に結び付いていない状況を改めることが必要である。そのためには、人々の学習ニーズを把握し、適切な学習機会を充実させ、学習情報を適切に提供するシステムが必要である。
③学校その他の教育機関と密接な連携を図り、専門的な学習需要に応える必要がある。生涯学習の広がりの拡大とともに、その質的な高さや深さも追求し、より高度で専門的な学習ニーズに応える必要がある。大学院、大学、専門学校等の高等教育機関や、各省庁、自治体、企業などの蓄積する専門知識・技術を生涯学習に活用する。
④学習の成果を職場、地域や社会において生かすことのできる機会や場の開発、提供が必要である。

(2) 具体的な提言
①社会人を対象としたリカレント教育の推進
　リカレント教育（高度で専門的かつ体系的な社会人教育）の必要性を提言。高等教育を視野に入れた生涯学習の振興――大学審議会を中心とした高等教育の改革と大学制度の弾力化を活用。
②ボランティア活動の支援・推進
　従来は福祉厚生の分野が中心であると考えられていたボランティア活動について、生涯学習の観点から、その意義と望ましい姿を検討して、理論的な分析と支援・推進方策を提言。
③青少年の学校外活動の充実
　近年の少子化、核家族化に伴い、異年齢集団での青少年の活動の必要性を提言。また学校週五日制を視野に入れ、生涯学習の観点から、青少年の学校外活動の充実と家庭教育の充実を提言。

第1章　生涯学習関連答申の動向

④現代的課題に関する学習機会の充実

　急激な社会の変化に伴い、時代の要請する行動様式、価値観などが大きく変化し、従来必ずしも意識されていなかった現代的課題に関する学習の必要性を指摘し、学習機会の充実について提言。

この4つの提言を、それぞれに対応する4つの部会で行った。筆者は「現代的課題」の部会に所属した。委員の間では白熱的な活発な議論が行われた。いろいろと具体的な課題が、現代的課題として提言されたが、それを羅列しても、つぎつぎと問題は出てくるし、変化もしていくので、あまり意味をなさないのではないか、むしろ多様な現代的課題から、学習課題として選択する際の視点を明かにすることが重要であるとして、次の3つの視点を指摘した。それは、

①心豊かな人間の形成に資することを基本としているか（豊かな人間性）。
②社会的観点からどれだけの広がりを持っているか（社会性、公共性）。
③どれだけ時代の要請に即応しているか（現代性、緊急性）。

また、答申の目指す、豊かな生涯学習社会を築いていくために必要な考え方として、次のような諸点が指摘されている。

①学歴より生涯にわたる学習の蓄積を。
②身近なところから自発的な学習を。
③学習する人に暖かい励ましを。
④国民各界各層に、生涯学習社会の建設に向けて、生涯学習の意義と大切さを訴え、理解と協力を。

　社会教育、生涯教育、生涯学習と用語が時代の流れの中でいろいろと使われ、生み出されてきたが、大きな流れを把握するとともに、それぞれの用語について、それが生み出された時代を背景として理解されるべきであろう。それぞれの用語に求めているものを、それぞれに排除し合うものではなく、補い合いながら、それぞれの意味合いを生かしていけばよいのではなかろうか。たとえば、最近、学社融合の視点の重要さが言われるが、戦後蓄積されてきた社会教育のエネルギーを、学習者の身になって、より広くより深くより温かく展開していくことが、われわれ社会教育関係者のやるべきこと、またできることではないであろうか。生涯学習社会の構築、学社融合をはるかな方向として確信し、社会教育という自らの足場をしっかり踏みしめて前進したいものである。

　「生涯学習審議会」の審議に関係していた頃、筆者は次のようなメモをつくっていた。

　社会教育を取り巻く諸々の変化。

まず個人の側の事情として、

①社会の変化が激しく、若い時に学校教育で身につけた知識、技能だけでは社会の変化についていけないこと。

②経済的な豊かさ、教育水準の高まり、長寿化、家庭生活の変化、余暇の増大などを背景として、生きがいや自己実現、生活の質的充実を求める意識が高まってきたこと。

③いわゆる所得水準の高まり、生活の合理化、長寿化などを背景として、学習を可能とする経済的、時間的条件が整ってきたこと、など。

さらに、社会的な側面の事情として、

①情報化、国際化、産業構造の変化、女性の就労の増加など家庭をとりまく状況の変化にともなって、生活上、職業上の資質、能力の再開発の要請が高まっていること。

②都市化、高齢化などの進行にともなう社会問題への対応として、社会の活力の維持、発展のための新たな地域社会づくりの必要性が高まっていること。

③学歴社会の弊害を是正するためには、学校教育自体の改善の努力をはじめとして、家庭や社会の教育機能も活性化し、人々の生涯を通ずる向上の努力が正しく評価される社会を築くことを目指すなどの必要があること。

また、当時のことで思い出すのは、平成元年11月下旬、千葉県幕張メッセで、「生涯学習フェスティバル第1回大会」が開催されたことである。24万人を超える人々が来場したといわれるが、開会式後のアトラクションで、大正琴の大合奏が行われた。その調べは、懐かしく、清く美しかった。生涯学習時代の開幕の調べであった。

第2章　生涯学習審議会答申の動向
－平成8年以降－

1. 生涯学習機会の充実方策から情報化への対応まで

(1)「地域における生涯学習機会の充実方策について」
〔平成8(1996)年4月24日〕生涯学習審議会答申

　生涯学習審議会は平成4年の答申以後しばらくそのフォローアップを行っていたが、平成8年4月に答申「地域における生涯学習機会の充実方策について」を提出した。この答申の特色は、地域社会の中で様々な学習機会を提供している機関や施設の生涯学習機能の充実という視点から検討を加え、提言を行ったところにある。

　大学をはじめとする高等教育機関については、「社会人の受入れの促進」及び「地域社会への貫徹」を進めるための施策の提言が行われ、小・中・高等学校など初等中等教育の諸学校に関しては、「地域社会の教育力の活用」、「地域社会への貢献」についての施策が提言された。

　社会教育、文化・スポーツ施設では、「多様化・高度化する学習ニーズへの対応」、「組織運営の活性化」を進めるために必要な施策が提言され、各省庁や企業の研究・研修のための施設では、「多様な学習機会の提供」、「地域社会との連携」についての提言が行われている。

　なお、これらの機関・施設が横断的、総合的に取り組むべき課題としては「おわりに」で改めて提言がなされている。それは、施設間の連携・協力の推進、情報化・マルチメディア化への対応、ボランティアの受入れ、市町村教育委員会の活性化であった。

(2)「社会の変化に対応した今後の社会教育行政の在り方について」
〔平成10(1998)年9月17日〕生涯学習審議会答申

　続いて生涯学習審議会は、平成10年に答申「社会の変化に対応した今後の社会教育行政の在り方について」を提出した。

　これは、社会教育法など社会教育行政の関係法令が制定されて50年近くを迎えようとしている中で、社会の変化に伴う行政ニーズの多様化、複雑化、生涯学習社会の進展等の新たな状況に対応した社会教育行政の推進が求められていること、社会教育施設に係る制度や社会教育指導体制の在り方について地方分権推進の見地から種々の指摘がなされていることなどを受けて、今後の社会教育推進のための具体的方策を提言しており、21世紀へ向けての社会教育行政の基本的方向についての提言を行ったものといえる。

この答申の大きな特色は、社会教育行政を生涯学習社会構築の中核的役割を果たすものと位置づけた点にある。それについては、生涯学習と社会教育を教育・学習の活動レベルでとらえ、その関係を次のように整理している。
　まず生涯学習活動については、それが広範な領域で行われており、社会教育活動の中で行われるものに限定されるわけではないとしている。しかし、社会教育活動は幼児期から高齢期までの生涯にわたり行われる体育、レクリエーションまでをも含む幅広い活動であるとして、その中で行われる学習活動が生涯学習活動の中心的な位置を占めている、とした。そのような観点からすれば、社会教育行政は幼児期から高齢期までの学習活動に対応することを基本として、生涯学習社会構築の中核的役割を果たすものとして位置付けられる、というのが答申の考え方である。
　この答申では、社会教育施設運営等の大綱化・弾力化についての提言を行っている。
　公民館に関しては、公民館運営審議会を必置から任意設置にするとともに、公民館長任命の際の公民館運営審議会からの意見聴取義務の廃止、公民館運営審議会の委員構成等の弾力化についての提言を行っている。さらに施設、設備、職員等の基準を定めた「公民館の設置及び運営に関する基準」（文部省告示）についても、画一的詳細な基準を大綱化・弾力化することが提言された。
　図書館に関しては、図書館法第19条の規定により、図書館法施行規則で国庫補助を受けるための最低基準を定めていたが、この最低基準の廃止も提言されている。なお、それとの関連で同法第18条の公立図書館の基準の内容についても検討することを求めている。さらに、図書館協議会についても、地域の実情に応じて多様な人材を図書館運営協議会の委員に登用できるようにするため、同法第15条の委員構成の見直しが提言された。
　博物館に関しても、博物館法第22条第2項の博物館協議会の委嘱手続きの見直しがいわれている。博物館法第8条に基づき、昭和48年に「公立博物館の設置及び運営に関する基準」（文部省告示）が出されているが、これについても答申は大綱化・弾力化を提言している。
　答申では、さらに、社会教育行政推進体制の強化に関し、社会教育委員、社会教育主事の機能の強化、公民館の専門職員等の資質・能力の向上を図ることの提言を行い、ネットワーク型行政の推進と国・都道府県・市町村の取組、マルチメディアの活用の提言も行っている。

(3)「学習の成果を幅広く生かす－生涯学習成果を生かすための方策について－」
〔平成11(1999)年6月9日〕**生涯学習審議会答申**
　平成11年の生涯学習審議会答申「学習の成果を幅広く生かす－生涯学習成果を生かすための方策について－」は、平成3年の中央教育審議会答申にある学習成果の評価の提言を継承しており、学

習成果の評価や学習成果の活用についての提言を行った。

　答申では、我が国においても、自らのキャリアを開発し、学習成果を社会的活動、進学、就職、転職、再就職等に広く活用していくために、自らの学習成果を積極的にアピールし、社会的評価を求めることができるようにする必要が生じているとして、個々人がそれぞれの学習成果の記録として、例えば外国のポートフォーリオのような「生涯学習パスポート」（生涯学習記録票）を作り、活用できるようにすべきことが提言された。

　また「生涯学習パスポート」は、記載のうちの学習活動そのものに係る部分について、第三者機関が事実確認をし、証明すれば、生涯学習パスポート自体の活用も促進されると考えられるところから、今後、生涯学習成果の認証システムについて具体的な調査研究を進めることが望まれる、ともされた。

⑷ 「生活体験・自然体験が日本の子どもの心をはぐくむ」
〔平成11(1999)年6月9日〕**生涯学習審議会答申**

　平成11年には、生涯学習審議会答申「生活体験・自然体験が日本の子どもの心をはぐくむ」も出されている。これは、学校週5日制完全実施に対する緊急3カ年戦略である「全国子どもプラン」を支える答申であった。

　まず、このプランは子どもたちの生活体験・自然体験の充実を図るものであることがいわれており、その目標は世界や地域を能動的に変革していく人間の育成にある、とされている。そのためには子どもの頃から、自分で課題を見つけたり、自分で学び自分で考えることのできる資質や能力、豊かな人間性、文化を大切にする心、健康や体力等を備えた「生きる力」を培っていかなければならない。

　そのような「生きる力」の育成法としては、地域での試行錯誤的な体験が有効であるとして地域活動重視の方針を打ち出し、さらに活動支援の基本的な考え方として、プログラムへの子どもの主体的参加がいわれている。

　そこで必要なのは、そのような地域活動を支援する方策であるが、答申ではそれを①体験機会の提供、②新たな人材・組織の参加促進の両面にわたって打ち出している。そして、広域的な支援策として、高度情報通信社会のもとで、新しい情報手段の活用により、子どもたちへの働きかけの可能性を広げるべきだという考え方を打ち出している。

(5)「新しい情報通信技術を活用した生涯学習の推進方策について－情報化で広がる生涯学習の展望－」
〔平成12(2000)年11月28日〕生涯学習審議会答申

　平成12年の生涯学習審議会「新しい情報通信技術を活用した生涯学習の推進方策について－情報化で広がる生涯学習の展望－」は、すでにこれまでの答申類でいわれてきた情報化への対応に取り組んだものであった。

　そこでは、新しい情報通信技術を活用した生涯学習施策の基本的方向が述べられ、当面推進すべき施策についての提言がなされている。

　この答申では、多様な情報機器を選択して学習することにより、新たに効果的な学習スタイルを開発することができるようになることや、学習者が学習資源を自ら検索し、新たに学習資源となるコンテンツを作成することへの期待が述べられており、地域の情報ネットワークづくりと相まって、生涯学習を推進するヒューマンネットワークを構築することの必要もいわれた。

　また、衛星通信の利用等によって大学等の公開講座を公民館などで受けるシステムの構築についての提言もなされた。そこでなされた具体的な提言は、エル・ネットを活用した総合的なシステムの開発である。

第3章　生涯学習審議会から中央教育審議会生涯学習分科会へ

1. 新中央教育審議会としての答申

　平成13年1月から、中央省庁等の改革に伴い、文部省の審議会も整理合理化され、生涯学習審議会は文部科学省の新しい中央教育審議会の生涯学習分科会となった。その所掌事務は旧生涯学習審議会とほとんど変わらないが、スポーツ・青少年分科会の新設に伴い、青少年教育関係の調査審議はそちらに移った。また、分科会で審議しまとめた答申は、中央教育審議会の名前で出されることになった。

(1)「青少年の奉仕活動・体験活動の推進方策等について」
〔平成14(2002)年7月29日〕中央教育審議会答申

　新中央教育審議会の生涯学習分科会で最初に審議されたのは、青少年の奉仕活動・体験活動の問題である。教育改革国民会議で論議の的となった社会奉仕活動や体験活動は、その後、舞台が中央教育審議会に移されて審議が行われ、平成14年7月に中央教育審議会答申「青少年の奉仕活動・体験活動の推進方策等について」が出された。

　この答申では、奉仕活動を「自分の時間を提供し、対価を目的とせず自分を含め他人や地域、社会のために役立つ活動」を可能な限り幅広く捉えた場合の全体のこととしている。また、特に初等中等教育段階では、成長段階に必要な体験をして社会性や人間性をはぐくむという教育面に着目して、社会、自然などに関わる活動を幅広く「体験活動」と捉える、としている。

　そして、青少年の体験活動の意義として強調されているのは、さまざまな体験活動を通じて、他人に共感すること、自分が大切な存在であること、社会の一員であることを実感し、思いやりの心や規範意識を育むことができる、ということである。また、広く物事への関心を高め、問題を発見したり、困難に挑戦し解決したり、人との信頼関係を築いて共に物事を進めていく喜びや充実感を体得し、リーダーシップやコミュニケーション能力を育むとともに、学ぶ意欲や思考力、判断力などを総合的に高め、生きて働く学力を向上させることができる、ということも強調されている。

　奉仕活動・体験活動の推進方策については、たとえば全教職員で校内推進体制を作って、奉仕活動・体験活動の連絡調整の窓口となる担当を決めたり、保護者、地域の関係者等による学校サポート（協力）委員会のようなものを作ってはどうかという提言がある。また、地域の側に地域プラットフォーム（壇とか舞台のこと）を作ってはどうかという提言もあった。これは、青少年から高齢

者までの地域の人々、社会福祉協議会、地域組織(自治会、商店会等)、地域ボランティア、NPOなどが参加して、公民館、余裕教室、地区センター等を活用して作る奉仕活動の地域拠点のことである。

⑵「新しい時代にふさわしい教育基本法と教育振興基本計画の在り方について」
〔平成15(2003)年3月20日〕 中央教育審議会答申

　最後に、生涯学習分科会ではなく、特別に設けられた中央教育審議会基本問題部会で審議された中央教育審議会答申「新しい時代にふさわしい教育基本法と教育振興基本計画の在り方について」(平成15年3月)についても述べておくことにしよう。

　この答申では、次のように、教育基本法に新たに盛り込むべき理念として、生涯学習もあげられるに至っている。

　「時代や社会が大きく変化していく中で、国民の誰もが生涯のいつでも、どこでも、自由に学習機会を選択して学ぶことができ、その成果が適切に評価されるような社会を実現することが重要であり、このことを踏まえて生涯学習の理念を明確にする。」

　「今日、社会が複雑化し、また社会構造も大きく変化し続けている中で、年齢や性別を問わず、一人一人が社会の様々な分野で生き生きと活躍していくために、家庭教育、学校教育、社会教育を通じて職業生活に必要な新たな知識・技能を身に付けたり、あるいは社会参加に必要な学習を行うなど、生涯にわたって学習に取り組むことが不可欠となっている。教育制度や教育政策を検討する際には、これまで以上に学習する側に立った視点を重視することが必要であり、今後、誰もが生涯のいつでも、どこでも、自由に学習機会を選択して学ぶことができるような社会を実現するため、生涯学習の理念がますます重要となる。」

　さらに、家庭は子どもの教育に第一義的に責任があることから、何らかの形で家庭教育の役割について新たに規定すべきことがいわれ、学校・家庭・地域社会の三者の連携・協力をより一層強化するため、三者の適切な役割分担を明確にすることの必要性もいわれた。社会教育についても、国及び地方公共団体によって奨励されるべきであることを引き続き規定することとされ、次のようにいわれている。

　「心の豊かさを求める国民意識の高まりの中で、余暇活動をより豊かにしたり、ボランティア活動に参加するために、必要な知識・技能を身に付けるなどの学習への期待が高まるとともに、長寿化や産業・就業構造の変化の中で、生涯にわたる継続的な学習の重要性が高まっている。このため、社会教育は国及び地方公共団体によって奨励されるべきであることを引き続き規定することが適当

である。
　あわせて、学習機会の充実等を図ることが重要であることを踏まえて、国や地方公共団体による社会教育の振興について規定することが適当である。」

　21世紀は従来にも増して変化の激しい時代になるとされ、流動性が社会の特徴になるといわれている。そのような状況になると、人間や社会は、調和のとれた発達、発展を図らない限り、衰退してしまう恐れがあるともいわれている。この答申「新しい時代にふさわしい教育基本法と教育振興基本計画の在り方について」は、その点に危機意識を持っており、これまでのようなあれかこれかといった二項対立的な考え方を排して、調和・バランス・均整などを発想の根底に置いた提言を行っている。
　たとえば、「個」と「公」のバランスの重視、「国際社会の一員としての意識」と「郷土や国を愛する心」の並置による両者の調和の重視、「心の豊かさ」と「たくましさ」の並置による均整の重視などがその表れである。
　生涯学習に関しては、学習機会を「選択」して「学ぶ」ことができ、その成果が「適切に評価」されるような生涯学習社会の実現を目指すとされているが、そのために必要なのは、"学習機会選択への援助""学ぶ機会等の充実""適切な評価のためのサービス"という三者の均整のとれた仕組みである。
　二項対立的にみれば、このような調和・バランス・均整は発展や創造を阻害し、停滞をもたらすということになりそうだが、そうではないであろう。調和・バランス・均整というのは、実は、活気や発展、創造を生み出すことができるように構成要素が関係づけられた状態のことだからである。

第Ⅰ部　生涯学習関連答申の動向

Q&A

Q1　生涯学習のキャッチフレーズとなっている「いつでも、どこでも、誰でも」は、これまでどのように取り上げられてきたのでしょうか。

A1　昭和24（1949）年に制定された社会教育法では、もちろん生涯学習という言葉は使われていませんが、その第3条で「国及び地方公共団体は、この法律及び他の法令の定めるところにより、社会教育の奨励に必要な施設の設置及び運営、集会の開催、資料の作製、頒布その他の方法により、すべての国民があらゆる機会、あらゆる場所を利用して、自ら実際生活に即する文化的教養を高め得るような環境を醸成するように努めなければならない」と国および地方公共団体の任務を定めています。その中の、「すべての国民」は'誰でも'に、「あらゆる機会」は'いつでも'に、そして「あらゆる場所」は'どこでも'に相当するとみることができるでしょう。

　生涯教育の実質上の提唱者ともいえるポール・ラングランは、教育は青少年期に集中して行われる学校教育のみならず、生涯にわたって行われるものと考え、生涯という時系列に沿った垂直的な次元の教育機会と、個人の生活および社会の全体にわたる水平的な次元の教育機会とを統合したものとして生涯教育を提唱しました。垂直的な次元は'いつでも'を、水平的次元は'どこでも'を意味しているということができます。

　もちろん「教育」と「学習」は区別されるものですので、そのような社会教育や生涯教育の下で行われたりする学習が「いつでも、どこでも、誰でも」の生涯学習と捉えることができます。

　また、1992（平成4）年の生涯審答申『今後の社会の動向に対応した生涯学習の振興方策について』は、「生涯学習は、いつでも、どこでも、誰でも自由に取り組めるものであり、組織的な学習活動だけでなく、スポーツ活動、文化活動、趣味、レクリエーション活動、ボランティア活動など、幅広い活動の中でも行われるものである」と述べています。さらに平成15（2003）年の中教審答申『新しい時代にふさわしい教育基本法と教育振興基本計画の在り方について』でも、「国民の誰もが生涯のいつでも、どこでも、自由に学習機会を選択して学ぶことができ、その成果が適切に評価されるような社会を実現することが重要」と述べています。

Q2　ボランティア活動と生涯学習との関係はどのようなものですか。また、ボランティア活動にはどのような教育的意義があると考えられていますか。

A2　ボランティア活動を取り上げた文教関係の答申としては平成4（1992）年の生涯審答申『今後の社会の動向に対応した生涯学習の振興方策について』が有名です。同答申はボランティア活動と生涯学習の関係について、
①ボランティア活動そのものが自己開発、自己実現につながる生涯学習となる
②ボランティア活動を行うために必要な知識・技術を習得するための学習として生涯学習があり、

学習の成果を生かし、深める実践としてボランティア活動がある
③人々の生涯学習を支援するボランティア活動によって、生涯学習の振興が一層図られる
という3つの関係を指摘しています。実は、その約20年前の昭和46（1971）年の社会教育審議会答申『急激な社会構造の変化に対処する社会教育のあり方について』ですでにボランティア活動の促進が提言されています。しかし社教審答申ではボランティア活動と学習との関係は必ずしも明らかにされていませんでした。

ボランティア活動の教育的意義については、平成8（1996）年の中教審答申『21世紀を展望した我が国の教育の在り方について』は、「他者の存在を意識し、コミュニティーの一員であることを自覚し、お互いが支え合う社会の仕組みを考える中で自己を形成し、実際の活動を通じて自己実現を図っていく」などをあげています。同答申は、さらに「特に、人々がボランティア活動を身近に感じ、気軽に参加するようになるためには、青少年をはじめあらゆる年齢層を対象に、将来ボランティア活動に積極的に関わっていけるようボランティア活動の意義を理解し、ボランティア活動に必要な知識・技術を身に付けるための学習機会を充実する必要がある」として、青少年期を対象としたボランティア活動に関する学習機会の必要性を述べています。

また、新たな「公共」を創り出すことに寄与する活動を「奉仕活動」として捉えた平成14（2002）年の中教審答申『青少年の奉仕活動・体験活動の推進方策等について』は、奉仕活動の意義として、他人に共感すること、自分が大切な存在であること、社会の一員であることを実感し、思いやりの心や規範意識をはぐくむことができること、広く物事への関心を高め、問題を発見したり、困難に挑戦し解決したり、人との信頼関係を築いて共に物事を進めていく喜びや充実感を体得し、指導力やコミュニケーション能力をはぐくむとともに、学ぶ意欲や思考力、判断力などを総合的に高め、生きて働く学力を向上させることができること、などをあげています。

Q3 リカレント教育とはどのような教育ですか。

A3 リカレント教育は多義的な意味で使われ、諸外国でもその捉え方や重点のおきかたは一様ではありませんが、職業人を中心に、学校教育の終了後いったん社会に出た後に行われる教育であり、職業から離れて行われるフルタイムの再教育のみならず、職業につきながら行われるパートタイムの教育も含むとされています。

もともとは、OECDの昭和48（1973）年の報告書『リカレント教育－生涯学習のための戦略－』で提唱されたもので、青少年期という人生の初期に集中していた教育を、全生涯にわたって労働、余暇などの諸活動と交互に行うかたちで分散させるものであり、いわゆる正規の教育制度とあらゆる種類の成人教育施策を統合する教育システムの確立を目指す理念とされています。

なお、OECDは教育とは学校教育などのように組織され構造化されたものに限定して捉えていたため、UNESCOのいう生涯にわたって行われる生涯教育は現実には不可能と考えて、リカレント教育を提案しました。

第Ⅰ部　生涯学習関連答申の動向

Q4　リフレッシュ教育とリカレント教育はどう違うのですか。

A4　リフレッシュ教育は、リカレント教育の一つの形態と考えられます。平成4（1992）年に文部省が取りまとめた調査研究会報告『リフレッシュ教育の推進のために』で提案されました。リフレッシュ教育は「大学・大学院などの高等教育機関が職業人を対象として、職業上の知識・技術のリフレッシュや新たな習得のために行う教育。大学等の教育研究の多様化・活性化のほか、真に必要なときに高等教育が受けられる生涯学習社会の形成にも資する。」（文部省「平成6年度我が国の文教施策」）と定義されています。

　平成11（1999）年の中教審答申『初等中等教育と高等教育との接続の改善について』では、社会人の学習機会の拡充について、「急速に進む情報化や国際化の進展等に伴い、知識、技術の陳腐化が間断なく進み、人々は絶えず学習することが必要な状況に置かれ始めて」おり、「職業を持つ社会人のリカレント教育やリフレッシュ教育の需要の高まり等に対応し、例えば、大学においては社会人特別選抜や夜間部・昼夜開講制の実施、科目等履修生の受入れ、通信教育や公開講座の実施、編入学機会の拡大等アクセスの拡大に努めているところである」と、生涯学習の視点に立った高等教育の改革について述べています。

Q5　基本法に基づく基本計画とはどのような性格のものですか

A5　基本計画とは、基本法に基づき、施策の基本方針や目標、各種の具体的な施策、施策を推進するために必要な事項等を総合的・体系的に定めるもので、閣議決定を経て政府全体の重要課題として位置づけられるものです。近年では「環境基本計画」（環境基本法）、「高齢社会対策大綱」（高齢社会対策基本法）、「科学技術基本計画」（科学技術基本法）、「男女共同参画基本計画」（男女共同参画社会基本法）等の基本計画が、それぞれの基本法に根拠を置いて策定されました。これまでの基本計画は、計画期間が5年又は10年程度のものが多く、一部に都道府県の計画について規定している例もあります。

　昭和22（1947）年に制定された教育基本法には、基本計画に関する規定はなかったため、教育に関する政府全体の基本計画は策定されてきませんでした。そこで平成15（2003）年の中教審答申『新しい時代にふさわしい教育基本法と教育振興基本計画の在り方について』は、教育振興基本計画策定の必要性とその基本的な考え方を提示しました。

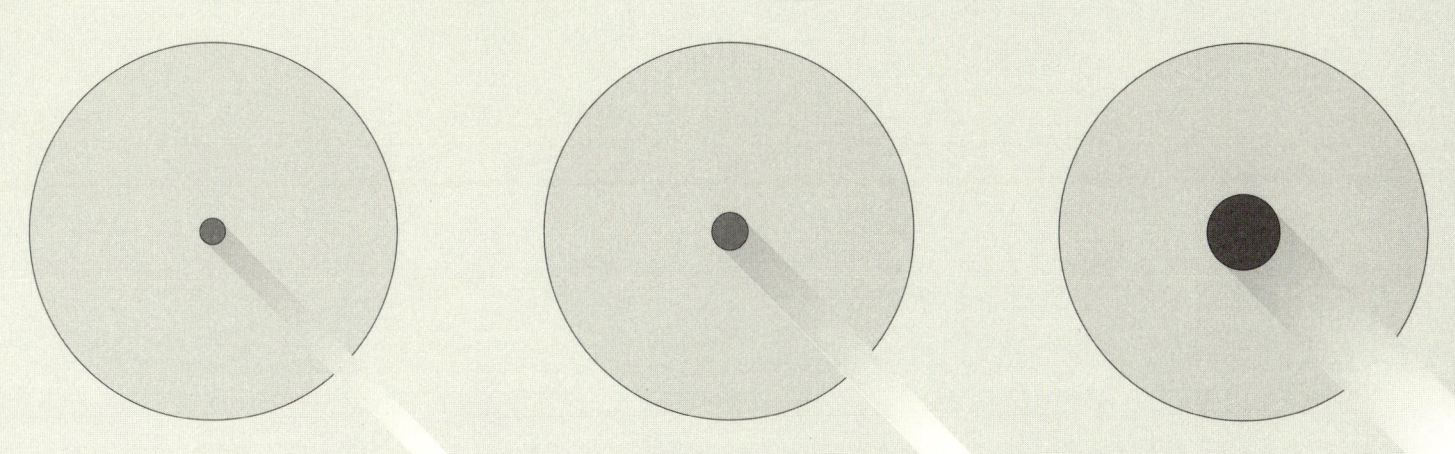

第Ⅱ部
生涯学習関連の答申と解説

第Ⅱ部の利用のために

　第Ⅱ部は、国の審議会より出された生涯学習関連の答申や審議の概要（以下答申等という）の中から、考え方、定義、提言、指摘などを抽出したものである。
　第Ⅱ部は次のような構成になっている。

1　対象とした答申等
(1)ここで取り上げたのは、中央教育審議会、生涯学習審議会の答申等である。ただし、社会教育審議会の答申も一部採録した。
(2)期間的には、主として平成2(1990)年～平成15(2003)年の答申等を取り上げたが、昭和46(1971)年の社会教育審議会答申、昭和56(1981)年の中央教育審議会答申で示された生涯教育、生涯学習の考え方は採録した。なお、生涯学習審議会が置かれていたのは平成4(1992)年～平成12(2000)年である。

2　事項の分類と見出し
(1)抽出した事項は、カテゴリー別に分類した。大カテゴリーを章とし、中カテゴリーを節（1．2．3．…）、小カテゴリーを項としてある。
(2)答申から抽出した事項には、その内容がわかるように、それぞれ「見出し」をつけた。
　　［例］
　　　第1章　生涯学習 ……………………………………大カテゴリー
　　　　1．生涯学習のとらえ方 …………………………中カテゴリー
　　　　　(1)生涯学習・生涯教育の定義等 ………………小カテゴリー
　　　　　　生涯学習と家庭教育、学校教育、社会教育 ……見出し

3　本文・解説・用語解説
(1)　本　文
　　本文は答申等から抽出した事項である。
　　抽出した箇所だけでなく、その前後の文章も利用できるように、本文の最後に答申等の名称をあげ、必要に応じ［資料編］の答申等の該当箇所に戻ることができるようにした。
(2)　解　説
　　本文だけではその意義や背景がわからないものもあるので、事項によっては解説をつけてある。
(3)　用語解説
　　事項によっては、用語にわかりにくいものもあるので、本文の理解を助けるため、一部に用語解説もつけた。用語解説は欄外においてある。
(4)　本文中の解説と用語解説に関わる事項はゴシック（中ゴシック）で示してある。

生涯学習関連の答申と解説カテゴリー一覧

第1章　生涯学習 ……24
1．生涯学習のとらえ方／24
　(1)生涯学習・生涯教育の定義等　24
　(2)リカレント教育の定義等　25
2．生涯学習と教育／27
　(1)生涯学習と社会教育　27
　(2)生涯学習と家庭教育　28
　(3)生涯学習と学校教育　29
　(4)生涯学習と企業教育等　33

第2章　生涯学習社会 ……34
1．生涯学習社会の構想／34
　(1)生涯学習社会の考え方　34
　(2)ネットワーク　36
　(3)公　共　38
2．生涯学習支援・推進体制／39
　(1)センター機能、コーディネート機能　39
　(2)まちづくり　41

第3章　連携・協力・融合 ……43
1．連携・協力／43
2．学校・家庭・社会の連携・協力／47
3．学社融合／51

第4章　情報系生涯学習支援 ……54
1．学習情報提供システム／54
2．高度情報通信技術の活用／59
3．学習用コンテンツ／64

第5章　生涯を通じての教育・学習 ……66
1．生涯を通じての教育・学習／66
2．乳幼児期／68
3．青少年期／68
4．成人期（社会人、女性等を含む）／71
5．高齢期／72

第6章　生涯学習の内容・方法 ……74
1．生涯学習の内容（現代的課題を含む）／74
2．生涯学習の方法／83

第7章　生涯にわたる学習機会等 ……85
1．学校による生涯学習機会等の提供／85
2．社会の中の生涯学習機会等／91
3．家庭における生涯学習機会等／92
4．企業関連の生涯学習機会等／93
5．その他／94

第8章　社会参加・ボランティア活動 ……95
1．社会教育関係団体・NPOの活動／95
2．ボランティア活動／97
3．奉仕活動／107

第9章　学習成果の評価・認定・認証 ……114
1．学習成果の評価・認証／114
2．学習歴・生涯学習パスポート／120

第10章　生涯学習関連指導者と施設 ……124
1．指導者の養成／124
2．指導者の任務等／128
3．社会教育施設、その他の施設／130
　(1)社会教育施設　130
　(2)その他の生涯学習関連施設問題　135

第11章　生涯学習関連行政・法規 ……140
1．これからの社会教育行政／140
2．生涯学習振興行政ネットワークの在り方／147
3．生涯学習振興行政における規制緩和と地方分権／148

第1章　生涯学習

1. 生涯学習のとらえ方

(1)生涯学習・生涯教育の定義等

生涯教育と家庭教育、学校教育、社会教育

　生涯教育の必要は、現代のごとく変動の激しい社会では、いかに高度な学校教育を受けた人であっても、次々に新しく出現する知識や技術を生涯学習しなくてはならないという事実から、直接には意識されたのであるが、生涯教育という考え方はこのように生涯にわたる学習の継続を要求するだけでなく、家庭教育、学校教育、社会教育の三者を有機的に統合することを要求している。(略)
　今日、あらゆる教育は、生涯教育の観点から再検討を迫られているといってよい。
　［急激な社会の構造の変化に対応する社会教育のあり方について　社会教育審議会答申
　　昭和46(1971)年4月30日］

解　説　わが国の答申で初めて生涯学習、生涯教育が取り上げられた。
　　　　この答申のほぼ1ヵ月半後に出されたいわゆる「四六答申」、中央教育審議会答申『今後の学校教育の総合的な拡充整備のための基本的施策について』(昭和46年6月11日)は、生涯教育について次のように述べている。
　　　　「近年、いわゆる生涯教育の立場から、教育体系を総合的に再検討する動きがあるのは、今日および今後の社会において人間が直面する人間形成上の重要な問題に対応して、いつ、どこに、どんな教育の機会を用意すべきかを考えようとするものである。」

生涯学習と生涯教育

　今日、変化の激しい社会にあって、人々は、自己の充実・啓発や生活の向上のため、適切かつ豊かな学習の機会を求めている。これらの学習は、各人が自発的意思に基づいて行うことを基本とするものであり、必要に応じ、自己に適した手段・方法は、これを自ら選んで、生涯を通じて行うものである。その意味では、これを生涯学習と呼ぶのがふさわしい。
　この生涯学習のために、自ら学習する意欲と能力を養い、社会の様々な教育機能を相互の関連性を考慮しつつ総合的に整備・充実しようとするのが生涯教育の考え方である。言い換えれば、生涯教育とは、国民一人一人が充実した人生を送ることを目指して生涯にわたって行う学習を助けるために、教育制度全体がその上に打ち立てられるべき基本的な理念である。
　［生涯教育について(抄)　中央教育審議会答申　昭和56(1981)年6月11日］

◆リカレント教育（recurrent education）：
回帰教育ともいう。OECD（経済協力開発機構）は、UNESCOが提唱する生涯教育は生涯にわたって教育を受け続けるものであるため現実的でないとして、必要に応じて学校等の教育機関に戻って受けるリカレント教育を提唱した。
☞p.20［Q＆A］の3および4を参照のこと。

なお、平成4（1992）年の生涯審答申以後、わが国でいうリカレント教育の場合、それは職業等に直接関わらない教養を身に付けるための教育をも含むことになったため、生涯学習一般の機会との違いがはっきりしないという声が上がった。
☞p.26の「リカレント教育の機能」を参照。

生涯学習の基本原理と生涯学習の範囲

今後生涯学習を推進するに当たり特に次の点に留意する必要があろう。

1) 生涯学習は、生活の向上、職業上の能力の向上や、自己の充実を目指し、各人が自発的意思に基づいて行うことを基本とするものであること。
2) 生涯学習は、必要に応じ、可能なかぎり自己に適した手段及び方法を自ら選びながら生涯を通じて行うものであること。
3) 生涯学習は、学校や社会の中で意図的、組織的な活動として行われるだけでなく人々のスポーツ活動、文化活動、趣味、レクリエーション活動、ボランティア活動などの中でも行われるものであること。

［生涯学習の基盤整備について　中央教育審議会答申　平成2（1990）年1月30日］

解説　この答申は、臨教審後に再開された中教審の最初の答申であり、ここでは生涯学習についての定義はせず、昭和56年の中教審の定義を踏襲することとなった。しかし、それだけでは生涯学習推進には不十分なので、生涯学習推進の留意点として生涯学習の目的・特徴、方法、範囲をあげたものである。以後、生涯学習推進にあたっては、これがよく使われるようになった。

3)の部分は、ファジィ概念に基づいて生涯学習の範囲が捉えられている。

ファジィ（fuzzy）とは、'あいまいな'という意味であるが、ファジィ概念でものごとを捉えようとするときには、対象とするものごとに含まれるかどうかあいまいな領域まで取り込んで、あいまいな概念規定をすることになる。

生涯学習の範囲についていえば、ファジィ概念としての生涯学習では、学習性が多少でもあるものは生涯学習に入れる。ただし、行政などで生涯学習を推進するときには、ある程度学習性の高いものだけに限定することが多い。ここでは、学校教育や社会教育その他教育事業のもとで行われる学習が生涯学習であることは当然として、必ずしも学習活動とはいえないスポーツ活動、文化活動、趣味、レクリエーション活動、ボランティア活動等の中でも生涯学習は行われているとしているが、それらは、比較的学習性が高いものの例示である。

ボランティア活動：☞p.97の「ボランティア活動の基本的理念」を参照。

(2)リカレント教育の定義等

リカレント教育

リカレント教育は、昭和48年のOECD報告書「リカレント教育－生涯学習のための戦略－」で広く提唱されたもので、青少年期という人生の初期に集中していた教育を、個人の全生涯にわたって、労働、余暇などの他の諸活動と交互に行う形で分散させるものであり、いわゆる正規の教育制度と

あらゆる種類の成人教育施策を統合する教育システムの確立を目指す理念であるとされている。
　リカレント教育は多義的な概念であり、諸外国でもそのとらえ方や重点の置き方は一様ではないが、「職業人を中心とした社会人に対して学校教育の修了後、いったん社会に出た後に行われる教育であり、職業から離れて行われるフルタイムの再教育のみならず、職業に就きながら行われるパートタイムの教育も含む。」と理解することができる。リカレント教育は、我が国では「還流教育」や「回帰教育」と訳されたこともあるが、定着していない。本審議会において「高度で専門的かつ体系的な社会人再教育」と称することも考えられるが、今日では一般的に「リカレント教育」の用語が用いられているので、ここでは、この用語によることとした。
　［今後の社会の動向に対応した生涯学習の振興方策について　生涯学習審議会答申
　　平成4（1992）年7月］

リカレント教育の機能

　リカレント教育の機能は、その教育内容や対象等により、大きく次の三つに類型化することができよう。第1は、社会の変化に対応する、専門的で高度な知識・技術のキャッチアップやリフレッシュのための教育機能、第2は、既に一度学校や社会で学んだ専門分野以外の幅広い知識・技術や、新たに必要となった知識・技術を身に付けるための教育機能、第3は、現在の職業や過去の学習歴・学習分野に直接のかかわりのない分野の教養を身に付け、人間性を豊かにするための教育機能である。これらの教育機能には重なり合う面もあるが、この三つの機能があることを踏まえつつ、リカレント教育の現状の把握、課題や推進方策の検討を進めることが有意義と考えられる。
　［今後の社会の動向に対応した生涯学習の振興方策について　生涯学習審議会答申
　　平成4（1992）年7月］

解説　リカレント教育については前項を参照。また、リカレント教育とリフレッシュ教育との違いについては［Q＆A］の4を参照のこと。

大学等におけるリカレント教育

　社会人や職業人の知識・技術のキャッチアップやリフレッシュのための教育を推進するため、大学等の教育研究機能を一層高め、リカレント教育の学習機会を積極的に拡充していくことが重要である。
　［今後の社会の動向に対応した生涯学習の振興方策について　生涯学習審議会答申

平成4(1992)年7月]

2. 生涯学習と教育

(1)生涯学習と社会教育
生涯学習と社会教育の関係

　生涯学習活動は、広範な領域において行われており、社会教育活動の中で行われるものに限定されるものではないが、社会教育活動は、幼児期から高齢期までの生涯にわたり行われる体育、レクリエーションまでをも含む幅広い活動であり、社会教育活動の中で行われる学習活動が生涯学習活動の中心的な位置を占めると言える。
　［社会の変化に対応した今後の社会教育行政の在り方について　生涯学習審議会答申
　　平成10(1998)年9月］

> **解説**　生涯学習と社会教育の関係は、臨教審が生涯教育の用語を排して生涯学習のみを使い、また国で社会教育局を生涯学習局とし、地方自治体でも社会教育課を生涯学習課などにするところが増えて以来、常に問題とされてきた。この答申では、生涯学習が、生涯を通しての学習の実体を指すのみならず、理念とされたりして多義的に使われていることを考慮し、生涯学習と社会教育の関係については、実体としての生涯学習活動と社会教育活動に限定して、活動の面からのみ捉えている。

国及び地方公共団体による社会教育の奨励

　心の豊かさを求める国民意識の高まりの中で、余暇活動をより豊かにしたり、ボランティア活動に参加するために、必要な知識・技能を身に付けるなどの学習への期待が高まっている。このため、社会教育は国及び地方公共団体によって奨励されるべきであることを引き続き規定することが適当である。
　［新しい時代にふさわしい教育基本法と教育振興基本計画の在り方について　中央教育審議会答申
　　平成15(2003)3月20日］

> **解説**　ボランティア活動：☞p.97の「ボランティア活動の基本的理念」を参照。
> 　社会教育は国及び地方公共団体によって奨励される：
> 　教育基本法第7条で社会教育についてが取り上げられ、国及び地方公共団体によって奨励されなければならな

◆生きる力：
　①自分で課題を見つけ、自ら学び、自ら考え、主体的に判断し、行動し、よりよく問題を解決する資質や能力、②自らを律し、他人とともに協調し、他人を思いやる心や感動する心などの豊かな人間性、③たくましく生きるための健康や体力、などからなる資質・能力をいう。平成8（1996）年の中央教育審議会答申『21世紀を展望した我が国の教育の在り方について（第1次答申）』で提言された。

◆基本的な生活習慣：
　人間が自立して生活するために必要な、最も基本的な行動の仕方。一般には、食事、睡眠、排泄、清潔、着脱衣の5つの領域に関わるものといわれる。なお、基本的な生活習慣を身につけさせることを'しつけ'という。

いと規定されている。それに基づき、社会教育法第3条で国及び地方公共団体の任務が定められている。

(2)生涯学習と家庭教育

家庭教育の意義

家庭教育は、乳幼児期の親子のきずなの形成に始まる家族との触れ合いを通じ、[生きる力]の基礎的な資質や能力を育成するものであり、すべての教育の出発点である。
［21世紀を展望した我が国の教育の在り方について（第1次）　中央教育審議会答申
　平成8（1996）年7月19日］

家庭教育の役割

とりわけ、基本的な生活習慣・生活能力、豊かな情操、他人に対する思いやり、善悪の判断などの基本的倫理観、社会的なマナー、自制心や自立心など[生きる力]の基礎的な資質や能力は、家庭教育においてこそ培われるものとの認識に立ち、親がその責任を十分発揮することを望みたい。
［21世紀を展望した我が国の教育の在り方について（第1次）　中央教育審議会答申
　平成8（1996）年7月19日］

子どもの教育に対する家庭の役割と責任

家庭教育の現状を考えると、それぞれの家庭（保護者）が子どもの教育に対する責任を自覚し、自らの役割について改めて認識を深めることがまず重要であるとの観点から、子どもに基本的な生活習慣を身に付けさせることや、豊かな情操をはぐくむことなど、家庭の果たすべき役割や責任について新たに規定することが適当である。なお、その際には、家庭が子どもの教育に第一義的な責任を負っているという観点に十分留意し、最小限の範囲で規定することが適当である。
［新しい時代にふさわしい教育基本法と教育振興基本計画の在り方について　中央教育審議会答申
　平成15（2003）年3月20日］

家庭教育の機能の低下

家庭は教育の原点であり、すべての教育の出発点である。親（保護者）は、人生最初の教師として、特に、豊かな情操や基本的な生活習慣、家族や他人に対する思いやり、善悪の判断などの基本的倫理観、社会的マナー、自制心や自立心を養う上で、重要な役割を担っている。しかし、少子化や親のライフスタイルの変化等が進む中で、過干渉・過保護、放任、児童虐待が社会問題化すると

◆児童虐待：
　全国の児童相談所における虐待相談処理件数は、統計をとり始めた平成2(1990)年度には1,101件であったのが、平成10(1998)年度6,932件、平成11(1999)年度11,631件、平成12(2000)年度17,725件、平成13(2001)年度23,310件と急増した。平成14(2002)年度には件数の上ではやや落つきをみせたが、その被害状況は深刻化しているといわれている。
　児童虐待が急増したことを受けて、平成12年に『児童虐待の防止等に関する法律』が制定された。同法第2条では、「この法律において、［児童虐待］とは、保護者（親権を行う者、未成年後見人その他の者で、児童を現に監護するものをいう。以下同じ。）がその監護する児童（18歳に満たない者をいう。以下同じ。）に対し、次に掲げる行為をすることをいう。」として、身体的虐待、性的虐待、ネグレクト（児童の心身の正常な発達を妨げるような著しい減食、又は長時間の放置、その他の保護者としての監護を著しく怠ること）、心理的虐待をあげている。

ともに、親が模範を示すという家庭教育の基本が忘れ去られつつあるなど、家庭教育の機能の低下が顕在化している。また、父親の家庭教育へのかかわりが社会全体として十分でない。
［新しい時代にふさわしい教育基本法と教育振興基本計画の在り方について　中央教育審議会答申　平成15(2003)年3月20日］

(3)生涯学習と学校教育
生涯学習における学校の役割

　学校教育、社会教育などの分野において、生涯学習を振興する観点から各種の施策が進められており、様々な学習の機会が提供されている。
　これらの中で最も組織的・体系的に学習の機会を提供しているものは学校である。生涯学習における学校の役割として、次の二つのことが重要である。
　第一は、人々の生涯学習の基礎を培うことである。このことはとりわけ小学校、中学校や幼稚園の段階で重要である。（略）
　第二は、地域の人々に対して様々な学習機会を提供することである。このことはとりわけ大学・短期大学、高等専門学校、高等学校や専修学校（以下、「大学・短大等」という。）に対して要請されている。
［生涯学習の基盤整備について　中央教育審議会答申　平成2(1990)年1月30日］

解説　生涯学習の基礎を培う：
　　生涯学習の基礎として自ら学ぶ意欲と主体的な学習の仕方を身につけることが重要であると考えられ、平成元(1989)年改訂の学習指導要領の総則に、「学校の教育活動を進めるに当たっては、自ら学ぶ意欲と社会の変化に対応できる能力の育成を図る」ことがあげられた。
　　その教育課程の基準を提言した昭和62(1987)年の教育課程審議会答申は「これからの学校教育は、生涯学習の基礎を培うものとして、自ら学ぶ意欲と社会の変化に主体的に対応できる能力の育成を重視する必要がある。そのためには、児童生徒の発達段階に応じて必要な知識や技術を身に付けさせることを通じて、思考力、判断力、表現力などの能力の育成を学校教育の基本に据える。……また、生涯にわたる学習の基礎を培うという観点に立って、自ら学ぶ目標を定め、何をどのように学ぶかという主体的な学習の仕方を身に付けさせるように配慮する」と述べている。
　　さらに、この学習指導要領改訂に伴う指導要録の改訂の際に、「新しい学力観」という言葉が生まれ、「指導要録改善の方針」の第1項「新学力観に立つ評価の重視」で、主な改善内容として「各教科等の評価において自ら

◆生きる力：☞p.28

学ぶ意欲の育成や思考力、判断力、表現力などの能力の育成を重視する」があげられた。

生涯を通じて学習する意欲と能力を培う学校教育

学校教育ではただ単に知識を一方的に身に付けさせるのではなく、自ら学ぶ意欲や自分で考え、判断し、行動する力を高め豊かにすることが重要である。学校でこのような教育を推進することは、生涯を通じて学び続けようとする意欲と能力を培うことにつながる。
［地域における生涯学習機会の充実方策について　生涯学習審議会答申　平成8(1996)年4月24日］

生涯学習の基礎的資質を養成する学校教育

生涯学習社会を見据えつつ、学校ですべての教育を完結するという考え方を採らずに、自ら学び、自ら考える力などの［生きる力］という生涯学習の基礎的な資質の育成を重視する。
［21世紀を展望した我が国の教育の在り方について(第1次)　中央教育審議会答申
　平成8(1996)年7月19日］

解説　生涯学習社会：☞p.34の「生涯学習社会の3条件」を参照。

現代的課題に対応する学校教育

国際化、情報化、科学技術の発展、環境の問題などのそれぞれに対する教育の在り方については、第2章以下で述べることとする。
［21世紀を展望した我が国の教育の在り方について（第1次）　中央教育審議会答申
　平成8(1996)年7月19日］

解説　学校教育の中でも、平成4年の生涯学習審議会答申『今後の社会の動向に対応した生涯学習の振興方策について』で提言された「現代的課題」を取り上げる必要があるとして提言された。なお、現代的課題については、p.74の「現代的課題の定義」を参照。

学校週5日制と子どもの全人的な人間形成

学校週5日制は、子供が家庭でゆとりのある生活をしたり、地域での多様な活動に参加する機会を増加させる契機となるものである。今日、学歴偏重、知識偏重等の風潮が指摘されている中で、豊かな生活体験、活動体験を通じて養われる、自発性、創造性などを含めた真の意味での学力が身

に付きにくくなっていること、さらには、将来にわたって自らの生活を切り開いていくのに必要な、全人的な力も培われ難くなっていること等の懸念があることを踏まえると、学校週5日制を積極的に活用して、子供の全人的な人間形成を図っていくことが重要である。
［今後の社会の動向に対応した生涯学習の振興方策について　生涯学習審議会答申
　平成4(1992)年7月］

施設の学校週5日制への対応
　学校週5日制は子供たちの生活にゆとりを与え、より豊かな生活体験・活動体験の機会を豊富にする契機となるものであり、地域社会における学校外活動充実の拠点となる社会教育・文化・スポーツ施設には大きな期待が寄せられている。
［地域における生涯学習機会の充実方策について　生涯学習審議会答申　平成8(1996)年4月24日］

［ゆとり］と個の確立
　ここで［ゆとり］と言うとき、もちろん時間的な［ゆとり］を確保することも重要であるが、心の［ゆとり］や考える［ゆとり］を確保することがさらに重要である。こうした心の［ゆとり］を社会全体が持つためには、実は我が国社会全体の意識を改革していくということが必要となってくる。なぜなら、我々の［ゆとり］を持つことを妨げているものとして、例えば、他人がしているから自分もするといった横並び的な意識があったり、高等学校や大学で学ぶのは、ある一定の年齢層でなければならないというような過度に年齢を意識した［年齢主義］的な価値観があるのではなかろうか。こうした意味では、我々は、自分の生き方を自ら主体的にきめていくという価値観に立って、真の意味での個を確立していくことが必要だと考えるのである。
［21世紀を展望した我が国の教育の在り方について（第1次）　中央教育審議会答申
　平成8(1996)年7月19日］

解説　ゆとり：
　　学歴偏重社会の中での過度の受験競争や知識注入中心の学校教育を改めるため、ゆとり教育が進められた。ゆとり教育には画一的な教育から個性を生かす教育へ、暗記ばかりでなく主体的に考えることを重視する教育へ、知力ばかりでなく体験や人間性を育むことを重視する教育へ、学校中心の教育から学校、家庭、地域が一体となって取り組む教育へ、青少年期に集中して行われる教育・学習から生涯を通しての教育・学習へといった意図が込められていた。

◆**青少年教育施設**：
　青年の家、少年自然の家、児童文化センターなどがある。青少年教育施設の中核的な施設として独立行政法人国立オリンピック記念青少年総合センターがある。

　しかし、平成10(1998)年の学習指導要領で教科の時間が削減されたことにより学力の低下を指摘する学力論争が起こり、学力の定着を図る'確かな学力'が強調されるようになった。平成15(2003)年10月に中教審は『初等中等教育における当面の教育課程及び指導の充実・改善方策について』を答申し、その中で'確かな学力'とは知識や技能に加えて、思考力・判断力・表現力などまでを含むもので、学ぶ意欲を重視した、これからの子どもたちに求められる学力で「生きる力」を知の側面からとらえたものとしている。この答申を受けて同年12月に学習指導要領が一部改正された。

生涯学習振興と、学力、地域講師の活用等
(1)学校では、生涯にわたる人間形成の基礎を培うため、基礎的・基本的な内容の指導を徹底し、個性を生かす教育の充実を図るとともに、自己教育力の育成を図ることが期待されている。
　特に学力については、単なる知識や技能の量の問題としてとらえるのでなく、学校、家庭及び地域における学習や生活を通して子供が自ら考え、主体的に判断し、行動するために必要な資質や能力として身に付けるものであるという認識を持つことが重要である。
(2)小学校、中学校、高等学校などの学校も、発達段階に伴う一定の年齢層の児童生徒に対する教育機関としての役割のみでなく、幅広く地域の生涯学習のための役割を果たすよう、その教育機能を、社会や地域に広げることが期待される。また、地域の生涯学習関連機関や団体との、密接な連携・協力を図ることが重要である。
((3)略)
(4)学校の教員が自らの生涯学習に取り組むことは、教員自身にとっても、新しい発見と自己の充実・向上に結び付くものであり、使命感の高揚や指導力の向上にも役立つとともに、学校教育そのものにも好ましい影響を与えるものである。
　また、経験豊かな社会人や生涯学習の指導者などを、幅広く学校教育の場に迎え入れることは、学校の教育機能を高めることに役立ち、学校教育の活性化にもつながるものであり、積極的な対応が望まれる。
［今後の社会の動向に対応した生涯学習の振興方策について　生涯学習審議会答申
　平成4(1992)年7月］

学校と関係機関の連携
　これからの学校教育においては、単に学校だけを教育の場と考えるのでなく、子供たちの体験的な学習の場を広げ、豊かな社会性をはぐくんでいくために、社会教育施設、青少年教育施設、文化

◆都市化、核家族化、少子化：
　都市化：都市に人口が集中すること、第2次、第3次産業が伸びること、都市に特有の生活様式が様々な地域に浸透すること、などをいう。
　核家族化：国勢調査では夫婦のみの世帯と親と子から成る世帯を核家族世帯としているが、一般的には親と未婚の子から成る家族を核家族とよんでいる。統計的に親と未婚の子から成る核家族の増加傾向を捉えることはそのデータがないため難しいが、子どものいる世帯の中での3世帯家族の比率をみると1985(昭和60)年25.3%、1990(平成2)年24.2%、1995(平成10)年23.0%と減少しており、その分核家族が増えていることが推測できる。
　少子化：1人の女性が生涯に産む子どもの数(合計特殊出生率)は1975(昭和50)年に1.91人と2人を割り、1993(平成5)年には1.5人を割り、1998(平成10)年1.38人、2001(平成13)年1.33人と低下し続けている。

◆リカレント教育：☞p.25

施設、スポーツ施設などの公共施設や企業等の機関との連携を積極的に図り、教育の場を広く考えて、教育活動を展開していくことが必要である。
［21世紀を展望した我が国の教育の在り方について（第1次）　中央教育審議会答申
　　平成8（1996）年7月19日］

幼稚園と地域社会の連携

　今日、都市化、核家族化、少子化が進行する中で、幼稚園が、家庭や地域社会とあいまって、同年齢や異年齢の幼児同士による集団での遊び、自然との触れ合い等の直接的・具体的な体験など、幼児期に体験すべき大切な学習の機会や場を用意することの重要性は、ますます高まってきている。
［21世紀を展望した我が国の教育の在り方について（第1次）　中央教育審議会答申
　　平成8（1996）年7月19日］

(4)生涯学習と企業教育等

生涯学習振興のための企業等の役割

　(1)我が国の社会、経済の発展において、企業等の果たしてきた役割は大きい。今後は、企業自身の発展のためにも、社会的存在としての役割が大きくなってきていることに留意し、企業自らの活動として生涯学習を支援し、その推進に貢献することが期待される。また、生涯学習に関心を持つ企業等を中心とした、生涯学習推進のための組織作りが期待される。
　(2)勤労者の生涯学習の振興のためには、企業等の理解と協力が不可欠である。リカレント休暇、ボランティア休暇の導入などにより積極的に支援するとともに、勤労者が生涯学習しやすい条件作りのため、時短、週休2日制など、勤労者の自由時間、余暇時間の増大などの方策を一層促進することが望まれる。また、ボランティア活動の経験やリカレント教育などの生涯学習の成果を、採用、昇任などの際に適切に評価することが望まれる。
［今後の社会の動向に対応した生涯学習の振興方策について　生涯学習審議会答申
　　平成4（1992）年7月］

解説　ボランティア活動：☞p.97の「ボランティア活動の基本的理念」を参照。

第2章　生涯学習社会

1. 生涯学習社会の構想

(1)生涯学習社会の考え方

生涯学習社会の3条件

　これからは、学校教育が抱えている問題点を解決するためにも、社会のさまざまな教育・学習システムが相互に連携を強化して、生涯のいつでも自由に学習機会を選択して学ぶことができ、その成果を評価するような生涯学習社会を築いていくことが望まれるのである。
［新しい時代に対応する教育の諸制度の改革について　中央教育審議会答申
　平成3(1991)年4月19日］

> **解説**　これは、中教審が生涯学習社会の考え方を示した最初のものである。それは、生涯学習社会の教育・学習システムが3つの仕組み（サブシステム）からなることを示している。
> 　　3つの仕組み（サブシステム）
> 　　①生涯のいつでも自由に学習機会を選択できる仕組み
> 　　②生涯のいつでも自由に学ぶことができる仕組み
> 　　③学習成果を適切に評価する仕組み

生涯学習社会の考え方と3条件

　生涯学習についてのこれまでの考え方を踏まえつつ、本審議会としては、基本的な考え方として、今後人々が、生涯のいつでも、自由に学習機会を選択して学ぶことができ、その成果が社会において適切に評価されるような生涯学習社会を築いていくことを目指すべきであると考える。
　そのためには、今後、適切な学習機会の拡大や、学習情報提供サービスの充実を図るなど、学校教育も含めた社会の様々な教育・学習システムを総合的にとらえ、それらの連携を強化し、人々の学習における選択の自由をより拡大し、学習活動を支援していくことが重要である。
［今後の社会の動向に対応した生涯学習の振興方策について　生涯学習審議会答申
　平成4(1992)年7月］

> **解説**　平成3(1991)年の中教審答申『新しい時代に対応する教育の諸制度の改革について』で示された生涯学習社

会の考え方を踏襲している。平成3（1991）年の中教審答申では「生涯のいつでも自由に学習機会を選択して学ぶことができ、その成果を評価するような生涯学習社会」とされていたが、ここでは「生涯のいつでも、自由に学習機会を選択して学ぶことができ、その成果が社会において適切に評価されるような生涯学習社会」とされ、「その成果を評価するような」が「社会において適切に評価されるような」となった。

生涯学習社会の実現

時代や社会が大きく変化していく中で、国民の誰もが生涯のいつでも、どこでも、自由に学習機会を選択して学ぶことができ、その成果が適切に評価されるような社会を実現することが重要であり、このことを踏まえて生涯学習の理念を明確にする。
［新しい時代にふさわしい教育基本法と教育振興基本計画の在り方について　中央教育審議会答申　平成15（2003）年3月20日］

解説　平成3（1991）年の中教審答申『新しい時代に対応する教育の諸制度の改革について』以来の生涯学習社会の考え方を踏襲している。ここでは、「国民の誰もが生涯のいつでも、どこでも、自由に学習機会を選択して学ぶことができ」としており、「どこでも」が加わった。

生涯学習社会と生涯学習の理念

今日、社会が複雑化し、また社会構造も大きく変化し続けている中で、年齢や性別を問わず、一人ひとりが社会の様々な分野で生き生きと活躍していくために、家庭教育、学校教育、社会教育を通じて職業生活に必要な新たな知識・技能を身に付けたり、あるいは社会参加に必要な学習を行うなど、生涯にわたって学習に取り組むことが不可欠となっている。教育制度や教育政策を検討する際には、これまで以上に学習する側に立った視点を重視することが必要であり、今後、誰もが生涯のいつでも、どこでも、自由に学習機会を選択して学ぶことができるような社会を実現するため、生涯学習の理念がますます重要となる。
［新しい時代にふさわしい教育基本法と教育振興基本計画の在り方について　中央教育審議会答申　平成15（2003）年3月20日］

学歴偏重の是正

我々としても、こうした大学・高等学校における入学者選抜の改善、大学改革・高校改革の取組を評価しつつ、今後一層改善が進められることを強く望みたい。また、企業・官公庁において、学校名にこだわらない採用など人物・能力本位の採用や、形式的な学（校）歴にこだわらない能力主

義に基づく昇進などについてさらに積極的な取組を望みたい。
［21世紀を展望した我が国の教育の在り方について（第1次）　中央教育審議会答申
　　平成8（1996）年7月19日］

生涯学習による生きがい追求と創造性豊かな社会の実現
　我が国は、生涯のいつでも自由に学習機会を選択して学ことができ、その成果が社会で適切に評価されるような生涯学習社会の実現を目指しているが、これからはさらにその学習成果が様々な形で活用でき、生涯学習による生きがい追求が創造性豊かな社会の実現に結びつくようにしていかなければならない。
　そのような社会は、人々が画一的な組織の中でナンバーワンを目指して競うのではなく、青少年から高齢者まで、障害者を含めて一人一人が、社会にその人ならではの貢献ができるような、お互いの良さを認めあう社会である。
［学習の成果を幅広く生かす　生涯学習審議会答申　平成11（1999）年6月］

解説	ナンバーワン：
	ナンバーワンからオンリーワンへの価値観の転換を意図したもの。

生涯学習社会の構築に向けた社会教育行政
　学歴社会の弊害の是正、社会の成熟化に伴う学習需要の増大、社会・経済の変化に対応するための学習の必要性の観点から、生涯学習社会の構築に向けて教育改革の努力が進められている。社会教育はその中で重要な位置を占めており、社会教育行政は、生涯学習社会の構築に向けて中核的な役割を果たさなければならない。今後の社会教育行政は、学校教育をはじめ、首長部局、民間の活動等との幅広い連携の下に、人々の生涯にわたる自主的な学習活動の支援に努めていかなければならない。
［社会の変化に対応した今後の社会教育行政の在り方について　生涯学習審議会答申
　　平成10（1998）年9月］

(2)**ネットワーク**
社会教育行政を中核としたネットワーク型行政の構築
　生涯学習社会においては、人々の学習活動・社会教育活動を、社会教育行政のみならず、様々な

立場から総合的に支援していく仕組み（ネットワーク型行政）を構築する必要がある。社会教育行政は生涯学習振興行政の中核として、学校教育や首長部局と連携して推進する必要がある。また、生涯学習施設間や広域市町村間の連携等にも努めなければならない。
　（略）
　生涯学習社会においては、各部局の展開する事業や民間の活動が個別に実施されると同時に、こうした活動等がネットワークを通して、相互に連携し合うことが重要である。これからは、広域な領域で行われる学習活動に対して、様々な立場から総合的に支援していく仕組み（ネットワーク型行政）を構築していく必要がある。この意味で社会教育行政は、ネットワーク型行政を目指すべきであり、社会教育行政は生涯学習振興行政の中核として、積極的に連携・ネットワーク化に努めていかなければならない。
　［社会の変化に対応した今後の社会教育行政の在り方について　生涯学習審議会答申
　　平成10(1998)年9月］

解説　これは、これからの生涯学習社会にあっては、高度情報社会の進展とあいまって、ネットワーク型行政に転換すべきことを提言したものである。
　　ネットワーク型行政：
　　ネットワーク型行政にあっては、学習資源の開発・流通を図ることが重要としている。ネットワークというと、連携・協力という方に目が向き、このことが忘れられがちであるが、この資源の流通がないとネットワークは稼働しないことが多い。

関係部局、大学、施設、団体等のネットワーク構築
　また、ネットワークを構築するためには、国、地方公共団体、大学・研究機関、民間団体等に存在する人・もの・情報等に関する学習資源を調査、収集し、その学習資源を有効に活用できるようにすることが必要である。このため、国は、学習資源の開発を効果的に進めるため、地方公共団体間のネットワークを促進し、また、地方公共団体は、人々に直接学習資源を提供するだけでなく、ネットワーク参加機関、施設、団体等がそれぞれ役割を果たせるような環境を整備していくことが求められる。
　［社会の変化に対応した今後の社会教育行政の在り方について　生涯学習審議会答申
　　平成10(1998)年9月］

生涯学習施設間のネットワーク

社会教育施設間のみならず、首長部局が所管する各種の施設等との積極的な連携を促進し、住民にとって利用しやすい生涯学習施設のネットワークを構築していくことが必要である。このための恒常的な組織の設置が期待される。

［社会の変化に対応した今後の社会教育行政の在り方について　生涯学習審議会答申
　平成10(1998)年9月］

(3) 公　共

新しい「公共」を創造する日本人の育成

近年、阪神・淡路大震災の際のボランティア活動に見られるように、互いに支え合い協力し合う互恵の精神に基づき、新しい「公共」の観点に立って、地域社会の生活環境の改善や、地域環境問題や人権問題など国境を越えた人類共通の課題の解決に積極的に取り組み、貢献しようとする国民の意識が高まりを見せている。個人の主体的な意思により、自分の能力や時間を他人や地域、社会のために役立てようとする自発的な活動への参加意識を高めつつ、自らが国づくり、社会づくりの主体であるという自覚と行動力、社会正義を行うために必要な勇気、「公共」の精神、社会規範を尊重する意識や態度などを育成していく必要がある。

［新しい時代にふさわしい教育基本法と教育振興基本計画の在り方について　中央教育審議会答申
　平成15(2003)年3月20日］

解説　ボランティア活動：☞p.97の「ボランティア活動の基本的理念」を参照。

新しい「公共」：

平成14(2002)年の中教審答申『青少年の奉仕活動・体験活動の推進方策について』では、互恵の精神に基づき、利潤追求を目的とせず、社会的課題の解決に貢献する活動が、従来の「官」と「民」という二分法では捉えきれない、新たな「公共」のための活動として捉えられ、その例としてボランティア活動やNPO活動が取り上げられた。

なお、平成12(2000)年1月の「21世紀日本の構想」懇談会の『21世紀日本の構想懇談会報告書』では、いま「何が問われているか」に対する答えとして「個の確立と新しい公の創出」が「統治からガバナンス（協治）へ」とともにあげられた。それは「多様性が基本となる21世紀には、自分の責任でリスクを負い、先駆的に挑戦する『たくましく、しなやかな個』が求められる。個が自由で自発的な活動を行い、社会に参画していくことにより、従来の上からの『公共』でなく、個人を基盤とした新たな公が創出される。多様な他者を許し、支え、また、合意には従う公である」「個の確立が公を創出し、公の創出がより大きな選択と機会を個に与える共鳴効果が、社会

に新しいガバナンス（協治）を生み出す」というものであった。

「公共」に参画する意識や態度の涵養

人は、一人だけで独立して存在できるものではなく、個人が集まり「公共」を形づくることによって生きていくことができるものである。このことを踏まえて、21世紀の国家・社会の形成に主体的に参画する日本人の育成を図るため、政治や社会に関する豊かな知識や判断力、批判的精神を持って自ら考え、「公共」に主体的に参画し、公正なルールを形成し遵守することを尊重する意識や態度を涵養することが重要であり、これらの視点を明確にする。

［新しい時代にふさわしい教育基本法と教育振興基本計画の在り方について　中央教育審議会答申　平成15(2003)年3月20日］

2. 生涯学習支援・推進体制

(1)センター機能、コーディネート機能

連絡調整組織の整備

今後、人々の高度化・多様化する学習需要に対応し、生涯学習を総合的に推進していくためには、それぞれの施策を充実するとともに、相互の連携・協力を図ることが重要である。

このため、国・都道府県・市町村において、生涯学習の各種施策の連絡調整を図る組織を整備することが必要と考えられる。

［生涯学習の基盤整備について　中央教育審議会答申　平成2(1990)年1月30日］

「生涯学習推進センター」

1）　地域における生涯学習をより一層推進していくためには、学習機会を提供するだけでなく、人々が学習機会を選択したり、自主的な学習活動を進めることについて援助を行うことも大切である。今後は特に、生涯学習に関する情報を提供したり、各種の生涯学習施設相互の連携を促進し、人々の生涯学習を支援する体制を整備していくことが重要である。このため、それぞれの地域の生涯学習を推進するための中心機関となる「生涯学習推進センター」（以下、「推進センター」という）を設置することが必要と考えられる。都道府県が設置し、次に掲げる事業を集中して行うことが適当である。（略）

第Ⅱ部　生涯学習関連の答申と解説

◆学習情報の提供：
　学習情報は案内情報、内容情報（百科事典的情報）、アドバイス情報などに分類できるが、一般に「学習情報の提供」といった場合は案内情報の提供を指すことが多い。

　ⅰ）生涯**学習情報の提供**及び**学習相談**体制の整備充実に関すること
　ⅱ）学習需要の把握及び学習プログラムの研究・企画に関すること
　ⅲ）関係機関との連携・協力及び事業の委託に関すること
　ⅳ）生涯学習のための指導者・助言者の養成・研修に関すること
　ⅴ）生涯学習の成果に対する評価に関すること
　ⅵ）地域の実情に応じて、必要な講座等を主催すること
［生涯学習の基盤整備について　中央教育審議会答申　平成2（1990）年1月30日］

解説　生涯学習推進センターの事業と『生涯学習振興法』：
　　生涯学習推進センター等の事業についての法規定は、平成2（1990）年に制定された『生涯学習の振興のための施策の推進体制等の整備に関する法律』（以下、生涯学習振興法という）の第3条第1項がそれにあたる。ただし、生涯学習推進センターという言葉を入れることができなかったので、都道府県教育委員会の事業として定められている。
　　平成3（1991）年に文部省告示『生涯学習の振興に資するための都道府県の事業の推進体制の整備に関する基準』とともに生涯学習局長が『「生涯学習の振興に資するための都道府県の事業の推進体制の整備に関する基準」の趣旨及び留意点について』を出しているが、その中で生涯学習推進センターを次のように「参考」としてあげている。
　　「都道府県の教育委員会が、事務分担や各施策担当部門間の連携の在り方の見直しを図ることなどにより、法第3条第1項各号に掲げる諸事業を一体的かつ効果的に実施できる体制を整備する場合には、利用する住民や関係者の便宜、行政の効率性の観点から、単一の組織を設けるに際して、例えば、中央教育審議会の『生涯学習の基盤整備について』（平成2年1月30日答申）において示されている生涯学習推進センターのような機関も参考とすることが有益である。」

コーディネート機能の強化

　異なる種類の施設間で形成された広域的なネットワークが有機的・効率的に機能するためには、連携の中心となる中核的な機関が不可欠である。これには、一般に地域の生涯学習推進センターが当たっているが、ネットワークを形骸化させないようにするためにも、生涯学習推進センター自体の体制整備が必要になる。
［地域における生涯学習機会の充実方策について　生涯学習審議会答申　平成8（1996）年4月24日］

解説　広域的なネットワーク：
　　市町村域を超えた生涯学習支援ネットワークのこと。たとえば、複数の市町村が協定を結び、互いに社会教育施設等の利用や講座への受け入れを認め合ったり、累積加算できるような共通の単位を認定したりすることなど

◆学習相談：
　学習情報を提供したり、学習技法や学習グループ・サークル・団体等の運営方法などを紹介したりしながら、学習者の学習上の悩みや問題解決を図る助言・援助活動。
　文部省・学習情報提供システムの整備に関する調査研究協力者会議は、学習相談の目的として、①学習希望者の潜在的な学習ニーズを聞き出し、具体的な学習活動にまで引き上げること、②学習者の学習活動の質を高め、継続的なものにすること、③学習活動を行う中で、問題や悩みを聞き、その解決を助けることをあげた。（文部省・学習情報提供システムの整備に関する調査研究協力者会議『生涯学習のための学習情報提供・相談体制の在り方』昭和62（1987）年。）

があげられる。例としては、県民カレッジなどの生涯大学システムがあげられる。

大学等の生涯学習のセンターの整備

　学内全体としても、生涯学習を総合的に推進する体制の整備が必要であり、現在、国公立私立を問わず、幾つかの大学等において全学的な生涯学習推進のためのセンターの整備が進められつつある。
［地域における生涯学習機会の充実方策について　生涯学習審議会答申　平成8（1996）年4月24日］

学習施設の総合的な整備

　多様な施設の総合的な整備のためには、地域全体での総合的、有機的な学習施設整備計画を作ることが大切である。地域のまちづくり計画等の中にしっかりと位置付けられることにより、施設の整備は着実に進展することであろう。
［地域における生涯学習機会の充実方策について　生涯学習審議会答申　平成8（1996）年4月24日］

(2) まちづくり

地域再生のための学習成果の活用

　このように、住民の力によって地域社会の課題を解決し、地域を再生させる上でも、住民の学習や、学習成果を生かした地域活動への参加が欠かせない。
［学習の成果を幅広く生かす　生涯学習審議会答申　平成11（1999）年6月］

学習成果を生かしたまちづくり

　生涯学習がまちづくりと結びつくためには、学習の成果を身につけた人々がまちづくりの活動に参加していく必要がある。
［学習の成果を幅広く生かす　生涯学習審議会答申　平成11（1999）年6月］

解説

生涯学習によるまちづくり：

　昭和62（1987）年の臨時教育審議会第三次答申で「生涯学習を進めるまちづくり」が提唱されたが、その後「生涯学習のためのまちづくり」と「生涯学習によるまちづくり」に分けていわれるようになった。後者は生涯学習を推進することを通してまちづくりを進めようとするものである。具体的には、まちづくりの中核に人づくりがあるが、人づくりはまさに生涯学習に関わるものである。また、学習成果を生かした地域活動、ボランティア活

第Ⅱ部　生涯学習関連の答申と解説

　　　動などは、まちづくりを進める上で必要不可欠なものである。したがって、生涯学習や学習成果を生かした活動
　　　を推進することによって、まちづくりに取り組もうというものである。

全国生涯学習市町村協議会の設置
　生涯学習によるまちづくりを着実に推進していくためには、それぞれの市町村による地道な取組が基本になるが、自治体間相互の連携推進、情報・人材交流が欠かせない。このため、それぞれで培ったノウハウや人材を相互に交換して共有化したり、共同の啓発活動で住民の意識を盛り上げることをねらいとして、関係の自治体による「全国生涯学習市町村協議会」のような連絡、情報交流の場が設置されるよう提言したい。
［学習の成果を幅広く生かす　生涯学習審議会答申　平成11(1999)年6月］

| 解　説 | 生涯学習によるまちづくり：前項を参照。 |

第3章　連携・協力・融合

1. 連携・協力

リカレント教育実施のための連携・協力

　リカレント教育にかかわる事業の推進に当たっては、産・官・学等の関係者・機関がそれぞれの役割を明確にしながら、幅広い相互の連携・協力を図っていくことが大切であり、地域のリカレント教育を支援・推進するために、「リカレント教育推進協議会」など、行政と民間との協力によるリカレント教育推進のための組織や機関を設けることが考えられる。
　［今後の社会の動向に対応した生涯学習の振興方策について　生涯学習審議会答申
　　平成4(1992)年7月］

ボランティア活動推進のための連携・協力

　都道府県・市町村の教育委員会は、民間団体等の協力を得ながら、関係行政部局と連携を取りつつ、「生涯学習ボランティア活動推進会議」等を開催することが必要である。
　また、全国的な規模での連携・協力を図るための会議等の開催も望まれる。
　［今後の社会の動向に対応した生涯学習の振興方策について　生涯学習審議会答申
　　平成4(1992)年7月］

青少年の学校外活動充実のための連携・協力

　学校外活動の充実を図る上で、青少年団体等の地域団体と教育委員会や社会教育施設との間の連携、地域団体間の連携、学校と地域団体との間における連携の促進を図ることが期待される。
　［今後の社会の動向に対応した生涯学習の振興方策について　生涯学習審議会答申
　　平成4(1992)年7月］

現代的課題に関する学習機会充実のための連携・協力

　都道府県・市町村においては、生涯学習の推進のための連絡会議を活用し、教育委員会等を中心とする関係部局の連絡・協力、地域の実態に即した学習課題等について検討を行うことが重要である。
　［今後の社会の動向に対応した生涯学習の振興方策について　生涯学習審議会答申
　　平成4(1992)年7月］

◆リカレント教育：☞p.25

◆青少年団体：
　社会奉仕活動、野外活動、学習活動等を通して青少年の健全育成を図ることを目的とする団体。例えば、子ども会、青年団、ボーイスカウト、ガールスカウト、YMCA、YWCA、青年海外協力隊などがある。

◆社会教育関係団体：
　公の支配に属さず、社会教育に関する事業を行うことを主たる目的とする団体のこと。例えば、PTA、青年団、地域婦人会、全日本社会教育連合会、全国公共図書館協議会、全国社会教育委員連合、全国公民館連合会などがあげられる。なお、文部科学大臣や教育委員会は求めに応じて専門的技術的な指導や助言をすることはできるが、国及び地方公共団体が不当に統制的支配をしたり事業への干渉を加えたりしてはならないことになっている。

職業、市民意識、介護等に関する学習機会提供のための行政部局間の連携

　教育委員会が実施する事業の内容は、どちらかと言うと、これまで趣味・文化・教養などに偏る面も見られたが、今後は、職業に係る知識・技術の向上や市民意識・社会連帯意識などに関する学習、あるいは、介護等の生活技術の習得に係る学習などを含め、新たな学習ニーズにこたえる適切な内容の事業を積極的に実施すべきである。このためには、それらの学習に関係する行政部局・施設の協力・支援を得ることが必要であり、その観点からも、教育委員会と他の行政部局間の連携・調整を図る必要がある。
［地域における生涯学習機会の充実方策について　生涯学習審議会答申　平成8(1996)年4月24日］

民間団体と社会教育行政の連携・協力

　民間の社会教育活動が活発化し、社会教育関係団体、民間教育事業者、ボランティア団体等が積極的な活動を行っている。これからの社会教育行政は、これら民間活動についての環境の整備や支援を行うとともに、ボランティア団体をはじめとするNPOを含め、民間団体との連携・協力を進めることが必要である。
［社会の変化に対応した今後の社会教育行政の在り方について　生涯学習審議会答申
　平成10(1998)年9月］

教育委員会と民間教育事業者との連携

　住民の学習活動等の活性化という視点に立ち、民間の企業・団体あるいは個人が行っている活動も視野に入れ、その自主性を尊重しつつ支援するとともに、地域の学習活動を総体として充実していくため、カルチャーセンター、スポーツクラブ等の民間教育事業者の活動が地域における学習活動の基盤の一つであることを十分踏まえ、これらの民間教育事業者と連携した施策を推進することが必要である。
［今後の地方教育行政の在り方について　中央教育審議会答申　平成10(1998)年9月21日］

民間と関係施設との連携

　人々の多様な学習ニーズに柔軟にこたえるためには、多様な学習機会が提供されなければならない。学習機会の提供や学習支援を行うのは公的施設ばかりではない。一般の個人・グループあるいは民間教育事業者などを広い視野でとらえ、これらと適切な連携を進める必要がある。

◆民間教育事業者：
　カルチャーセンター、塾、社会通信教育、教材やITソフトの販売等の教育産業を担う企業、業者。

◆ボランティア団体：
　各種のボランティア活動を行うことを目的とする団体。草の根的なボランティア・グループからNPO法人、NGO法人などまで多様なものが含まれる。

［地域における生涯学習機会の充実方策について　生涯学習審議会答申　平成8(1996)年4月24日］

施設間の連携・協力

　第一は、施設間の連携・協力の推進である。学習者の様々なニーズに柔軟・迅速・的確にこたえていくためには、各施設が単独で対応するのではなく、類型を超えて関連する施設間に機能的なネットワークを構築して対応することが有効である。

［地域における生涯学習機会の充実方策について　生涯学習審議会答申　平成8(1996)年4月24日］

科学的素養を育成するための大学、研究所の開放

　我が国の基礎研究を担っている大学や研究所には、施設見学の機会の提供やセミナーの開催などを通じて、科学の面白さや魅力について、子供たちに積極的に情報発信していくことを望みたい。その際、特に、科学者たちには、試行錯誤を繰り返しながら、生命や宇宙の神秘に迫っている現代科学の本当の魅力を様々な機会を通じて、子供たちに分かりやすい言葉で語りかけることを期待したい。

［21世紀を展望した我が国の教育の在り方について（第1次）　中央教育審議会答申
　　平成8(1996)年7月19日］

学校での地域人材等の活用

　地域社会には、職業や経験を通して培った高い資質や能力を持つさまざまな人々がいる。これらの人々の専門的な知識や技能などを学校の教育活動に適切に活用することによって、教育活動の多様化とその質の向上に大いに資することが期待できる。

［地域における生涯学習機会の充実方策について　生涯学習審議会答申　平成8(1996)年4月24日］

学校と地域の連携・協力と協調・融合

　中央教育審議会第一次答申においては、従来の学校・家庭・地縁的な地域社会とは異なる「第4の領域」の育成を提唱したが、今後、地域全体の教育力の向上については、従来の学校など関係機関・団体の自発的な連携協力という域を超えて、学校をはじめとする地域の様々な教育機能が協調・融合して、子どもの成長を担うことが求められており、このような地域の教育機能の協調・融合を支援し、促していくことが教育委員会の新たな役割として期待されている。教育委員会においては、このような観点から、生涯学習、社会教育、芸術文化、スポーツ等の事業の企画、実施に際して、

◆NPO（Non-Profit Organization）:
　非営利団体のこと。平成12年度版の『国民生活白書』によると、狭義にはNPO法人のことをいうが、我が国ではそれにボランティア団体、市民活動団体を含めたものをいう。アメリカではさらにそれらに社団法人、財団法人、社会福祉法人、学校法人、医療法人、宗教法人などを含め、最広義ではそれらに町内会、自治会、労働組合、経済団体、協同組合等を含めていう。なお、NPO法人（特定非営利活動法人）は、1998（平成10）年に制定された特定非営利活動促進法（俗にNPO法）に規定されている。

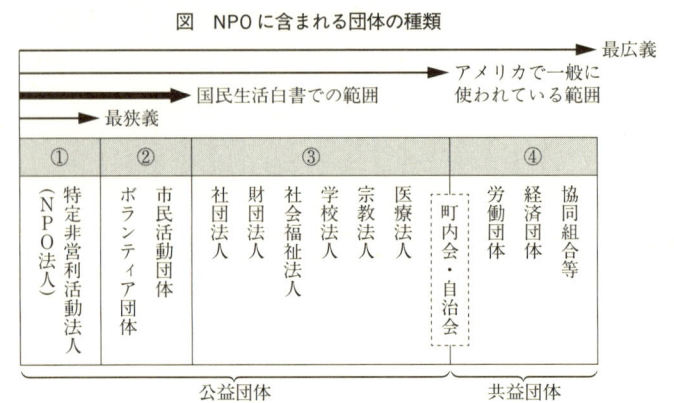

図　NPOに含まれる団体の種類

①	②	③	④
特定非営利活動法人（NPO法人）	市民活動団体 ボランティア団体	社団法人 財団法人 社会福祉法人 学校法人 宗教法人 医療法人	町内会・自治会 労働団体 経済団体 協同組合等

　→ 最狭義
　　→ 国民生活白書での範囲
　　　→ アメリカで一般に使われている範囲
　　　　→ 最広義

公益団体　　　　　　　　　　　　共益団体

（備考）1．各種資料をもとに当庁にて作成。
　　　　2．まれに地縁組織である町内会や自治会をNPOに含めるときがある。
経済企画庁（現内閣府）『平成12年版 国民生活白書』

学校教育との協調・連携に十分配慮するとともに、学校教育に地域の活力を生かすための様々な工夫を講じることが必要である。なお、その際、首長部局の行う関係施策についても、地域の教育機能の向上の観点から、有機的な関連を持って行われるよう、首長部局との連携協力に努めることが必要である。
［今後の地方教育行政の在り方について　中央教育審議会答申　平成10（1998）年9月21日］

解説　第4の領域：
　地縁的な結びつきによるものだけでなく、同じ目的や興味・関心に応じて結びついた場、グループ等。平成8（1996）年の中教審答申『21世紀を展望した我が国の教育の在り方について』で、子どもたちを育てる教育の場として「第4の領域」の育成が提言された。p.152の［Q&A］の8を参照。
　機関・団体の連携協力と教育機能の協調・融合：
　この答申で、関係機関・団体は連携協力し、教育機能が協調・融合することがいわれ、連携するのは機関・団体で、融合するのはそれらの機能であることが示された。

教育委員会と大学等との連携
　大学や専修学校は、それぞれ、高度な教育・研究機能や実践的・専門的な教育機能を有する生涯学習機関として、地域住民への施設開放、公開講座等をより積極的に行っていくことが期待されており、教育委員会は、こうした大学、専修学校など地域の高等教育機関等との連携を強め、地域住民のニーズを踏まえた社会人の再教育機会の充実など、地域全体の人づくりの視点に立った施策の推進を図ることが必要である。
［今後の地方教育行政の在り方について　中央教育審議会答申　平成10（1998）年9月21日］

社会人教育のための大学等と企業の連携
　社会人の大学等への入学を促進するため、大学等における学習に関する情報を社会人や企業等に積極的に提供するとともに、意見交換の場を設定するなど、大学等と企業との連携を進めることが必要である。
［地域における生涯学習機会の充実方策について　生涯学習審議会答申　平成8（1996）年4月24日］

◆JA：
　Japan Agriculture cooperatives の略。農業協同組合（農協）のこと。

◆JC：
　Japan Junuor Chanber の略。日本青年会議所のこと。

◆青少年団体：☞p.44

子どもの多様な体験活動を支える地域ネットワーク
　地域に古くから伝わる伝承遊びやものづくりなど地域の文化を伝える活動、冒険的な活動や自然体験活動、世代を超えてのボランティア活動やお年寄りや障害をもった人たちとのふれあい体験活動、地域に住む外国人との交流等、全国津々浦々で地域に根ざした子どもたちの体験活動を展開する。実施に当たっては、市町村におけるPTA、青少年団体の関係者、企業・地場産業関係者、自治会の代表者、その他関係機関・団体（JA、JC、老人クラブ等）、教育委員会等行政関係者などで構成されるネットワーク組織をつくって進める。一過性のイベントでなく継続的な事業となるよう配慮する。また、青少年団体等の地域に根差した特色ある活動への取組を促進する。
［生活体験・自然体験が日本の子どもの心をはぐくむ　生涯学習審議会答申　平成11(1999)年6月］

解説　ボランティア活動：☞p.97の「ボランティア活動の基本的理念」を参照。

ボランティア活動、NPO活動等と新たな「公共」
　このような社会状況にあって、個人や団体が地域社会で行うボランティア活動やNPO活動など、互いに支え合う互恵の精神に基づき、利潤追求を目的とせず、社会的課題の解決に貢献する活動が、従来の「官」と「民」という二分法では捉えきれない、新たな「公共」のための活動とも言うべきものとして評価されるようになってきている。
［青少年の奉仕活動・体験活動の推進方策等について　中央教育審議会答申　平成14(2002)年7月］

解説　新たな公共：☞p.38の「新しい『公共』」を参照。

2. 学校・家庭・社会の連携・協力

学校と家庭・地域社会の連携
　地域社会が学校に対して必要な支援を行うことは、学校教育の機能を高める上で特に大切である。学校週5日制の円滑な実施、いじめ年代への適切な対応、学校を取り巻く教育環境の改善など、緊急の課題が生じている。これらの課題への実効性ある対応のためには、学校と家庭・地域社会との密接な連携が重要である。

第II部　生涯学習関連の答申と解説

◆「生きる力」：☞p.28の「生きる力」を参照。

［地域における生涯学習機会の充実方策について　生涯学習審議会答申　平成8(1996)年4月24日］

学校・家庭・地域社会の連携・協力と役割分担の明確化
今後の教育を進めていく上で、学校・家庭・地域社会の三者の連携・協力をより一層強化することが求められており、そのためには、この三者の適切な役割分担が明確にされることが必要である。
［新しい時代にふさわしい教育基本法と教育振興基本計画の在り方について
　　中央教育審議会答申　平成15(2003)年3月20日］

学校・家庭・地域社会の連携・協力
子どもの健全育成をはじめ、教育の目的を実現する上で、地域社会の果たすべき役割は非常に大きい。学校・家庭・地域社会の三者が、それぞれ子どもの教育に責任を持つとともに、適切な役割分担の下に相互に緊密に連携・協力して、教育の目的の実現に取り組むことが重要であり、その旨を規定することが適当である。
［新しい時代にふさわしい教育基本法と教育振興基本計画の在り方について
　　中央教育審議会答申　平成15(2003)年3月20日］

「生きる力」を育てる学校・家庭・地域社会の連携
「生きる力」は、学校において組織的、計画的に学習しつつ、家庭や地域社会において、親子の触れ合い、友達との遊び、地域の人々との交流などの様々な活動を通じて根づいていくものであり、学校・家庭・地域社会の連携とこれらにおける教育がバランスよく行われる中で豊かに育っていくものである。
［21世紀を展望した我が国の教育の在り方について（第1次）　中央教育審議会答申
　　平成8(1996)年7月19日］

開かれた学校づくり
家庭や地域社会との連携を進め、家庭や地域社会とともに子供たちを育成する開かれた学校となる。
［21世紀を展望した我が国の教育の在り方について（第1次）　中央教育審議会答申
　　平成8(1996)年7月19日］

第3章 連携・協力・融合

◆青少年団体：☞p.44

| 解説 | 開かれた学校：
開かれた学校運営、地域の人々や父母による非常勤講師や学校ボランティアとしての参加の促進、学校施設の開放と管理運営体制の整備、余裕教室の活用、学校と社会教育施設等との複合化の検討などから成る。学校、家庭、地域社会が一体となって子どもの教育に取り組む必要があることから平成8（1996）年の中教審答申『21世紀を展望した我が国の教育の在り方について』（第1次）で提言された。
さらに、平成15年12月に学習指導要領等の一部が改正され、学習指導要領「総則」に総合的な学習の時間の配慮事項として「社会教育施設や社会教育関係団体等との連携」がもり込まれた。

開かれた学校

　学校が社会に対して閉鎖的であるという指摘はしばしば耳にするところである。学校や地域によって事情は異なり、この指摘の当否を一律に断定すべきではないが、子供の育成は学校・家庭・地域社会との連携・協力なしにはなしえないとすれば、これからの学校が、社会に対して「開かれた学校」となり、家庭や地域社会に対して積極的に働きかけを行い、家庭や地域社会とともに子供たちを育てていくという視点に立った学校運営を心がけることは極めて重要なことと言わなければならない。
［21世紀を展望した我が国の教育の在り方について（第1次）　中央教育審議会答申
　　平成8（1996）年7月19日］

地域教育連絡協議会や地域教育活性化センターの設置

　地域社会における教育の充実を地域ぐるみで行うための一つの方策として、地域の人々の意向を反映しつつ、地域社会における学校外の様々な活動の充実について連絡・協議を行い、ネットワークづくりを進めるため、市町村教育委員会等が核となり、PTA、青少年団体、地元企業、地域の様々な機関・団体や学校等の参加を得て、地域教育連絡協議会を設けることを提唱したい。（略）
　関係者間の連絡・協議を行うだけでなく、自ら地域社会における活動に関する事業を行ったり、各種の情報提供や相談活動、指導者やボランティアの登録、紹介などを行うため、地域の実態に応じ、行政組織の一部又は公益法人などとして、地域教育活性化センターを設置することも考えられる。
［21世紀を展望した我が国の教育の在り方について（第1次）　中央教育審議会答申
　　平成8（1996）年7月19日］

> **解説** 　地域教育連絡協議会：
>
> 　　地域の人々の意向を反映しつつ、地域ぐるみで教育の充実を図るため、学校外のさまざまな活動の充実についての連絡・協議を行い、ネットワークづくりを進める協議会。市町村教育委員会等が核となり、PTA、青少年団体、地元企業、地域のさまざまな機関・団体や学校等が参加。平成8(1996)年の中教審答申『21世紀を展望した我が国の教育の在り方について』(第1次)で提言された。
>
> 　地域教育活性化センター：
>
> 　　地域社会における活動に関する事業を行ったり、各種の情報提供や相談活動、指導者やボランティアの登録、紹介などを行ったりする行政組織の一部または公益法人。平成8(1996)年の中教審答申『21世紀を展望した我が国の教育の在り方について』(第1次)で提言された。

地域住民の参画による教育施策の実施

　教育施策の実施に当たって、学校、家庭、地域社会の適切な役割分担の下に、地域住民と連携協力し、地域活力の導入を促進することが必要である。その際、地域社会における教育の充実について関係者の参加意識を高め、保護者や地域住民が行政や他人任せではなく、自分たちの問題としてこれに取り組む契機として、中央教育審議会第一次答申（平成8年7月）においてその設置を提言している地域教育連絡協議会や地域教育活性化センターの積極的な活用に関し、施策の充実に努めることが必要である。

　［今後の地方教育行政の在り方について　中央教育審議会答申　平成10(1998)年9月21日］

幼稚園における保護者対象の体力向上に関する学習機会の提供

　体を動かすことが幼稚園などで一過性のものにならないよう、子どもの体力向上について保護者の意識を高め、家庭と連携して、家庭において積極的に外遊びの機会をつくるなど体を動かす習慣をつけるようにすることも重要である。このため、幼稚園などにおいて、保護者を対象に親子でふれあう運動や生活のリズムを整えるといった体力向上に関する講座や勉強会を開くなどの取組が期待される。

　［子どもの体力向上のための総合的な方策について　中央教育審議会答申　平成14(2002)年7月］

◆青少年教育施設：☞p.32

3．学社融合

「学社融合」の理念に立った事業展開

　学社融合は、学校教育と社会教育がそれぞれの役割分担を前提とした上で、そこから一歩進んで、学習の場や活動など両者の要素を部分的に重ね合わせながら、一体となって子供たちの教育に取り組んでいこうという考え方であり、学社連携の最も進んだ形態と見ることもできる。（略）

　学校と家庭・地域社会との適切な役割分担と連携を図りつつ学社融合を円滑に推進していくためには、その基盤を整備していくことが重要である。学校と施設間の人事交流の一層の促進や、学校教員が青少年教育施設等で体験的な研修を行うような機会を拡充するなども検討される必要がある。
［地域における生涯学習機会の充実方策について　生涯学習審議会答申　平成8（1996）年4月24日］

解説　学社融合：
　この答申が出された時点では、学校教育が社会教育と活動を共有するということに対して学校教育側の反対があり、学社融合は学社連携の最も進んだ形態と見ることもできるとなっている。しかし、2年後の中教審答申『今後の地方教育行政の在り方について』では、「連携協力という域を超えて、学校をはじめとする地域の様々な教育機能が協調・融合して、子どもの成長を担うことが求められており、このような地域の教育機能の協調・融合を支援し、促していくことが教育委員会の新たな役割として期待されている」とされるに至った。
　学社融合には広狭両義がある。広義の場合は社会の中のさまざまな教育・学習活動と学校教育がその一部を共有したり、共有できる活動を作り出すことであり、狭義の場合は社会教育と学校教育がそのような融合をすることである。
　広義の場合には、はっきり教育・学習とわかる活動のみならず、学習成果の活用や広く地域社会の中で行われている文化活動、スポーツ活動等と学校教育の融合も考えられる。第14期中教審答申『生涯学習の基盤整備について』では、生涯学習は学校や社会の中で意図的、組織的に行われるだけでなく、文化活動、スポーツ活動、趣味、レクリエーション活動、ボランティア活動などの中でも行われるものであるとされている。
　学社融合が急速に一般化する中で、学校が地域の協力を得ることをすべて学社融合と呼ぶような傾向もみられる。これについては、学社融合をファジィ概念でとらえ、その活動を融合性の度合い－その活動がどの程度学校教育の活動になっていて、かつ人々の学習や学習成果の活用にもなっているかという程度－で判断すればよいであろう。融合性の度合いは0～1で捉える。地域の人が地域課題についての学習をする中へ児童生徒が総合的な学習の時間での学習で参加すれば、融合性の度合いは1である。

第II部　生涯学習関連の答申と解説

◆生きる力：☞p.28

学社融合の推進

　子どもたちの**生きる力**をはぐくむために学社融合の必要性が言われ、様々な場面で取組が始まっているが、いまだ学校教育と社会教育の連携は不十分と言わざるを得ない。学校教育と学校外活動があいまって、子どもたちの心身ともにバランスのとれた育成が図られることとなる。昨今の子どもたちを巡る環境を考えると、早急に学社融合の実をあげていかなければならない。

　地域社会の核としての**開かれた学校**を作ることや、学社融合の観点から、学校施設・設備を社会教育のために利用していくことが必要である。

［社会の変化に対応した今後の社会教育行政の在り方について　生涯学習審議会答申
　平成10(1998)年9月］

解説　開かれた学校：☞p.48の「開かれた学校づくり」を参照。

学社融合と連携・協力

　中央教育審議会第一次答申においては、従来の学校・家庭・地縁的な地域社会とは異なる「第4の領域」の育成を提唱したが、今後、地域全体の教育力の向上については、従来の学校など関係機関・団体の自発的な連携協力という域を超えて、学校をはじめとする地域の様々な教育機能が協調・融合して、子どもの成長を担うことが求められており、このような地域の教育機能の協調・融合を支援し、促していくことが教育委員会の新たな役割として期待されている。

［今後の地方教育行政の在り方について　中央教育審議会答申　平成10(1998)年9月21日］

解説　第4の領域：☞p.45
　　　　機関・団体の連携協力と教育機能の協調・融合：☞p.45

運動部活動への外部指導者の活用

　指導する教員の高齢化が進んだことや、すべての教員が必ずしも専門種目を指導できるとは限らないことから、子どもたちのニーズに適切に対応するためには学校の外に指導者を求める必要があり、地域のスポーツ指導者の運動部活動への積極的な活用が必要である。

［子どもの体力向上のための総合的な方策について　中央教育審議会答申　平成14(2002)年7月］

運動部活動と地域スポーツの連携・融合
　総合型地域スポーツクラブなど地域スポーツと運動部活動との一層の連携・融合を進めることが重要である。具体的には、運動部活動と地域スポーツクラブの指導者や施設を相互に活用したり、合同練習、子どもが双方に同時に所属することなどが考えられる。このような取組を進めるため、学校体育大会への地域のスポーツクラブの参加について、学校体育団体において検討が求められる。
［子どもの体力向上のための総合的な方策について　中央教育審議会答申　平成14（2002）年7月］

第4章　情報系生涯学習支援

1. 学習情報提供システム

学習情報の提供と学習相談

　人々の学習活動を支援するためには、最も適した学習機会を選択することができるよう、学習機会を提供する機関、指導者などに関する情報を収集・整理し、適切な情報を提供する**情報提供**体制や、学習者をその求めに適した学習機会等に結び付けるための**学習相談**体制を、各地域で整備することが必要である。また、公的施設だけでなく、人々の身近なところで必要な情報が入手できることが望ましい。

［今後の社会の動向に対応した生涯学習の振興方策について　生涯学習審議会答申
　平成4(1992)年7月］

リカレント教育、ボランティア活動、現代的課題の学習機会に関する情報提供と学習相談体制

　リカレント教育に関して、地域や産業界が理解や認識を深めるよう啓発資料を提供することや、各種の具体的な学習情報を積極的に地域の人々、企業等へ提供することが重要である。

　学習相談においては、リカレント教育における学習の成果の活用や、職業選択等に関する相談を充実することも望ましい。

　ボランティア活動を希望する人、活動している人、受ける側の人のそれぞれのニーズに適切に対応できるよう、各種の学習や活動に関する情報の収集・提供を行う体制を整備する必要がある。
　(略)

　教育委員会、社会教育施設、大学等、首長部局や民間団体等を含め、幅広い範囲から学習情報を収集し、その整理、提供体制を整備するとともに、住民に対して、現代的課題の学習に関し、分かりやすく、きめ細かな相談に応じることが必要である。

［今後の社会の動向に対応した生涯学習の振興方策について　生涯学習審議会答申
　平成4(1992)年7月］

解説　ボランティア活動：☞p.97の「ボランティア活動の基本的理念」を参照。
　　　　現代的課題の学習：☞p.74の「現代的課題の定義」を参照。

◆学習情報提供・学習相談：
　学習情報提供：
　学習情報は案内情報、内容情報（百科事典的情報）、アドバイス情報などに分類できるが、一般に「学習情報の提供」といった場合は案内情報の提供を指すことが多い。
　学習相談：
　学習情報を提供したり、学習技法や学習グループ・サークル・団体等の運営方法などを紹介したりしながら、学習者の学習上の悩みや問題の解決を図る助言・援助活動。

　文部省・学習情報提供システムの整備に関する調査研究協力者会議は、学習相談の目的として、①学習希望者の潜在的な学習ニーズを聞き出し、具体的な学習活動にまで引き上げること、②学習者の学習活動の質を高め、継続的なものにすること、③学習活動を行う中で、問題や悩みを聞き、その解決を助けることをあげた。（文部省・学習情報提供システムの整備に関する調査研究協力者会議『生涯学習のための学習情報提供・相談体制の在り方について』昭和62(1987)年）

市町村教育委員会による子供の地域活動の情報提供

　市町村教育委員会が中心となって地域社会における各種の情報をデーベース化するとともに、学校や関係機関などとの情報通信ネットワークを形成して、子供たちに情報を十分に提供する体制を整備することが急がれる。
［21世紀を展望した我が国の教育の在り方について（第1次）　中央教育審議会答申
　平成8(1996)年7月19日］

社会人教育に関する情報提供の推進

　社会人の大学等への入学を促進するため、大学等における学習に関する情報を社会人や企業等に積極的に提供するとともに、意見交換の場の設定など、大学等と企業との連携を進めることが必要である。
［地域における生涯学習機会の充実方策について　生涯学習審議会答申　平成8(1996)年4月24日］

解説　社会人の大学等への入学：
　この答申などを受けて、次第に、社会人特別選抜、科目等履修生制度、聴講生制度、長期履修学生制度、昼夜開講制、夜間大学院、通信制大学院、専門職大学院、大学院修士課程1年制コースや長期在学コースなどが整備されるようになり、社会人が大学等で学習しやすくなりつつある。

職業に関する学習機会の情報提供

　職業に関する学習機会について幅広く情報が収集・提供されることが必要である。そのため、リカレント教育を実施する高等教育機関をはじめとして、国、地方公共団体、民間による学習機会の提供について、履修の形態・内容・時間等の必要な情報を詳しくしかも一元的に集約し、公表することが求められる。
　さらに、後述の第2章2(5)のインターネット学習情報提供システムにおいて、個人のキャリア形成に必要な学習機会の情報や個人の職業能力開発に関する学習機会の情報等を盛り込み、インターネットを通じて公民館や生涯学習センター等の社会教育施設において即座に検索できるようにすることが望まれる。また、職業に関する学習機会の情報を収集して全国に配信するナショナル・センター機能の整備も望まれる。
［学習の成果を幅広く生かす　生涯学習審議会答申　平成11(1999)年6月］

◆リカレント教育：☞p.25

◆インターネット学習情報提供システム：
　インターネットを活用して案内情報を提供するシステム。今日では都道府県の学習情報提供システムのほとんどがインターネットを活用している。

解説　キャリア形成：☞p.79の「『個人のキャリア開発』の基本的な考え方」を参照。

キャリアに関する学習相談

　また、生涯学習センター等が関係行政部局による様々な学習・教育事業に関する情報を収集し、総合的な情報提供を行うことやキャリアに係る学習の相談事業を行うことができるようにする必要がある。
　その際、退職した企業人などキャリア経験が豊かな人を活用して、女性、青少年、高齢者等を対象とした生き方指向のキャリア相談事業等を多様に企画・実施することが望まれる。
　［学習の成果を幅広く生かす　生涯学習審議会答申　平成11(1999)年6月］

解説　キャリア：☞p.79の「『個人のキャリア開発』の基本的な考え方」の解説を参照。

学習成果の評価・活用に関する情報提供

　生涯学習の成果を活用するに当たっては、生涯学習の成果の評価やその活用方法などに関する情報を提供する体制や生涯学習施設相互間の生涯学習情報ネットワークを整備することが重要となる。
　［新しい時代に対応する教育の諸制度の改革について　中央教育審議会答申
　　平成3(1991)年4月19日］

ボランティア活動に関する情報提供・学習相談

　ボランティア活動に関する情報提供・相談窓口を開設し、電話やインターネット等による情報提供および相談事業を実施することを検討すべきである。特に、これからボランティア活動を始めようとする人にとっては、どこに問い合わせればよいかわからないという声を多く聞くことから、まずボランティア活動に触れるきっかけとなる窓口を設け、その窓口から具体的な活動に結びつく情報を提供するシステムを考えるべきである。そのため、全国的なシステムを整備する方策を検討することが望まれる。
　［学習の成果を幅広く生かす　生涯学習審議会答申　平成11(1999)年6月］

解説　ボランティア活動：☞p.97の「ボランティア活動の基本的理念」を参照。

◆青少年団体：
　社会奉仕活動、野外活動、学習活動等を通して青少年の健全育成を図ることを目的とする団体。例えば、子ども会、青年団、ボーイスカウト、ガールスカウト、YMCA、YWCA、青年海外協力隊などがある。

◆民間教育事業者： ☞p.44

◆NPO： ☞p.46

情報提供のマルチメディア化

地域住民に親しみやすく利用しやすい情報提供を行うためにも、システムのマルチメディア化を図ることについて検討を行う必要がある。また、インターネットなどの情報通信網の発展を視野に入れた先行的な研究開発が求められている。
［地域における生涯学習機会の充実方策について　生涯学習審議会答申　平成8 (1996)年4月24日］

学習情報ネットワークの構築

様々な分野で構築されつつあるネットワークを統合した総合的な学習情報システムの利用が早期に実現することを期待したい。その際、他の学習情報関連システムとの連携にも配慮が望まれる。
［地域における生涯学習機会の充実方策について　生涯学習審議会答申　平成8 (1996)年4月24日］

行政機関、大学、施設、団体等のネットワーク構築

ネットワークを構築するためには、国、地方公共団体、大学・研究機関、民間団体等に存在する人・もの・情報等に関する学習資源を調査、収集し、その学習資源を有効に活用できるようにすることが必要である。このため、国は、学習資源の開発を効果的に進めるため、地方公共団体間のネットワーク化を促進し、また、地方公共団体は、人々に直接学習資源を提供するだけでなく、ネットワーク参加機関、施設、団体等がそれぞれ役割を果たせるような環境を整備していることが求められている。
［社会の変化に対応した今後の社会教育行政の在り方について　生涯学習審議会答申
　平成10(1998)年9月］

学習機会に関するデータベースの整備等

都道府県や市町村が共同で、生涯学習関連施設で開設している学級・講座など様々な学習機会に関する情報やボランティアに関する情報などを情報掲載様式を規格化するなど効率化を図りながらデータベース化し、常に最新の情報を提供していくことが必要です。また、民間教育事業者等が開設している講座などについても併わせて情報提供することにより、学習者がより幅の広い学習機会を選択できるようにすることが求められています。

さらに、生涯学習の振興のための施策、実践等についての多様な情報をデータベース化し、都道府県や市町村のみでなく、様々な社会教育・青少年団体や民間教育事業者、NPOなどが活用できるようにすることが必要です。

第II部　生涯学習関連の答申と解説

［新しい情報通信技術を活用した生涯学習の推進方策について　生涯学習審議会答申
　平成12(2000)年11月28日］

教育情報のナショナルセンター

　国立教育会館が、教育等に関する情報を収集し、データベース化し、それらを全国に提供するなどの機能を果たす教育情報のナショナルセンターとしての役割を担っていくことを提言したい。今日様々な教育課題に直面する中で、教育関係者が、広く全国レベルでの教育関係施策等に関する情報や教育関係の統計情報、教育関係の各種実践事例の情報等を必要に応じ、随時入手し得るような仕組みを整備することは、極めて重要なこととなっている。

［21世紀を展望した我が国の教育の在り方について（第1次）　中央教育審議会答申
　平成8(1996)年7月19日］

解説　国立教育会館と教育情報のナショナルセンター：
　　　　国立教育会館は平成13(2001)年に解散した。教育情報ナショナルセンター（NICER、ナイサー）については、国立教育会館の成果やシステムを引き継ぎ、国立教育政策研究所が平成17(2005)年までに整備することになっている。NICERは平成13(2001)年8月にWebサイトを開始した。
　　　　NICERの正式名称はNational Information Center for Education Resources.
　　　　NICERのアドレスは：http://www.nicer.go.jp/

教育分野における全国的な情報網の整備

　国及び都道府県教育委員会が指導等を適切かつ効果的に行うためには、今後、教育及び教育行政等に関する実証的研究の成果や内外の情報を収集し、適切な情報提供を行うことがますます重要となってくるものと考えられる。都道府県、市町村のニーズに応じて効果的に指導等を行うとともに、都道府県教育委員会や市町村教育委員会による学校、社会教育施設等に対する支援機能の充実を図るためには、教育分野における全国的な情報網を速やかに整備することが必要である。

　以上のような観点から、これに関連する事業の在り方について以下のように見直し、改善を図る必要がある。

具体的改善方策
　ア　インターネットや衛星通信等を活用して、国、都道府県、市町村、学校、社会教育施設等を相互に結ぶ情報網を整備し、情報伝達の迅速化・同報化を図ること。
　イ　国、都道府県、市町村、学校、社会教育施設等の間の情報網の整備等に関連して、当該情報

網を利用して、学校教育、文化、スポーツなどの行政施策や学校等における教育内容・方法・形態に関する各種の実証研究の成果、学校や社会教育施設などの運営の改善に資する情報など広範な教育関連情報をデータベースとして蓄積し、これを検索・利用できるような全国的な教育に関する総合情報システムを構築するとともに、そのような総合情報システムによる情報提供事業や情報教育において中心的な役割を果たす教職員の研修など研修事業等の充実を図ること。
- ウ　全国的な教育総合情報システムの開発及び運用、情報提供、研修事業を行う全国レベルのセンターとして、国立教育会館を再整備すること。
- エ　都道府県等においては、市町村教育委員会や学校、図書館、公民館等の教育施設等を相互に結ぶ情報網の整備等に際して、教育センター等が情報網の中核的な役割を果たし、学校等における教育活動を支援することができるよう、その充実に努めること。

［今後の地方教育行政の在り方について　中央教育審議会答申　平成10(1998)年9月21日］

解説　国立教育会館と教育情報ナショナルセンター：前項の［解説］を参照。

国の取組みとしての情報提供、海外への発信

　国は、これまで補助金の交付や地方交付税措置等を通じ、社会教育施設の整備充実、指導者の育成、社会教育事業の振興、社会教育主事の配置の支援等を行ってきている。今後は特に、社会教育指導者、学習活動・事業等に関する情報の蓄積に力を注ぎ、広く関係機関や国民に学習情報を提供するとともに、海外に対しても発信できるように努める必要がある。また、高度な学習事業や学習方法等の調査研究の開発・実施、先駆的なモデル事業の開発・実施、各地域の特性を生かした具体的な取組や参考になる国内外の先進事例を収集し提供していかなければならない。

［社会の変化に対応した今後の社会教育行政の在り方について　生涯学習審議会答申
　平成10(1998)年9月］

2．高度情報通信技術の活用

多様なメディアの活用

　学習機会や学習情報には、地域間の格差があったり、時間・場所等の制約があるので、人々の生

涯学習を支援する上で、多様なメディアの果たす役割は大きい。

その役割として、第1に、人々が個人で学習に取り組む場合に必要となる、多様な情報や学習のための教材・資料を人々に提供すること、第2に、地域的な事情により学習機会に恵まれない人々や学習時間を確保できない人々に対して、多様なメディアを導入することにより、時間や場所の制約の克服を可能とする学習の方法・手段を提供することなどが挙げられる。

そのため、メディアの持つ可能性について、先導的な調査研究を一層推進することが重要である。

特に、現代的課題については、マルチメディアや通信衛星等の多様なメディアの活用が必要である。

[今後の社会の動向に対応した生涯学習の振興方策について　生涯学習審議会答申
　平成4(1992)年7月]

解説　現代的課題：☞p.74の「現代的課題の定義」を参照。

高度情報化への対応

第二は、情報化・マルチメディア化への対応である。科学技術の発展に伴い、コンピュータ、光ファイバー等の高度情報通信網、衛星通信、衛星放送等がごく身近な存在になってきた。これらは時間的・地理的な制約を大幅に緩和させ、より質の高い効率的な学習を可能にするものとして期待されている。

[地域における生涯学習機会の充実方策について　生涯学習審議会答申　平成8(1996)年4月24日]

生涯学習関連施設の情報化

生涯学習関連施設に情報機器を整備し、施設の機能の向上を図るとともに、それらの施設を情報ネットワークに接続することにより、学習者の多様な学習需要に対応した学習機会やその情報を提供するなど、それらの施設の本来の機能を活かした特色づくりを推進することが必要です。

また、効率的に情報化を推進するため、地域の中心となる生涯学習関連施設が情報化の拠点的な役割を担い、そのほかの施設がその拠点に接続することにより、学習機会やその情報、学習資源を十分に活用できるようにすることが必要です。

[新しい情報通信技術を活用した生涯学習の推進方策について　生涯学習審議会答申
　平成12(2000)年11月28日]

◆SCS（スペース・コラボレーション・システム）：
衛星通信大学間ネットワーク・システム。大学間教育および研究交流を図るための衛星通信を使った大学等のネットワーク。

地域コミュニティの拠点としての社会教育施設と情報化

既存の社会教育施設等の地域コミュニティの拠点としての機能を一層高める観点から、新たな情報手段の活用を図るため、例えば衛星通信の受信システムなど必要な設備・装置の整備を進めるとともに、衛星通信を利用した図書館、公民館等に対する子ども向け番組の提供やテレビ会議システムやインターネット等を融合的に活用した大学等との連携による多様な公開講座・講習の提供などを積極的に促進すること。
［今後の地方教育行政の在り方について　中央教育審議会答申　平成10(1998)年9月21日］

解説　衛星通信を利用した子ども向け番組として平成11年より子ども放送局が、公開講座としては同年よりエル・ネット「オープンカレッジ」が始まった。

通信衛星を活用した公開講座の提供

大学、大学院、専修学校専門課程（以下「専門学校」という。）においては、通信衛星を活用した公開講座の提供に積極的に取り組み、国民に広く学習機会を拡充する方法について検討する必要がある。このため、行政においても、「教育情報衛星通信ネットワーク」事業が日常的に行われるように充実するとともに、全国の公民館・図書館・教育センター・学校等における送受信環境の整備を進めることが望まれる。また、今後は、大学や専門学校等においてもこのネットワークと連携することにより、全国の公民館・学校等に直接公開講座を送信することが望まれる。

さらに、現在各大学にSCS（スペース・コラボレーション・システム）が整備されてきているが、今後は、「教育情報衛星通信ネットワーク」とSCSが相互に乗り入れることができるようにすることも検討すべき課題となっている。
［学習の成果を幅広く生かす　生涯学習審議会答申　平成11(1999)年6月］

解説　教育情報衛星通信ネットワーク：
education and learning Networkを略して、エル・ネット（el-Net）とよばれる。平成11(1999)年7月に文部省（当時）が運用を開始した。衛星通信を使って全国の学校、社会教育施設等に教育情報を配信するネットワーク。主な番組に、子ども放送局、エル・ネット「オープンカレッジ」、教育関係者用の研修プログラム、社研の窓、文部科学省ニュースなどがある。

なお、教育情報衛星通信ネットワークを活用した公開講座とは、エル・ネット「オープンカレッジ」のこと。

◆オン・デマンド：
　情報を蓄積しておき、利用者が必要とするときに必要とする情報を取り出すことができる仕組み。

ITを活用した公開講座の公民館等への配信

　質の高い大学、短期大学、高等専門学校及び専修学校（以下、「大学等」という。）の公開講座を、情報通信技術を活用して広く全国に提供していくことが必要です。具体的には、「衛星通信」の活用と「インターネット」の活用が考えられ、それぞれ「同時送信型」と「オン・デマンド型」があり得ます。このようなシステムは、将来は融合されて総合的なものになると考えられますが、当面衛星通信による配信システムを具体化することが期待されます。このシステムの具体化にあたっては、大学等と公民館等やその設置主体である地方公共団体との緊密な連携・協力が必要です。
［新しい情報通信技術を活用した生涯学習の推進方策について　生涯学習審議会答申
　平成12(2000)年11月28日］

解説　ITを活用した公開講座の公民館等への配信：
　　衛星通信を活用した公開講座の一つにエル・ネット「オープンカレッジ」がある。これはエル・ネットを使って全国の大学等の公開講座を全国の社会教育施設等に提供するもので、平成11(1999)年度より始まった。エル・ネットについては、前項の［解説］の「教育情報衛星通信ネットワーク」を参照。

大学、大学院での通信衛星等の活用

　今後、通信制大学院も含め、通信衛星等の情報通信網を活用することによる新しい通信教育の在り方について検討することが望まれる。通信制を採用していない大学等にあっても、情報通信網を活用することにより、他の高等教育機関との連携による教育内容の多様化・高度化を図るとともに、教育委員会や社会教育施設等との連携による公開講座の実施など大学等の教育を地域社会に提供していくことも望まれる。
［地域における生涯学習機会の充実方策について　生涯学習審議会答申　平成8(1996)年4月24日］

解説　遠隔授業は大学卒業単位124単位のうち60単位までが認められている。平成10年3月に通信制大学院修士課程が、また平成14年4月には博士課程の通信制が認められた。遠隔公開講座については、平成11年よりエル・ネット「オープンカレッジ」が開始した。

大学院での遠隔教育の実施

　大学審議会答申にもとづき、情報通信技術などを活用した遠隔教育による大学院修士課程の設置が平成10年3月から制度化されている。時間・場所からの制約を大幅に緩和し、学習の自由を拡げるものであり、大変望ましいことであり、今後こうした新しい大学院の拡充が求められる。さらに、

情報通信技術による遠隔教育の大学院博士課程の設置についても修士課程における開設・運営状況、実績等を十分に踏まえつつ今後の課題として検討されることが望まれる。
［学習の成果を幅広く生かす　生涯学習審議会答申　平成11(1999)年6月］

解説　遠隔教育の大学院：前項の［解説］を参照。

放送大学の全国化
　国としては**放送大学**の全国化の早期実現に向けて、その準備に最大限の努力を払うことが必要である。これに伴って、学習センターの整備も進める必要がある。
［地域における生涯学習機会の充実方策について　生涯学習審議会答申　平成8(1996)年4月24日］

解説　放送大学：
　昭和56(1981)年に制定された放送大学学園法に基づき昭和58(1983)年に設立され、昭和60(1985)年より学生の受け入れを開始した。テレビ・ラジオ放送およびテキストによる授業、通信による添削指導、学習センターでのスクーリング等で教育を行っている。設立当初は放送が関東地域に限られていたが、平成10(1998)年にCSデジタル放送を活用した全国放送を開始した。平成10(1998)年の大学院設置基準の改正で通信制大学院が制度化されたので、平成12(2000)年に大学院設置の認可を受け、平成14(2002)年より放送大学大学院に学生の受け入れを始めた。

放送大学の拡充
　平成10年1月から衛星放送を利用した全国放送を開始したことにより、全国津々浦々の自宅で放送大学の授業が視聴できるようになり、一層身近な大学となってきている。今後は、全国放送の運営状況や業績等を踏まえつつ、キャリア開発のための学習機会として、例えば、看護関係職員の資質向上に役立つ授業科目を開設するなど、社会人の再教育のための機会提供の拡充や通信制大学院が制度化されたことから、大学院の実現への取組が期待される。その場合、高度な職業人養成や社会人再教育を主たる目的とするなど、社会的要請に対応した魅力ある大学院を目指すことが望まれる。
［学習の成果を幅広く生かす　生涯学習審議会答申　平成11(1999)年6月］

解説　放送大学：前項の［解説］を参照。
　　　　キャリア開発：☞p.79の「『個人のキャリア開発』の基本的な考え方」を参照。

◆社会通信教育：
　通信教育は学校通信教育と社会通信教育に分けられる。社会通信教育には文部科学省認定の文部科学省認定通信教育（文通）とそれ以外の民間通信教育（民通）とがある。

◆民間教育事業者：☞p.44

　通信制大学院：
　　ここでいう通信制大学院とは修士課程のことである。通信制博士課程が制度化されたのは平成14年である。

情報化時代の通信教育の在り方
　社会通信教育は、生涯学習社会の実現に大きな役割を果たしてきているものの、現在の社会教育法の規定は郵便が情報伝達手段の中心であった時代に設けられたものであり、多様なメディアが急速に進展している情報化時代にふさわしい社会通信教育の在り方について検討する必要がある。
　［社会の変化に対応した今後の社会教育行政の在り方について　生涯学習審議会答申
　　平成10(1998)年9月］

| 解説 | 生涯学習社会：☞p.34の「生涯学習社会の3条件」を参照。

3. 学習用コンテンツ

生涯学習用情報や教材の蓄積
　今後、大学の公開講座等の動画を含む豊富な生涯学習用の教材などの情報や、完全学校週5日制の実施に向けて子どもたちが利用できる様々な生涯学習用の情報の蓄積を促すとともに、そのような生涯学習用の教材などの情報の作成を支援し、多様な学習需要に応えられるようにすることが求められます。
　［新しい情報通信技術を活用した生涯学習の推進方策について　生涯学習審議会答申
　　平成12(2000)年11月28日］

民間やNPOの活力を生かした生涯学習教材の開発
　映像や音声を用い、五感を通して体験的に学習効果を高めることができるようにすることが求められます。そのためには、学習者の手作りの教材などの開発を含め、生涯学習用の教材などについて民間教育事業者、NPOなどの活力を活かしながら開発する必要があります。
　［新しい情報通信技術を活用した生涯学習の推進方策について　生涯学習審議会答申
　　平成12(2000)年11月28日］

第 4 章　情報系生涯学習支援

解 説　平成10年の生涯学習審議会答申『社会の変化に対応した今後の社会教育行政の在り方について』で、ネットワーク型行政の提言がなされ、学習資源開発の重要性がいわれた。
　☞p.147の「社会教育行政を中核としたネットワーク型行政の構築」を参照。

情報を収集、整理、発信する公民館等

　公民館や生涯学習センターは、都道府県や市町村内の公民館、図書館、博物館をはじめ、地域の行政施設、民間を含む様々な事業体において実施される文化・スポーツ事業を含んだ生涯学習に関する情報が得られるように、様々な機関等との連携を図り情報収集機能を一層充実するとともに、それらの情報を整理し、一覧として発信するなど情報提供の中心的機能を持たせることが必要です。
　［新しい情報通信技術を活用した生涯学習の推進方策について　生涯学習審議会答申
　　平成12(2000)年11月28日］

第5章　生涯を通じての教育・学習

1. 生涯を通じての教育・学習

不易を大切にし、流行に対応する教育

　我々は、これからの社会の変化は、これまで我々が経験したことのない速さで、かつ大きなものとなるとの認識に立って、豊かな人間性など「時代を超えて変わらない価値のあるもの」（不易）を大切にしつつ、「時代の変化とともに変えていく必要があるもの」（流行）に的確かつ迅速に対応していくという理念の下に教育を進めていくことが重要であると考える。
［21世紀を展望した我が国の教育の在り方について（第1次）　中央教育審議会答申
　平成8（1996）年7月19日］

> **解説**　不易と流行：
> 　平成8（1996）年の中教審の本答申で、教育には、不易（時代を超えて変わらない価値のあるもの）と流行（時代の変化とともに変えていく必要があるもの）があると指摘された。

社会の変化と生涯学習の必要性

　これからの教育には、少子高齢化社会の進行と家族・地域の変容、高度情報化の進展と知識社会への移行、産業・就業構造の変貌、グローバル化の進展、科学技術の進歩と地球環境問題の深刻化、国民意識の変容といった歴史的変動の潮流の中で、それぞれが直面する困難な諸問題に立ち向かい、自ら乗り越えていく力を育てていくことが求められる。このためには、一人一人が生涯にわたり学び続けるとともに、それを社会全体で支えていく必要がある。
［新しい時代にふさわしい教育基本法と教育振興基本計画の在り方について　中央教育審議会答申
　平成15（2003）年3月20日］

基礎・基本、学ぶ意欲、自発的精神の育成

　一人一人が学ぶことの楽しさを知り、基礎的・基本的な知識、技能や学ぶ意欲を身に付け、生涯にわたって自ら学び、自らの能力を高め、自己実現を目指そうとする意欲、態度や自発的精神を育成することが大切である。
［新しい時代にふさわしい教育基本法と教育振興基本計画の在り方について　中央教育審議会答申

◆少子高齢化社会：
　1人の女性が生涯に産む子どもの数（合計特殊出生率）が低下し、65歳以上の高齢者が増加する社会。65歳以上人口の比率（人口高齢化率）が7％を超えた場合に'高齢化社会'、14％を超えた場合に'高齢社会'とよんでいる。わが国の場合、昭和25（1950）年には5％に満たなかったが、昭和45（1970）年に7％を超え、平成6（1994）年には14％を超えて高齢社会に突入した。

◆知識社会：
　知識社会は知識がもっとも重要な役割を果たすような社会。P.F.ドラッカーは『ポスト資本主義社会』（ダイヤモンド社、1993年)の中で、「知識は資本と労働をさしおいて、最大の生産要素となった」と述べている。

平成15(2003)年3月20日〕

生涯にわたる教養を培う努力

　今後の激しい変化の中で、社会における自らの生き方を主体的に選び取り、異なる生き方や価値観との調和を図りながら、より良い社会の構築に寄与する力を身に付けるために必要な教養を、一人一人が生涯にわたって主体的に培っていく努力が必要であることは疑いない。
〔新しい時代における教養教育の在り方について　中央教育審議会答申　平成14(2002)年2月〕

解説　教養：☞p.76の「教養の定義」「教養教育の目指すもの」を参照。

「完成」を目指しての生涯学習

　今後の高齢化社会においては、だれもが一生の間「完成」を目指して研鑽を積むという生涯学習の考え方が一層重要になる。
〔新しい時代における教養教育の在り方について　中央教育審議会答申　平成14(2002)年2月〕

解説　完成：
　　青少年は「成熟」をめざし、大人になってからは「完成」をめざすという考え方。その場合の「成熟」とは、自立して何かができる状態という程度のゆるやかな考え方であり、「完成」とは、自己の能力を十分に発揮できる状態という程度のゆるやかな考え方である。

「知」の世紀をリードする創造性に富んだ人間の育成

　これからの「知」の世紀においては、情報通信技術の進展等による教育環境の大きな変化も十分に生かしつつ、基礎・基本を習得し、それを基に探求心、発想力や創造力、課題解決能力等を伸ばし、新たな「知」の創造と活用を通じて我が国社会や人類の将来の発展に貢献する人材を育成することが必要である。
〔新しい時代にふさわしい教育基本法と教育振興基本計画の在り方について
　中央教育審議会答申　平成15(2003)年3月20日〕

2. 乳幼児期

発達・成長上の体力の意義
　子ども、特に小学校低学年以下の子どもは、他者との遊びなどによる身体活動を通して、体の動かし方を会得し、脳の発達を促していくなど、体を動かすことと心身の発達が密接に関連している。このように、体を動かすことは、身体能力を向上させるだけでなく、知力や精神力の向上の基礎ともなる。
［子どもの体力向上のための総合的な方策について　中央教育審議会答申　平成14(2002)年7月］

3. 青少年期

生涯学習と青少年の学校外活動
　生涯学習は、人々が自発的な意思に基づいて行うことを基本とするものであり、これに必要な積極的な意欲、課題発見や課題解決の能力等の基礎は、人間形成の基礎が培われる青少年期に養う必要がある。
　これらの意欲・能力等は、学校教育と学校外における多様な生活体験・活動体験があいまって、総合的・全人的に形成されていくものであると言うことができる。
　青少年期における学校教育と学校外活動の間の相互補完的な関係は、更に広く、系統的・組織的に編成された学習と、各人が自らの興味・関心に応じて選択し実践する、自発的・体験的な活動との間の関係としてとらえることができるものであり、生涯にわたる学習活動全体を通じて応用されるものである。このため、生涯学習の振興に当たっては、青少年期の経験として、学校教育における基礎・基本の学習と並んで、学校外活動の持つ意義を重視することが極めて大切である。
［今後の社会の動向に対応した生涯学習の振興方策について　生涯学習審議会答申
　平成4(1992)年7月］

子どもの教育と不易
　教育においては、どんなに社会が変化しようとも、「時代を超えて変わらない価値のあるもの」(不

易）がある。

　豊かな人間性、正義感や公正さを重んじる心、自らを律しつつ、他人と協調し、他人を思いやる心、人権を尊重する心、自然を愛する心など、こうしたものを子供たちに培うことは、いつの時代、どこの国の教育においても大切にされなければならないことである。
［21世紀を展望した我が国の教育の在り方について（第1次）　中央教育審議会答申
　平成8 (1996)年7月19日］

解説　　不易：☞p.66の「不易と流行」を参照。

「生きる力」とは

　我々はこれからの子供たちに必要となるのは、いかに社会が変化しようと、自分で課題を見つけ、自ら学び、自ら考え、主体的に判断し、行動し、よりよく問題を解決する資質や能力であり、また、自らを律しつつ、他人とともに協調し、他人を思いやる心や感動する心など、豊かな人間性であると考えた。たくましく生きるための健康や体力が不可欠であることは言うをまでもない。我々はこうした資質や能力を、変化の激しいこれからの社会を［生きる力］と称することとし、これらをバランスよくはぐくんでいくことが重要であると考えた。
［21世紀を展望した我が国の教育の在り方について（第1次）　中央教育審議会答申
　平成8 (1996)年7月19日］

解説　　生きる力：
　　　　「生きる力」は、平成8 (1996) 年の中央教育審議会答申『21世紀を展望した我が国の教育の在り方について』
　　　（第1次）ではじめて取り上げられた。

生活体験・自然体験等の機会の拡充

　こうした体験活動は、学校教育においても重視していくことはもちろんであるが、家庭や地域社会での活動を通じてなされることが本来自然の姿であり、かつ効果的であることから、これらの場での体験活動の機会を拡充していくことが切に望まれる。
［21世紀を展望した我が国の教育の在り方について（第1次）　中央教育審議会答申
　平成8 (1996)年7月19日］

第II部　生涯学習関連の答申と解説

［ゆとり］と家庭、地域社会での体験

　子供たちに［ゆとり］を持たせることによって、はじめて子供たちは、自分を見つめ、自分で考え、また、家庭や地域社会で様々な生活体験や社会体験を豊富に積み重ねることが可能となるのである。そのためには、子供たちに家庭や地域社会で過ごす時間、すなわち、子供たちが主体的、自発的に使える時間をできるだけ多く確保することが必要である。そうした［ゆとり］の中で子供たちは、心の［ゆとり］を持つことができるようになるのである。
　［21世紀を展望した我が国の教育の在り方について（第1次）　中央教育審議会答申
　　平成8 (1996) 年7月19日］

解説

ゆとり：
　学歴偏重社会の中での過度の受験競争や知識注入教育を改めるため、昭和52 (1977) 年からゆとり教育が進められた。ゆとり教育には画一的な教育から個性を生かす教育へ、暗記ばかりでなく主体的に考えることを重視する教育へ、知力ばかりでなく、体験や人間性を育むことを重視する教育へ、学校中心の教育から学校、家庭、地域が一体となって取り組む教育へ、青少年期に集中して行われる教育・学習から生涯を通しての教育・学習へといった意図が込められていた。
　しかし、平成10 (1998) 年の学習指導要領で教科の時間が削減されたことにより、学力低下を指摘する学力論争が起こり、学力の定着を図る'確かな学力'が強調されるようになった。平成15 (2003) 年10月に中教審は『初等中等教育における当面の教育課程及び指導の充実・改善について』を答申し、その中で'確かな学力'とは知識や技能に加えて、思考力・判断力・表現力などまでを含むもので、学ぶ意欲を重視した、これからの子どもたちに求められる学力で「生きる力」を知の側面からとらえたものとしている。この答申を受けて同年12月に学習指導要領が一部改正された。

情報化の影響

　情報化の進展は子供たちの教育にも様々な影響を与えている。
　まず挙げられるのは、子供たちが様々な情報手段から入手する情報量の膨大さと内容の多様さである。もちろん個人差や学校段階によって違いはあろうが、量的には学校教育を通して提供される情報を凌駕し、またその内容は学校の授業で学ぶものよりも子供たちの興味や関心を大いに引きつけるものが少なくない。
　［21世紀を展望した我が国の教育の在り方について（第1次）　中央教育審議会答申
　　平成8 (1996) 年7月19日］

第5章 生涯を通じての教育・学習

◆**地域ビジネス**：
　地域の人々を対象とした地域に根ざしたビジネス。比較的よくあげられるものとして、コミュニティ・センター等のレストランやカフェの経営、ギャラリーの経営、飲食店経営、地域づくりプランナーや建築家、NPO団体などがある。

情報化の「影」の部分への対応

　情報化の進展に対応する教育を考えるに当たって、こうした情報化の「影」の部分の持つ問題に、学校のみならず、家庭、地域社会が相互に連携・協力し合って、真剣に取り組む必要がある。
［21世紀を展望した我が国の教育の在り方について（第1次）　中央教育審議会答申
　平成8（1996）年7月19日］

解説　情報化の「影」の部分：
　情報が氾濫する中で、どの情報を選択すべきかの判断が極めて難しくなってきていること、間接体験・疑似体験と実体験との混同が増えること、テレビゲーム等に象徴されるように、長時間にわたる情報機器等への接触が人間関係の希薄化や生活体験・自然体験の不足を招いたり、心身の健康に様々な影響を与えることなどが、指摘されている。

地域における子どもの文化活動と充実

　子どもたちが、地域社会で、ミュージカル、オーケストラ等の舞台芸術や美術等の優れた芸術文化、民族芸能や伝統技術等のふるさとの文化に触れることができるよう、学校、文化施設等の相互連携を密にし、子どもたちが自ら参加する文化活動や鑑賞の機会を広げる。
［生活体験・自然体験が日本の子どもの心をはぐくむ　生涯学習審議会答申　平成11（1999）年6月］

青少年対象の職業・勤労関係の学習機会提供

　青少年の職業意識を高め、その能力、適性、希望に応じた適切な職業選択やキャリア開発を支援するため、青少年が職業や勤労についてその意義を理解する学習機会を設けることが必要である。
［学習の成果を幅広く生かす　生涯学習審議会答申　平成11（1999）年6月］

解説　キャリア開発：☞p.79の「『個人のキャリア開発』の基本的な考え方」を参照。

4. 成人期（社会人、女性等を含む）

女性の社会参画、地域参画

　ボランティア活動や地域ビジネス等の活動で女性がリーダーになり得るためのリーダーシップの

◆エンパワーメント：
　女性のエンパワーメントについて、平成10（1998）年の生涯審答申『社会の変化に対応した今後の社会教育行政の在り方について』は、個々の女性が自らの意識と能力を高め、政治的、経済的、社会的及び文化的に力を持った存在になること、と述べている。

開発などを行い、女性が地域、ボランティア活動、産業等の様々な分野で政策や方針の決定に参画できるようにしていく必要がある。（略）

　今後社会教育施設等においては、エンパワーメントに係る講座を積極的に開設することが必要であり、このような学習機会がより多く提供されることで、女性がその学習成果を生かして社会の場で活躍する機会が開けていくことになろう。

［学習の成果を幅広く生かす　生涯学習審議会答申　平成11（1999）年6月］

解　説　　ボランティア活動：☞p.97の「ボランティア活動の基本的理念」を参照。

女性のキャリア開発のための条件整備

　結婚・出産により、職業を中断して家庭で主婦業に専念する女性については、一定期間後職場に復帰できるような制度的な整備や、託児施設の拡充などが必要であるとともに、中断の期間中、職業能力を維持できるような、何らかの研修・能力維持プログラムの実施（例えば、所属企業による、一定期間ごとの業務内容の変化や新たな課題などについての研修会の開催、業務に係る技能のリフレッシュ研修等）もあわせて望まれる。（略）

　乳幼児を持つ女性に対しては、必要とされる学習機会を提供するとともに、その機会を実際に活用できるようにするため、保育施設の整備などの社会的な条件の整備もあわせて措置される必要がある。このため、生涯学習センターや公民館等の学習機会を提供する施設において託児室、子どもスペース等の整備を進めるとともに、これらの施設でボランティアによる預かりサービスを受けられるようにすることが必要である。

［学習の成果を幅広く生かす　生涯学習審議会答申　平成11（1999）年6月］

5. 高齢期

高齢者等の地域人材の活用

　地域社会はボランティア活動を含め、地域住民の経験、技術を生かせる場でもある。豊かな社会体験や実務経験を有する高齢者や学習活動で身に付けた地域の人材が、こうした社会教育活動の中で活躍できるようにすることも必要である。

［社会の変化に対応した今後の社会教育行政について　生涯学習審議会答申　平成10（1998）年9月］

第5章　生涯を通じての教育・学習

◆高齢社会：　p.74の「高齢化社会」を参照。

解説　ボランティア活動：☞p.97の「ボランティア活動の基本的理念」を参照。

高齢者のキャリア開発

　高齢社会の到来という状況の下で、高齢者のキャリア開発も大きな課題となっている。日本の高齢者には、どの先進国よりも高い就業意欲があり、定年後の第2、第3の就職等、仕事による生きがいを求める傾向が強いばかりでなく、ボランティア活動等の各種の社会活動への参加意欲も高い。社会的にも将来、少子化等による労働力人口の減少に対応して、高齢者が就労して社会に寄与する機会が増大することが予想される。
［学習の成果を幅広く生かす　生涯学習審議会答申　平成11(1999)年6月］

解説　キャリア開発：☞p.79の「「個人のキャリア開発」の基本的な考え方」を参照。

第6章　生涯学習の内容・方法

1. 生涯学習の内容（現代的課題を含む）

現代的課題の定義

　科学技術の高度化、情報化、国際化、高齢化の進展等により、急激な変化を遂げつつある。そのことが人間の生き方、価値観、行動様式を変化させ、従来の生き方、価値観、行動様式が、時代の要請するものとそぐわなくなっている。このようなことから、地球環境の保全、国際理解等の世界的な課題をはじめ、高齢化社会への対応、男女共同参画型社会の形成等、人々が社会生活を営む上で、理解し、体得しておくことが望まれる課題が増大している。ここで言う現代的課題とは、このような社会の急激な変化に対応し、人間性豊かな生活を営むために、人々が学習する必要のある課題である。
［今後の社会の動向に対応した生涯学習の振興方策について　生涯学習審議会答申
　平成4（1992）年7月］

解説　現代的課題：
　平成4年の生涯学習審議会答申『今後の社会の動向に対応した生涯学習の振興方策について』で提言された。
　現代的課題とは、社会の急激な変化に対応し、人間性豊かな生活を営むために、人々が学習する必要のある課題で、例えば、生命、健康、人権、豊かな人間性、家庭・家族、消費者問題、地域の連帯、まちづくり、交通問題、高齢化社会、男女共同参画型社会、科学技術、情報の活用、知的所有権、国際理解、国際貢献・開発援助、人口・食糧、環境、資源・エネルギー等がある。
　なお、審議の過程では、ローマクラブの第6次報告書『限界なき学習』（1997年）の検討が行われた。

現代的課題の例示

　現時点における具体的な現代的課題を挙げると、例えば、生命、健康、人権、豊かな人間性、家庭・家族、消費者問題、地域の連帯、まちづくり、交通問題、高齢化社会、男女共同参画型社会、科学技術、情報の活用、知的所有権、国際理解、国際貢献・開発援助、人口・食糧、環境、資源・エネルギー等が考えられる。
　なお、現代的課題は、社会や人々の生活の変化に応じて流動的なものであるため、学習機会の提供に当たっては、地域の実情に照らして、何が現代的課題であるが、常に研究していくことが必要である。

◆高齢化社会：
65歳以上人口の比率（人口高齢化比率）が7％を超えた場合に"高齢化社会"、14％を超えた場合に'高齢社会'とよんでいる。わが国の場合、昭和25（1950）年には5％に満たなかったが、昭和45（1970）年に7％を超え、平成6（1994）年には14％を超えて高齢社会に突入した。

［今後の社会の動向に対応した生涯学習の振興方策について　生涯学習審議会答申
　平成4（1992）年7月］

現代的課題を選択する際の観点
　多様な現代的課題の中から、学習課題とするものを選択するに当たっては、それが心豊かな人間の形成に資すること（豊かな人間性）を基本としつつ、特に、その課題が社会的観点から見てどれだけの広がりを持っているか（社会性・公共性）、どれだけその学習が時代の要請に即応しているか、緊急・必要であるか（現代性・緊急性）などの観点から行われることが重要である。
［今後の社会の動向に対応した生涯学習の振興方策について　生涯学習審議会答申
　平成4（1992）年7月］

現代的課題に関する学習機会拡充のための留意点
　教育委員会や社会教育施設は、人々の学習ニーズの高度化を考慮し、現代的課題に関する学級・講座等を充実することが必要である。特に、現代的課題に対する人々の学習意欲を高めるような、魅力あるプログラムを開発・提供することが必要である。
［今後の社会の動向に対応した生涯学習の振興方策について　生涯学習審議会答申
　平成4（1992）年7月］

現代的課題に関する学習機会の充実
　なかでも積極的に拡充を図る必要があるのは、平成4年の答申でも指摘した、いわゆる現代的課題に関する学習である。変化する社会の中で充実した生活を営んでいくためには、様々な現代的課題についての理解を深めることが必要となってくる。例えば、地域環境の保全、国際理解、人権、高齢社会への対応、男女共同参画社会の形成などの課題がある。学習機会を提供する側においては、こうした現代的課題の重要性を認識し、そのための学習機会の充実を図ることが強く求められる。
［地域における生涯学習機会の充実方策について　生涯学習審議会答申　平成8（1996）年4月24日］

現代的課題に関する学習の推進
　国際化・情報化・高齢化等の社会の変化への対応や男女共同参画社会の形成など現代的課題に関する学習の推進について、地域の実情に応じた積極的な取組が期待される。
［地域における生涯学習機会の充実方策について　生涯学習審議会答申　平成8（1996）年4月24日］

第II部　生涯学習関連の答申と解説

◆知識社会：☞p.66

◆青少年教育施設：
　青年の家、少年自然の家、児童文化センターなどがある。青少年教育施設の中核的な施設として独立行政法人国立オリンピック記念青少年総合センターがある。

教養の定義
　教養とは、個人が社会とかかわり、経験を積み、体系的な知識や知恵を獲得する過程で身に付ける、ものの考え方、価値観の総体ということができる。
　[新しい時代における教養教育の在り方について　中央教育審議会答申　平成14(2002)年2月]

教養教育の目指すもの
　教養教育は、個人が生涯にわたって新しい知識を獲得し、それを統合していく力を育てることを目指すものでなければならないということである。21世紀は知識や情報が社会を動かす原動力となる「知識社会」と言われる。様々な形で提供される膨大な情報の中から自らに必要なものを見附け、獲得し、それを統合していく知的な技能を一人一人が培うことを、教養教育の一貫した課題として位置付け取り組んでいく必要がある。
　[新しい時代における教養教育の在り方について　中央教育審議会答申　平成14(2002)年2月]

> **解説**　教養教育：
> 　この答申では、教養教育を従来のように知識などの内容面を中心とした人間形成よりも、それを身につける方法の習得に焦点を合わせている。したがって、ここでも「生涯にわたって新しい知識を獲得し、それを統合していく力」を育てるとしている。

教養を高めるための多様な学習機会の整備
　成人の教養を高めるための多様な学習機会の整備が必要である。例えば、親としての心構えや役割、地域での活動の在り方を学ぶ機会や、老いや死などに向き合い、人生の円熟期を豊かに過ごすための学習機会などは今後特に重要となる。社会生活を営む上で必要な実践的・制度的な経済知識を身に付けるために学ぶ機会や、社会の第一線で働く人が学位取得を目指して学習する機会、国際社会で通用する高いレベルの教養を身に付けるための学習機会も重要である。さらに、転職や再就職の際にも、視野をひろげ、関連する分野についての知識を深めるような教育の機会を整備するなどの配慮が望まれる。
　[新しい時代における教養教育の在り方について　中央教育審議会答申　平成14(2002)年2月]

社会教育・文化施設の整備充実と新たな事業展開
　例えば、公民館や生涯学習センター、青少年教育施設などにおいては、今後、工作教室や昔遊び

◆青少年団体：☞p.44

◆合宿通学：
　公民館等の施設に子どもたちを集団で一定期間宿泊させ、そこから学校に通学させる事業。生活体験を積むのに有効と考えられ、様々な地域で行われている。期間としては1週間ぐらいが多い。

教室、史跡めぐりなどの子供・親子向けの事業や講座を充実したり、各種学習サークル活動などを活発に行うことが望まれる。
［21世紀を展望した我が国の教育の在り方について（第1次）　中央教育審議会答申
　平成8(1996)年7月19日］

子供の交流活動の推進
　このような現状を改善するため、社会教育・文化・スポーツ施設や青少年団体等が中心となって、都市部と過疎地域、農村と漁村など異なる地域間の交流、乳幼児や老人など異なる世代間の交流、障害者との交流など、様々な人々との多様な交流を積極的に推進する必要がある。
　また、希薄化している今日の子供たちの人間関係の改善や自活力の向上を図るため、一定期間地域の身近な施設から学校に通学する「合宿通学」などの実施も考えられてよいであろう。
［21世紀を展望した我が国の教育の在り方について（第1次）　中央教育審議会答申
　平成8(1996)年7月19日］

自然体験活動の推進
　子供たちに、自然の中における様々な生活体験や自然体験などの不足している現状を考えると、農作業体験、野外活動や環境保護活動など、子供たちに豊かな自然に触れさせ、自然に対する理解や愛情を育てるような子供・親子向けの事業を充実させることは、今日極めて重要なことである。
（略）
　日常生活圏を離れての活動も子供たちに是非体験させたいものである。特に、多感な子供時代に豊かな自然の中で長期間過ごす体験は極めて有意義と考えられる。そこで、長期休業期間中などに、少年自然の家などの青少年教育施設やホームステイを活用して、子供たちにそうした機会を与えることを提唱したい。
［21世紀を展望した我が国の教育の在り方について（第1次）　中央教育審議会答申
　平成8(1996)年7月19日］

科学的素養を育成するための博物館や地域の科学教室
　子供たちに豊かな科学的素養を育成するため、地域社会において、体験的に学習できる博物館等の整備や社会教育施設等における科学教室の開催など、様々な学習機会の提供に努める必要があること。

◆青少年団体：☞p.44

◆JA：☞p.47

◆JC：☞p.47

［21世紀を展望した我が国の教育の在り方について（第1次）　中央教育審議会答申
　　平成8 (1996)年7月19日］

情報リテラシー
　情報リテラシーを身につける際には、単に情報機器の操作など技術的なコンピュータ活用能力だけでなく、主体的に情報を収集・選択し、活用する能力、さらには情報を生み出し発信する能力、情報社会における規範や自己責任能力、危機管理能力、社会の中での実体験とのバランスの取り方など基礎的な能力や態度を身につけることができるようにすることが大切です。
［新しい情報通信技術を活用した生涯学習の推進方策について　生涯学習審議会答申
　　平成12(2000)年11月28日］

情報リテラシー関係の講座の開設
　特に情報リテラシーを身につけるための学習機会が不足しがちな社会人、高齢者や女性などに対しては、生涯学習関連施設において、情報リテラシーに関する講座などを積極的に開設していくことが必要です。
［新しい情報通信技術を活用した生涯学習の推進方策について　生涯学習審議会答申
　　平成12(2000)年11月28日］

地域社会における環境教育
　環境教育については、学校だけでなく、地域社会においても、様々な学習機会を提供するなどの取組を進めるべきである。
［21世紀を展望した我が国の教育の在り方について（第1次）　中央教育審議会答申
　　平成8 (1996)年7月19日］

子どもの多様な体験活動を支える地域ネットワーク
　地域に古くから伝わる伝承遊びやものづくりなど地域の文化を伝える活動、冒険的な活動や自然体験活動、世代を超えてのボランティア活動やお年寄りや障害をもった人達とのふれあい体験活動、地域に住む外国人との交流等、全国津々浦々で地域に根ざした子どもたちの体験活動を展開する。実施に当たっては、市町村におけるPTA、青少年団体の関係者、企業・地場産業関係者、自治会の代表者、その他関係機関・団体（JA、JC、老人クラブ等）、教育委員会等行政関係者などで構成され

◆トップアスリート：
　一流の陸上競技者。

るネットワーク組織をつくって進める。一過性のイベントでなく継続的な事業となるよう配慮する。また、青少年団体等の地域に根ざした特色ある活動への取組を促進する。
［生活体験・自然体験が日本の子どもの心をはぐくむ　生涯学習審議会答申　平成11(1999)年6月］

子どもや親子が地域でスポーツを楽しむきっかけづくり
　子どもから高齢者、初心者からトップアスリートまで、様々な年齢、技術・技能の住民が、多様なスポーツに親しむため、住民参加で運営される総合型地域スポーツクラブ、それを支援するための広域スポーツセンターを育成したり、プロスポーツ選手などの協力を得て子どもスポーツ教室を開催するなどして、子どもたちや親子が、異なる年齢の人々とともに各種のスポーツや健康プログラムを楽しめるきっかけづくりを進める。
［生活体験・自然体験が日本の子どもの心をはぐくむ　生涯学習審議会答申　平成11(1999)年6月］

子どもの商業体験
　子どもたちが、夢や希望を抱いて将来の進路について考える機会を持ち、しつけも体得できるようにするため、PTAや子ども会の活動の一環として、商店街で子どもたちを受け入れてもらい、実際に働きながら商業活動を体験する機会を提供する。
［生活体験・自然体験が日本の子どもの心をはぐくむ　生涯学習審議会答申　平成11(1999)年6月］

子どもの農業、自然体験
　産業界の協力を得て、民間企業が、従業員の家族や子どもが農家等に宿泊して農作業体験・自然体験をする機会へ参加することを促す。
［生活体験・自然体験が日本の子どもの心をはぐくむ　生涯学習審議会答申　平成11(1999)年6月］

「個人のキャリア開発」の基本的な考え方
　いわゆる「キャリア開発」の概念は、時代とともに変化してきている。従来は企業・雇用者主導のキャリア開発プログラムに沿って、被雇用者が業務遂行に必要な教育訓練を受けるという形をとってきた。しかし、最近は、個人が自らの生涯にわたるキャリアを設計し、それに沿って個人のイニシアチブで学習活動を続けるという形が重視されるようになっている。「キャリア」の概念についても、最近はそれを職歴面に限定せず、地域や社会での様々な活動歴など社会生活上の諸側面も含めるようになってきている。

[生涯学習の成果を生かすための方策について　生涯学習審議会審議の概要
　平成9(1997)年3月13日]

解説　キャリア：
　　キャリアについては、従来は職業面に限定されていたが、ここでは、最近の動向を考慮して、地域や社会での活動歴を含めるような幅広い考え方を採用している。

キャリアに関する学習相談
　また、生涯学習センター等が関係行政部局による様々な学習・教育事業に関する情報を収集し、総合的な情報提供を行うことやキャリアに係る学習の相談事業を行うことができるようにする必要がある。
　その際、退職した企業人などキャリア経験が豊かな人を活用して、女性、青少年、高齢者等を対象とした生き方指向のキャリア相談事業等を多様に企画・実施することが望まれる。
[学習の成果を幅広く生かす　生涯学習審議会答申　平成11(1999)年6月]

社会参加のための学習機会の提供
　また、行政が行うべき学習機会の提供にあたっても、従来の文化・教養タイプのものから、社会参加型や問題解決型の学習あるいは学習成果の活用を見込んだ内容のものなど、学習者に活動のために必要な力を養う学習へと重点を移行させるべきであろう。
[学習の成果を幅広く生かす　生涯学習審議会答申　平成11(1999)年6月]

社会教育施設での職業に関する事業の実施
　むしろ、実際に事業を実施してみて、社会教育施設でもやれることを示してみてからニーズの調査をする方が有効である。まず、地域住民の学習ニーズを先取りして講座等を開設することにより、職業に資するものとすることが考えられる。また、職業に関係する学習の情報を収集して、提供できるようにすることも考えられる。こうした際には、**社会教育主事のコーディネート機能の発揮**が重要な要素となろう。
[学習の成果を幅広く生かす　生涯学習審議会答申　平成11(1999)年6月]

解説　社会教育主事のコーディネート機能：

◆エンパワーメント：☞p.72

　昭和61（1986）年の社会教育審議会成人教育分科会報告『社会教育主事の養成について』で、社会教育主事に求められる資質・能力が6つあげられたが、その一つに「調整者としての能力」がある。この資質・能力に関わるものが社会教育主事のコーディネート機能といえるであろう。

高度で専門的な内容を提供する大学公開講座
　講座内容・方法の改善に当たって考慮すべき点としては、職業技術の習得などの新たなニーズに即応すること、より高度で専門的な内容を備えること、新しいメディア等の活用によって広域の受講を可能にすること、社会教育施設等での学習と連携・接続できるようにすることなどが挙げられる。また、聴講形式のものばかりでなく、演習・実験を取り入れた参加型のものをとの要望もある。こうした点に配慮しつつ公開講座を一層充実することが望まれる。
　［地域における生涯学習機会の充実方策について　生涯学習審議会答申　平成8（1996）年4月24日］

女性の社会参画、地域参画
　ボランティア活動や地域ビジネス等の活動で女性がリーダーになり得るためのリーダーシップの開発などを行い、女性が地域、ボランティア活動、産業等の様々な分野で政策や方針の決定に参画できるようにしていく必要がある。（略）
　今後社会教育施設等においては、エンパワーメントに係る講座を積極的に開設することが必要であり、このような学習機会がより多く提供されることで、女性がその学習成果を生かして社会の場で活躍する機会が開けていくことになろう。
　［学習の成果を幅広く生かす　生涯学習審議会答申　平成11（1999）年6月］

　解説　ボランティア活動：☞p.97の「ボランティア活動の基本的理念」を参照。

高齢者の就業のための学習機会提供
　公民館等の身近な社会教育施設においても、高齢者の職務経験や人生経験を生かせるような就業のための実践的で専門的な学習機会の提供が必要である。
　［学習の成果を幅広く生かす　生涯学習審議会答申　平成11（1999）年6月］

青少年対象の職業・勤労関係の学習機会
　青少年の職業意識を高め、その能力、適性、希望に応じた適切な職業選択やキャリア開発を支援

するため、青少年が職業や勤労についてその意義を理解する学習機会を設けることが必要である。
［学習の成果を幅広く生かす　生涯学習審議会答申　平成11(1999)年6月］

解説　キャリア開発：☞p.79の「『個人のキャリア開発』の基本的な考え方」を参照。

大学等での社会人受入れ

今後、職業を持つ社会人の再学習の需要は一層高まると考えられることから、高等教育機関においては、これまで以上に社会人の受入れを積極的に進めることが望まれる。
［学習の成果を幅広く生かす　生涯学習審議会答申　平成11(1999)年6月］

解説　大学等における社会人の受入れ：
この答申などを受けて、次第に、社会人特別選抜、科目等履修生制度、聴講生制度、長期履修学生制度、昼夜開講制、夜間大学院、通信制大学院、専門職大学院、大学院修士課程1年制コースや長期在学コースなどが整備されるようになり、社会人が大学等で学習しやすくなりつつある。

放送大学の拡充

平成10年1月から衛星放送を利用した全国放送を開始したことにより、全国津々浦々の自宅で放送大学の授業が視聴できるようになり、一層身近な大学となってきている。今後は、全国放送の運営状況や業績等を踏まえつつ、キャリア開発のための学習機会として、例えば、看護関係職員の資質向上に役立つ授業科目を開設するなど、社会人の再教育のための機会提供の拡充や通信制大学院が制度化されたことから、大学院の実現への取組が期待される。その場合、高度な職業人養成や社会人再教育を主たる目的とするなど、社会的要請に対応した魅力ある大学院を目指すことが望まれる。
［学習の成果を幅広く生かす　生涯学習審議会答申　平成11(1999)年6月］

解説　放送大学：
昭和56(1981)年に制定された放送大学学園法に基づき昭和58(1983)年に設立され、昭和60(1985)年より学生の受け入れを開始した。テレビ・ラジオ放送およびテキストによる授業、通信による添削指導、学習センターでのスクーリング等で教育を行っている。設立当初は放送が関東地域に限られていたが、平成10(1998)年にCSデジタル放送を活用した全国放送を開始した。平成10(1998)年の大学院設置基準の改正で通信制大学院が制度化されたので、平成12(2000)年に大学院設置の認可を受け、平成14(2002)年より放送大学大学院への学生

第6章　生涯学習の内容・方法

◆個人学習：
　直接先生につかず、一人で行う学習形態。本や雑誌等を利用する、放送や通信メディアを利用する、通信教育を利用する、社会教育施設等を利用する、などの方法がある。

の受け入れを始めた。
　　キャリア開発：☞p.79の「『個人のキャリア開発』の基本的な考え方」を参照。
　　通信制大学院：
　　　ここでいう通信制大学院とは、修士課程についてである。通信制博士課程が制度化されたのは平成14年である。

各種資格等の学歴要件の除去

　各種資格を国民にさらに開かれたものにするため、高度で専門的な知識や技術、経験を要するために特別の教育・訓練を必要とするものを除き、一定の学歴がないことのみによって、資格取得の道を閉ざすことは妥当ではない。学習成果を適切に評価し、個人のキャリア開発に生かしていくという観点からは、できるだけ学歴要件を除去することが求められる。
［学習の成果を幅広く生かす　生涯学習審議会答申　平成11(1999)年6月］

2. 生涯学習の方法

個人学習や学習グループへの支援

　人々の学習形態は学級・講座や講演会のほか、共通の学習ニーズで構成される学習グループ、図書・メディアを活用した個人学習など多様化が進んできている。社会教育・文化・スポーツ施設においては、このような学習グループや個人の自主的な学習活動を積極的に支援するとともに、こうした学習グループの育成に向けた支援・協力を行う必要がある。
［地域における生涯学習機会の充実方策について　生涯学習審議会答申
　平成8(1996)年4年24日］

体験型の環境学習

　博物館や少年自然の家等の社会教育施設などにおいて、環境学習教室など多様な学習機会を拡充することが望まれるが、その際には、特に、体験型の学習機会の充実に留意する必要がある。
［21世紀を展望した我が国の教育の在り方について（第1次）　中央教育審議会答申
　平成8(1996)年7月19日］

◆社会通信教育：
　通信教育は学校通信教育と社会通信教育に分けられる。社会通信教育には文部科学省認定の文部科学省認定通信教育（文通）と民間通信教育（民通）とがある。

マルチメディアを用いた学習の支援
　施設においては、事業の実施や施設の運営に情報関係施設設備を積極的に導入することが必要になっている。これに伴って、情報関係の機器・システムのもとでマルチメディアを用いた学習プログラムを開発するなど新しい事業の内容・方法の革新を図る必要がある。
　［地域における生涯学習機会の充実方策について　生涯学習審議会答申
　　平成8（1996）年4月24日］

マルチメディアの活用
　マルチメディアの活用は、時間的・地理的制約を克服し、質の高い効率的な学習を可能にするものであり、マルチメディアを活用した新しい学習システムの開発や普及が望まれる。また、社会教育施設におけるコンピュータの整備や、操作に関する学習機会を充実させることが必要である。
　［社会の変化に対応した今後の社会教育行政の在り方について　生涯学習審議会答申
　　平成10（1998）年9月］

情報化時代の通信教育の在り方
　社会通信教育は、生涯学習社会の実現に大きな役割を果たしてきているものの、現在の社会教育法の規定は郵便が情報伝達手段の中心であった時代に設けられたものであり、多様なメディアが急速に進展している情報化時代にふさわしい社会通信教育の在り方について検討する必要がある。
　［社会の変化に対応した今後の社会教育行政の在り方について　生涯学習審議会答申
　　平成10（1998）年9月］

解説　生涯学習社会：☞p.34の「生涯学習社会の3条件」を参照。

第7章　生涯にわたる学習機会等

1. 学校による生涯学習機会等の提供

生涯学習における学校の役割

　人々の生涯学習の基礎を培うためには、特に初等中等教育の段階において、生涯にわたって学習を続けていくために必要な基礎的な能力や自ら学ぶ意欲や態度を育成することが重要となると考えられる。このためには、教育内容を精選して基礎・基本を徹底させるとともに、新しい知識を学んだり発見したりすることの楽しさを体験させることが必要である。

　　（略）

　地域や社会の人々に多様な学習機会を提供するためには、特に高等学校や大学において、社会人を積極的に受け入れることや地域のニーズに対応した多様な学習機会を提供することが必要である。
［新しい時代に対応する教育の諸制度の改革について　中央教育審議会答申
　平成3(1991)年4月19日］

解説　生涯学習の基礎を培う：☞p.29の「生涯学習における学校の役割」を参照。

学校開放

　学校は、子供たちに対する教育の場というばかりでなく、地域社会の貴重な学習の場でもある。学校の持つ教育機能や施設を開放して、地域住民に学習機会を提供することに対する、地域住民の期待は大きい。
［地域における生涯学習機会の充実方策について　生涯学習審議会答申　平成8(1996)年4月24日］

生涯学習機関としての大学・短大等と生涯学習センター

　今後、大学・短大等においては、生涯学習機関としての役割をも視野に入れて、履修形態やカリキュラムの多様化・柔軟化を進めていくことが重要である。また、放送大学の全国化との関連で、放送大学との連携・協力が図られることも必要である。（略）

　体系的・継続的な講座の実施や大学・短大等における学習機会に関する情報の提供・学習相談など、社会人を対象とした取組みをより積極的に行う体制として、地域の学習需要を考慮しながら、各大学・短大等の自主的な判断により生涯学習センターを開設することが期待される。

第Ⅱ部　生涯学習関連の答申と解説

◆情報の提供：
　学習情報は案内情報、内容情報（百科事典的情報）、アドバイス情報などに分類できるが、一般に「学習情報の提供」といった場合は案内情報の提供を指すことが多い。

◆学習相談：
　学習情報を提供したり、学習技法や学習グループ・サークル・団体等の運営方法などを紹介したりしながら、学習者の学習上の悩みや問題の解決を図る助言・援助活動。

　文部省・学習情報提供システムの整備に関する調査研究協力者会議は、学習相談の目的として①学習希望者の潜在的な学習ニーズを聞き出し、具体的な学習活動にまで引き上げること、②学習者の学習活動の質を高め、継続的なものにすること、③学習活動を行う中で、問題や悩みを聞き、その解決をはかることをあげた。（文部省・学習情報提供システムの整備に関する調査研究協力者会議『生涯学習のための学習情報提供・相談体制の在り方』昭和62（1987）年。）

［生涯学習の基盤整備について　中央教育審議会答申　平成2（1990）年1月30日］

解説　放送大学：☞p.82の「放送大学の拡充」を参照。

社会人に開かれた大学等

　我が国の大学等は、幅広い年齢層の人々に積極的に開かれ、これらの人々に多様で柔軟な学習機会を提供していくことが求められている。

［大学等における社会人受入れの推進方策について　中央教育審議会答申　平成14（2002）年2月］

社会人受入れ、パートタイム形態での教育－大学・短大、高等専門学校、高等学校、専修学校－

　地域や社会の人々に対してさまざまな学習機会を提供することに関しては、前述のように特に大学・短大等において、公開講座を拡充するとともに、学校制度の柔軟化を図り、社会人等に対して多様な学習機会を提供することが重要である。

　今後、大学・短大等が生涯学習機関としての役割を拡充するためには、次のような方策が必要である。

（大学・短期大学）

ア　大学・短期大学においては、社会人が限られた時間を有効に活用して、パートタイムの形態で教育を受けられるようにすることが必要である。（略）

イ　短期大学や高等専門学校を卒業した後でも学習を続けたいとする者や、いったん社会に出た後に再び大学教育を受けることを希望する者にも、その途を開くため、社会人特別入学枠や編入学のための特別定員枠の拡大が期待される。

ウ　また、大学・短期大学以外の教育施設等における学習成果のうち、一定水準以上のものを、大学・短期大学の単位として認定する途を開くことや、大学レベルのさまざまな学習成果を積み重ねることにより、最終的に大学卒業の資格を取得できる途を開くことは、生涯学習を推進する上で極めて意義が大きい。

エ　大学・短期大学の公開講座については、今後、地域の学習需要の高度化に対応して、多様な教育機会を提供することが望まれる。その際、大学・短期大学以外のさまざまな教育・訓練施設と協力して学習プログラムを企画したり、新しい情報手段を利用するなどの工夫が期待される。

オ　さらに、以上のような大学・短期大学の生涯学習の取組みをより一層推進するためには、特に、平成2年1月の本審議会答申で提言した大学・短大等に設置される生涯学習センターの機能を活用することが期待される。(略)
　カ　放送大学は、生涯学習機関として大きな役割を果たす開かれた大学であり、現在、関東地域に限られている対象地域を、その実績等を評価しながら全国化することが望まれる。また、大学・短期大学の通信教育についてもその充実を図る必要がある。
（高等専門学校）
　高等専門学校においては、今後の産業技術の高度化に対応するとともに、地域の人々や企業の生涯学習への要請を踏まえ、その専門的職業技術や知識を地域社会に提供することが必要である。
（高等学校）
　高等学校については、まず中途退学者や中学校を卒業後社会に出た者も容易に高校教育を受けられるようにすることが必要である。(略)
　前述の単位制の活用を図ることや、他の教育施設等の学習成果のうち一定水準のものを高等学校の単位として認定することは、生涯学習振興の観点からも重要である。さらに、高等学校は、地域の人々の身近な教育施設であり、今後とも人々のニーズに対応した多様な学習機会を提供していくことが必要である。今後、高等学校は、地域の人々の新しい学習需要に柔軟に対応し、生涯学習機関としての役割を高めていくことが望まれる。(略)
（専修学校）
　専修学校は、社会の変化に即応して実践的な職業教育や専門的な技術教育を行うところにその特色を発揮しながら、地域の要請や社会人の学習ニーズに対応したコースを開設したり、開設科目を多様化することにより、今まで以上に多様で柔軟な教育活動を積極的に展開していくことが望まれる。
［新しい時代に対応する教育の諸制度の改革について　中央教育審議会答申
　平成3(1991)年4月19日］

解説　大学等における社会人受入れ、パートタイム形態での教育：
　　この答申などを受けて、次第に、社会人入学特別選抜、科目等履修生制度、聴講生制度、長期履修学生制度、昼夜開講制、夜間大学院、専門職大学院、大学院修士課程1年制コースや長期在学コースなどが整備されるようになり、社会人が大学等で学習しやすくなった。
　　放送大学：☞p.82の「放送大学の拡充」を参照。

第II部　生涯学習関連の答申と解説

◆リカレント教育：☞p.25

　　　　他の教育施設等の学習成果を高等学校の単位として認定する：
　　　　　平成10年の学校教育施行規則の改正により、高等学校長が認めれば、大学等での科目等履修生としての学修、社会教育施設の講座での学修などが単位として認められることになった。

大学等におけるリカレント教育

　リカレント教育の推進のため、公開講座の充実、出張講座など、大学等が地域の産業界と連携・協力しながら広く学習機会を提供することが必要である。その際、大学等でリカレント教育に当たる教員組織や事務体制等の充実が望まれる。
［今後の社会の動向に対応した生涯学習の振興方策について　生涯学習審議会答申
　平成 4（1992）年 7 月］

大学等の地域貢献、地域における放送大学の活用

　高等教育機関においても、地域社会の一員として地域における学習活動の振興のために、積極的に貢献していくことが期待される。また、今年から通信衛星により全国的に提供することになった放送大学の放送授業を公民館等社会教育施設において受信できるようにするなど、住民の学習活動の高度化のために積極的に活用していくことが期待される。
［社会の変化に対応した今後の社会教育行政の在り方について　生涯学習審議会答申
　平成10（1998）年 9 月］

解説　放送大学：☞p.82の「放送大学の拡充」を参照。

大学等での長期履修学生

　個人の事情に応じて柔軟に修業年限を超えて履修を行い学位等を取得できる新たな仕組みを、各大学等が各々の判断で導入できることとすることが必要である。
　その際、学生個人の事情に応じて柔軟な履修を可能とする観点から、できる限り弾力的な仕組みとすることが適切である。
［大学等における社会人受入れの推進方策について　中央教育審議会答申　平成14（2002）年 2 月］

解説　長期履修学生：
　　　　この答申を受けて、平成14年 4 月に大学設置基準が一部改正され制度化した。

長期履修学生の定義

　上記のような新たな仕組みの導入を各大学等において積極的に推進していくに当たっては、対象となる学生の位置付けを明確にしておく必要がある。

　当該学生は、職業等との兼ね合いにより、修業年限を超えて在学することを予定し、それを各大学等があらかじめ認めた上で在学し、各大学等の定める単位の修得等の要件を満たして卒業・修了することにより、学位等を取得する正規の学生（以下「長期履修学生」という。）と定義することができる。

［大学等における社会人受入れの推進方策について　中央教育審議会答申　平成14(2002)年2月］

長期履修学生の受入れ

　大学の学部においては、高等教育に対する多様な学習需要に幅広くこたえるために、長期履修学生を積極的に受け入れていくことが期待される。

　また、大学院においては、職業上必要な高等専門的知識・能力を修得することを目的として入学を希望する社会人が今後一層増大し、これに伴い、学習時間等の制約により標準修業年限を超えて学習することを求める者が今後増大することが考えられることから、大学院においてもこのような需要に適切に対応して長期履修学生を受け入れていくことが望まれる。なお、現在でも大学院修士課程においては、社会人の多様な学習需要にこたえるため、あらかじめ長期の教育課程を編成し、標準修業年限を2年を超えるものとすることができることとされている（大学院設置基準第3条第2項に基づくいわゆる長期在学コース）。一方、長期履修学生は、学生個人の事情により、大学等が標準修業年限に従って編成する教育課程の期間を超えて在学するものであり、いわゆる長期在学コースとは趣旨を異にするものである。

　短期大学においては、地域に密着して生涯学習機会を幅広く提供することが期待されるところであり、長期履修学生を積極的に受け入れることが望まれる。例えば、社会人を含めた地域の学習需要にこたえるために、多様なコースを設定した総合的な学科等を設け、長期履修学生を積極的に受け入れることも一つの方法である。

［大学等における社会人受入れの推進方策について　中央教育審議会答申　平成14(2002)年2月］

大学院修士課程での遠隔教育の実施

　大学審議会答申にもとづき、情報通信技術などを活用した遠隔教育による大学院修士課程の設置が平成10年3月から制度化されている。時間・場所からの制約を大幅に緩和し、学習の自由を拡げ

◆サテライト的な学習の場：
　大学等に通えない学生のために、キャンパス以外の場所に設けた教室など。

るものであり、大変望ましいことであり、今後こうした新しい大学院の拡充が求められる。さらに、情報通信技術による遠隔教育の大学院博士課程の設置についても修士課程における開設・運営状況、実績等を十分に踏まえつつ今後の課題として検討されることが望まれる。
［学習の成果を幅広く生かす　生涯学習審議会答申　平成11(1999)年6月］

解説　情報通信技術を活用した遠隔教育による大学院博士課程の設置：
　　遠隔による大学院博士課程については、平成14年4月の大学院設置基準等の一部改正により認められるようになった。

通信制博士課程の設置

　今後、我が国の大学院においては、社会人の多様な学習需要への対応を図っていくことが必要であり、社会人が、修士課程における学習の成果に基づき、継続してより高度な研究を行う機会を拡大し、社会の多様な方面で活躍し得る高度の能力と豊かな学識を有する人材を養成する観点から、制度的に通信制博士課程の設置を認めることが適当である。
［大学等における社会人受入れの推進方策について　中央教育審議会答申　平成14(2002)年2月］

解説　通信制博士課程：
　　前項の［解説］を参照。

夜間大学院の拡充

　既存の大学院にあっても、例えば、郊外に設置される大学院の場合、都市部にサテライト的な学習の場を設け、そこでカリキュラムの一部を履修する仕組みをとれば、社会人のリカレント教育を推進する上で有効な方策となると考えられる。また、昼間・夜間の両方にわたって、授業を開設する昼夜開講制も普及してきている。
［地域における生涯学習機会の充実方策について　生涯学習審議会答申　平成8(1996)年4月24日］

◆青少年団体：
　社会奉仕活動、野外活動、学習活動等を通して青少年の健全育成を図ることを目的とする団体。例えば、子ども会、青年団、ボーイスカウト、ガールスカウト、YMCA、YWCA、青年海外協力隊などがある。

◆青少年教育施設：
　青年の家、少年自然の家、児童文化センターなどがある。青少年教育施設の中核的な施設として独立行政法人国立オリンピック記念青少年総合センターがある。

2. 社会の中の生涯学習機会等

学校外活動の充実に向けての課題

　国や地方公共団体によって、家庭教育に関する親の学習機会等の充実のための施策や、青少年教育活動に係る各種事業の推進及び青少年団体等の育成、各種社会教育施設等の整備などが図られているが、これらの施策の充実を一層積極的に推進する必要がある。

　今後の活動の促進に当たっては、社会変化によって生じている様々な課題を視野に入れ、子供が今日の社会動向に対する基礎的な興味・関心を養えるよう、活動の新しい視点を工夫することが重要である。

　特に、身近な地域における子供の活動の場の充実・確保、青少年教育施設等の整備・充実、地域の青少年団体等の育成・活性化、学校外活動を支援する人材の確保に努める必要があり、また、学校の施設も高機能・多機能化を図り、身近な活動の場として十分活用されるよう整備・充実を図っていくことが望ましい。

［今後の社会の動向に対応した生涯学習の振興方策について　生涯学習審議会答申
　平成4(1992)年7月］

学習塾等による自然体験・社会体験プログラム、学習支援プログラムの提供

　学習塾を含めた民間教育事業も、学校教育における基礎・基本のうえにたって、いわゆる受験のための知識や技術ではなく子どもたちの「生きる力」をはぐくむような自然体験・社会体験プログラム、創造的体験活動や課題解決型の学習支援プログラムなどの提供を進めていくことが望まれます。

［生活体験・自然体験が日本の子どもの心をはぐくむ　生涯学習審議会答申　平成11(1999)年6月］

社会に開かれた高等教育機関

　大学、短期大学、高等専門学校及び専門学校からなる高等教育機関は、高度で体系的かつ継続的な学習の場として、生涯学習社会において重要な役割を果たすことが期待されている。(略)

　高等教育機関がこのような新しい学習ニーズにこたえて社会に開かれた存在に生まれ変わるためには、まず社会人の受入れを促進する必要がある。若い年齢層の学生だけでなく、広範な年齢層に

第Ⅱ部　生涯学習関連の答申と解説

◆生きる力：☞p.28

またがる社会人を積極的に学生として受け入れることである。
　［地域における生涯学習機会の充実方策について　生涯学習審議会答申　平成8 (1996)年4月24日］

解説　生涯学習社会：☞p.34の「生涯学習社会の3条件」を参照。
　　　　大学等の社会人の受入れ：
　　　　　さまざまな中央教育審議会答申や生涯学習審議会答申や大学審議会答申などを受けて、次第に、社会人入学特別選抜、科目等履修生制度、聴講生制度、長期履修学生制度、昼夜開講制、夜間大学院、専門職大学院、大学院修士課程1年制コース、長期在学コースなどが整備され、社会人が大学等で学習しやすくなりつつある。

3. 家庭における生涯学習機会等

家庭教育に対する行政の支援
　家庭における教育は、本来すべて家庭の責任にゆだねられており、それぞれの価値観やスタイルに基づいて行われるべきものである。したがって、行政の役割は、あくまで条件整備を通じて、家庭の教育力の充実を支援していくということである。
　［21世紀を展望した我が国の教育の在り方について（第1次）　中央教育審議会答申
　　平成8 (1996)年7月19日］

家庭教育に関する学習機会の充実
　子供たちの［生きる力］をはぐくむためには、子供の成長のそれぞれの段階に応じた親としての教育的な配慮が必要である。このため、親たちに対する子供の発達段階に応じた家庭教育に関する学習機会を一層充実すべきである。その学習内容としては、特に、子供の発達段階と人間関係の在り方、他人を思いやる心や感性などの豊かな人間性や自制心、自立心などをはぐくむ家庭教育の在り方や子供とのコミュニケーションの図り方等についての学習を重視する必要があると考える。
　［21世紀を展望した我が国の教育の在り方について（第1次）　中央教育審議会答申
　　平成8 (1996)年7月19日］

◆有給教育訓練休暇制度：
　1974年にILO（国際労働機構）総会は有給教育休暇に関する条約を採択した。ただし、わが国の場合は批准せず、その制度の導入は各企業に任されている。

◆リカレント教育：☞p.25

メディアを活用した家庭教育支援
　こうした施策を進めるに当たっては、これまで家庭教育に関する学習機会に参加したくてもできなかった人々に対する配慮がなされなければならない。特に、共働き家庭が増加していること等を踏まえ、自宅や職場等身近な場所に居ながらにして学習できるような環境を整備する必要がある。このため、家庭教育に関する学習内容その他の情報をテレビ番組等を通じて提供するとともに、近年、家庭においてコンピュータの普及が著しいことを踏まえ、パソコン通信やインターネット等の新しいメディアを通じて豊富に提供していく必要がある。メディアの利用は、特に、過疎地域の家庭教育の充実を図る上でも非常に重要であると考える。
［21世紀を展望した我が国の教育の在り方について（第1次）　中央教育審議会答申
　平成8(1996)年7月19日］

親子で行うスポーツ活動
　子どもがスポーツを始めるきっかけとして、また、スポーツを続けていく動機付けとして、親子でスポーツをすることが有効である。また、体力やスポーツの意義をあまり積極的にとらえない親を子どものスポーツの場に導き出し、理解を促す機会となることが期待できる。
［子どもの体力向上のための総合的な方策について　中央教育審議会答申　平成14(2002)年7月］

4. 企業関連の生涯学習機会等

リカレント教育と企業による支援
　企業等において、勤労者の生涯学習を支援するため、有給教育訓練休暇制度などを活用したリカレント教育休暇や、ボランティア休暇・休職制度の積極的な導入・普及が期待される。
［今後の社会の動向に対応した生涯学習の振興方策について　生涯学習審議会答申
　平成4(1992)年7月］

リカレント教育に取り組む企業等への支援
　リカレント教育を行う大学等の高等教育機関に対し、企業等が資金を提供する場合の手続面の改善、税制上の措置の活用を進める必要がある。また、生涯学習振興のための寄附金についての税制上の優遇措置等についても、今後の課題として検討していく必要がある。

［今後の社会の動向に対応した生涯学習の振興方策について　生涯学習審議会答申
　平成 4 (1992)年 7 月］

起業に関わる学習機会の提供
　起業についての学習機会の提供は、最近、地方公共団体や大学などでも少しずつ行われるようになってきているが、その内容については、資金の調達方法、マーケティング、会社設立のノウハウなどの実務的な知識はもちろん、夢や志を実現するため、冷静に事業計画をたてる手法なども必要であろう。
［学習の成果を幅広く生かす　生涯学習審議会答申　平成11(1999)年 6 月］

5. その他

研究・研修施設の開放や学習関連事業の実施
　研究・研修施設は、地域住民の高度化し多様化する学習ニーズに的確にこたえることのできる、極めて魅力的な地域社会の学習資源としてとらえることができる。施設の持つ人材や施設設備等の学習資源をいかにうまく活用して地域に学習機会を提供するかどうかが課題となっている。(略)
　研究・研修施設の建物や設備等を見学することはそれだけで専門の分野における研究事情を学習するための契機となり得る。(略)
　研究・研修施設の研究者等の職員が当該施設の研究成果や研究に関連しての知見を、分かりやすく公開講座・講演会などの形で地域住民に提供していくことについても地域の期待は大きい。
［地域における生涯学習機会の充実方策について　生涯学習審議会答申　平成 8 (1996)年 4 月24日］

第8章　社会参加・ボランティア活動

1. 社会教育関係団体・NPOの活動

人材の育成、関係団体の育成
　生涯学習の振興のためには、人材の育成・活用等及び関係団体の育成が重要である。特に、生涯学習に関する専門的職員、指導者の養成や、メディアを有効に活用できるような資質を持った職員の養成が必要である。
［今後の社会の動向に対応した生涯学習の振興方策について　生涯学習審議会答申
　平成4(1992)年7月］

PTA活動の活性化
　PTA活動は、男女共同参画社会へ向けてのモデルともなるべき活動であり、男女両性がいろいろな場で共に参画していくことが求められる。父親の積極的な参加を促すために、各種の会合などの開催時間や場所を見直すことも必要になる。さらには、PTA活動への参加が保護者としてまた地域社会の構成員として当然のことであるとの認識が、企業を含め社会全体に広がる必要がある。
［地域における生涯学習機会の充実方策について　生涯学習審議会答申　平成8(1996)年4月24日］

PTA活動への期待
　家庭・地域社会それぞれについて、子供たちを取り巻く環境が著しく変化し、家庭や地域社会の教育力の低下が指摘されている今日、学校と家庭、さらには、地域社会を結ぶ懸け橋としてのPTA活動への期待は、ますます高いものとなってきている。
［21世紀を展望した我が国の教育の在り方について（第1次）　中央教育審議会答申
　平成8(1996)年7月19日］

PTA活動の展開
　PTA活動を一層活発にしていくためには、保護者等が会員としての活動はもとより、関心のある分野の事業などを通して、保護者等の主体的な活動の場としてのPTAに積極的に参加することが求められる。
［学習の成果を幅広く生かす　生涯学習審議会答申　平成11(1999)年6月］

第II部　生涯学習関連の答申と解説

◆青少年団体：☞p.44

◆生きる力：☞p.28

◆社会教育関係団体：☞p.44

◆NPO：☞p.46

青少年団体等の活動の役割

　青少年団体の活動は、子供たちに、各種の集団活動を通じて、社会性、協調性や積極性などを養おうとするものであり、スポーツ団体の活動は、スポーツを通じて心身ともに健やかな青少年の育成に大きく寄与している。一人一人の子供たちに［生きる力］をしっかりとはぐくんでいこうとするとき、これらの団体の活動の役割はますます重要性を増している。
［21世紀を展望した我が国の教育の在り方について（第1次）　中央教育審議会答申
　　平成8(1996)年7月19日］

社会教育行政と社会教育関係団体、NPO、地縁団体等とのパートナーシップ

　今後、社会教育関係団体は、それぞれの設立の趣旨・目的に沿った一層自立した活動の展開が求められる。社会教育行政は、社会教育法第11条及び第12条の規定の趣旨を踏まえ、社会教育関係団体、ボランティア団体をはじめとするNPO、さらには町内会等の地縁による団体をも含め、これらとの新たなパートナーシップ（対等な立場から相互に連携・協力しあう関係）を形成していくことが大切である。
［社会の変化に対応した今後の社会教育行政の在り方について　生涯学習審議会答申
　　平成10(1998)年9月］

解説　社会教育法第11条：
　　文部科学大臣及び教育委員会は社会教育関係団体の求めに応じ、これに対し、専門的技術的指導又は助言を与えることができる。
　　2　文部科学大臣及び教育委員会は、社会教育関係団体の求めに応じ、これに対し、社会教育に関する事業に必要な物資の確保につき援助を行う。
　　社会教育法第12条：
　　　国及び地方公共団体は、社会教育関係団体に対し、いかなる方法によっても、不当に統制的支配を及ぼし、又はその事業に干渉を加えてはならない。

民間非営利団体（NPO）の支援

　民間非営利団体が充実した事業を円滑に実施していくためには、組織や事業の運営についての適切なマネージメントが必要になり、このための研修や養成プログラムの開発が望まれる。
［学習の成果を幅広く生かす　生涯学習審議会答申　平成11(1999)年6月］

第8章 社会参加・ボランティア活動

> **解説** 民間非営利団体(NPO)：☞p.46の〔用語解説〕の「NPO」を参照。

住民参加型の企画・運営

今後、行政は、行政課題に応じて自ら企画・計画する事業のほか、事業の企画・広報を行う委員会の委員や運営スタッフ等に住民の参加を求めるなど、参加者が学習成果を生かして実際に活動を行うような事業の実施にも積極的に取り組む必要がある。
［学習の成果を幅広く生かす　生涯学習審議会答申　平成11(1999)年6月］

2. ボランティア活動

ボランティア活動の基本理念

ボランティア活動は、個人の自由意思に基づき、その技能や時間等を進んで提供し、社会に貢献することであり、ボランティア活動の基本的理念は、自発（自由意思）性、無償（無給）性、公共（公益）性、先駆（開発、発展）性にあるとする考え方が一般的である。
［今後の社会の動向に対応した生涯学習の振興方策について　生涯学習審議会答申
　平成4(1992)年7月］

> **解説** ボランティア活動の理念、原則を示したもの。なお、無償（無給）性については金銭的な対価を得ることを目的としないという意味で使われ、交通費や食事代等の実費は対価の中に含まれないとする場合が一般的である。先駆（開発、発展）性とは、誰もが行っているわけではない新たな領域を開発することを意味する。自発性、無償性、公共性をボランティア活動の3原則といい、それに先駆（開発、発展）性を加えた場合を4原則、さらに継続性を加えて5原則といったりする。

生涯学習とボランティア活動の関連

生涯学習とボランティア活動との関連は、次の三つの視点からとらえることができる。第1は、ボランティア活動そのものが自己開発、自己実現につながる生涯学習となるという視点、第2は、ボランティア活動を行うために必要な知識・技術を習得するための学習として生涯学習があり、学習の成果を生かし、深める実践としてボランティア活動があるという視点、第3は、人々の生涯学

◆NPO：☞p.46

習を支援するボランティア活動によって、生涯学習の振興が一層図られるという視点である。これら三つの視点は、実際の諸活動の上で相互に関連するものである。
［今後の社会の動向に対応した生涯学習の振興方策について　生涯学習審議会答申
　平成 4 (1992)年 7 月］

学習成果の活用としてのボランティア活動
　ボランティア活動は、生涯学習の成果を生かし、深めるのに相応しい場の一つであり、学習成果を活用するためには、ボランティア活動を推進していくための方策を検討することが必要である。
［学習の成果を幅広く生かす　生涯学習審議会答申　平成11(1999)年 6 月］

学習成果の活用の意義
　生涯学習の成果を活用して社会の諸活動に参加することは、個人の喜びであると同時に、社会の発展にとっても必要なこととなってきている。
［学習の成果を幅広く生かす　生涯学習審議会答申　平成11(1999)年 6 月］

ボランティアとしての責任と学習
　ボランティアとしての責任を全うするには、活動における安全管理の確保、危機回避のための手だての習得が特に大切であり、そのための学習機会が整備、提供されることが必要である。
［学習の成果を幅広く生かす　生涯学習審議会答申　平成11(1999)年 6 月］

ボランティア活動、NPO活動等と新たな「公共」
　このような社会状況の中にあって、個人や団体が地域社会で行うボランティア活動やNPO活動など、互いに支え合う互恵の精神に基づき、利潤追求を目的とせず、社会的課題の解決に貢献する課題が、従来の「官」と「民」という二分法では捉えきれない、新たな「公共」のための活動とも言うべきものとして評価されるようになってきている。
［青少年の奉仕活動・体験活動の推進方策等について　中央教育審議会答申　平成14(2002)年 7 月］

解説　「公共」についての考え方：
　　「公共」についての定義は行うべきではなく、国民が自ら作っていくべきだという考え方から、ここでは従来の「官」と「民」では捉えきれない新たな活動というだけに止められている。

☞p.38の「新しい『公共』を創造する日本人の育成」を参照。

青少年期におけるボランティア活動の意義
　このようなボランティア活動の持つ意義を考えると、他者の存在を意識し、コミュニティーの一員であることを自覚し、お互いが支え合う社会の仕組みを考える中で自己を形成し、実際の活動を通じて自己実現を図っていくなど、青少年期におけるボランティア体験の教育的意義は大きい。
　［21世紀を展望した我が国の教育の在り方について（第1次）　中央教育審議会答申
　　平成8(1996)年7月19日］

奉仕活動・ボランティア活動の無償性の取り扱い
　「奉仕活動」、「ボランティア活動」とも、無償性が強調されがちであるが、このような活動を行う際には、交通費や保険料、活動に必要な物品やコーディネート等に係る経費など、一定の社会的なコストを要し、このコストをどのように分担するかについては、個々の事例により、様々な判断があり得る。このような活動を一般的に定着させていく過程では一部を行政が負担することも考えられる。また、寄附など社会がいろいろな形で負担する仕組みが形成される中で、実費等の一定の経費について、労働の対価とならない範囲で実費や謝金の支払いなど有償となる場合もあり得ると考えることができる。
　［青少年の奉仕活動・体験活動の推進方策等について　中央教育審議会答申　平成14(2002)年7月］

解説　奉仕活動：p.108の「奉仕活動」を参照。
　　　　ボランティア活動における無償性：
　　　　　ボランティアの基本理念、あるいは原則といわれるものの一つ。一般には営利や報酬を目的としない意味で使われ、必ずしも謝礼を受け取ってはいけないということではない。ただし、共通理解が得られているわけではなく、いかなるものも受け取ってはいけないとする考え、交通費や食事代などの実費に限ってはよいとする考え、感謝の気持ちを表す謝礼は受けてもよいとする考え、営利や報酬を目的としないのであればある程度の手当を受け取る有償ボランティアでもよいとする考えなどさまざまな考え方がある。

環境教育としてのボランティア活動
　環境問題への取組としては、一人一人が身の回りのできることから実践していくということが重要である。その意味でも子供たちが学校や地域社会でのそれぞれの役割に即した活動を通して、ボランティア活動を経験し、将来、環境保全を含めたボランティア活動を自然に行っていく契機とな

◆国際協力事業団：
　JICA（Japan International Coorperation Agency）ともいう。政府開発援助（ODA）のうちの無償資金協力と技術協力の主たる部分を担当する特殊法人。
　具体的には、発展途上国への技術協力、青年海外協力隊（JOCV、Japan Overseas Coorperation Volunteers）の派遣、地域社会開発、無償資金協力などを実施している。近年、技術を有する退職者を海外協力のために途上国に派遣するシニア・プログラムを実施したりしている。昭和49（1974）年に海外技術協力事業団、海外移住事業団などを統合して発足した。

◆NGO（nongovermental organization）：
　非政府組織のこと。発展途上国などで奉仕的な活動をする民間団体。

◆NPO：☞p.46

ることを望みたい。
［21世紀を展望した我が国の教育の在り方について（第1次）　中央教育審議会答申
　　平成8（1996）年7月19日］

学校支援ボランティア活動の充実
　地域社会の重要な核である学校を、地域に支えられ、また地域に貢献するという「地域に根ざした学校」にするためには、学校をより開かれた存在にするとともに、地域住民による多様な学校支援ボランティア活動の充実が重要である。
［学習の成果を幅広く生かす　生涯学習審議会答申　平成11（1999）年6月］

スポーツや外遊びの指導、見守りのボランティアの確保
　スポーツ少年団などにおいて子どもがスポーツする場合、スポーツ指導者が必要であるが、子どもが地域の「スポーツふれあい広場」でスポーツや外遊びをする場合についても、けがなどのトラブルに備えて子どもたちの活動を見守ったり、必要に応じてスポーツや外遊びのやり方を教える者が必要である。このため、地域のスポーツ指導者、教員養成系や体育系の大学生、高校生、保護者、企業等の定年退職者等に、ボランティアを積極的に働きかけていく必要がある。
［子どもの体力向上のための総合的な方策について　中央教育審議会答申　平成14（2002）年7月］

国際ボランティアに対する協力
　シニアを含め、海外ボランティアの一層の拡充を図るため、国際協力事業団やNGOなどの団体が地域で行う海外ボランティアのシニア海外ボランティアの募集や説明会の開催等に協力するなど、連携協力を図る。
［青少年の奉仕活動・体験活動の推進方策等について　中央教育審議会答申　平成14（2002）年7月］

ボランティア活動やNPO活動
　我が国を含め多くの国々で、個人や団体の地域社会におけるボランティア活動やNPO活動など、利潤追求を目的としない、様々な社会問題の解決に貢献するための活動を行うことが社会の中で大きな機能を果たすようになってきている。
［青少年の奉仕活動・体験活動の推進方策等について　中央教育審議会答申　平成14（2002）年7月］

◆**特定非営利活動促進法（いわゆるNPO法）**：
平成10（1998）年に制定された。特定非営利活動（NPO）を行う団体に法人格を付与すること等により、その健全な発展を促進することを目的としている。この法律でいう特定非営利活動とは、保健、医療、福祉の増進を図る活動、社会教育の推進を図る活動、まちづくりの推進を図る活動、文化、芸術、スポーツの振興を図る活動、環境の保全を図る活動、災害救助活動、地域安全活動、人権擁護、平和の推進を図る活動、国際協力の活動、男女共同参画社会の形成を図る活動、子どもの健全育成を図る活動、および以上の活動を行う団体の運営、連絡、助言、援助を行う活動をいう。

◆**社会教育関係団体**：☞p.44

解説 ボランティア活動：☞p.97の「ボランティア活動の基本的理念」を参照。

社会教育の推進を図る NPO 法人

平成10年3月には、特定非営利活動促進法（いわゆる NPO 法）が成立している。同法では、社会教育の推進を図る活動等を特定非営利活動としており、こうした活動を行う団体に対して法人格を付与することができるようになった。
［社会の変化に対応した今後の社会教育行政の在り方について　生涯教育審議会答申
　平成10（1998）年9月］

NPO や社会教育関係団体の活動

社会的な要請に応えて、問題解決能力を持つ専門性や継続性のある活動を進めるためには、個人やグループによるボランティア活動が、専任の職員や必要な施設、設備、ノウハウ等を備えた民間の非営利の組織体（いわゆるNPO）による公益的な活動へと進展していくことが求められる。

学習成果の活用を考える場合、個人としてのボランティア活動ばかりでなく、非営利の組織的な公益的活動に生かすことにも配慮することが大切である。

今後、生涯学習社会の活性化のためには、社会教育関係団体はもとより、民間非営利の公益的組織が行政とのパートナーシップのもとに、自主的・自発的な活動を多様に展開していくことが大いに期待される。
［学習の成果を幅広く生かす　生涯学習審議会答申　平成11（1999）年6月］

解説 生涯学習社会：☞p.34の「生涯学習社会の3条件」を参照。

民間非営利団体（NPO）への支援

民間非営利団体が充実した事業を円滑に実施していくためには、組織や事業の運営についての適切なマネージメントが必要になり、このための研修や養成プログラムの開発が望まれる。
［学習の成果を幅広く生かす　生涯学習審議会答申　平成11（1999）年6月］

ボランティア活動をめぐる社会的文化的風土づくり

ボランティア活動は即ち福祉・慈善活動という、社会一般の限定された認識や、活動に消極的な

意識を改め、生涯を通じて、あらゆる層の人々が、様々なボランティア活動に取り組むことができる社会的文化的風土づくりが重要である。

そのためには、家庭教育、学校教育、社会教育を通して、ボランティアに関する基礎的な理解を深め、社会参加の精神を培う学習を充実させる必要がある。

［今後の社会の動向に対応した生涯学習の振興方策について　生涯学習審議会答申
　平成 4 (1992)年 7 月］

解説　　ボランティア活動：☞p.97の「ボランティア活動の基本的理念」を参照。

ボランティア層の拡大と活動の場の開発

誰もが社会の一員として、自然に無理なく、そして楽しくボランティア活動を行えるような条件を整えることにより、ボランティア層の拡大を目差すことが重要である。とりわけ、男女共同参画型社会の形成を視野に入れ、今までの主婦を中心とした活動から、児童、生徒及び学生や、勤労者、退職後間もないシニア層等、幅広い層活動への発展が期待される。

［今後の社会の動向に対応した生涯学習の振興方策について　生涯学習審議会答申
　平成 4 (1992)年 7 月］

大学等での社会体験のための休学制度

各大学等の教育理念・目的あるいは専攻分野によっては、学生が学業の途中に一定期間就業することやボランティアなどの社会活動に参加することは、教育上の効果を高め、また、本人の人間形成や人生設計にとっても有意義な場合もあり、勉学に対する新たな意欲を喚起する点でも評価できる場合がある。「寄り道」又は「道草を食うこと」の効用である。このため、各大学等において休学制度の積極的な活用が考えられてよい。

［地域における生涯学習機会の充実方策について　生涯学習審議会答申　平成 8 (1996)年 4 月24日］

大学等でのボランティアの受入れ

大学等の図書館、資料館あるいは付属病院などにおいて、ボランティアの人々による施設運営への協力・支援が見られるようになっている。こうしたボランティアの活動は、大学等にとって、施設の機能の充実、組織の運営の向上のために極めて貴重である。

［地域における生涯学習機会の充実方策について　生涯学習審議会答申　平成 8 (1996)年 4 月24日］

◆**フレックスタイム：**
　出社しての勤務時間を決めておき、出社・退社時間は自由にする勤務体制。

ボランティアの受入れ

　人的体制の整備の上では、施設職員とともに、施設業務に対して協力・支援を行うボランティアも重要な要素となる。ボランティア活動は、施設にとってその組織運営の活性化に重要であるばかりでなく、ボランティア自身にとっても、自己開発・自己実現につながる場として、学習成果を生かす場として、あるいはボランティア相互の啓発により学習を活性化するものとして重要である。
［地域における生涯学習機会の充実方策について　生涯学習審議会答申　平成8（1996）年4月24日］

勤労者のボランティア活動の奨励・支援

　企業、社会人に対する奨励・支援、国、地方公共団体、企業や労働組合などにおいては、気軽に参加できる職場環境作り、柔軟な勤務形態の導入など社会人が参加しやすい環境の整備や、地域での諸活動への参加を含め勤労者が行う幅広いボランティア活動等を奨励するための支援が期待される。
［青少年の奉仕活動・体験活動の推進方策等について　中央教育審議会答申　平成14（2002）年7月］

ボランティアと企業

　ボランティア活動をどうとらえるかについて模索している企業も多いが、勤労者の自己実現を支援する意義を理解して、企業が自ら、地域の一員としての役割を十分踏まえた積極的な対応を行うことが期待される。
［今後の社会の動向に対応した生涯学習の振興方策について　生涯学習審議会答申
　平成4（1992）年7月］

ボランティア活動に対する企業の支援

　企業等においては、長期間にわたる活動の実施に適したボランティア休暇制度のみならず、地域での諸活動への親子や家族での参加を含め活動を幅広くとらえるとともに、（a）気軽に参加できる職場環境作り（定時退社の奨励、有給休暇の取得促進、サービス残業の解消など）、（b）柔軟な勤務形態（短時間の継続的な活動の実施に適したフレックスタイム制など）の導入に積極的に取り組むことが期待される。
［青少年の奉仕活動・体験活動の推進方策等について　中央教育審議会答申　平成14（2002）年7月］

ボランティア活動での事故への対応、負担軽減

ボランティア活動中に事故等が発生した場合、責任や補償について争われることがある。そのため、事故等を懸念してボランティアが活動を自ら控えたり、国民一般の活動への参加意欲をそぐことのないよう、責任を明確にして活動が行われる方策が必要である。

さらに、ボランティア活動の無償性の理念を堅持しつつ、過剰な負担を個人に強いることを避けて、志ある人がボランティア活動を継続して行えるような方策が求められている。

［今後の社会の動向に対応した生涯学習の振興方策について　生涯学習審議会答申
　平成4(1992)年7月］

ボランティア活動についての情報提供と相談体制の整備

ボランティア活動を求める側のニーズと、ボランティアの意欲が効果的に結び付くよう、活動をする側と受ける側の実態を把握して、求めに応じた情報の提供及び相談体制の整備充実を行うことが求められている。また、ボランティア、民間団体、企業、勤労者、行政など関係者の連携・協力が重要であり、相互の情報交換等を推進することが必要である。

［今後の社会の動向に対応した生涯学習の振興方策について　生涯学習審議会答申
　平成4(1992)年7月］

ボランティア活動に関する情報提供・学習相談

ボランティア活動に関する情報提供・相談窓口を開設し、電話やインターネット等による情報提供および相談事業を実施することを検討すべきである。特に、これからボランティア活動を始めようとする人にとっては、どこに問い合わせすればよいかわからないという声を多く聞くことから、まずボランティア活動に触れるきっかけとなる窓口を設け、その窓口から具体的な活動に結びつく情報を提供するシステムを考えるべきである。そのため、全国的なシステムを整備する方策を検討することが望まれる。

［学習の成果を幅広く生かす　生涯学習審議会答申　平成11(1999)年6月］

ボランティア活動のための情報提供、コーディネーターの養成

ボランティア活動全般が広く展開される環境を作るため、ボランティア活動を求める側のニーズとボランティアの活動意欲を効果的に結びつけることができるよう、情報提供やコーディネーターの養成などボランティア活動に取り組みやすく、かつ、続けていきやすい条件整備を図っていくこ

◆自己評価：
自分で自分が行ったことについて評価すること。

とが急がれる。
［21世紀を展望した我が国の教育の在り方について（第1次）　中央教育審議会答申
　　平成8(1996)年7月19日］

ボランティア・コーディネーターの配置
　適切で円滑なボランティア活動を実現させるためには、ボランティア活動を希望する人とボランティアを必要とする人の双方のニーズを総合的に調整し、マッチングする役割を持つボランティア・コーディネーターが重要である。希望者・受入れ先双方のニーズの把握、活動の場の募集・紹介・開拓、活動の調整、相談・助言等を行うボランティア・コーディネーターの役割を果たす職員は、生涯学習ボランティア・センターだけでなく、社会教育施設・公共施設等の受け入れを行う施設、送り出す側である学校、企業等にも必要となる。
［学習の成果を幅広く生かす　生涯学習審議会答申　平成11(1999)年6月］

ボランティアに対する評価の視点
　ボランティア及びボランティア活動に対する評価としては、活動した本人の自己評価、ボランティア活動を受けた側の評価、社会全体からの評価の三つの視点が考えられる。
［今後の社会の動向に対応した生涯学習の振興方策について　生涯学習審議会答申
　　平成4(1992)年7月］

ボランティア活動に対する評価
　ボランティア活動に対する評価については多様な考え方があるが、何らかの評価を行うことがボランティア活動の発展につながるという観点から、自発性、無償性等の理念を考慮しながら評価の在り方を検討することが必要である。
［今後の社会の動向に対応した生涯学習の振興方策について　生涯学習審議会答申
　　平成4(1992)年7月］

ボランティア活動についての自己評価
　充実したボランティア活動を行うためには、第一義的に活動についての自己評価が重要である。ボランティア活動が誰のためでもなく、自分のために行うものである以上、当初の目的に比して結果はどうであったか、何が身についたか、何が足りなかったのかなど自分で評価するのが基本であ

> ◆地域通貨：
> エコマネーともいう。一般的には、特定の地域に限って通用する通貨で、サービス等を行うと得ることができ、その通貨で、物を買ったりサービスを受けたりすることができる。住民の助け合いを促進するためにつくられている。
> 1993年のカナダのLETS（Local Exchange Trading System）が始まりで、その後世界に広がったといわれる。

る。受け手の評価も自己評価する上では次の活動の改善につなげることができるという意味で重要である。

［学習の成果を幅広く生かす　生涯学習審議会答申　平成11(1999)年6月］

入試や就職試験でのボランティア活動の評価

入学試験や就職試験においても、自己をアピールする一つの方法としてボランティア活動における学習成果を積極的に活用することが適当である。学校や企業としても、それらを多様な評価項目の一つとして、取り入れるようにすることが望まれる。

［学習の成果を幅広く生かす　生涯学習審議会答申　平成11(1999)年6月］

「ボランティア・パスポート」の発行

市町村など地域単位で、地方自治体ないしボランティア推進団体等が、ボランティア活動等の実績等を記録・証明するボランティア・パスポートを発行し、希望する住民に交付する。

住民がボランティア活動等を行った場合に、これをポイントとして付加し、活動実績に応じて、公共施設の利用割引などの優遇措置、協賛団体からの様々なサービス、利用する住民の様々な助け合いなどを受けることができるようにすること等が考えられる。

国の機関・団体等に広く協力を呼び掛け、例えば、博物館・美術館の割引など特典や優遇措置を広げていくことも検討に値する。

地域通貨など既に取組を実施している地域や団体等の協力を得て、こうした取組を試行的に実施し、持続可能な取組として広域的に広げていく方策について検討する。

［青少年の奉仕活動・体験活動の推進方策等について　中央教育審議会答申　平成14(2002)年7月］

ボランティアパスポート

また、地方公共団体において、ボランティア指導歴をボランティア手帳のようなものに記録し、一定の回数や時間に達したら、例えば、スポーツ施設の利用料の減免など何らかのサービスを受けられる、いわゆるボランティアパスポートの考え方を採り入れていくことも考えられる。さらに、ボランティアをしたい人が円滑にボランティアの機会を得ることができるよう、ボランティアをコーディネートする仕組みを構築することも求められる。

［子どもの体力向上のための総合的な方策について　中央教育審議会答申　平成14(2002)年7月］

ボランティア活動の評価と「ヤング・ボランティア・パスポート」

　地域での自発的なボランティア活動は、特に中・高生にとって、人間としての幅を広げ、大人となる基礎を培う意味で教育的意義が大きいが、現状では十分に行われているとは言い難い。このため、例えば、（ａ）高校入試においてボランティア活動等を積極的に評価する選抜方法等を工夫する（例：調査書に活動の有無を記載する欄を充実させる。推薦入試において活動経験について報告書を提出させる等）、（ｂ）高校生等が行う学校や地域におけるボランティア活動などの実績を記録する「ヤング・ボランティア・パスポート（仮称）」を都道府県や市町村単位で作成し活用する、などの方策について検討する必要がある。

　特に「ヤング・ボランティア・パスポート（仮称）」については、青少年の日常の活動の証としたり、高等学校における単位認定や、就職や入試への活用、文化施設、スポーツ施設等公共施設の割引や表彰を行うなど、いろいろな形での奨励策を検討することが考えられる。国においても、「ヤング・ボランティア・パスポート（仮称）」の全国的な普及・活用が促進されるように、例えば全国的なボランティア推進団体、関係行政機関・団体等が連携協力しパスポートの標準的なモデルを作成する、入試や就職等で適切に活用されるよう大学や企業等に対し働き掛けるとともに、国等の行政機関においても、採用等に活用する、青少年が文化施設、スポーツ施設を利用する場合の割引などを関係機関・団体に呼び掛けを行うなどの取組を検討する。

［青少年の奉仕活動・体験活動の推進方策等について　中央教育審議会答申　平成14（2002）年7月］

3. 奉仕活動

互恵の精神

　こうした活動を貫く考え方は、社会が成り立つためには、個人の利潤の追求や競争のみならず、互いに支え合うという互恵の精神が必要であり、同時に個人が自己実現や豊かな人生を送るためには、生涯にわたって学習を重ね、日常的に社会の様々な課題の解決のための活動に継続して取り組むことが必要であるというものである。

　個人が経験や能力を生かし、個人や団体が支え合う新たな「公共」を創り出すことに寄与する活動を幅広く「奉仕活動」として捉え、個人や団体が支え合う新たな「公共」による社会をつくっていくために、このような「奉仕活動」を社会全体として推進する必要があると考えた。

［青少年の奉仕活動・体験活動の推進方策等について　中央教育審議会答申　平成14（2002）年7月］

奉仕活動の定義

個人が経験や能力を生かし、個人や団体が支え合う、新たな「公共」を創り出すことに寄与する活動を幅広く「奉仕活動」として捉え、社会全体として推進する必要があると考えた。

［青少年の奉仕活動・体験活動の推進方策等について　中央教育審議会答申　平成14(2002)年7月］

解説　新たな「公共」：

　平成14(2002)年の中教審答申『青少年の奉仕活動・体験活動の推進方策等について』では、互恵の精神に基づき、利潤追求を目的とせず、社会的課題の解決に貢献する活動が、従来の「官」と「民」という二分法では捉えきれない、新たな「公共」のための活動として捉えられ、その例としてボランティア活動やNPO活動が取り上げられた。

　なお、平成12(2000)年1月の「21世紀日本の構想」懇談会の『21世紀日本の構想懇談会報告書』では、「何が問われているか」に対する答えとして「個の確立と新しい公の創出」が「統治からガバナンス（協治）へ」とともにあげられた。それは「多様性が基本となる21世紀には、自分の責任でリスクを負い、先駆的に挑戦する『たくましく、しなやかな個』が求められる。個が自由で自発的な活動を行い、社会に参画していくことにより、従来の上からの『公共』でなく、個人を基盤とした新たな公が創出される。多様な他者を許し、支え、また、合意には従う公である」「個の確立が公を創出し、公の創出がより大きな選択と機会を個に与える共鳴効果が、社会に新しいガバナンス（協治）を生み出す」というものであった。

奉仕活動の定義

個人が経験や能力を生かし、個人や団体が支え合う、新たな「公共」を創り出すことに寄与する活動を幅広く「奉仕活動」として捉え、個人や団体が支え合う新たな「公共」による社会をつくっていくために、このような「奉仕活動」を社会全体として推進する必要があると考えた。

［青少年の奉仕活動・体験活動の推進方策等について　中央教育審議会答申　平成14(2002)年7月］

解説　奉仕活動：

　平成14(2002)年の中教審答申『青少年の奉仕活動・体験活動の推進方策について』では、奉仕活動を、個人が経験や能力を生かし、個人や団体が支えあう新たな「公共」による社会をつくっていくために、このような「奉仕活動」を社会全体として推進する必要があると考えた。

奉仕活動の定義

「奉仕活動」を、自分の能力や経験などを生かし、個人や団体が支え合う、新たな「公共」に寄与する活動、具体的には、「自分の時間を提供し、対価を目的とせず、自分を含め地域や社会のために

第8章 社会参加・ボランティア活動

役立つ活動」としてできる限り幅広く考える。
[青少年の奉仕活動・体験活動の推進方策等について　中央教育審議会答申　平成14(2002)年7月]

体験活動の定義
「体験活動」については、特に初等中等教育段階の青少年がその成長段階において必要な体験をすることの教育的側面に注目し、社会、自然などに積極的に関わる様々な活動ととらえることとする。
[青少年の奉仕活動・体験活動の推進方策等について　中央教育審議会答申　平成14(2002)年7月]

奉仕活動・体験活動の意義
「奉仕活動・体験活動」が、我々が直面する問題を解く糸口となると考えた。「奉仕活動・体験活動」は、人、社会、自然とかかわる直接的な体験を通じて、青少年の望ましい人格形成に寄与する。大人にとっても、家族や周囲の人々、地域や社会のために何かをすることで喜びを感じるという人間としてごく自然な暖かい感情を湧き起こし、個人が生涯にわたって、「より良く生き、より良い社会を作る」ための鍵となる。
[青少年の奉仕活動・体験活動の推進方策等について　中央教育審議会答申　平成14(2002)年7月]

奉仕活動・体験活動のとらえ方と新たな「公共」
個人が能力や経験などを生かし、個人や団体が支え合う、新たな「公共」に寄与する活動、具体的には、「自分の時間を提供し、対価を目的とせず、自分を含め他人や地域、社会のために役立つ活動」を可能な限り幅広くとらえ、こうした活動全体を幅広く「奉仕活動」と考えることとしたい。ただし、言葉として、広く一般に定着していると考えられる場合など、「ボランティア」、「ボランティア活動」という用語を用いることがよりふさわしい場合には、そのまま「ボランティア」「ボランティア活動」としても用いることにする。(略)

特に初等中等教育の段階での青少年の活動については、その成長段階において必要な体験をして、社会性や豊かな人間性をはぐくむという教育的側面に着目し、社会、自然などに積極的にかかわる様々な活動を幅広く「体験活動」としてとらえることとする。

これらを踏まえ、本報告では、社会全体で奨励していくべき幅広い活動の総体を「奉仕活動・体験活動」と捉えたい。
[青少年の奉仕活動・体験活動の推進方策等について　中央教育審議会答申　平成14(2002)年7月]

> **解説**
>
> 新たな「公共」：☞p.108
> ボランティア活動：☞p.97の「ボランティア活動の基本的理念」を参照。
> 奉仕活動・体験活動：
> 奉仕活動とボランティア活動は特に区別していないが、体験活動については初等中等教育段階の青少年の教育という面から、奉仕活動のみならず社会、自然にかかわる活動をいうとした。

青少年期の奉仕活動・体験活動と新たな「公共」

青少年の時期には、学校内外における奉仕活動・体験活動を推進する等、多様な体験活動の機会を充実し、豊かな人間性や社会性などを培っていくことが必要である。このような機会の充実を図ることが、社会に役立つ活動に主体的に取り組む、新たな「公共」を支える人間に成長していく基盤にもなると期待される。

［青少年の奉仕活動・体験活動の推進方策等について　中央教育審議会答申　平成14（2002）年7月］

青少年にとっての奉仕活動・体験活動の意義

社会奉仕体験活動、自然体験活動、職業体験活動など様々な体験活動を通じて、他人に共感すること、自分が大切な存在であること、社会の一員であることを実感し、思いやりの心や規範意識をはぐくむことができる。また、広く物事への関心を高め、問題を発見したり、困難に挑戦し解決したり、人との信頼関係を築いて共に物事を進めていく喜びや充実感を体得し、指導力やコミュニケーション能力をはぐくむとともに、学ぶ意欲や思考力、判断力などを総合的に高め、生きて働く学力を向上させることができる。

［青少年の奉仕活動・体験活動の推進方策等について　中央教育審議会答申　平成14（2002）年7月］

> **解説**
>
> 生きて働く学力：
> 平成14（2002）年の中教審答申『青少年の奉仕活動・体験活動の推進方策について』では、幅広い物事への関心、問題を発見したり、困難に挑戦したり、人との信頼関係を築いて共に物事を進めていく能力、指導力やコミュニケーション能力、学ぶ意欲や思考力、判断力などを「生きて働く学力」とした。
> なお、「学力」については、「新しい学力観」が平成元（1999）年の学習指導要領改訂の際にいわれ、その「新しい学力」は「自ら学ぶ意欲、思考力、判断力、表現力などの能力の育成」といった内容を意味していた。
> また、平成15（2003）年の中教審答申『初等中等教育における当面の教育課程及び指導の充実・改善方策について』は「確かな学力」を取り上げた。その内容は「知識や技能はもちろんのこと、これに加えて、学ぶ意欲や、

◆ワークシェアリング（work-sharing）：
　失業対策等の一方策で、一人の労働時間を少なくして仕事を分かち合う一つの労働形態。

◆社会福祉協議会：
　地域福祉の推進を図ることを目的とする民間組織。社会福祉法に法的根拠をもち、市町村社会福祉協議会および地区社会福祉協議会は社会福祉に関する事業の企画、実施、調査、普及、連絡調整、広報、住民参加の支援などを行い、都道府県社会福祉協議会は指導助言、関係職員の養成、研修、広域的な事業の企画、実施、市町村社会福祉協議会の連絡調整などを行っている。都道府県社会福祉協議会や多くの市町村社会福祉協議会が参加して全国社会福祉協議会が組織されている。

◆NPO：☞p.46

◆青少年団体：☞p.44

自分で課題を見付け、自ら学び、主体的に判断し、行動し、よりよく問題を解決する資質や能力を含めたもの」である。このような「確かな学力」は平成8（1996）年の中教審答申『21世紀を展望した我が国の教育の在り方について』（第1次答申）で提言された「生きる力」を知の側面からとらえたものとしている。

18歳以降の青年にとっての奉仕活動・体験活動の意義

社会人に移行する時期ないしは社会人として歩み出したばかりの時期に、地域や社会の構成員としての自覚や良き市民としての自覚を、実社会における経験を通して確認することができる。また、青年期の比較的自由でまとまった時間を活用して、例えば、長期間の奉仕活動等に取り組んだり、職業経験を積んで再度大学等に入り直したりなど、実体験によって現実社会の課題に触れ、視野を広げ、今後の自分の生き方を切り開く力を身に付けることができる。

［青少年の奉仕活動・体験活動の推進方策等について　中央教育審議会答申　平成14（2002）年7月］

成人にとっての奉仕活動・体験活動の意義

これまで培った知識や経験を生かして様々な活動を行うことにより、自己の存在意義を確認し、生きがいにつながる。また、企業等で働く者、主婦、退職者など成人は、市民の一員として、新たな「公共」を支える担い手となることが期待される。

将来的にはワークシェアリングなどを通じて労働時間の短縮や多様な就業形態が進展し、社会人にとって職場での労働以外の時間を生み出すことも予想されるが、奉仕活動等は、社会人にとっての新たな「公共」を生み出すための活動の場となり得る。

［青少年の奉仕活動・体験活動の推進方策等について　中央教育審議会答申　平成14（2002）年7月］

解説　新たな「公共」☞p.38の「新しい『公共』を創造する日本人の育成」を参照。

奉仕活動、体験活動に対する地域ぐるみの取り組み

教育委員会、社会福祉協議会、NPO関係団体、スポーツ団体、青少年団体等地域の関係機関・団体が連携し、地域での多様な幅広い奉仕活動・体験活動の機会を拡充し、青少年の活動への参加を促していく必要がある。その際、例えば、a）高校生と小・中学生など地域の異年齢の青少年が協力して自ら活動を企画し実施する、b）親子が共に活動に参加する、c）従来、地域社会とのかかわりが薄い傾向にあった中高年が協力して活動を企画し実施する、d）小・中学生の活動への参加のきっかけや励みの証を作る（例：ボランティア活動等を記録するシール等）、など地域ぐるみで活

◆民生委員：
　民生委員法に基づく民間の奉仕者。社会奉仕の精神を持って、地域住民の福祉向上のために、例えば要生活保護者の調査、相談、通報などを行ったり、福祉事務所への協力を行ったりする。都道府県知事の推薦によって厚生労働大臣が委嘱する。任期は3年であり、名誉職であるため無給である。厚生労働大臣が定める基準にしたがい指導訓練を受けることとなっている。

◆青年会議所：
　20～40歳の会員を対象に、次代のリーダーになるためのさまざまなトレーニングを行う団体。奉仕、修練、友情の3つの信条のもと、よりよい社会づくりを目指して、ボランティアやまちづくりなどに取り組んでいる。全国には745の青年会議所(LOM)があり、全国レベルの活動は日本青年会議所(NOM)が行っている。会員数は約55,000人。国際青年会議所（JCI）に日本も加盟している。

動を活発にしていく工夫が求められる。このため、後述のように、学校の余裕教室等を活用し、地域住民が関係機関・団体等の協力を得て活動を行う拠点（地域プラットホーム）を整備するなどの取組が期待される。

［青少年の奉仕活動・体験活動の推進方策等について　中央教育審議会答申　平成14(2002)年7月］

解説　地域プラットホーム：
　ここでいうプラットホームは舞台のようなもの。平成14年7月の中央教育審議会答申「青少年の奉仕活動・体験活動の推進方策について」では、新たな公共を作ることが提言されたが、これは地域レベルでそれを具現化するための場として提言された。

奉仕活動、体験活動に関する協議会、センターの設置

　特に学校内外での青少年の奉仕活動・体験活動の円滑な実施のためには、国、都道府県、市区町村のそれぞれのレベルで、ボランティア推進団体、学校、関係行政機関をはじめ関係者による連携協力関係を構築するための協議の場（協議会）を設けるとともに、コーディネーターを配置し、活動に関する情報提供、相談・仲介などを通じて、奉仕活動・体験活動を支援する拠点を設けることが必要である。このような拠点は、一般の社会人や学生等の活動のセンターとしても機能し得ると考えられる。

［青少年の奉仕活動・体験活動の推進方策等について　中央教育審議会答申　平成14(2002)年7月］

解説　本答申を受けて、平成14(2002)年度から、「奉仕活動・体験活動推進協議会」やボランティア活動の受け入れ先や指導者に関する情報収集・提供等を行う「ボランティア活動支援センター」が都道府県や市町村で設置された。ちなみに、平成15(2003)年度の市区町村におけるボランティア活動支援センターの設置数はおよそ1,300個所である。
（〔Q&A〕の10を参照のこと。）

奉仕活動、体験活動のための地域プラットホームや広域プラットホームの整備

　奉仕活動・体験活動を日常的な活動として、着実に実施していくためには、市区町村のセンターのほか、地域の実情に応じて、社会福祉協議会、自治会、民生委員、青年会議所、商店会等地域の団体が連携協力して、小学校区単位で公民館や余裕教室、地区センター等を活用し、地域住民が日常的に活動に取り組むために集うことができる身近な地域拠点（地域プラットホーム）を整備することも有効であると考えられる。ここでは、市区町村のセンターを補完して、身近な活動の場の開

◆NPO：☞p.46

拓や地域住民の活動への参加を促すことが想定される。
　一方、地域住民の生活圏域に応じた広域的な活動の要請にこたえるため、例えば、市区町村単位などで、県内のボランティア推進団体、大学、NPO等が連携協力して、広域的な拠点（広域プラットホーム）を整備していくことも検討に値する。
［青少年の奉仕活動・体験活動の推進方策等について　中央教育審議会答申
　平成14（2002）年7月］

解説　地域のプラットホーム：☞p.112の解説を参照。

奉仕活動、体験活動のためのコーディネーターの役割

　コーディネーターは、奉仕活動・体験活動の推進において重要な存在であり、センターないし仲介機関にあっては、活動参加を希望する者と活動の場を円滑に結び付けるため、活動の準備、実施、事後のフォローアップなど活動の各過程を通じて、参加者に対する活動の動機付け、情報収集・提供、活動の場の開拓、受入先の活動メニューの提供、活動の円滑な実施のための関係機関等との各種の連絡調整などの役割を担う。
　また、学校などの参加者を送り出す施設や福祉施設などの参加者を受け入れる施設にあっても、コーディネーターの役割を担う担当者が必要であり、送出し側では事前指導や関係機関等との連絡調整、受入れ側では参加者へのガイダンス、活動内容の企画、施設内での連絡調整等の役割を担う。
［青少年の奉仕活動・体験活動の推進方策等について　中央教育審議会答申　平成14（2002）年7月］

奉仕活動、体験活動のためのコーディネーターの養成・確保

　コーディネーターには、ボランティア活動や体験活動、企画・広報、面接技法等に関する専門的知見とともに、関係機関との人的ネットワークやその背景にある豊かな人間性など幅広い素養・経験等が求められる。さらには、活動の適正さを確保するため、活動に関する情報や団体や人物に対する確かな目利きといった能力も必要である。このため、関係する行政部局や団体等の協力を得つつ、都道府県と市町村が共同して人材の積極的な発掘、計画的な養成が必要である。
［青少年の奉仕活動・体験活動の推進方策等について　中央教育審議会答申　平成14（2002）年7月］

第9章　学習成果の評価・認定・認証

1. 学習成果の評価・認証

生涯学習社会と学習成果の評価

　生涯学習の成果に関する評価の実態はまだ活発なものとは言えないが、今後は、わが国の学歴偏重の弊害を是正するためにも、さまざまな生涯学習の成果を広く評価し活用していくことが重要であり、来るべき生涯学習社会にふさわしい評価の体系を作っていくことが必要であろう。
［新しい時代に対応する教育の諸制度の改革について　中央教育審議会答申
　平成3（1991）年4月19日］

> **解説**　生涯学習社会：
> 　中教審の本答申（『新しい時代に対応する教育の諸制度の改革について』平成3（1991）年4月19日）で、生涯のいつでも自由に学習機会を選択して学ぶことができ、その成果を評価するような社会を生涯学習社会とされ、①いつでも自由に学習機会が選択できる、②いつでも自由に学ぶことができる、③学習成果が評価される、の3つの条件が示された。（☞p.34の「生涯学習社会の3条件」を参照。）

学習成果の評価の定義

　学習成果の評価とは、学習目標をどの程度達成したかを確かめるために、情報や資料を集めてその達成度を判断することであり、評価の仕方には、自己評価と他者による評価とがある。
［新しい時代に対応する教育の諸制度の改革について　中央教育審議会答申
　平成3（1991）年4月19日］

学歴偏重の是正と学習成果の評価

　今日の学校教育の大きな問題点である受験競争を緩和するためには、究極的には社会の学歴偏重の考え方を是正しなければならない。そのためには生涯にわたる学習歴を重視するようになる必要があるが、これは学校教育を改善するだけでは不可能であり、生涯にわたる学習の成果を評価する仕組みを開発しなければならない。(略)
　これからの学校教育は、社会のさまざまな教育・学習システムとも連携を強化し、その内容によっては学校教育の単位に転換するなど、他の教育・学習システムを活用していくことも必要であろ

◆ 自己評価：
自分が自分で行ったことについて評価すること。わが国ではあまり進んでいないが、成人の学習について自己評価法が開発されてきた。

う。
[新しい時代に対応する教育の諸制度の改革について　中央教育審議会答申
　平成3(1991)年4月19日]

学習成果の評価と学歴偏重の緩和

学習成果としての知識や技術について客観的評価や証明のシステムがあれば、人材を登用したり、活用したりする際の手がかりになり、学習者として自らの成果の活用につなげられることは確かである。また、学習成果が広く社会的にも適切に評価され、活用されるようになれば、結果として、学歴偏重といわれてきた社会的な弊害も緩和されることが期待される。
[学習の成果を幅広く生かす　生涯学習審議会答申　平成11(1999)年6月]

子どもの体験活動の評価

学校は、地域での子どもたちのボランティア活動、文化・スポーツ活動、自然体験や職業体験に関する情報の親や子どもたちへの提供やこれらの体験の評価を積極的に行うべきです。(略)
今後は、各都道府県等において、地域の実情や生徒の実態などに応じて、ガイドラインを作成し、実社会での就業体験など生徒の学校外における活動の成果を単位として認めるようにしていくべきです。
[生活体験・自然体験が日本の子どもの心をはぐくむ　生涯学習審議会答申　平成11(1999)年6月]

学校外活動の評価

生徒の学校外における体験的な活動や、自らの在り方・生き方を考えて努力した結果をこれまで以上に積極的に評価していくこととし、ボランティア、企業実習、農業体験実習、各種資格取得、大学の単位取得、文化・スポーツ行事における成果、放送大学の放送授業等を利用した学習、各種学校・公開講座等における学習、テレビやインターネット、通信衛星などマルチメディアを利用した自己学習などについて、各高等学校の措置により、高等学校の単位として認定できる道を開くことを積極的に検討していく必要がある。
[21世紀を展望した我が国の教育の在り方について（第1次）　中央教育審議会答申
　平成8(1996)年7月19日]

解説　高等学校における学校外活動の単位認定：

第II部　生涯学習関連の答申と解説

◆社会教育団体：☞p.44の「社会教育関係団体」を参照。

◆青少年団体：☞p.44

　　　　　平成10（1998）年の学校教育施行規則の改正により、高等学校教育の水準を有すると校長が認めた場合には、大学等の科目等履修生としての学修、大学公開講座や社会教育講座での学修などの学校外での学習・活動が高等学校の単位として認められることになった。

学校外活動の評価

　子供たちの学校外活動を活性化する観点から、子供たちが、社会教育団体や青少年団体における活動、ボランティア活動、文化・スポーツ活動などに積極的に取り組んだ場合、これらを学校においても奨励する意味で評価する方法などが検討されてよいと考える。
［21世紀を展望した我が国の教育の在り方について（第1次）　中央教育審議会答申
　平成8（1996）年7月19日］

学校外活動の評価

　現在、生徒の学校外における活動のうち単位認定できるものについて、全国高等学校長協会からガイドラインが示されているが、今後は、各都道府県等において、地域の実情や生徒の実態等に応じて、ガイドラインを作成し、実社会での就業体験等の生徒の学校外における活動の成果を単位として認めるようにしていくべきである。
［学習の成果を幅広く生かす　生涯学習審議会答申　平成11（1999）年6月］

社会人入学での学習成果の評価

　大学等への社会人の入学が促進されるためには、学習の成果が、企業あるいは社会一般において適正に評価されるようになることが基本的に必要である。
［地域における生涯学習社会の充実方策について　生涯学習審議会答申　平成8（1996）年4月24日］

大学単位の互換、大学単位への転換

　大学間での単位互換制度について、現在、幾つかの地域では、大学・短期大学が地方公共団体と連携・協力の体制を組んで、組織的な単位互換や施設設備の共同利用が行われており、その一層の推進が期待される。
　大学以外の教育施設等の学習成果であっても、大学教育に相当する一定水準以上のものについては、各大学が教育上有益と判断した場合には、大学の単位として認定できるようになっている。認定の対象となり得るのは、一定要件を満たす専門学校における学習や文部大臣の認定を受けた技能

第9章　学習成果の評価・認定・認証

◆技能審査（文部科学省認定技能審査）：
平成12（2000）年までは昭和42（1967）年制定の「技能審査に関する規則」（文部省告示第237号）に基づき、青少年及び成人が修得した知識技能について、民間団体がその水準を審査し、証明する事業（技能審査事業）のうち、学校教育上または社会教育上奨励すべきものを文部大臣が認定してきた。公益法人が行う資格付与について各省庁が認定する場合には法令（省令以上）に基づくものであることを定めた「公益法人に対する検査等の委託等に関する基準」が平成8（1996）年に閣議決定されたため、平成12（2000）年に「青少年及び成人の学習活動に係る知識・技能審査事業の認定に関する規則」（文部省令第25号）が制定され、それに基づき文部科学省が認定している。
平成15（2003）年現在、認定されている技能審査の実施団体数は17、認定種目数は25で、平成14（2002）年度の文部科学省認定技能審査志願者数は5,774,189人、合格者数は3,038,350人であった。

審査の合格に係る学習などである。
［地域における生涯学習機会の充実方策について　生涯学習審議会答申　平成8(1996)年4月24日］

大学公開講座の正規単位の認定
大学の中には授業科目の一部を公開講座としても位置付け、正規の学生以外の受講者は科目等履修生として登録することにより、それらの者の単位取得を可能にしているところがある。
［地域における生涯学習機会の充実方策について　生涯学習審議会答申　平成8(1996)年4月24日］

解説　大学公開講座の正規単位の認定：
科目等履修生制度を活用すれば、大学公開講座での学習にも大学の正規の単位を付与することができ、それを大学公開講座の2枚看板とよんだりした。

大学評価項目としての大学外活動の単位認定状況
さらに、平成10年10月の大学審議会答申においては、大学に対する外部の第三者による評価の義務づけが提言されており、多元的な評価システムの構築が進められている。今後、各大学は一層開かれた大学として様々な改善を図っていくことが求められていることから、例えば、専門学校等大学以外の教育施設での学修成果、ボランティア活動やインターシップ等の学校外での活動の単位認定の状況についても、評価の項目に加えていくことについても検討が望まれる。
［学習の成果を幅広く生かす　生涯学習審議会答申　平成11(1999)年6月］

解説　ボランティア活動：☞p.97の「ボランティア活動の基本的理念」を参照。

技能審査合格の単位認定
生涯学習の成果の評価に関する方策の一つとして、この文部省認定技能審査の合格に係る学修を大学、短期大学、高等専門学校、高等学校、盲・聾・養護学校の高等部において単位認定することが制度化されている。また、平成11年3月に制度改正がなされ、高等学校、盲・聾・養護学校の高等部に加え、大学等においても文部省認定技能審査の合格に係る学修だけでなく、各省庁、民間団

体が行っている審査のうち一定の要件を備えたものについても単位認定できることとされたところであり、今後この制度の活用が望まれる。
［学習の成果を幅広く生かす　生涯学習審議会答申　平成11(1999)年6月］

学習の成果に対する企業等の評価の改善
　現在、そのためのシステムとしては、職業の内容や技術・技能の分野に応じて、各種の公的資格又は民間資格、技能審査、個々の企業における職務能力評価制度など様々なものがある。企業においては、これらの仕組みを活用することなどにより、資格取得をはじめとする自己啓発の成果に対し適切な評価を促進することが望まれる。
［学習の成果を幅広く生かす　生涯学習審議会答申　平成11(1999)年6月］

各種資格取得での学歴要件等の除去
　各種資格を国民にさらに開かれたものにするため、高度で専門的な知識や技術、経験を要するために特別の教育・訓練を必要とするものを除き、一定の学歴がないことのみによって、資格取得の道を閉ざすことは妥当でない。学習成果を適切に評価し、個人のキャリア開発に生かしていくという観点からは、できるだけ学歴要件を除去することが求められる。
［学習の成果を幅広く生かす　生涯学習審議会答申　平成11(1999)年6月］

解説　キャリア開発：☞p.79の「『個人のキャリア開発』の基本的な考え方」を参照。

ボランティア活動に対する評価の視点
　ボランティア及びボランティア活動に対する評価としては、活動した本人の自己評価、ボランティア活動を受けた側の評価、社会全体からの評価の三つの視点が考えられる。
［今後の社会の動向に対応した生涯学習の振興方策について　生涯学習審議会答申
　平成4(1992)年7月］

解説　ボランティア活動：☞p.97の「ボランティア活動の基本的理念」を参照。

ボランティア活動に対する社会的評価
　ボランティア活動を今後一層支援し、発展させるために必要な社会的な評価の在り方として、例

◆自己評価：☞p.114

えば、次のような点について検討する必要がある。
①学校外のボランティア活動の経験やその経験を通して得た成果を適切に学校における教育指導に生かすこと。
②ボランティア活動の経験やその成果を賞賛すること。
③ボランティア活動の経験やその成果を資格要件として評価すること。
④ボランティア活動の経験やその成果を入学試験や官公庁・企業等の採用時における評価の観点の一つとすること。
[今後の社会の動向に対応した生涯学習の振興方策について　生涯学習審議会答申
　平成4(1992)年7月]

解説　ボランティア活動：☞p.97の「ボランティア活動の基本的理念」を参照。

ボランティア活動についての自己評価

充実したボランティア活動を行うためには、第一義的に活動についての自己評価が重要である。ボランティア活動が誰のためでもなく、自分のために行うものである以上、当初の目的に比して結果はどうであったか、何が身についたか、何が足りなかったのかなど自分で評価するのが基本である。受け手の評価も自己評価する上では次の活動の改善につなげることができるという意味で重要である。
[学習の成果を幅広く生かす　生涯学習審議会答申　平成11(1999)年6月]

解説　ボランティア活動：☞p.97の「ボランティア活動の基本的理念」を参照。

入試や就職試験でのボランティア活動の評価

入学試験や就職試験においても、自己をアピールする一つの方法としてボランティア活動における学習成果を積極的に活用することが適当である。学校や企業としても、それらを多様な評価項目の一つとして、取り入れるようにすることが望まれる。
[学習の成果を幅広く生かす　生涯学習審議会答申　平成11(1999)年6月]

学習成果の認証システムとその定義

「生涯学習パスポート」は、自己評価を基本とするため主観的な記載にならざるを得ない。それを

第II部　生涯学習関連の答申と解説

評価する側からは、記載のうち学習活動そのものに係る部分について、第三者機関が事実確認をし、それを証明すれば、一層評価がしやすくなるとともに、生涯学習パスポート自体の活用も促進されることから、今後、生涯学習成果の認証システムについて具体的な調査研究を進めることが望まれる。（学習活動の事実確認とその証明、公示の機能を、ここでは認証と呼ぶことにする。）
［学習の成果を幅広く生かす　生涯学習審議会答申　平成11(1999)年6月］

解説　　生涯学習パスポート：☞p.121の「生涯学習パスポートの活用」を参照。

学習成果の認証の仕組み
生涯学習成果を認証する仕組みとしては、次のようなことが考えられる。
　a）学習成果の認証互換ネットワークとその拠点
　例えば、都道府県、市町村等が参加する学習成果の認証ネットワークを作り、その拠点として、次のようなナショナル・センター機能を整備することが考えられる。
　・生涯学習成果の認証のための評価の互換・転換・累積加算の仕組みや基準の作成
　・生涯学習成果の認証に関する情報の収集・提供
　・生涯学習成果の認証に関する相談
　・生涯学習成果の認証に関する調査研究
［学習の成果を幅広く生かす　生涯学習審議会答申　平成11(1999)年6月］

2. 学習歴・生涯学習パスポート

生涯学習歴の記載
第三は、学習成果を広く社会で活用することである。
　生涯学習の成果を社会的に活用する仕組みとしては、一定水準以上のものを公的職業資格の基礎とすることが重要である。公的職業資格の要件としては、一定の学歴や実務経験等を求めているものが多いが、これらの要件について一定の生涯学習の成果で代替できる途を開くことが望まれる。
　（略）
　今後は、企業・官公庁の採用においても、ボランティア活動などの生涯学習の実績を評価することが期待される。このため、履歴書に学歴と並んで各種の生涯学習歴の記載を奨励することも重要

であろう。
［新しい時代に対応する教育の諸制度の改革について　中央教育審議会答申
　　平成3（1991）年4月19日］

> **解説**　各種の生涯学習歴の記載：
> 　この考え方は、後に、平成11（1999）年の生涯学習審議会答申『学習の成果を幅広く生かす－生涯学習の成果を生かすための方策について－』での「生涯学習パスポート」に関する提言となった。

学習歴の重視

社会において、青少年期に卒業した学校の学歴のみを尊重するというのでなく、生涯にわたって何を学んできたか、どのような知識、技術、技能や資格を身に付け、どのようにして豊かな人間性を養ってきたか、どのように人生を歩んできたかなどの、個人の生涯にわたる学習歴や学習の蓄積が重視されるような環境を醸成していかなければならない。
［今後の社会の動向に対応した生涯学習の振興方策について　生涯学習審議会答申
　　平成4（1992）年7月］

生涯学習パスポートの活用

これからは、個々人がそれぞれの学習成果の記録として、例えば外国のポートフォリオのような「生涯学習パスポート」（生涯学習記録票）を作り、活用できるようにすべきであろう。
［学習の成果を幅広く生かす　生涯学習審議会答申　平成11（1999）年6月］

> **解説**　生涯学習パスポート（生涯学習記録票）：
> 　学習活動、取得した資格、卒業した学校、職歴、ボランティア活動、地域活動等を記録し、修了証や免許等の証拠となる資料をファイルしたり自己評価を記載したりしておくもの。社会的活動、進学、就職、転職、再就職等の際に、自らの学習成果を積極的にアピールし、社会的評価を求めることができるようにするもの。平成11（1999）年の生涯審答申『学習の成果を幅広く生かす』で提言された。

ボランティア活動の評価と「ヤング・ボランティア・パスポート」

地域での自発的なボランティア活動は、特に中・高生にとって、人間としての幅を広げ、大人となる基礎を培う意味で教育的意義が大きいが、現状では十分に行われているとは言い難い。このため、例えば、（a）高校入試においてボランティア活動等を積極的に評価する選抜方法等を工夫する

◆地域通貨：☞p.106

(例：調査書に活動の有無を記載する欄を充実させる。推薦入試において活動経験について報告書を提出させる等)、(ｂ) 高校生等が行う学校や地域におけるボランティア活動などの実績を記録する「ヤング・ボランティア・パスポート（仮称）」を都道府県や市町村単位で作成し活用する、などの方策について検討する必要がある。

特に「ヤング・ボランティア・パスポート（仮称）」については、青少年の日常の活動の証としたり、高等学校における単位認定や、就職や入試への活用、文化施設、スポーツ施設等公共施設の割引や表彰を行うなど、いろいろな形での奨励策を検討することが考えられる。国においても、「ヤング・ボランティア・パスポート（仮称）」の全国的な普及・活用が促進されるように、例えば全国的なボランティア推進団体、関係行政機関・団体等が連携協力しパスポートの標準的なモデルを作成する、入試や就職等で適切に活用されるよう大学や企業等に対し働き掛けるとともに、国等の行政機関においても、採用等に活用する、青少年が文化施設、スポーツ施設を利用する場合の割引などを関係機関・団体等に呼び掛けを行うなどの取組を検討する。

[青少年の奉仕活動・体験活動の推進方策等について　中央教育審議会答申　平成14(2002)年7月]

解説　ボランティア活動：☞p.97の「ボランティア活動の基本的理念」を参照。

「ボランティア・パスポート」の発行

市町村など地域単位で、地方自治体ないしボランティア推進団体等が、ボランティア活動等の実績等を記録・証明するボランティア・パスポートを発行し、希望する住民に交付する。

住民がボランティア活動等を行った場合に、これをポイントとして付加し、活動実績に応じて、公共施設の利用割引などの優遇措置、協賛団体等からの様々なサービス、利用する住民の様々な助け合いなどを受けることができるようにすること等が考えられる。

国の機関・団体等に広く協力を呼び掛け、例えば、博物館・美術館の割引など特典や優遇措置を広げていくことも検討に値する。

地域通貨など既に取組を実施している地域や団体等の協力を得て、こうした取組を試行的に実施し、持続可能な取組として広域的に広げていく方策について検討する。

[青少年の奉仕活動・体験活動の推進方策等について　中央教育審議会答申　平成14(2002)年7月]

解説　ボランティア活動：☞p.97の「ボランティア活動の基本的理念」を参照。

ボランティアパスポート

　また、地方公共団体において、ボランティア指導歴をボランティア手帳のようなものに記録し、一定の回数や時間に達したら、例えば、スポーツ施設の利用料の減免など何らかのサービスを受けられる、いわゆるボランティアパスポートの考え方を採り入れていくことも考えられる。さらに、ボランティアをしたい人が円滑にボランティアの機会を得ることができるよう、ボランティアをコーディネートする仕組みを構築することも求められる。
　［子どもの体力向上のための総合的な方策について　中央教育審議会答申　平成14(2002)年］

「スポーツ・健康手帳（仮称）」の作成・配布

　子どもや保護者が子どもの体力について認識を深め、体力向上のための取組の実践を推進していく方策として、「スポーツ・健康手帳（仮称）」を作成することが効果的である。これには、体力・運動能力・健康に関する全国的な傾向を示すデータや体力向上のためプログラム、食生活なども含めた生活習慣の改善方法を掲載するだけでなく、個人の健康・体力の関連データやそれに基づく健康・体力の向上目標などを自ら記入することができるような配慮も必要である。
　［子どもの体力向上のための総合的な方策について　中央教育審議会答申　平成14(2002)年7月］

第10章　生涯学習関連指導者と施設

1. 指導者の養成

コーディネーターの養成

　生涯学習全般にわたって企画・調整・助言などの支援能力を持った専門的職員をセンターなどに配置することが大切である。コーディネーター養成も急がれる課題であり、国立教育会館社会教育研修所などでの研修の拡充が望まれる。
［地域における生涯学習機会の充実方策について　生涯学習審議会答申　平成8（1996）年4月24日］

> **解説**　国立教育会館社会教育研修所：
> 　　　　現在の国立教育政策研究所社会教育実践研究センターのこと。

国の取組みとしての指導者養成・研修

　社会教育主事をはじめとする社会教育の関係職員は、社会教育を支える重要な基盤であることから、企画立案能力や連絡調整能力等を備えた高度で専門的な人材としての研修・養成を行うことが重要であり、それらを一層充実していく必要がある。
［社会の変化に対応して今後の社会教育行政の在り方について　生涯学習審議会答申
　平成10（1998）年9月］

> **解説**　社会教育主事に求められる資質・能力：
> 　　　　社会教育主事に求められる資質能力として、「学習課題の把握と企画立案能力」「コミュニケーションの能力」「組織化援助の能力」「調整者としての能力」「幅広い視野と探究心」があげられている。（『社会教育主事の養成について』（報告）社会教育審議会成人教育分科会、昭和61（1981）年10月）

「学社融合」を推進するための人事交流や教員の研修

　学校と家庭・地域社会との適切な役割分担と連携を図りつつ学社融合を円滑に推進していくためには、その基盤を整備していくことが重要である。学校と施設間の人事交流の一層の促進や、学校教員が青少年教育施設等で体験的な研修を行うような機会を拡充することなども検討される必要がある。

◆青少年教育施設：
　青年の家、少年自然の家、児童文化センターなどがある。青少年教育施設の中核的な施設に独立行政法人国立オリンピック記念青少年総合センターがある。

［地域における生涯学習機会の充実方策について　生涯学習審議会答申　平成8(1996)年4月24日］

| 解 説 | 学社融合：☞p.51の「『学社融合』の理念に立った事業展開」を参照。

子供の地域活動を支える指導者の養成と確保

　子供たちの地域社会における活動を充実するためには、地域社会や施設で子供たちの指導に当たったり、地域社会の人々の自主的な取組を支援する者が養成・確保されなければならない。子供たちの地域社会における活動が、子供たち自身が自主的・自発的に参加するものであることを考えると、その指導者は、専門的な知識や指導技術に加え、青少年に慕われ、親しめるような優れた人間性を備えることが求められる。
［21世紀を展望した我が国の教育の在り方について（第1次）　中央教育審議会答申
　平成8(1996)年7月19日］

奉仕活動・体験活動のためのコーディネーターの養成・確保

　コーディネーターには、ボランティア活動や体験活動、企画・広報、面接技法等に関する専門的知見とともに、関係機関との人的ネットワークやその背景にある豊かな人間性など幅広い素養・経験等が求められる。さらには、活動の適正さを確保するため、活動に関する情報や団体や人物に対する確かな目利きといった能力も必要である。このため、関係する行政部局や団体等の協力を得つつ、都道府県と市町村が共同して人材の積極的な発掘、計画的な養成が必要である。
［青少年の奉仕活動・体験活動の推進方策等について　中央教育審議会答申　平成14(2002)年7月］

| 解 説 | 奉仕活動・体験活動：☞p.108の「奉仕活動の定義」p.109「体験活動の定義」を参照。
　　　　　ボランティア活動：☞p.97の「ボランティア活動の基本的理念」を参照。

スポーツや外遊びの指導、見守りのボランティアの確保

　スポーツ少年団などにおいて子どもがスポーツをする場合、スポーツ指導者が必要であるが、子どもが地域の「スポーツふれあい広場」でスポーツや外遊びをする場合についても、けがなどのトラブルに備えて子どもたちの活動を見守ったり、必要に応じてスポーツや外遊びのやり方を教える者が必要である。このため、地域のスポーツ指導者、教員養成系や体育系の大学生、高校生、保護者、企業等の定年退職者等に、ボランティアを積極的に働き掛けていく必要がある。

[子どもの体力向上のための総合的な方策について　中央教育審議会答申　平成14(2002)年7月]

運動部への学校外指導者の活用
　指導する教員の高齢化が進んだことや、すべての教員が必ずしも専門科目を指導できるとは限らないことから、子どもたちのニーズに適切に対応するためには学校の外に指導者を求める必要があり、地域のスポーツ指導者の運動部活動への積極的な活用が必要である。
[子どもの体力向上のための総合的な方策について　中央教育審議会答申　平成14(2002)年7月]

生涯学習関係職員の情報リテラシー（情報収集・選択・活用等の能力）の育成
　生涯学習行政に携わる職員、特に生涯学習関連施設の職員は、情報機器の操作など技術的なコンピュータ活用能力、主体的に情報を収集・選択し、活用する能力、さらには情報を生み出し発信する能力、情報社会における規範や自己責任能力、危機管理能力、社会の中での実体験とのバランスの取り方など基礎的な能力や態度に加えて、学習者から情報検索の方法や情報の活用方法について相談を受けた場合の対応能力、情報ネットワークで問題が生じた場合の対処方法・指導方法などのより幅広い情報リテラシーを身につけることが必要です。
[新しい情報通信技術を活用した生涯学習の推進方策について　生涯学習審議会答申
　平成12(2000)年11月28日]

解説　情報リテラシー：
　　ふつうパソコン等を扱うメディア・リテラシーが問題にされるが、ここでは、それに加えてセキュリティー問題から学習者の相談に対する対応も含めた幅広い情報問題を処理したり、解決したりする能力を情報リテラシーとしている。

情報ボランティアの養成
　情報ボランティアなど情報通信技術に通じた人々の参加を求めるためには、人材の登録を促進し、情報ボランティアを必要とする団体や施設などに対してその情報を提供するとともに、情報リテラシーに関する講座を多く設け、情報ボランティアの養成を図る必要があります。
[新しい情報通信技術を活用した生涯学習の推進方策について　生涯学習審議会答申
　平成12(2000)年11月28日]

専修免許状に記載する専攻分野としての生涯学習

　専修免許状については、従来から、例えば、学校教育専修の科目の修得で教科ごとの一種免許状が専修免許状になる現行の方式は専門性の観点から疑問が呈されてきた。このため、専修免許状はある特定の分野の単位を修得した場合に取得するものとし、その修得単位の分野を適切に示すものとするよう改善すべきである。専修免許状を教員の専門性を表すものとするためには、教員免許状の種類として、現在の一種免許状及び二種免許状を基礎となる免許状として、当該教員の教授可能な学校種及び教科を示すものとし、専修免許状は、当該教員の得意分野を示すものとして再構築し、現行の学校種別の区分を廃止して専攻分野別の区分（例えば、理科教育、環境教育、生徒指導等）として専門性を明確にすることが必要である。(略)

(4)　専修免許状に記載する専攻分野の区分の規定

　現在の免許状の区分を維持しつつ、専修免許状の専門性（教員の得意分野）を明確にするため、専修免許状に記載すべき大学院等での専攻分野の区分を免許法施行規則に具体的に規定する。区分例としては、例えば、以下のようなものがあると考える。

- 国語科教育、理科教育、社会科教育等
- 生物学・化学・物理学・地学等
- 国際理解教育
- 環境教育
- 日本語教育
- 生徒指導
- 進路指導
- 教育臨床
- 幼児教育
- 学校経営
- 生涯学習

［今後の教員免許制度の在り方について　中央教育審議会答申　平成14(2002)年2月21日］

解説　専修免許状は学校教員のためのものであるので、従来、学校教育だけに限定されていたが、これにより生涯学習を大学院で専攻した場合に、それが明示される道が開かれた。社会教育関係者も教員養成系の大学院へ進み、専門性を生かす可能性も出てきたといえる。

2. 指導者の任務等

公民館長、主事の専任要件の緩和

公民館長や主事は、公民館の運営において極めて重要な役割を担っており、地域の実情を踏まえ、かつ視野の広い特色のある公民館活動を展開するためには、広く優秀な人材を館長及び職員に求めることが必要であり、基準の大綱化・弾力化を進める中で、この専任要件を緩和することが適当である。

［社会の変化に対応した今後の社会教育行政の在り方について　生涯学習審議会答申
　平成10(1998)年9月］

委員への女性の積極的登用

社会教育活動の多くを女性が担い、参加しているにもかかわらず、例えば、都道府県の社会教育委員の女性の割合は4分の1程度にとどまっている。今後、社会教育委員や社会教育施設の運営協議会等の委員に占める女性の比率を4割以上とすることを目指すなど、女性の積極的な登用が必要である。

［社会の変化に対応した今後の社会教育行政の在り方について　生涯学習審議会答申
　平成10(1998)年9月］

社会教育主事の役割等

今後の社会教育主事の職務は、より広範な住民の学習活動を視野に入れて職務に従事する必要がある。このため、社会教育活動に対する指導・助言に加え、様々な場所で行われている社会教育関連事業に協力していくことや、学習活動全般に関する企画・コーディネート機能といった役割をも担うことが期待されている。こうした業務に社会教育主事が積極的に従事していくため、同法第9条の3の社会教育主事の職務規定について、企画立案、連絡調整に関する機能を重視させる方向で見直すことについて検討する必要がある。

［社会の変化に対応した今後の社会教育行政の在り方について　生涯学習審議会答申
　平成10(1998)年9月］

第10章　生涯学習関連指導者と施設

◆青少年教育施設：☞p.124

| 解説 | 社会教育主事のコーディネート機能：
昭和61（1986）年の社会教育審議会成人教育分科会報告『社会教育主事の養成について』で、社会教育主事に求められる資質・能力が具体的にあげられたが、その一つに「調整者としての能力」がある。この資質・能力に関わるものが社会教育主事のコーディネート機能といえるであろう。
☞p.124の「国の取組みとしての指導者養成・研修」の解説を参照。

社会教育主事有資格者の幅広い配置

社会教育主事としての幅広い知識や経験は、学校教育や地域づくりにおいても大いに貢献し得るものであり、社会教育主事となる資格を有する職員を公民館、青少年教育施設、婦人教育施設等の社会教育施設に積極的に配置するとともに、学校、さらには、首長部局においても社会教育主事経験者を配置し、その能力を広く活用することが期待される。
［社会の変化に対応した今後の社会教育行政の在り方について　生涯学習審議会答申
　平成10(1998)年9月］

社会教育主事を通じた学社連携・融合の推進

現在、小・中・高校の教職員を社会教育主事に登用する場合が多い。教員出身者が社会教育主事として社会教育の実務を経験し、学校に戻った時に、社会教育行政で培った広い視野を持って学校の運営に当たることは、学校教育にとっても望ましいものであるとともに、学校教育と社会教育の連携の強化の上でも意義深いものである。
［社会の変化に対応した今後の社会教育行政の在り方について　生涯学習審議会答申
　平成10(1998)年9月］

奉仕活動・体験活動のためのコーディネーターの役割

コーディネーターは、奉仕活動・体験活動の推進において重要な存在であり、センターないし仲介機関にあっては、活動参加を希望する者と活動の場を円滑に結び付けるため、活動の準備、実施、事後のフォローアップなど活動の各過程を通じて、参加者に対する活動の動機付け、情報収集・提供、活動の場の開拓、受入先の活動メニューの提供、活動の円滑な実施のための関係機関等との各種の連絡調整などの役割を担う。
　また、学校などの参加者を送り出す施設や福祉施設などの参加者を受け入れる施設にあっても、

コーディネーターの役割を担う担当者が必要であり、送出し側では事前指導や関係機関等との連絡調整、受入れ側では参加者へのガイダンス、活動内容の企画、施設内での連絡調整等の役割を担う。
　［青少年の奉仕活動・体験活動の推進方策等について　中央教育審議会答申　平成14(2002)年7月］

解説　奉仕活動・体験活動：☞p.108の「奉仕活動の定義」p.109「体験活動の定義」を参照。

3. 社会教育施設、その他の施設

(1)社会教育施設
生涯学習や地域コミュニティの拠点としての学校や公民館
　教育委員会が管理運営している教育機関、例えば、学校や公民館は、地域住民に身近な公共の施設であり、地域コミュニティ形成の拠点としての役割を担うことが求められる。特に、住民の日常生活圏に最も身近に存在する学校は、学校教育の実施という本来の機能を前提として、地域住民の生涯学習やコミュニティ活動の拠点としても、その資源を有効に活用していくことが重要である。
　［今後の地方教育行政の在り方について　中央教育審議会答申　平成10(1998)年9月21日］

地域コミュニティの拠点としての社会教育施設と情報化
　既存の社会教育施設等の地域コミュニティの拠点としての機能を一層高める観点から、新たな情報手段の活用を図るため、例えば衛星通信の受信システムなど必要な設備・装置の整備を進めるとともに、衛星通信を利用した図書館、公民館等に対する子ども向け番組の提供やテレビ会議システムやインターネット等を融合的に活用した大学等との連携による多様な公開講座・講習の提供などを積極的に促進すること。
　［今後の地方教育行政の在り方について　中央教育審議会答申　平成10(1998)年9月21日］

解説　衛星通信を利用した子ども向け番組として平成11年より子ども放送局が、公開講座としては同年よりエル・ネット「オープンカレッジ」が始まった。

施設設備の情報化
　施設においては、事業の実施や施設の運営に情報関係施設設備を積極的に導入することが必要に

◆基本的な生活習慣：☞p.28

なっている。これに伴って、情報関係の機器・システムのもとでマルチメディアを用いた学習プログラムを開発するなど新しい事業の内容・方法の革新を図る必要がある。
［地域における生涯学習機会の充実方策について　生涯学習審議会答申　平成8(1996)年4月24日］

社会教育施設・大学の情報化の推進

今後、生涯学習における情報化を推進するには、公民館、図書館、博物館や大学などの生涯学習関連施設において情報機器、インターネットへの接続などネットワーク環境を飛躍的に整備し、すべての施設で自由に情報機器を使用できるようにすることが必要です。また、学習者の誰もが情報リテラシーを身につける機会を最大限に確保できるようにするために必要な環境を整備することが必要です。
［新しい情報通信技術を活用した生涯学習の推進方策について　生涯学習審議会答申
　平成12(2000)年11月28日］

情報通信の中心としての公民館等

公民館や生涯学習センターは、都道府県や市町村内の公民館、図書館、博物館をはじめ、地域の行政施設、民間を含む様々な事業体において実施される文化・スポーツ事業を含んだ生涯学習に関する情報が得られるように、様々な機関等との連携を図り情報収集機能を一層充実するとともに、それらの情報を整理し、一覧として発信するなど情報提供の中心的機能を持たせることが必要です。
［新しい情報通信技術を活用した生涯学習の推進方策について　生涯学習審議会答申
　平成12(2000)年11月28日］

社会教育施設による家庭教育支援

子供たちが基本的な生活習慣・態度等を身に付ける上で、家庭の果たす役割は特に大きい。家庭の教育力の向上のために、社会教育施設等において、家庭教育についての学級・講座の実施、親子で活動する機会の提供、家族一緒の文化・スポーツ活動の機会の提供などの多様な学習機会の提供や相談事業の充実などの支援が必要である。
［地域における生涯学習機会の充実方策について　生涯学習審議会答申
　平成8(1996)年4月24日］

第II部　生涯学習関連の答申と解説

◆青少年教育施設：☞p.124

親子の共同体験のための施設設備の整備

　こうした親子共同体験や交流活動を促進する上で、施設整備の大切さを忘れてはならない。例えば、公民館に親子が一緒に遊べる多目的ホールや談話室、託児室、育児相談室等の施設を整備したり、図書館に子供図書室、児童室・児童コーナー、談話室等を設けるなど、親子が活動しやすいような配慮をすることは極めて重要なことである。
［21世紀を展望した我が国の教育の在り方について（第1次）　中央教育審議会答申
　平成8(1996)年7月19日］

子供のための社会教育施設・学校の活用

　現在、休業土曜日には、青少年教育施設や公民館などを使って、子供たちの文化・スポーツ活動がイベント的に行われている。しかし、子供たちが、遊びやスポーツ、音楽、美術、工作、あるいは科学の実験、読書、英会話、コンピュータなど、本人の希望に応じた様々な活動を豊富に体験することができるようにするためには、子供たちにとって最も身近で、かつ、使いやすく造られている学校施設をもっと活用していく必要がある。いわゆる学校開放は、かなり進んできているものの、その多くは運動場や体育館の開放であり、開放時間や開放日数も限られている。今後は、学校図書館や特別教室も含め、学校の施設を一層開放し、様々な活動を行っていく必要がある。
［21世紀を展望した我が国の教育の在り方について（第1次）　中央教育審議会答申
　平成8(1996)年7月19日］

子供のための社会教育・文化施設の整備充実

　公民館、図書館、博物館、青少年教育施設、美術館等、様々な社会教育・文化施設の整備が各地で進められてきている。もちろん、いまだ十分であるとは言えず、今後もさらに積極的に整備に取り組む必要があるが、その際、特に利用者の視点に立った整備・充実の重要性を指摘しておきたい。これらの施設が、子供たちのそれぞれの興味や関心に応じた主体的な学習の場として、子供たちにとって気軽に利用できるということが大切である。
［21世紀を展望した我が国の教育の在り方について（第1次）　中央教育審議会答申
　平成8(1996)年7月19日］

科学的素養を育成するための科学博物館の整備

　科学博物館などは、今日、子供たちが自らの興味・関心に応じつつ、科学に親しみながら、科学

的なものの見方や考え方を身に付けていく上で、大きな役割を果たしているが、体験できる学習の場として整備し、子供たちにとって一層魅力あるものにしていく必要がある。
［21世紀を展望した我が国の教育の在り方について（第１次）　中央教育審議会答申
　平成８(1996)年７月19日］

子どもの居場所づくり
◇地域社会における子どもの居場所づくりの推進

地域で子ども同士が思い切り遊んだり運動したりすることのできる場や、自然と触れ合うことのできる場の整備、青少年教育施設の積極的な活用、親子で参加できるスポーツ活動や地域行事の充実など、ボランティアの協力も得ながら、子どもが地域で伸び伸びと育つことのできる環境づくりを推進する必要がある。
［新しい時代における教養教育の在り方について　中央教育審議会答申　平成14(2002)年２月］

解説　子どもの居場所づくり：
　文部科学省の平成16(2004)年度の概算要求に盛り込まれ、具現化されることとなった。地域の大人たちの力を結集し、子どもの居場所づくりを支援しようというもので、家庭の教育力や地域の教育力の低下、青少年の異年齢、異世代間交流の減少、青少年の問題行動の深刻化などが背景にある。地域の大人が指導ボランティアとして放課後や週末に学校を活用して子どものさまざまな体験活動を支援したり、学校の教室や校庭等を開放して子どもの「地域子ども教室推進事業」などが行われることになった。

社会教育施設での職業に関する事業の実施

むしろ、実際に事業を実施してみて、社会教育施設でもやれることを示してみてからニーズを調査する方が有効である。まず、地域住民の学習ニーズを先取りして講座等を開設することにより、職業に資するものとすることが考えられる。また、職業に関係する学習の情報を収集して、提供できるようにすることが考えられる。こうした際には、社会教育主事のコーディネート機能の発揮が重要な要素となろう。
［学習の成果を幅広く生かす　生涯学習審議会答申　平成11(1999)年６月］

解説　社会教育主事のコーディネート機能：☞p.128の「社会教育主事の役割等」を参照。

◆エンパワーメント：
　女性のエンパワーメントについて、平成10(1998)年の生涯審答申『社会の変化に対応した今後の社会教育行政の在り方について』は、個々の女性が自らの意識と能力を高め、政治的、経済的、社会的及び文化的に力を持った存在になること、と述べている。

◆民間教育事業者：☞p.44

社会教育施設におけるエンパワーメントに係る講座の開設
　今後社会教育施設等においては、エンパワーメントに係る講座を積極的に開設することが必要であり、このような学習機会がより多く提供されることで、女性がその学習成果を生かして社会の場で活躍する機会が開けていくことになろう。
　[学習の成果を幅広く生かす　生涯学習審議会答申　平成11(1999)年6月]

社会教育施設における高齢者の就業のための学習機会提供
　公民館等の身近な社会教育施設においても、高齢者の職務体験や人生経験を生かせるような就業のための実践的で専門的な学習機会の提供が必要である。
　[学習の成果を幅広く生かす　生涯学習審議会答申　平成11(1999)年6月]

社会教育施設等での学習成果の活用
　学習成果を生かす場が広がることは、学習者に達成感や充実感等が生まれ、さらに学習意欲が増すという相乗効果が期待できるなど、生涯学習社会の構築にとって有効なものである。このような学習支援・社会参加支援は社会教育行政の重要な使命であり、社会教育施設は学習成果の活用の場としてその役割を果たしていかなければならない。
　[社会の変化に対応した今後の社会教育行政の在り方について　生涯学習審議会答申
　　平成10(1998)年9月]

解説　生涯学習社会：☞p.34の「生涯学習社会の3条件」を参照。

公民館等における民間教育事業者の活用
　公民館等においては、民間教育事業者の活用についてこれまで消極的な姿勢が見られたり、また、民間で実施可能な事業を行政側の主催事業として行うなど、民間と競合する面が見られたりするが、その協力方策について検討する必要がある。公民館が、住民の意思を反映しつつ主催事業を展開する上で、民間教育事業者との連携協力を積極的に考えるべきである。
　[社会の変化に対応した今後の社会教育行政の在り方について　生涯学習審議会答申
　　平成10(1998)年9月]

第10章　生涯学習関連指導者と施設

施設の開館日、開館時間の弾力化
　利用者が社会教育・文化・スポーツ施設をできるだけ利用しやすいように、施設の開館日・開館時間については、地域の実情に応じつつ、可能に限り弾力的な扱いをすることが必要である。
［地域における生涯学習機会の充実方策について　生涯学習審議会答申　平成8(1996)年4月24日］

住民参加による運営
　施設の事業の運営に当たっては、施設の管理者が事業の企画・実施を含めて施設の運営全般に責任を持って行うことが当然であるが、施設や地域の実情に応じて、地域住民が事業の企画や運営に何らかの関与ができるようにすることも考えられる。
［地域における生涯学習機会の充実方策について　生涯学習審議会答申　平成8(1996)年4月24日］

施設における受益者負担
　それぞれの施設においても、利用者の適切な経費負担を含め、施設の有する多様な機能を効果的に活用するような事業展開に努めることが必要である。そうした努力や工夫によりもたらされる蓄積を当該施設等の財源に充て地域住民のための事業の充実や施設運営のために活用することにより、財政基盤の充実の面のみならず、施設運用の活性化のためにも極めて大きな効果を及ぼすものと考えられる。
［地域における生涯学習機会の充実方策について　生涯学習審議会答申　平成8(1996)年4月24日］

社会教育施設管理の民間委託
　今後、地方公共団体がその財政的基盤を保証した上で、社会教育施設の管理を適切な法人等に委託することについては、国庫補助により整備された施設を含め、地方公共団体の自主的な判断と責任にゆだねる方向で検討する必要がある。
［社会の変化に対応した今後の社会教育行政の在り方について　生涯学習審議会答申
　平成10(1998)年9月］

(2)その他の生涯学習関連施設
多様な学習機会提供と生涯学習関連施設の整備充実
　人々に多様な学習機会を提供するために、生涯学習関連施設の整備充実が重要である。公民館、博物館、図書館、婦人教育会館等の社会教育施設、学校施設、スポーツ・文化施設や複合的多機能型

◆サテライトキャンパス：
大学に通うことのできない人のために、便利な駅前や遠隔地に設置した施設やそこで行う大学教育のこと。

生涯学習関連施設の整備充実や運営の改善を進めるとともに、都道府県において生涯学習の振興に資するための事業を一体的に行う生涯学習推進センターの整備が必要である。また、他の行政部局等が所管する関係施設も含めて、生涯学習関連施設が総合的・計画的に整備されることが望ましい。
［今後の社会の動向に対応した生涯学習の振興方策について　生涯学習審議会答申
　平成4(1992)年7月］

学びやすい環境の整備
就職後間もない若い時期から高齢期に至るまで、成人が時間的、地理的、経済的制約を超えて学びやすい環境を整備することが必要である。大学や専修学校等における社会人受入れの大幅な拡充や、交通至便な場所へのサテライトキャンパスの設置、放送大学をはじめ情報通信技術やインターネットを活用した学習機会の充実とともに、奨学金事業など学習に対する経済的支援を充実することが求められる。さらに、成人の身近な学習の拠点として地域の図書館の整備やその機能の充実を図る必要がある。親子連れ向けの演奏会・演劇やサービスの充実など多様なニーズに対応できる学習環境の整備も重要である。また、これらをより有効に活用することができるよう、情報提供の仕組みの充実が求められる。
［新しい時代における教養教育の在り方について　中央教育審議会答申　平成14(2002)年2月］

解説　大学や専修学校における社会人受入れ：☞p.91の「社会に開かれた高等教育機関」を参照。
　　　　放送大学：☞p.82の「放送大学の拡充」を参照。

女性のための保育施設等の整備
乳幼児を持つ女性に対しては、必要とされる学習機会を提供するとともに、その機会を実際に活用できるようにするため、保育施設の整備などの社会的な条件の整備もあわせて措置される必要がある。このため、生涯学習センターや公民館等の学習機会を提供する施設において託児室、子どもスペース等の整備を進めるとともに、これらの施設でボランティアによる預かりサービスを受けられるようにすることが必要である。
［学習の成果を幅広く生かす　生涯学習審議会答申　平成11(1999)年6月］

生涯学習施設間のネットワーク
社会教育施設間のみならず、首長部局が所管する各種の施設等との積極的な連携を促進し、住民

にとって利用しやすい生涯学習施設のネットワークを構築していくことが必要である。このための恒常的な組織の設置が期待される。
［社会の変化に対応した今後の社会教育行政の在り方について　生涯学習審議会答申
　平成10(1998)年9月］

学校の施設開放
　地域において学習活動のためのまとまった施設設備が不足している現状では、学校施設の開放は、地域住民が身近な場所で多様な学習を行う上で極めて有効であり、その促進が強く期待される。
［地域における生涯学習機会の充実方策について　生涯学習審議会答申　平成8(1996)年4月24日］

余裕教室の活用
　生徒の減少に伴って生じている余裕教室の有効な活用も当面の大きな課題になっている。余裕教室の活用に当たっては、コンピュータ教室など教育活動を一層充実させる観点からの転用がまず考えられるべきである。
［地域における生涯学習機会の充実方策について　生涯学習審議会答申　平成8(1996)年4月24日］

学校開放
　学校や運動場やプール、教室の開放等が盛んとなってきているが、学校開放にいまだ慎重な学校もあるなど、学校により取組が異なっている。学校開放を進めるため、教育委員会が学校ごとに施設の管理や利用者の安全確保・指導に当たる人員の配置、地域住民の協力を得た委員会の整備など必要な措置を講ずることが求められている。
［社会の変化に対応した今後の社会教育行政の在り方について　生涯学習審議会答申
　平成10(1998)年9月］

学校の体育施設の開放による「スポーツふれあい広場」の確保
　特に、学校の運動場や体育館などの学校施設は、地域における子どもの最も身近な遊び場であり、スポーツ施設である。このように学校は「スポーツふれあい広場」として大いに活用されることが求められている。さらに、単なる場の提供にとどまらず、地域住民との共同利用を進めていくことが期待される。特に、子どもや親子が気軽に、かつ安全にスポーツや外遊びができるよう、利用日を決めて個人単位でも利用できるような管理運営についての工夫が求められる。

［子どもの体力向上のための総合的な方策について　中央教育審議会答申　平成14(2002)年］

学校施設の開放と高機能化
　学校施設は、子供たちの学習活動にとって最も適切な環境となるよう整備されることが前提であるが、地域の人々の学習の場として活用することも大切であることから、それに対しても快適で機能の高い学習環境として整備される必要がある。このため、施設設備の機能の高度化を図るほか、関連する文教施設等との有機的な連携や施設の複合化などにより、多様な学習機会を提供することについても柔軟に検討すべきである。
［地域における生涯学習機会の充実方策について　生涯学習審議会答申　平成8(1996)年4月24日］

学校施設の情報化
　学校、とりわけ初等中等教育段階における学校の情報通信関連施設・設備の現状は、高度情報通信社会への対応という点で必ずしも十分とは思われない。そうした学校の状況を改善していくことが、子供たちの教育を充実させることにつながっていくのである。
［21世紀を展望した我が国の教育の在り方について（第1次）　中央教育審議会答申
　平成8(1996)年7月19日］

解説　学校施設の情報化への対応：
　平成8(1996)年12月に設置された内閣総理大臣直轄の省庁連携タスクフォースのもとで「教育の情報化プロジェクト」が進められ、翌年の報告では平成13年度までにすべての公立小・中・高校がインターネット接続を可能にし、すべての教員がコンピュータ活用能力を身につけ、平成17年度をめどにすべての教室でコンピュータ活用の授業が可能になるといったことが取り上げられた。
　さらに、平成15(2003)年度のIT重点施策に関する基本方針を示したe-Japan重点計画-2003では、平成17(2005)年度末までにコンピュータ1台当たりの児童生徒数を5.4人と米国レベル並に、学校の高速インターネット接続率を100%に、普通教室のLAN接続率を100%にする計画、などが取り上げられた。

大学等の施設開放
　大学等の施設の開放は、図書館・博物館・資料館・体育館・グランドなどが主な対象となるが、実情に応じて、多様な施設の開放が可能な限り行われるよう工夫されるべきである。
［地域における生涯学習機会の充実方策について　生涯学習審議会答申　平成8(1996)年4月24日］

リカレント教育実施のための中核的施設の整備

　地域の中核的役割を担う施設を整備・活用し、産・官・学が連携・協力するとともに、地域の大学等が交流を深めつつリカレント教育を実施する、「リカレント教育・交流プラザ」のような場を整備すること等が期待される。
［今後の社会の動向に対応した生涯学習の振興方策について　生涯学習審議会答申
　平成4(1992)年7月］

解説　リカレント教育：☞p.25の「リカレント教育」を参照。

企業の施設や個人の土地の開放による「スポーツふれあい広場」の確保

　企業や個人が所有する未利用地や運動場、体育館などの施設を地域住民に開放することが期待される。地方公共団体がこれにより、子どもの「スポーツふれあい広場」を確保するには、所有者が土地を提供しやすいよう、税の減免などの工夫が有効である。
　地方公共団体が子どもの遊び場等となる「スポーツふれあい広場」を運営する際は、地域住民でつくる組織に運営を委託するなど、地域住民が主体的に運営するような工夫も求められる。
［子どもの体力向上のための総合的な方策について　中央教育審議会答申　平成14(2002)年7月］

第11章　生涯学習関連行政・法規

1. これからの社会教育行政

社会教育行政の特徴

　我が国の社会教育行政は、戦後間もなく制定された社会教育法、図書館法、博物館法、青年学級振興法等の社会教育関係法令に加え、学校教育、社会教育を通じ、生涯学習の振興を目的とした生涯学習の振興のための施策の推進体制等の整備に関する法律等にのっとって行われている。その特徴としては、住民の自主的な社会教育活動を尊重し、行政の役割は主としてそれを奨励、援助すること、また、社会教育施設の運営にあたっては住民参加の考えが取り入れられていることなどが挙げられる。
　［社会の変化に対応した今後の社会教育行政の在り方について　生涯学習審議会答申
　　平成10(1998)年9月］

社会教育行政の組織と運営

　地方公共団体の社会教育行政は、教育委員会が所管しており、その事務局に社会教育を担当する課等が設置されるとともに、社会教育主事等の社会教育関係職員が置かれている。また、教育委員会は公民館、図書館、博物館等の社会教育施設を設置・管理し、それらの施設には、館長その他の職員が置かれるとともに、その運営に関する審議会・協議会等が置かれ、その運営に住民の意思が反映されることとされている。
　［社会の変化に対応した今後の社会教育行政の在り方について　生涯学習審議会答申
　　平成10(1998)年9月］

解説　地方公共団体の社会教育行政：
　　社会教育法第3条で国及び地方公共団体の任務が、第5条で市町村教育委員会の事務が、第6条で都道府県教育委員会の事務が定められている。
　　社会教育施設の運営に関する審議会、協議会：
　　公民館については、社会教育法第29条第1項に公民館運営審議会必置が規定されていたが、平成11(1999)年の「地方分権の推進を図るための関係法律の整備等に関する法律」により社会教育法が改正され、任意必置となった。これにより公民館運営審議会以外の方法で住民の意思を反映させることも可能になった。
　　図書館については、図書館法14条に「公立図書館に図書館協議会を置くことができる」と定められている。

◆社会教育法：
　昭和24（1949）年に制定された。社会教育の定義、国および地方公共団体の任務、教育委員会の事務などについて定めた「総則」のほか、「社会教育主事及び社会教育主事補」「社会教育関係団体」「社会教育委員」「公民館」「学校施設の利用」「通信教育」から構成されている。

◆図書館法：
　昭和25（1950）年に制定された。公共図書館に関する法律である。図書館の定義、図書館奉仕、司書などについて定めた「総則」のほか、「公立図書館」「私立図書館」から構成されている。

◆博物館法：
　昭和26（1951）年に制定された。博物館の定義、事業、学芸員などについて定めた「総則」のほか、「登録」「公立博物館」「私立博物館」などから構成されている。

◆青年学級振興法：
　昭和28（1953）年に制定され、平成11（1999）年の「地方分権の推進を図るための関係法律の整備等に関する法律」により廃止された。義務教育修了後の勤労青年を対象に、職業上、生活上の知識技術や教養などに関する学習機会を提供する青年学級について定めた法律。その後高等学校や大学等への進学率が伸びたため、青年学級は有名無実化していた。

◆生涯学習の振興のための施策の推進体制等の整備に関する法律：
　平成2（1990）年に制定された。生涯学習振興のための都道府県の事業、地域生涯学習振興基本構想、都道府県生涯学習審議会などについて定めている。

◆社会教育施設：
　社会教育法の第5章は公民館について定めており、また同方同法第9条では「図書館及び博物館は、社会教育のための機関とする。」と定めている。

生涯学習社会の構築に向けて中核的な役割を果たす社会教育行政

　学歴社会の弊害の是正、社会の成熟化に伴う学習需要の増大、社会・経済の変化に対応するための学習の必要性の観点から、生涯学習社会の構築に向けて教育改革の努力が進められている。社会教育はその中で重要な位置を占めており、社会教育行政は、生涯学習社会の構築に向けて中核的な役割をはたさなければならない。今後の社会教育行政は、学校教育をはじめ、首長部局、民間の活動等との幅広い連携の下に、人々の生涯にわたる自主的な学習活動の支援に努めていかなければならない。
［社会の変化に対応した今後の社会教育行政の在り方について　生涯学習審議会答申
　平成10（1998）年9月］

解説　生涯学習社会：☞p.34の「生涯学習社会の3条件」を参照。

他省庁、首長部局、民間と連携する社会教育行政

　これからの社会教育行政は、幼児期から高齢期までのそれぞれのライフサイクルにおける学習活動に対応することを基本として、生涯学習社会の構築に重要な役割をはたさなければならない。今日、住民の行う学習活動は広範多岐にわたって行われていることから、教育委員会の社会教育行政だけでは住民の学習ニーズに対応する施策の推進が困難となってきている。このため、文部省においては他省庁及び民間の活動と、教育委員会の社会教育部局においては学校教育部局、首長部局及び民間の活動などと連携しつつ、幅広い視野に立って社会教育行政を展開することが不可欠となっている。
［社会の変化に対応した今後の社会教育行政の在り方について　生涯学習審議会答申

◆**多様化・高度化する学習ニーズ：**
　人々の価値観、生活様式が多様化し、人々の学習ニーズも多様化した。NHK放送文化研究所は昭和57(1982)年、昭和60(1985)年、昭和63(1988)年に学習関心調査を行ったが、その際学習内容については約400項目からなる小分類を取り上げた。
　また、大学・短大等への進学率が伸びたことなどにより、高度で専門的な学習を希望する人が増えた。ちなみに大学・短大等への進学率は昭和35(1960)年10.3%であったのが、昭和45(1970)年23.6%、平成2(1992)年36.3%に上昇した。その後も増え続け、平成12(2000)には49.1%に達した。これに専修学校への進学率も加えると、平成2(1992)年で52.1%、平成12(2000)年で66.3%、平成14(2002)年で66.6%となっている。

平成10(1998)年9月］

地域社会及び家庭の変化に対応する社会教育行政

　地域社会や家庭の環境が変化し、住民の地域社会の一員としての意識や連帯感が希薄化するとともに、家庭の教育力も低下している。完全学校週5日制への移行、学校のスリム化に伴い、青少年に対する社会教育の責任は一層重要なものとなっており、社会教育行政は、地域社会の活性化と地域の教育力向上に取り組むとともに、家庭の教育力の充実に資する施策の推進が必要となっている。
　［社会の変化に対応した今後の社会教育行政の在り方について　生涯学習審議会答申
　　平成10(1998)年9月］

解説　平成10(1998)年の生涯審答申『社会の変化に対応した社会教育の在り方について』が出された後、平成12(2000)年4月14日に文部省生涯学習局長（当時）から都道府県教育委員会教育長宛に『家庭教育学習の拠点としての公民館の充実について』（依頼）が出され、さらに同年11月28日には生涯審答申『家庭の教育力の充実等のための社会教育行政の体制整備について』が出された。それらを受けて、平成13(2001)年の社会教育法の改正で、同法第3条の2項として「国及び地方公共団体は、前項の任務を行うに当たっては、社会教育が学校教育及び家庭教育との密接な関連性を有することにかんがみ、学校教育との連携の確保に努めるとともに、家庭教育の向上に資することとなるよう必要な配慮をするものとする」が追加された。

多様化・高度化する学習ニーズへの対応

　戦後の著しい経済発展等がもたらした人々のライフスタイルの変化、価値観の多様化、高学歴化の進展、自由時間の増大の中、人々は、物心両面の豊かさを求め、高度で多様な学習機会の充実を求めている。社会教育行政が、このような人々の多様化・高度化する学習ニーズに的確に対応するためには、様々な方法により豊かな内容の学習機会を確保するとともに、学習情報の提供等を通じて、住民の自主的な学習活動を支援・促進する役割を果たしていく必要がある。
　［社会の変化に対応した今後の社会教育行政の在り方について　生涯学習審議会答申
　　平成10(1998)年9月］

地域づくりの支援

　住民が共同して行う地域づくり活動を支援するなど地域社会の活性化に向け、社会教育行政は重要な役割を持つ。今後の社会教育行政は、住民の個々の学習活動の支援という観点のほか、地域づくりのための住民の社会参加活動の促進という観点から推進する必要がある。

◆民間教育事業者：☞p.44

［社会の変化に対応した今後の社会教育行政の在り方について　生涯学習審議会答申
　平成10(1998)年9月］

「第4の領域」の育成

　行政としては、こうした状況を踏まえつつ、目的指向的な様々な団体・サークルの育成や、日常生活圏を離れた広域的な活動の場や機会の充実、効果的な情報提供活動、民間教育事業者との連携などを通じて、「第4の領域」の育成に積極的に取り組んでいってほしい。
［21世紀を展望した我が国の教育の在り方について（第1次）　中央教育審議会答申
　平成8(1996)年7月19日］

解説　第4の領域：
　　地縁的な結びつきによるものだけでなく、同じ目的や興味・関心に応じて結びついた場、グループ等。平成8年の中教審答申『21世紀を展望した我が国の教育の在り方について』で、子供たちを育てる教育の場として「第4の領域」の育成が提言された。
　　［Q&A］の8を参照。

民間教育事業者と連携した子供の文化・スポーツ活動、体験活動への取組み

　従来、これらの施策を進めるに当たっては、民間教育事業者の取組を十分視野に入れてこなかったきらいがある。今後は、民間教育事業者による、子供たちを対象とした、文化・スポーツ活動や自然体験などの体験活動等の取組も期待し、これらとの適切な連携を図っていくことが必要である。
［21世紀を展望した我が国の教育の在り方について（第1次）　中央教育審議会答申
　平成8(1996)年7月19日］

学校週5日制実施のための対応

　特に、完全学校週5日制の実施に当たっては、市町村教育委員会が中心になって、地域教育連絡協議会や地域教育活性化センターを設置することなどにより、地域における様々な団体などと連携し、土曜日や日曜日における活動の場や機会の提供、情報提供など多様な学校外活動のプログラムを提供する体制を整えていく必要がある。
［21世紀を展望した我が国の教育の在り方について（第1次）　中央教育審議会答申
　平成8(1996)年7月19日］

第II部　生涯学習関連の答申と解説

解説　地域教育連絡協議会、地域教育活性化センター：☞p.49の「地域教育連絡協議会や地域教育活性化センターの設置」を参照。

学習成果の活用の促進のための資格付与

行政がこれまで行ってきた施策の中心は学習機会の提供にあったが、これからは、生涯学習の成果の活用促進にも力を入れる必要がある。そのためには、活用の機会や場の開発ばかりでなく、そのための社会的な仕組みの構築等が重要な課題になる。

その仕組みのひとつとして、学習の成果を一定の資格に結びつけていくことが重要である。近年、企業においては、これまでのように学歴・学校歴に偏らず、個人の顕在化した能力を求めてきており、従業員の資格取得が企業の人的資源開発上意味をもつものとして、資格取得を奨励してきている。また、個人が学習した成果を活用して社会参加しやすい環境を整備するためには、社会の誰もが共通して学習の成果を一定の資格取得として確認できることは意義のあることであり、このことにより、学習した個人もその成果を社会に積極的に提供しやすくなるとともに社会も様々な機会に個人の学習成果を活用しやすくなるというメリットがある。

［学習の成果を幅広く生かす　生涯学習審議会答申　平成11(1999)年6月］

教育委員会の活性化

これからの教育では、学校・家庭・地域社会全体を通して行われるとの視点が重要である。従来、学校教育中心の行政になりがちであった教育委員会についても、学校のみならず、家庭や地域社会における教育に関する条件の整備・充実や、これら相互の連携を推進することが大きな役割となっていくものと考えられる。

［21世紀を展望した我が国の教育の在り方について（第1次）　中央教育審議会答申
平成8(1996)年7月19日］

市町村教育委員会の活性化

第四は、市町村教育委員会の活性化である。市町村教育委員会は、小・中学校や社会教育・文化・スポーツ施設の設置者としてそれぞれの施設が適切に運営されるような必要な基盤の整備や管理を行っており、これら施設が今回の答申の諸提言に即して地行や施設運営の改善を図る場合、それを有効に促進する役割を担う。

［地域における生涯学習機会の充実方策について　生涯学習審議会答申　平成8(1996)年4月24日］

教育委員の幅広い分野からの選任

　教育委員会の所掌事務が学校教育にとどまらず生涯学習、社会教育、文化、スポーツ等幅広い分野にわたっている中で、教育委員の構成が教職出身者中心になっている教育委員会もあるなどの状況を改善し、地域住民の教育行政に対する関心・要望が多様化しているという状況を考慮して、幅広い分野の人材から教育委員が構成されるようにすることが必要である。また、教育委員の数については、都道府県、市町村ともに現行と同様その数を原則5人とするが、教育委員会の担う事務は生涯学習、学校教育、社会教育、文化、スポーツ等の幅広い範囲に及んでいること、また地域を支える人材の育成を通して地域経済・地域社会の振興に密接にかかわっていること等を踏まえ、執行機関としての性格に配慮しつつ、より幅広い分野から人材を選考できるよう見直しが必要である。
［今後の地方教育行政の在り方について　中央教育審議会答申　平成10(1998)年9月21日］

国・都道府県・市町村の役割

　地方分権が進められる中、国・都道府県・市町村は新たな取組を求められる。住民の最も身近な社会教育行政を行う市町村は、住民参加の下、地域に根ざした行政を展開する必要がある。都道府県は、**広域行政**や市町村の連携を積極的に進める必要がある。国は、人材養成、学習情報の収集・提供、調査研究などに重点化する必要がある。
［社会の変化に対応した今後の社会教育行政の在り方について　生涯学習審議会答申
　平成10(1998)年9月］

解説　広域行政：
　　市町村域を超えて行われる行政。社会教育、生涯学習推進領域での広域行政サービスの事例として、生涯学大学システムをあげることができる。生涯大学システムは多様化、高度化する学習ニーズに対応するために、多様な機関、施設、学校、団体等が参加して、広域で学習情報提供、学習機会の提供、学習成果の評価、学習成果の活用支援などの生涯学習支援を行う仕組みである。一般にこの仕組みを県民カレッジ、県民大学などとよんでいる。

市町村の取組み

　市町村は、住民の最も身近な行政機関として、住民ニーズ等を反映し得る立場から、地域の特性や住民ニーズに根ざした多様な社会教育行政を推進することが求められている。このため、社会教

◆学習情報提供、学習相談：☞p.55

育行政の企画運営に住民参加を求めるとともに、住民の自主的な社会教育活動を支援するため、学習情報提供や学習相談事業の充実を図っていくことがより重要となる。また、住民の生活圏の広域化や学習ニーズの高度化等に対応する社会教育行政が求められていることから、都道府県、市町村間の連携協力の促進を積極的にていかなければならない。
［社会の変化に対応した今後の社会教育行政の在り方について　生涯学習審議会答申
　　平成10(1998)年9月］

都道府県の取組み
　都道府県は、市町村事業との重複を避けつつ、市町村の社会教育行政の基盤となる、中核施設の運営、指導者の養成・研修、学習情報の提供、都道府県レベルの社会教育に関する諸計画の策定、モデル事業の実施等を行う必要がある。特に、広域連携のコーディネート機能を充実し、各市町村の連携を促進していかなければならない。その際、都道府県と市町村が連携して、広域的な学習サービス提供のための体制を整備する必要がある。また、住民の活動範囲の広域化、学習の内容やレベルに対するニーズの多様化に対応し、広域的な学習情報の提供等の実施が重要である。
［社会の変化に対応した今後の社会教育行政の在り方について　生涯学習審議会答申
　　平成10(1998)年9月］

国の取組み
　国は、これまで補助金の交付や地方交付税措置等を通じ、社会教育施設の整備拡充、指導者の養成、社会教育事業の振興、社会教育主事の配置の支援等を行ってきている。今後は特に、社会教育指導者、学習活動・事業等に関する情報の蓄積に力を注ぎ、広く関係機関や国民に学習情報を提供するとともに、海外に対しても発信できるように努める必要がある。また、高度な学習事業や学習方法等の調査研究の開発・実施、先駆的なモデル事業の開発・実施、各地域の特性を生かした具体的な取組や参考になる国内外の先進事例を収集し提供していかなければならない。
［社会の変化に対応した今後の社会教育行政の在り方について　生涯学習審議会答申
　　平成10(1998)年9月］

第11章　生涯学習関連行政と法規

2. 生涯学習振興行政ネットワークの在り方

社会教育行政を中核としたネットワーク型行政の構築

　生涯学習社会においては、人々の学習活動・社会教育活動を、社会教育行政のみならず、様々な立場から総合的に支援していく仕組み（ネットワーク型行政）を構築する必要がある。社会教育行政は生涯学習振興行政の中核として、学校教育や首長部局と連携して推進する必要がある。また、生涯学習施設間や広域市町村間の連携等にも努めなければならない。
［社会の変化に対応した今後の社会教育行政の在り方について　生涯学習審議会答申
　　平成10(1998)年9月］

　|解 説|　生涯学習社会：☞p.34の「生涯学習社会の3条件」を参照。
　　　　　ネットワーク型行政：
　　　　　　ネットワーク行政にあっては、学習資源の開発・流通を図ることが重要としている。ネットワークというと、連携・協力という方に目が向き、このことが忘れられがちであるが、この資源の流通がないとネットワークは稼働しないことが多い。

社会教育行政を中核としたネットワーク型行政の構築

　生涯学習社会においては、各部局の展開する事業や民間の活動が個別に実施されると同時に、こうした活動等がネットワークを通して、相互に連携し合うことが重要である。これからは、広範な領域で行われる学習活動に対して、様々な立場から総合的に支援していく仕組み（ネットワーク型行政）を構築していく必要がある。この意味で社会教育行政は、ネットワーク型行政を目指すべきであり、社会教育行政は生涯学習振興行政の中核として、積極的に連携・ネットワーク化に努めていかなければならない。
［社会の変化に対応した今後の社会教育行政の在り方について　生涯学習審議会答申
　　平成10(1998)年9月］

　|解 説|　生涯学習社会：☞p.34の「生涯学習社会の3条件」を参照。
　　　　　ネットワーク型行政：☞前項の解説を参照。

教育委員会と首長部局等との連携

　地域社会の活性化を通じた地域の教育力の活性化は社会教育行政の重要な課題である。地域の人材育成に責務を負う教育委員会と地域づくりに広範な責務を負う首長部局とが連携して、生涯学習、社会教育、スポーツ、文化活動を通じた地域の教育力の向上に取り組む必要がある。
　［社会の変化に対応した今後の社会教育行政の在り方について　生涯学習審議会答申
　　平成10(1998)年9月］

市町村の広域的連携

　高度な社会教育行政サービスを実現するためには、事務処理の共同化をはじめ、市町村が広域的に連携することが有効であり、こうした連携を促進することが期待されている。
　［社会の変化に対応した今後の社会教育行政の在り方について　生涯学習審議会答申
　　平成10(1998)年9月］

3. 生涯学習振興行政における規制緩和と地方分権

地方分権・規制緩和の推進

　地方公共団体が、地域の状況に即応した適切な社会教育サービスを住民に提供するためには、その自主的な判断の下に、住民の意思を十分に踏まえた事業を展開できる環境の整備が不可欠であり、規制の廃止、基準の緩和、指導の見直し等、地方分権を一層推進していく必要がある。
　［社会の変化に対応した今後の社会教育行政の在り方について　生涯学習審議会答申
　　平成10(1998)年9月］

解説　規制の廃止、基準の緩和、指導の見直し等、地方分権：
　　平成7(1995)年に「地方分権推進法」が定められ、平成11(1999)年には「地方分権の推進を図るための関係法律の整備等に関する法律」が定められた。これらにより、さまざまな行政の領域で規制緩和、大綱化、弾力化が進められた。

必置規制の廃止・緩和と行政サービス

　地方分権推進委員会の第2次勧告（平成9年7月）の中で、「必置規制の廃止・緩和とは……（略）

……現に地方公共団体で業務を行っている職員の職や行政機関等の廃止を推奨するものではない。むしろ必置規制の廃止・緩和が行われることにより、地方公共団体としては、より適切な形で職員や行政機関等を設置することができるようになるものである。」「必置規制が廃止・緩和されたとしても、地方公共団体が必要な行政サービスの低下を招くようなことがあってはならず、職員や組織の硬直的な設置義務付けを見直し、柔軟な設置を可能とすることにより、それぞれ異なった社会経済条件、地理的条件の下に置かれている地方公共団体が地域の実情に最もふさわしい体制で行政サービスを提供することができるようになり、そのことが機動的で充実したサービスの提供、即ち行政の質の向上にもつながるものである。」と指摘していることは重要であり、特に留意する必要がある。

［社会の変化に対応した今後の社会教育行政の在り方について　生涯学習審議会答申
　平成10（1998）年9月］

社会教育行政と地方分権、規制緩和

　現在、地方分権推進委員会を中心に、政府全体として地方分権の推進に総合的に取り組んでいる。もともと戦後の社会教育行政制度は、地方分権の考え方に立ち、また、公民館運営審議会の設置をはじめとして住民が社会教育施設の運営に参加する仕組みを持つなど、今日においても先進的な考えを持って整備されたものであると言える。しかしながら、住民自治の考え方に基づく制度でありながら、その定め方が固定的・画一的であることもあって、住民参加の仕組みが形骸（けいがい）化したり、地域の特色が生かせなくなっている場合が少なくない。地方公共団体が、自主的な判断の下、地域の状況に即応した適切な社会教育サービスを地域住民に提供するため、社会教育行政制度における規制の廃止、基準の緩和、指導の見直しなど地方分権、規制緩和の観点から改革を積極的に進めることが必要である。

［社会の変化に対応した今後の社会教育行政の在り方について　生涯学習審議会答申
　平成10（1998）年9月］

解説　地方分権推進委員会：
　　　　地方分権推進法の第4章に「地方分権推進委員会」に関する事項が取り上げられ、第9条に内閣府（当時総理府）に設置されることが規定されている。
　　　公民館運営審議会：
　　　　この平成10（1998）年の生涯審答申を受けた平成11（1999）年の社会教育法の改正により、公民館運営審議会

は任意設置となり、同法第29条は「公民館に公民館運営審議会を置くことができる」となった。

社会教育行政と規制緩和、社会教育施設運営の弾力化

地方公共団体が、地域の特性と住民のニーズに的確に対応した社会教育行政を展開するため、国の法令、告示等による規制を廃止・緩和する。また、地方公共団体の主体的な行政運営に資するよう、社会教育施設の運営等の弾力化を進める。

［社会の変化に対応した今後の社会教育行政の在り方について　生涯学習審議会答申
　平成10(1998)年9月］

公民館運営協議会の任意設置と委員会構成の弾力化

今後は、公民館運営審議会の設置を任意化することとし、その委員構成等についても地域の実情に応じて決めることができるよう弾力化するとともに、地方公共団体の自主的な判断の下に、公民館運営審議会以外の方法による住民の意思の反映の仕組みをも採り得るようにすることが適当である。

［社会の変化に対応した今後の社会教育行政の在り方について　生涯学習審議会答申
　平成10(1998)年9月］

解説
公民館運営審議会：
この平成10(1998)年の生涯審答申を受けた平成11(1999)年の社会教育法の改正により、公民館運営審議会は任意設置となり、同法第29条は「公民館に公民館運営審議会を置くことができる」となった。

地方分権と国が担う事務・事業の弾力化、基準の弾力化、基準の大綱化、事務手続きの簡素化

今後とも国が担うべき事務・事業の具体的な内容については、時代の変化に対応して、地方分権を推進し、より地域に根差した主体的かつ積極的な教育行政を展開できるようにする観点から、教育制度の一層の多様化、弾力化や基準の大綱化、弾力化を進めるとともに、都道府県や市町村の負担を軽減するため事務手続の簡素化を図るなど、その内容を見直すことが必要である。また、「中央省庁等改革基本法」第2条において、「国の………事務及び事業の運営を簡素かつ効率的なものとする」と規定されている点についても配慮することが必要である。

［今後の地方教育行政の在り方について　中央教育審議会答申　平成10(1998)年9月21日］

Q & A

Q6 生涯学習推進センターについて、国の答申はどのようなことをいっているでしょうか。

A6 生涯学習を推進するためには関連システムの統合を図る必要があり、平成2(1990)年の中教審答申『生涯学習の基盤整備について』は生涯学習推進センターの設置を提言しました。同答申は「特に、生涯学習に関する情報を提供したり、各種の生涯学習施設相互の連携を促進し、人々の生涯学習を支援する体制を整備することが重要である」と生涯学習推進センター設置の意味を述べ、その機能として、

ⅰ) 生涯学習情報の提供及び学習相談体制の整備充実に関すること
ⅱ) 学習需要の把握及び学習プログラムの研究・企画に関すること
ⅲ) 関係機関との連携・協力及び事業の委託に関すること
ⅳ) 生涯学習のための指導者・助言者の養成・研修に関すること
ⅴ) 生涯学習の成果に対する評価に関すること
ⅵ) 地域の実情に応じて、必要な講座等を主催すること
および放送大学との連携・協力を行うこと
を取り上げています。

なお、ⅵ)の「地域の実情に応じて、必要な講座等を主催すること」はシステムを統合する機能とはいえませんが、「既存の機関では十分に提供されていない学習機会を充実するため、例えば、近年、学習需要が高まっている体系的・継続的な講座を主催したり、学習プログラムの研究開発に関連して先導的に講座を開設するなど」の役割も果たす必要があるとして加えられました。

Q7 中教審答申「生涯学習の基盤整備について」(平成2年)の中で言われている、都道府県で設置する生涯学習推進センター等と大学・短大等の生涯学習センターについて、現在の設置状況を教えてください。

A7 平成15年4月現在の設置者別の設置状況は、以下の通りです。なお、都道府県が設置する生涯学習推進センターに「等」をつけるのは、必ずしもその名前とは限らないからです。例えば、総合社会教育センターといった名称のところもあります。

○都道府県・指定都市の生涯学習推進センター等

都道府県*	指定都市	合　計
43	6	49

＊複数設置の道府県を1と数えると、設置しているのは、33道府県。

○大学・短大等の生涯学習センター

国立大学・短大	公立大学	私立大学 他	私立短大	合　計
27	13	100	16	156

(いずれも、国立教育政策研究所社会教育実践研究センター調べ)

Q8 「第4の領域」とは何ですか？

A8　地域社会の教育力の低下が指摘されていますが、その一つの要因として、人々は従来の地縁的な活動から、目的指向的な活動へと参加意欲を移しつつある傾向が考えられます。平成8（1996）年の中教審答申『21世紀を展望した我が国の教育の在り方について』（第一次答申）は、このような目的指向的な活動を新たな教育機会として捉え、「第4の領域」として提案しました。それは、同じ目的や興味・関心で結びついた、新たな地域社会における大人たちの活動の中で子どもたちを育てていこうというものです。従来の学校・家庭・地縁的な地域社会とは違う領域ということで第4の領域と呼んでいます。

　同答申は、その事例として、スポーツ活動やキャンプ、ボランティア活動、青年の家・少年自然の家などの青少年教育施設を活用した活動、民間教育事業者が提供する体験学習のプログラムなどを挙げています。

Q9 奉仕活動・体験活動を支援する組織はどのように整備されていますか。

A9　奉仕活動・体験活動については、平成13（2001）年に学校教育法と社会教育法が改正され、奉仕活動・体験活動の充実が明確化されました。具体的にいえば、学校教育法第18条の2として「小学校においては、前条各号に掲げる目標の達成に資するよう、教育指導を行うに当たり、児童の体験的な学習活動、特に社会奉仕体験活動、自然体験活動その他の体験活動の充実に努めるものとする。この場合において、社会教育関係団体その他の関係団体及び関係機関との連携に十分配慮しなければならない」が追加され、それは中学校(第40条)、高等学校(第51条)、中等教育学校（第51条の9）にも準用することになりました。また、社会教育法第5条の市町村教育委員会の事務に「青少年に対し、ボランティア活動など社会奉仕体験活動、自然体験活動その他の体験活動の機会を提供する事業の実施及びその奨励に関すること」が加えられました。さらに、2002（平成14）年には中教審答申『青少年の奉仕活動・体験活動の推進方策について』が出され、奉仕活動・体験活動を推進するための活動の場や機会の充実が提言されました。

　これらを受けて、文部科学省は平成14年度からその推進体制の整備と普及啓発を行うための施策を展開しています。国レベルのものとしては、全国的な奉仕活動・体験活動の情報収集・提供、相

談などを行う「全国体験活動ボランティア活動総合推進センター」の開設や、関係府省、関係団体、自治体等と連携し諸課題について協議する「全国奉仕活動・体験活動推進協議会」の設置を行ったところです。さらに都道府県や市町村においても、支援センターや推進協議会を順次設置し、体験活動・ボランティア活動に関する支援をそれぞれの立場から行っています。そのほか、社会教育関係団体、社会福祉関係団体、NPO等でもさまざまなかたちで組織的に支援を行っています。

Q10
全国体験活動ボランティア活動総合推進センターとはどのような施設ですか。また、都道府県や市町村の体験活動ボランティア活動支援センターの整備状況についても教えてください。

A10
全国体験活動ボランティア活動総合推進センターは東京・上野の国立教育政策研究所社会教育実践センター内に設置されています。主な業務は、体験活動ボランティア活動に関する情報・資料等の収集・提供や地方自治体の体験活動ボランティア活動支援センターへの協力です。5人のコーディネーターが面接、電話、ファクシミリ、インターネットにより、相談、情報の提供を行っています。さらに、専門的な分野のレファレンスに対応するためコーディネーターをサポートするアドバイザーも委嘱しています。

体験活動ボランティア活動支援センターについてですが、それには、委託事業により整備したものと自主設置により整備されているものがあります。都道府県には、73件(47都道府県)、市区町村には、1,288件（対象自治体数1,339市区町村）の体験活動ボランティア活動支援センターがあります（平成15年現在）。団体等に関する情報の収集・提供や地域における活動の場に関する情報収集などの業務を行っています。

また、多くの都道府県や市町村は地域教育力・体験活動推進協議会を設置してしますが、それには委託事業により整備したものと教育委員会が独自に設置しているものがあります。都道府県には、51件（41都道府県）、市区町村には、1,399件（対象自治体数1,391市区町村）の地域教育力・体験活動推進協議会があります（平成15年7月1日現在）。

参考資料
　都道府県・市区町村における奉仕活動・体験活動取組状況調査結果　平成15年11月（文部科学省）

Q11
個人のキャリア開発はなぜ必要といわれているのでしょうか。

A11
キャリア開発については、1999（平成11）年の生涯学習審議会答申『学習の成果を幅広く生かす』で、学習の成果を生かす方法の1つとして、「ボランティア活動に生かす」「地域社会の発展に生かす」とともに提言されています。

その背景には、産業構造が変化する中で新規学卒者の一括採用、年功序列、終身雇用といった日

本型雇用形態が崩れ、また学歴のもつ意味が大幅に減少し、個人の学習成果としての知識や技術、能力が問われるようになってきていること、勤労者の職務の円滑な遂行と将来のキャリア・アップのために、自己啓発に対する意欲が高まっていること、職業を通じての自己実現に意義を認める人が増加し、また女性の経済的自立への意欲が増大し、子育て中あるいは子育て後の就業希望が増えていること、高齢者の高い就業意欲やボランティア活動等の社会参加活動への高い参加意欲があることなどがあげられています。そして、これらの課題を解決するための方策の一つとして、「個人のキャリア開発」の必要性が問われています。

Q12 なぜ、ネットワーク型行政を推進する必要があるのですか。

A12 ネットワーク型行政の推進に関しては、1998（平成10）年の生涯審答申『社会の変化に対応した今後の社会教育の在り方について』が生涯学習社会においては、人々の学習活動・社会教育活動を社会教育行政のみならず、様々な立場から総合的に支援していく仕組み（ネットワーク型行政）を構築する必要があると提言しています。

社会・経済の変化に伴い、人々のライフスタイルも変化し、人々は物心両面の豊かさを求め、高度で多様な学習機会を求めています。また、生涯学習社会の構築に向けて教育改革が進められているなか、社会教育は重要な位置を占め、社会教育行政は、生涯学習社会の構築に向けて中核的な役割を果たさなければなりません。そこで、人々の生涯にわたる自主的な学習活動を支援・促進するため、学校教育をはじめ、首長部局、民間の活動等との幅広い連携の下に、人々の生涯にわたる自主的な学習支援に努める必要があります。

各機関は、その自らの特色や専門性を生かしつつ、相互に連携して住民に対する学習サービスを的確に行うようにしなければいけません。生涯学習社会においては、各部局の展開する事業や民間の活動が個別に実施されると同時に、こうした活動がネットワークを通して、相互に連携し合うことが重要となります。広域な領域で行われる学習活動に対して、様々な立場から支援していく仕組み（ネットワーク型行政）が必要となるのです。

資 料 編

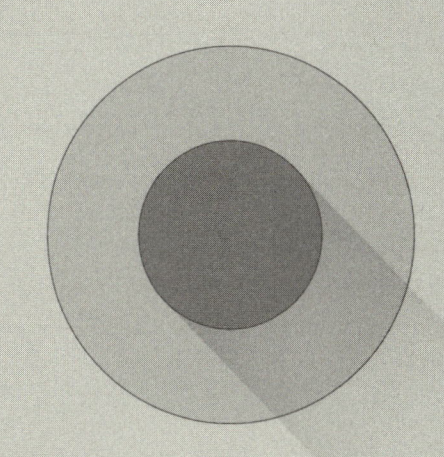

(生涯学習関連答申抄)
(教育基本法)

資料編1　生涯学習関連答申抄一覧

急激な社会の構造の変化に対処する社会教育のあり方について（抄）／157

生涯教育について（抄）／158

生涯学習の基盤整備について（抄）／159

新しい時代に対応する教育の諸制度の改革について（抄）／162

今後の社会の動向に対応した生涯学習の振興方策について（抄）／167

地域における生涯学習機会の充実方策について（抄）／177

21世紀を展望した我が国の教育の在り方について［第1次］（抄）／188

生涯学習の成果を生かすための方策について（審議の概要）（抄）／205

社会の変化に対応した今後の社会教育行政の在り方について（抄）／206

今後の地方教育行政の在り方について（抄）／219

学習の成果を幅広く生かす（抄）／226

生活体験・自然体験が日本の子どもの心をはぐくむ（抄）／242

新しい情報通信技術を活用した生涯学習の推進方策について（抄）／250

新しい時代における教養教育の在り方について（抄）／256

大学等における社会人受入れの推進方策について（抄）／260

子どもの体力向上のための総合的な方策について（抄）／264

青少年の奉仕活動・体験活動の推進方策等について（抄）／267

新しい時代にふさわしい教育基本法と教育振興基本計画の在り方について／279

今後の生涯学習の振興方策について（審議経過の報告）／291

資料編2　教育基本法

教育基本法／298

解説　教育基本法の改正／301

急激な社会の構造の変化に対処する社会教育のあり方について（抄）

［社会教育審議会答申　昭和46(1971)年4月30日］

第1部　社会的条件の変化と社会教育

2　生涯教育と社会教育

(1)　社会の変動と生涯教育

　今日の激しい変化に対処するためにも、また、各人の個性や能力を最大限に啓発するためにも、ひとびとはあらゆる機会を利用してたえず学習する必要がある。とくに社会構造の変化の一面としての寿命の延長、余暇の増加などの条件を考えるなら、生涯にわたる学習の機会をできるだけ多く提供することが必要となっている。また変動する社会ではそれに適応できない人も多くなり、変動に伴って各種の緊張や問題が生じており、これらに伴い、ひとびとの教育的要求は多様化するとともに高度化しつつある。こうした状況に対処するため、生涯教育という観点に立って、教育全体の立場から配慮していく必要がある。

　生涯教育の必要は、現代のごとく変動の激しい社会では、いかに高度な学校教育を受けた人であっても、次々に新しく出現する知識や技術を生涯学習しなくてはならないという事実から、直接には意識されたのであるが、生涯教育という考え方はこのように生涯にわたる学習の継続を要求するだけでなく、家庭教育、学校教育、社会教育の三者を有機的に統合することを要求している。

　しかしながら、きわめて急速かつ大規模な社会変動のもとで、教育が社会についていけないという面もあれば、社会に対して先導的役割を果たしえないという面もみられる。また、家庭教育、学校教育、社会教育の三者が有機的関係を見失い、学校教育だけに過度の負担や期待をかけたりするという傾向もある。三者の関係では、非能率や重複が生じることもあれば、いずれもが取り上げていないことがらもある。今日、あらゆる教育は生涯教育の観点から再検討を迫られているといってよい。

　　　（略）

結　語

　社会の工業化・情報化の進展、中高年齢層の人口の増大、人口の都市集中、核家族化傾向の増大、国民の学歴水準の上昇など、社会的条件の変化により、社会教育はいろいろな新しい問題に直面している。本審議会は、このことを念頭において、今後の社会教育がになうべき役割と課題を詳しく述べてきたが、その基本的な方向をここに総括して結語とする。

1)（社会教育の考え方の拡大）今後の社会教育は、従来奨励助長されてきた学級・講座などに代表される狭い意味での社会教育だけでなく、国民の生活のあらゆる機会と場所において行なわれる各種の学習を教育的に高める活動を総称するものとして、広くとらえなければならない。この意味において、今後の社会教育は、国民ひとりびとりの積極的な意欲と努力にまつところが大きい。

2)（生涯教育の観点からの体系化）これからの社会教育は、生涯教育の観点から再構成される必要がある。このため、家庭教育、学校教育、社会教育はそれぞれ役割分担を明らかにし、有機的な協力関係をもたなければならない。また、社会構造の変化により個人の生活や意識などが多様化し、人生の各年齢階層別の生活課題が変化しているから、これに対応して社会教育の内容を構想する必要がある。

　　　（略）

3)（団体活動、ボランティア活動の促進）心の豊かさを求め、社会連帯意識を高めるために、社会教育に関する団体活動がより積極的に展開される必要がある。その場合、小グループなどの目的的な活動を促進するとともに、従来の地域団体の組織運営を改善することや、団地など新しい地域社会の実情に即応した地域活動の展開を図ることに留意する必要がある。また、とくに民間人の意欲的なボランティア活動を重視する必要がある。

　　　（以下、略）

生涯教育について（抄）

[中央教育審議会答申　昭和56(1981)年6月11日]

第1章　我が国における生涯教育の意義

1　生涯教育の意義

人間は、その自然的、社会的、文化的環境とのかかわり合いの中で自己を形成していくものであるが、教育は、人間がその生涯を通じて資質・能力を伸ばし、主体的な成長・発達を続けていく上で重要な役割を担っている。

現代の社会では、我々は、あらゆる年齢層にわたり、学校はもとより、家庭、職場や地域社会における種々の教育機能を通じ、また、各種の情報や文化的事象の影響の下に、知識・技術を習得し、情操を培い、心身の健康を保持・増進するなど、自己の形成と生活の向上とに必要な事柄を学ぶのである。

したがって、今後の教育の在り方を検討するに当たっては、人々の生涯の各時期における人間形成上及び生活上の課題と、社会の各分野における多様な教育機能とを考慮に入れることが必要である。

本審議会が、昭和46年6月の答申において、社会環境の急速な変化の下で、今後における人間形成上の重要な問題として、生涯教育の観点から全教育体系を総合的に整備することを検討課題として提起し、また、その後、昭和52年6月、文部大臣の諮問を受けて、あらためてこの課題を取り上げたのも、このような考え方に基づくものである。

今日、変化の激しい社会にあって、人々は、自己の充実・啓発や生活の向上のため、適切かつ豊かな学習の機会を求めている。これらの学習は、各人が自発的意思に基づいて行うことを基本とするものであり、必要に応じ、自己に適した手段・方法は、これを自ら選んで、生涯を通じて行うものである。その意味では、これを生涯学習と呼ぶのがふさわしい。

この生涯学習のために、自ら学習する意欲と能力を養い、社会の様々な教育機能を相互の関連性を考慮しつつ総合的に整備・充実しようとするのが生涯教育の考え方である。言い換えれば、生涯教育とは、国民の一人一人が充実した人生を送ることを目指して生涯にわたって行う学習を助けるために、教育制度全体がその上に打ち立てられるべき基本的な理念である。

このような生涯教育の考え方は、ユネスコが提唱し、近年、国際的な大きな流れとして、多数の国々において広く合意を得つつある。また、OECDが、義務教育終了後における就学の時期や方法を弾力的なものとし、生涯にわたって、教育を受けることと労働などの諸活動とを交互に行えるようにする、いわゆる"リカレント教育"を提唱したのも、この生涯教育の考え方によるものである。

我が国にあっては、人々の教育・学習のための機会は、公的あるいは民間諸部門の努力や活力によって豊富に存在するが、生涯教育の観点からみれば、なお吟味・改善を要する部分や、相互の連携・協力をより適切に進めるべき点が少なくない。

また、我が国には、個人が人生の比較的早い時期に得た学歴を社会がややもすれば過大に評価する、いわゆる学歴偏重の社会的風潮があり、そのため過度の受験競争をもたらすなど、教育はもとより社会の諸分野に種々のひずみを生じている。今後、このような傾向を改め、広く社会全体が生涯教育の考え方に立って、人々の生涯を通ずる自己向上の努力を尊び、それを正当に評価する、いわゆる学習社会の方向を目指すことが望まれる。

　　　（以下、略）

生涯学習の基盤整備について（抄）

[中央教育審議会答申　平成2(1990)年1月30日]

第1　生涯学習の基盤整備の必要性

2　これらの答申の趣旨に基づき、学校教育、社会教育などの分野において、生涯学習を振興する観点から各種の施策が進められており、様々な学習の機会が提供されている。

これらの中で最も組織的・体系的に学習の機会を提供しているものは学校である。生涯学習における学校の役割としては、次の二つのことが重要である。

第一は、人々の生涯学習の基礎を培うことである。このことはとりわけ小学校、中学校や幼稚園の段階で重要である。生涯学習の基礎を培うためには、基礎的・基本的な内容に精選するとともに自ら学ぶ意欲と態度を養うことが肝要である。平成元年3月に行われた学習指導要領の改訂においても、これらの観点が特に重視されている。

第二は、地域の人々に対して様々な学習機会を提供することである。このことはとりわけ大学・短期大学、高等専門学校、高等学校や専修学校（以下、「大学・短大等」という。）に対して要請されている。

このような要請に応じて今日では、社会人を受け入れたり各種の公開講座を開催するとともに、図書館や体育館・運動場等の施設を地域の人々の利用に供する動きが広まりつつある。

また、放送大学は現在、その対象地域が関東地域に限られているが、広く社会に開かれた大学としてその全国化への期待が高まっている。

次に、教育委員会や社会教育施設等が提供している様々な教育・スポーツ・文化活動の機会がある。

特に公民館や図書館、博物館等では、地域における人々の学習需要に応じて、多様な学習の機会が提供されている。今日では、その学習需要の高度化・多様化に対応して、学習の目的も知識・技術の習得を求めるものから趣味や生きがいにかかわるものまで、また、その内容も専門的なものから日常的なものまで極めて幅広いものとなっている。このほか社会通信教育による学習や社会教育関係団体の活動など様々な学習活動も行われている。

社会教育は、これまでも地域の諸課題に応じて大きな役割を果たしてきており、その重要性は一層高まっている。今後は特に、青少年の学校外活動・地域活動、女性の社会参加の増大に伴い必要となる学習活動、さらには高齢者の充実した生活設計をささえる学習活動を促進することが重要である。

さらに、今日では、種々の行政機関や民間の教育事業者も様々な学習の機会を提供している。

都道府県では、母子の健康や高齢者の生活に関する講座、勤労青少年や働く女性のための講座など、それぞれの行政目的に応じた様々な講座を開催している。また、民間教育事業者による教育・スポーツ・文化事業も都市部を中心に盛んになっている。例えば、カルチャーセンターは、民間の創意工夫により、人々の学習需要に柔軟に対応した学習機会を提供している。

これらのほか、公共職業訓練所等では、職業人としての能力開発が組織的に行われている。さらに、各企業等でも、様々な形で教育・訓練を行っており、従業員が大学・短大等に再入学することを奨励したり、有給教育・訓練休暇を認めているところも増加している。

このように、今日の我が国においては、学校、地域、職場等を通じて多種多様な学習機会が提供されており、今後ともそれぞれの学習機会をより充実し、人々の学習活動をより活発にしていくことが必要である。

3　以上のような生涯学習の考え方及び現状を踏まえると、今後生涯学習を推進するに当たり特に次の点に留意する必要があろう。

1)　生涯学習は、生活の向上、職業上の能力の向上や、自己の充実を目指し、各人が自発的意思に基づいて行うことを基本とするものであること。

2)　生涯学習は、必要に応じ、可能なかぎり自己に適した手段及び方法を自ら選びながら生涯を通じて行うものであること。

3)　生涯学習は、学校や社会の中で意図的、組織的な学習活動として行われるだけでなく、人々のスポーツ活動、文化活動、趣味、レクリエーション活動、ボランティア活動などの中でも行われるものであること。

生涯学習を振興するに際して国や地方公共団体に期待される役割は、人々の学習が円滑に行われるよう、生涯学習の基盤を整備して人々の生涯学習を支援していくことである。

このような観点から今日の状況をみると、次のような課題を指摘することができよう。

まず第一は、学習者が自ら適切な学習機会を選択し、自主的に学習を進めることができるよう、学習情報を提供することや学習者のための相談体制を整備することである。

生涯学習は、上述のように、学習者の自発性、自主性に基づいて行われることが基本である。学習の目的や課題は様々であり、各人が最も適した学習機会や方法を自ら選択していくことになる。しかし、現状では、生涯学習に関する情報を提供したり、これらの情報に基づいて学習者の相談に応じる体制は、必ずしも十分に整備されていない。

（略）

第2 生涯学習の基盤整備のための施策

上記第1の考え方に基づき、審議事項に沿って、生涯学習の基盤整備のための施策として、国・都道府県・市町村における生涯学習の推進体制、地域の生涯学習の中心機関、生涯学習活動重点地域、民間教育事業の支援の在り方について検討を行った。

 1 生涯学習の推進体制について

今日、国・都道府県・市町村の行政機関等では、それぞれの行政目的に従って、教育・スポーツ・文化、健康、職業能力開発等の学習機会を提供したり、学習の場を整備するなどの施策を行っている。

今後、人々の高度化・多様化する学習需要に対応し、生涯学習を総合的に推進していくためには、それぞれの施策を充実するとともに、相互の連携・協力を図ることが重要である。

このため、国・都道府県・市町村において、生涯学習の各種施策の連絡調整を図る組織を整備することが必要と考えられる。

 (1) 国における連絡調整組織

国においては、教育・スポーツ・文化等に関する生涯学習の推進のための重要事項や文部省と関係省庁の諸施策に関し連絡調整を要するものなどについて調査審議を行う組織の設置について検討する必要がある。

この組織は、教育・スポーツ・文化等の学識経験者等で構成し、運営に当たっては、地方公共団体等の意見も反映されるように留意する必要がある。

 (2) 都道府県及び市町村における連絡調整組織

都道府県においては、現在、そのすべてに、生涯学習推進のために連絡調整を行う組織が設置されている。今後は、これらに対して制度上の位置付けを与える必要があると考えられる。

また、市町村においても、一部では連絡調整のための組織が設置されているが、これらの組織についても、制度上の位置付けを与える必要があると考えられる。

 2 地域における生涯学習推進の中心機関等について

諮問で示された地域における生涯学習の中心機関となる「生涯学習センター」(仮称)については、都道府県に設置する「生涯学習推進センター」と大学・短大等の生涯学習センターとに分けて検討を行った。

 (1) 「生涯学習推進センター」について
 1) 地域における生涯学習をより一層推進していくためには、学習機会を提供するだけでなく、人々が学習機会を選択したり、自主的な学習活動を進めることについて援助を行うことも大切である。今後は特に、生涯学習に関する情報を提供したり、各種の生涯学習施設相互の連携を促進し、人々の生涯学習を支援する体制を整備していくことが重要である。このため、それぞれの地域の生涯学習を推進するための中心機関となる「生涯学習推進センター」(以下、「推進センター」という。)を設置することが必要と考えられる。

この「推進センター」は、その果たすべき機能や人々の学習活動圏の広がりにかんがみ、都道府県が設置し、次に掲げる事業を集中して行うことが適当である。

なお、現在でも、これらの事業の一部を行う機関を設置している都道府県もあり、これらについては、その機能を一層充実することにより、「推進センター」として整備を図っていくことが望まれる。
 ⅰ) 生涯学習情報の提供及び学習相談体制の整備充実に関すること
 ⅱ) 学習需要の把握及び学習プログラムの研究・企画に関すること
 ⅲ) 関係機関との連携・協力及び事業の委託に関すること
 ⅳ) 生涯学習のための指導者・助言者の養成・研修に関すること
 ⅴ) 生涯学習の成果に対する評価に関すること
 ⅵ) 地域の実情に応じて、必要な講座等を主催すること

なお、放送大学との連携・協力を行うこと
ⅰ) 生涯学習情報の提供及び学習相談体制の整備充実に関すること

人々が最も適した学習機会を選択することができるようにするためには、地域における種々の学習情報を迅速に入手することができ、また、学習相談を手軽に利用できるような条件整備が重要である。

このため、「推進センター」と各市町村や生涯学習施設との間をコンピュータ等の情報通信手段で結ぶネットワークを構築することにより、都道府県内の学習機会やその内容、利用方法などに関する情報を公民館、図書館等の身近な施設で提供できるようにする。このようなシステムを活用することにより、これらの施設における学習相談活動の一層の充実を図る。

また、各都道府県の「推進センター」相互間における連携・協力を進め、生涯学習情報の交換の範囲を広げるようにする。これにより、提供できる情報量を豊富にするとともに、各地における優れた実践例を参考にして、よりよい学習機会の提供を行うなどの効果が期待できる。

なお、これらの生涯学習情報システムが全都道府県において整備される見通しが得られる段階では、全国的なネットワークとして機能するための中心的組織を整備することについて検討する必要がある。
ⅱ) 学習需要の把握及び学習プログラムの研究・企画に関すること

実態調査や学習相談活動などにより、人々の学習需要を的確に把握し、これに対応した学習機会を提供する。

また、新たな学習プログラムの研究開発を進める。
iii) 関係機関との連携・協力及び事業の委託に関すること

地域の学習機会を整備充実するため、大学・短大等、社会教育施設、スポーツ・文化施設、教育訓練施設、あるいは民間教育施設との連携・協力を図る。必要に応じて、これらの施設等の自主性を尊重しつつ、講座の開設を委託する。

iv) 生涯学習のための指導者・助言者の養成・研修に関すること

生涯学習を推進するためには、多様な学習活動について指導・助言を行う者の役割が重要である。

人々の生涯学習を支援し、様々な分野において指導・助言を行う人材の確保や資質の向上を図るため、ボランティアを含め生涯学習に関する指導者・助言者の養成や研修を行う。

v) 生涯学習の成果に対する評価に関すること

人々の学習活動を奨励するためには、学習成果を客観的かつ多元的に評価認定することが有益であると考えられる。しかし、評価認定の仕組みについては、どのような範囲を評価の対象とするか、評価の水準はどの程度のものとするかなどの課題があり、今後引き続き検討することとする。

差し当たり、地域の実情に応じて、都道府県が行うボランティアや社会教育指導員などの養成・研修事業における学習の成果を評価認定し、各種機関が行うボランティアの登録の参考となるようにするとともに、市町村が社会教育指導員を採用する際に活用できるようにする。

このほか、地域の特色ある事業に関して行われる人材養成等についても、同様の取扱いをすることが考えられる。

vi) 地域の実情に応じて、必要な講座等を主催すること

それぞれの地域の実情に応じて、既存の機関では十分に提供されていない学習機会を充実するため、例えば、近年、学習需要が高まっている体系的・継続的な講座を主催したり、学習プログラムの研究開発に関連して先導的に講座を開設するなど、「推進センター」自体が、学習機会を提供する機能を併せ持つことも考えられる。

なお、放送大学は人々の生涯学習活動に大きな役割を果たすものであり、その実績等を評価しながら全国化することが望まれる。その場合、「推進センター」を放送大学の学習センターの場として活用するなど、放送大学と「推進センター」との連携・協力を行うことも期待される。

2)「推進センター」がその機能を十分に果たしていくためには、生涯学習に関して幅広い知識経験を有する専門的職員を配置する必要がある。

「推進センター」には、学習情報の収集・整理・提供、学習相談、学習プログラムの研究・企画、指導者研修などについて十分な知識経験を有する専門的職員が不可欠であり、このような資質能力を有する者の養成確保を図らなければならない。

また、社会教育に関しては、現在、社会教育主事や図書館の司書、博物館の学芸員などの資格制度が整備されているが、この「推進センター」に置かれる専門的職員についても、既存の専門的職員との関連も踏まえながら、生涯学習に関する実務経験や知識も考慮して、資格を設けることが適当である。

なお、この専門的職員については、他の生涯学習施設にも配置を奨励することが望まれる。

(2) 大学・短大等の生涯学習センターについて
(略)

今後、大学・短大等においては、生涯学習機関としての役割をも視野に入れて、履修形態やカリキュラムの多様化・柔軟化を進めていくことが重要である。また、放送大学の全国化との関連で、放送大学との連携・協力が図られることも必要である。

以上のような取組みを進めるとともに、体系的・継続的な講座の実施や大学・短大等における学習機会に関する情報の提供・学習相談など、社会人を対象とした取組みをより積極的に行う体制として、地域の学習需要を考慮しながら、各大学・短大等の自主的な判断により生涯学習センターを開設することが期待される。

(以下、略)

新しい時代に対応する教育の諸制度の改革について（抄）

［中央教育審議会答申　平成3 (1991) 年4月19日］

第Ⅰ部　改革の背景と視点

第3章　改革の視点
（略）

(2) 生涯学習の視点

高等学校をはじめとする学校教育が抱えている問題点を解決するためには、学校教育のシステム自体を改革することはもとより、広く生涯学習の視点からその改善策を考える必要がある。

第1章でも述べたとおり、教育制度はその国の歴史や国民の意識と離れて存在するものではなく、そのシステムを支えている考え方は社会全体の性格を反映している。受験競争が過熱化しているのも、わが国の社会が人間を評価する際に学歴を重視する傾向が強いことに根ざすものであり、また、画一的な教育内容となっているのも、社会全体の平等主義への要請と産業社会の原則である効率主義の影響を強く受けているためと考えられる。

しかし、今日では、わが国社会の価値観や考え方は大きく変わろうとしている。わが国は、産業社会として成熟の段階に入ろうとしているが、このような時代の流れの中で、従来の産業社会の原理が見直され始めていると言ってもよいであろう。「豊かな社会」が到来し、所得水準の向上や余暇時間の増大が進む中で、人々の価値観も「物の豊かさ」から「心の豊かさ」へとシフトし、従来の生産や仕事だけを重視する考え方から生活を楽しむことやゆとりを重視する考え方へと変わってきている。また、人々の好みや求めるものも多様化し、従来の大量生産による画一的な商品よりは、多品種少量生産による多様な商品の中から自らの好みに合った個性的なものを選択するようになっている。

このような社会や人々の考え方の変化に伴い、教育の分野においても今後は、形式的な平等よりは実質的な平等が、また、効率主義よりも個性の尊重が、さらには、画一性よりは選択の自由を拡大することなどが重要になると考えられる。換言すれば、これまでの学校教育に代表される固定的な教育システムをより柔軟なものとし、ひいては学校教育と社会の間の仕切りをゆるやかにして、広く生涯学習の視点から、教育全体の在り方を見直すものとも言えるであろう。

今後は、学校教育をも含めた社会のさまざまな教育・学習システムを総合的にとらえ、人々の学習における選択の自由を拡大して、生涯にわたる学習活動を支援していくことが重要である。わが国ではこれまで、学校教育が教育投資的な目的から重視され、しかも社会に出る前に集中的に行われる傾向が強かった。このため、学校教育が圧倒的に大きな役割を果たし、それ以外の教育システムは補完的なものとしか見なされなかった。そして、このことが、学歴偏重の社会的風潮を生み出すとともに、子どものしつけまで学校に依存する傾向を強める要因となっていた。

しかし、生涯学習の視点から見れば、学校教育は社会のさまざまな教育・学習システムの一つである。今日の学校教育の大きな問題点である受験競争を緩和するためには、究極的には社会の学歴偏重の考え方を是正しなければならない。そのためには生涯にわたる学習歴を重視するようになる必要があるが、これは学校教育を改善するだけでは不可能であり、生涯にわたる学習の成果を評価する仕組みを開発しなければならない。また、学校教育は社会に出る前に行われるものと考えることもないであろう。義務教育を終えた後は進学するのも社会に出るのも自由であるし、また高等学校や大学の途中で社会に出ることも、更に後でまた学校に帰ってくることも個人の選択によると考えるべきであろう。さらに、学校教育のシステムを学校だけで完結させようとする必要もない。今日では、学校教育以外にもさまざまな学習機会が存在し、分野によっては学校教育に優るとも劣らない内容のものも存在する。これからの学校教育は、社会のさまざまな教育・学習システムとも連携を強化し、その内容によっては学校教育の単位に転換するなど、他の教育・学習システムを活用していくことも必要であろう。

このように学校教育を生涯学習の一環としてとらえ、人々の選択の自由を拡大することによって、人々の学校に対する考え方も変化し、人生の早い段階における学校教育がその後の人生に決定的な影響を及ぼすというような心的抑圧を軽減することにもつながると考えられる。

これからは、学校教育が抱えている問題点を解決するためにも、社会のさまざまな教育・学習システムが相互に連携を強化して、生涯のいつでも自由に学習機会を選択して学ぶことができ、その成果を評価するような生涯学習社会を築いていくことが望まれるのである。

第Ⅲ部　生涯学習社会への対応

第1章　生涯学習における学校の役割

第1節　生涯学習における学校の役割と課題

平成2年1月の本審議会答申でも述べたように、生涯学習における学校の役割としては、人々の生涯学習の基礎を培うこと及び地域や社会の人々に対してさまざまな学習機会を提供することが重要である。このような生涯学習における学校の役割については、次のような課題がある。

まず、人々の生涯学習の基礎を培うためには、特に初等中等教育の段階において、生涯にわたって学習を続けていくために必要な基礎的な能力や自ら学ぶ意欲や態度

を育成することが重要となると考えられる。このためには、教育内容を精選して基礎・基本を徹底させるとともに、新しい知識を学んだり発見したりすることの楽しさを体験させることが必要である。

しかし、今日の学校教育は、受験競争の影響などから知識の詰め込みに偏り、ゆとりのないものとなっており、また、社会の変化に適応できる能力の育成や個性の伸長も十分でないとの指摘がある。

また、地域や社会の人々に多様な学習機会を提供するためには、特に高等学校や大学において、社会人を積極的に受け入れることや社会人や地域のニーズに対応した多様な学習機会を提供することが必要である。これまでにも、時間的に制約の多い社会人が学びやすいように昼夜開講制や夜間大学院の開設などが実施され、また多様な公開講座も開催されている。しかし、教員や施設など教育条件上の制約のほか、教員の意識の上で、学校は一定年齢層の若者を教育するところであると考える傾向が強いことなどから、社会人の受入れはいまだ十分とは言えない。

さらに、第Ⅰ部でも述べたように、今日では高校中退者が増加しているが、今後は高等学校、大学を中途退学した者や中学校、高等学校を卒業した後いったん社会に出た者が、希望する時に学校に円滑に戻ることができる条件を整えることが重要である。

また、科学技術の進展に伴う高度な職業能力開発のために、学校を卒業した後のリカレント教育に対する需要も増大すると予想される。今後は、このような要請に対応して、教育内容や指導者をはじめとする受入れ方策を充実することが求められている。このほか、潜在的な学習需要を持ちながら、身近に教育機関が設置されていないことなどから学習機会に恵まれない人々に対しても、新しい情報手段を利用するなどにより適切な学習機会を提供することが望まれる。

第2節　今後の推進方策について
(1) 生涯学習の基礎

人々の生涯学習の基礎を培うためには、前述のように特に初等中等教育の段階において、自ら学習する意欲や態度を育成するとともに、基礎・基本を徹底し、個性を生かす教育を進めることが必要である。これらの事項については、これまでも教育課程の基準の改訂や各学校における指導の中で重視されていた。さらに、平成元年3月の学習指導要領の改訂は、1)豊かな心を持ち、たくましく生きる人間の育成を図ること、2)自ら学ぶ意欲と社会の変化に主体的に対応できる能力を育成すること、3)国民として必要とされる基礎的・基本的な内容を重視し、個性を生かす教育の充実を図ること、などを基本方針としている。この新しい学習指導要領は、平成4年度から逐次実施されることとなっており、今後はその趣旨を各学校において実現していくことが必要であろう。

(2) 生涯学習機関としての学校

地域や社会の人々に対してさまざまな学習機会を提供することに関しては、前述のように特に大学・短大等において、公開講座等を拡充するとともに、学校制度の柔軟化を図り、社会人等に対して多様な学習機会を提供することが重要である。

今後、大学・短大等が生涯学習機関としての役割を拡充するためには、次のような方策が必要である。

（大学・短期大学）

ア　大学・短期大学においては、社会人が限られた時間を有効に活用して、パートタイムの形態で教育を受けられるようにすることが必要である。このような観点から、平成3年2月の大学審議会答申において、授業科目の一部を履修して一定の単位が修得できる新たな制度として、「科目登録制」（特定の授業科目の単位修得を目的とする学生を受け入れる制度）や「コース登録制」（コースとして設定された複数の授業科目の単位修得を目的とする学生を受け入れる制度）の導入が提案されており、その実現が期待される。また、夜間大学院や学部レベルの昼夜開講制を更に拡大することも重要である。

さらに、今後の急速な社会の変化や産業技術の高度化に伴い、社会人が大学院に入学、再入学することが増加すると予想される。このため、既に課程の目的、入学資格、履修形態、教育方法等多岐にわたる制度の弾力化が行われたところである。今後も、これらの制度を利用し、社会人を積極的に大学院に受け入れていくことが期待される。

イ　短期大学や高等専門学校を卒業した後にも学習を続けたいとする者や、いったん社会に出た後に再び大学教育を受けることを希望する者にも、その途を開くため、社会人特別入学枠や編入学のための特別定員枠の拡大が期待される。

ウ　また、大学・短期大学以外の教育施設等における学習成果のうち、一定水準以上のものを、大学・短期大学の単位として認定する途を開くことや、大学レベルのさまざまな学習成果を積み重ねることにより、最終的に大学卒業の資格を取得できる途を開くことは、生涯学習を推進する上で極めて意義が大きい。これらの方策については、第2章で述べる。

エ　大学・短期大学の公開講座については、今後、地域の学習需要の高度化に対応して、多様な教育機会を提供することが望まれる。その際、大学・短期大学以外のさまざまな教育・訓練施設と協力して学習プログラムを企画したり、新しい情報手段を利用するなどの工夫が期待される。

オ　さらに、以上のような大学・短期大学の生涯学習の取組みをより一層推進するためには、特に、平成2年1月の本審議会答申で提言した大学・短大等に設置される生涯学習センターの機能を活用することが期待される。

この生涯学習センターは、平成2年1月の本審議会答申において、体系的・継続的な講座の実施や大学・短大等における学習機会に関する情報の提供・学習相談など、社会人を対象とした取組みをより積極的に行う体制として、大学・短大等の自主的な判断により、開設すること

を提言したものである。今後、各大学・短大等が積極的に生涯学習センターを開設することが期待される。
　カ　放送大学は、生涯学習機関として大きな役割を果たす開かれた大学であり、現在、関東地域に限られている対象地域を、その実績等を評価しながら全国化することが望まれる。また、大学・短期大学の通信教育についてもその充実を図る必要がある。
　（高等専門学校）
　高等専門学校においては、今後の産業技術の高度化に対応するとともに、地域の人々や企業の生涯学習への要請を踏まえ、その専門的職業技術や知識を地域社会に提供することが必要である。このため、科学技術の進歩、産業構造の変化に対応して教育内容の改善に努めると同時に、公開講座の充実や社会人の受入れを一層推進していくことが望まれる。
　（高等学校）
　高等学校については、まず中途退学者や中学校を卒業後社会に出た者も容易に高校教育を受けられるようにすることが必要である。このため、単位制高校の設置の推進や定時制・通信制高校の充実を含め、希望する者を柔軟に受け入れる途を広げていく必要がある。特に、単位制高校は、生涯学習の観点から、だれでもいつでも高校教育を受けられるよう、その履修形態を単位制のみによるものとし、多様な科目の開設と複数の時間帯や特定の時期における授業の実施、単位の累積加算などが可能である。今後、これらの特色を一層活用していくことが望まれる。
　また、前述の単位制の活用を図ることや、他の教育施設等の学習成果のうち一定水準のものを高等学校の単位として認定することは、生涯学習振興の観点からも重要である。さらに、高等学校は、地域の人々の身近な教育施設であり、今後とも人々のニーズに対応した多様な学習機会を提供していくことが必要である。今後、高等学校は、地域や人々の新しい学習需要に柔軟に対応し、生涯学習機関としての役割を高めていくことが望まれる。
　高等学校がこうした取組みを行うことは、高等学校の教育が大きく変わっていくことにもつながる。特に、社会での豊富な実務経験や専門的知識を持つ社会人を教員として活用することは、高等学校の教員の意識を大きく変化させ、学校の活性化にも資するものと考えられる。
　（専修学校）
　専修学校は、社会の変化に即応して実践的な職業教育や専門的な技術教育を行うところにその特色があり、これまでも、生涯学習機関として大きな役割を果たしてきた。今後は、その特色を発揮しながら、地域の要請や社会人の学習ニーズに対応したコースを開設したり、開設科目を多様化することにより、今まで以上に多様で柔軟な教育活動を積極的に展開していくことが望まれる。また、必要に応じて、大学・短期大学、高等学校等との連携を図ることも重要であろう。

第2章　生涯学習の成果の評価

第1節　生涯学習の成果に関する評価の実態と考え方
(1)　学習成果の評価の実態
　本審議会が実施した調査に基づき、わが国における生涯学習の成果に関する評価の実態を見ると、茶道・華道等の伝統的な稽けい古事における免状・資格の付与、実用英語等の技能審査や各種職業資格に関する知識・技能の認定など、独自の評価を行っているものもあるが、一般的には、学習成果の評価は、まだ活発に行われているとは言えないのが現状である。何らかの形で評価を行っているものとしては、次のような例が挙げられる。
　都道府県及び市区町村の教育委員会や各部局、社会教育施設等（以下「教育委員会等」という。）が実施している各種の学級・講座等のうち、半分程度が何らかの形で学習成果の評価を行っている。評価の方法としては、修了証や認定証の交付が一般的であるが、少数ながら、独自の単位や免状・資格を付与しているところもある。
　公開講座を実施している大学・短大等においては、修了証や認定証を交付しているところが多く、一部の大学教育開放センターでは、独自の単位認定も行っている。
　このほか、社会通信教育では、免状・資格の取得を目的とした講座を実施しているものが半分程度あり、スポーツ関係の団体でも、スポーツ指導者の資格認定や等級による技能の評価を行っているところがある。
　カルチャーセンターでは、何らかの形で学習成果の評価を行っている学級・講座を持つところがかなりを占める。
　さらに、企業では、実務能力や研究開発能力の向上のための教育・訓練において、修了証や認定証を交付したり、各種資格試験を受験させるなどにより、評価を行っているところもある。
　一般的にみて、学習の奨励のために評価を行う場合は、出席回数・時間数によって修了証や認定証を交付することが多く、専門的知識・技術の習得や指導者養成の場合は、試験などにより、一定基準に達した者には免状・資格を付与することが多くなっている。
(2)　学習成果の活用の実態
　生涯学習の成果を活用することについても、まだ一部で行われているに過ぎない。何らかの形で学習成果を活用しているものとしては、次のような例が挙げられる。
　教育委員会等が実施している各種の指導者研修や講座の修了者の一部は、地域における学習活動の指導者や助言者として人材登録され、さまざまな学習グループの指導・助言に当たっている。また、それらの研修や講座における修了証や認定証は、各種の社会的活動をする際にも活用されている。特に、手話や介護などの社会福祉に関する各種のボランティア活動においては、その専門にかかわる学級・講座の修了証や認定証が活用されている。
　さらに、教員免許の取得に関しては、社会教育施設における学習成果を教育実習の単位の一部とする途が開かれている。また、放送大学では、大学外における体育の

学習成果をその単位として認めている。

このほか、企業でも職務に関する学習成果の評価を活用しているところがあり、例えば免状・資格の取得に対しては、配置・昇進で考慮するところもみられる。

(3) 学習成果の評価に対する要請

生涯学習の成果を評価することは、学習者個人の励みになるだけでなく、学習成果を社会生活や職業生活に活(い)かそうとする場合に利用でき、さらには、地域や企業において人材を登用する際の手掛かりにもなると考えられている。

教育委員会等が実施する各種の学級・講座においては、希望者に対して修了証や認定証の交付、独自の単位認定、免状・資格の付与をこれまで以上に行うべきだとする意見が多く、学習者の多くも修了証の交付等を望んでいる。

しかし、これらの評価に対する要請は、学習の分野によって大きく異なっており、大別すれば、職業、社会福祉、地域活動、保健・衛生等に関する学習については要請が強いが、趣味、日常生活等に関する学習については、あまり必要とは考えられていない。

学校教育との関係では、学校教育以外の学習成果のうち、一定水準以上のものについては、学校の単位に転換する途を開くべきだとする要請が強く、大学・短期大学(以下「大学」という。)の多くもこれに賛成している。また、大学、高等学校、専修学校の公開講座のうち、一定水準以上のものについても、学校の単位とする途を開くべきだとする考え方もある。

このほか、公的職業資格の要件として一定の学歴を求めているものについて、学歴以外の学習歴で代替すべきだとする要請や、履歴書の中に学歴以外の学習歴も書けるようにすべきだとする要請も強い。

(4) 学習成果の評価についての考え方とその必要性

1) 生涯学習と学習成果の評価

平成2年1月の本審議会答申で示したように、生涯学習は、1)生活の向上、職業上の能力の向上や、自己の充実を目指し、各人が自発的意思に基づいて行うことを基本とするものであり、また、2)必要に応じ、可能な限り自己に適した手段及び方法を自ら選びながら生涯を通じて行うものであり、3)学校や社会の中で意図的、組織的な学習活動として行われるだけでなく、人々のスポーツ活動、文化活動、趣味、レクリエーション活動、ボランティア活動などの中でも行われるものである。

生涯学習の目的や内容・方法は極めて多様であり、これに関する評価の在り方も学習の内容や学習者の希望に応じて、多様で多元的なものでなければならない。

生涯学習の成果に関する評価の実態はまだ活発なものとは言えないが、今後は、わが国の学歴偏重の弊害を是正するためにも、さまざまな生涯学習の成果を広く評価し活用していくことが重要であり、来るべき生涯学習社会にふさわしい評価の体系を作っていくことが必要であろう。

2) 学習成果の評価の必要性

学習成果の評価とは、学習目標をどの程度達成したかを確かめるために、情報や資料を集めてその達成度を判断することであり、評価の仕方には、自己評価と他者による評価とがある。

前述のように生涯学習の目的や内容は多様であり、評価が社会的に要請されるものと必ずしも要請されないものとがある。また、学習者によっても評価を望む者と望まない者とがあることから、評価の在り方もこれらに応じたものでなければならない。

例えば、自己の充実や生活の向上のための学習については、自己評価で十分な場合が多いと考えられる。しかし、学習者が学習の励みのために他者による評価を求める場合もある。また、学習者が社会生活や職業生活で学習成果を活用するためには、他者による評価が必要な場合があり、分野によっては厳密な評価が必要な場合も考えられる。

生涯学習の成果の評価を行うに当たっては、まず学習機会の提供者がそれぞれ工夫して多元的に評価することが重要であり、また、分野によっては、地域的に特色ある評価を行っていくことも大切である。さらに、学習者の要請に応じて民間団体のみならず公的機関による学習成果の評価を拡充することも必要であろう。ただし、これらの場合でも、学習成果を評価するのは、あくまで学習者の要請に応じて行うものであることに留意すべきである。

第2節　生涯学習の成果の評価に関する方策

今後の自由時間の増大、高齢化の進行、さらには科学技術の進歩や職業能力開発の必要性を考慮すれば、人々の生涯学習に対する需要はますます増大することが予想され、その中で学習成果の評価やそれを社会の中で活用したいという要請も大きくなると考えられる。

このような要請に応じるためには、今後、学習成果の評価と活用に関する次のような方策が必要であろう。

1　第一は、学習成果を評価する多様な仕組みを整備することである。

生涯学習の成果に関する評価が社会的に要請されたり、学習者が評価を望んでいる場合には、これに対応する仕組みが必要である。既に評価の仕組みが確立されている分野も一部にあるが、いまだこのような仕組みが整備されていない分野については、積極的にその仕組みを整備することが重要であろう。新しい評価の仕組みを整備するに当たっては、学習機会を提供している民間団体等が主要な役割を果たし、多元的な評価を行うことが望まれる。

民間団体が行っている学習成果の評価のうち、社会教育を振興する観点などから意義の大きいものについては、技能審査認定制度などにより国がその事業を認定しているが、今後は必要に応じて、その拡充を図ることが望まれる。また、技能審査以外で民間団体が行っている評価についても、分野や学習者の要請によっては、国や地方公共団体がその評価を認定することも必要であろう。

2　第二は、学習成果のうち、一定水準以上のものを

評価し、それを学校の単位に転換する仕組みを拡充
　　することである。
　生涯学習の成果を大学の単位として転換することについては、平成3年2月の大学審議会答申で提案されているように、大学以外の教育施設等における学習成果のうち、大学教育に相当する一定水準以上のものについて、その学習成果を適切に評価し、大学の単位として認定する途を開くことが重要である。このような転換の対象としては、大学審議会答申で示されている専修学校専門課程における学習、技能審査の種目などに加えて、大学の公開講座で一定水準以上のものについても検討の対象とすることが考えられよう。
　生涯学習の成果を大学の単位に転換する仕組みを拡充するに当たっては、大学がそれを行いやすくするような条件整備を行うことが必要であり、本審議会が平成2年1月の答申で提言した大学・短大等に設置される生涯学習センターの機能を活用することが期待される。
　また、大学審議会答申を受けて、平成3年7月に設置が予定されている学位授与機構についても、大学レベルのさまざまな学習成果を積み重ねることにより、最終的に大学卒業の資格を取得できる途を開いていく上で意義が大きく、その発展が期待される。
　さらに、高等学校については、従来から、定時制・通信制課程において、専修学校や職業訓練所等における学習を高等学校の単位として認める技能連携制度等が設けられている。今後はこれらの制度をより一層活用することなどにより、他の教育施設等における学習成果のうち一定水準以上のものを高等学校の単位として積極的に認定していくべきであろう。特に、単位制高校は、生涯学習の振興を図る観点から設けられた学校であり、このような制度を活用することにより、学習者のさまざまな要請に柔軟に対応していくことが期待される。

　3　第三は、学習成果を広く社会で活用することである。

　生涯学習の成果を社会的に活用する仕組みとしては、一定水準以上のものを公的職業資格の基礎とすることが重要である。公的職業資格の要件としては、一定の学歴や実務経験等を求めているものが多いが、これらの要件について一定の生涯学習の成果で代替できる途を開くことが望まれる。
　このような措置を実現するためには、どの分野の資格にどのような学習成果を活用することが可能なのか、また活用のための条件、促進策等について十分な検討を行わなければならない。これらについては、今後、専門的調査を行い、実態把握を行った上で、生涯学習審議会等で検討を進める必要がある。
　また、今後は、企業・官公庁の採用においても、ボランティア活動などの生涯学習の実績を評価することが期待される。このため、履歴書に学歴と並んで各種の生涯学習歴の記載を奨励することも重要であろう。
　さらに、これからの社会にあっては、地域の活性化や家庭教育の充実のために、社会教育の指導者、ボランティアなどの養成・確保がますます必要となるであろう。このため、生涯学習の成果を活用してこれらの指導者などを養成する試みを一層拡充することが必要である。また、学習成果を公開の場で発表したり地域のために役立てることは、学習者にとっても生きがいや励みとなるので、そのような活用の機会を積極的に開拓することも重要である。
　なお、生涯学習の成果を活用するに当たっては、生涯学習の成果の評価やその活用方法などに関する情報を提供する体制や生涯学習施設相互間の生涯学習情報ネットワークを整備することが重要となる。このような生涯学習に関する情報提供に関しては、本審議会が平成2年1月の答申で提言した生涯学習推進センターなどが、適切な役割を果たすことが期待される。

　4　第四は、学習成果の評価について調査研究を行うとともに、学習成果の評価や活用に関する啓発を行うことである。

　広く生涯学習の成果を評価し、評価体系の発展を図るためには、まず評価を多元的に実施し、その活用の途を広げていくことが必要であるが、今後は、学習成果に関する各種の評価を互換したり、さらには、これらを累積加算する要請がでてくることが予想される。このため、さまざまな学習機会の提供者の行う評価の実態を見守りながら、このような要請に対応する方途について検討していくことが必要であろう。
　また、生涯学習に関する評価は、従来の学校教育における評価とは異なり、極めて多元的なものであり、わが国の学歴偏重の弊害を是正するためには、このような評価に対する国民の理解が大切である。このため、さまざまな機会を利用して、生涯学習の成果の評価や活用に関する啓発活動に努めることも重要である。

　　（以下、略）

今後の社会の動向に対応した生涯学習の振興方策について（抄）

[生涯学習審議会答申　平成4(1992)年7月]

第1部　生涯学習についての基本的な考え方

3　豊かな生涯学習社会を築いていくために

　生涯学習についてのこれまでの考え方を踏まえつつ、本審議会としては、基本的な考え方として、今後人々が、生涯のいつでも、自由に学習機会を選択して学ぶことができ、その成果が社会において適切に評価されるような生涯学習社会を築いていくことを目指すべきであると考える。

　そのためには、今後、適切な学習機会の拡大や、学習情報提供サービスの充実を図るなど、学校教育も含めた社会の様々な教育・学習システムを総合的にとらえ、それらの連携を強化し、人々の学習における選択の自由をより拡大し、学習活動を支援していくことが重要である。

　先般決定された政府の「生活大国5か年計画」においても、同様の趣旨から、豊かな学習・文化環境の形成や余暇環境の整備などが提言されている。

　本審議会としては、来るべき21世紀に向けて、人々の生涯学習をより充実したものにし、一人一人の生涯学習への熱意を高め、生涯学習社会を築いていくためには、更に次のような視点が必要であると考える。

(1) 人々が生涯にわたって学習に取り組むというライフスタイルを確立することが重要である

　我が国が21世紀において、引き続き国際社会に貢献していくためには、経済的な発展を追求するだけでなく、教育、学術、文化、スポーツ、福祉、地球環境、経済などの諸分野での、国際的な協力・援助への積極的な姿勢が必要である。一方で、資源の乏しい我が国が、引き続き社会の活力を維持していくためには、次の世代においても、人々が常に自己の充実や生きがいを目指し、自発的意思に基づき、生涯にわたって学習に取り組むというライフスタイルを確立していくことが望ましい。

　生涯学習については、単に、社会の変化に対応して知識・技術を身に付けていく必要があるという観点だけでなく、人間が人間として生きていくために生涯学習が必要であるということにも留意すべきである。すなわち、人々は、学習することで新しい自己を発見し、喜びを感じるのであり、学ぶことそれ自体が生きがいともなり得るのである。人は存在するために学習する必要があるとも言えよう。

　また、人々は、生涯学習において、仲間と互いに教え合い、励まし合って、学ぶ楽しさや喜びを周囲の人々に広げていくこともできる。生涯学習を、学ぶ人自身の個人としての生きがいとするだけでなく、家庭や職場や地域において、人々が共に学び、協力し、励まし合って生涯学習に取り組んでいくことで、家庭や職場や地域が生き生きと活気にあふれ、充実し、発展していくことが期待される。

　このように、人々が心豊かに生活し、家庭や職場や地域がそれぞれ充実・向上し、活性化していくためには、一人一人が積極的に生涯学習に取り組んでいくことが重要である。

(2) 人々の様々な潜在的学習需要を顕在化し、具体的な学習行動にまで高める必要がある

　2で述べたように、社会の著しい変化に伴い、人々は生涯の各時期、各領域における学習の必要性を感じており、学習したいとの意欲は高まってきつつある。しかしながら、その意欲はあるものの、具体的な学習活動に結び付いていない場合も多い。

　その理由としては、①時間的余裕がない、②希望する分野の学習機会がない、③学習機会が身近にない、④経済的な負担が大きい、⑤適切な学習情報がない、⑥具体的きっかけや仲間が見付からない、⑦専門的なレベルの学習機会がない、⑧家族や職場の協力が得られない、⑨学習の成果を生かす場や機会がない、⑩子供や家族の世話をする人がいない、⑪ついつい怠惰になってしまうなどが挙げられるであろう。

　学習意欲を生かすためには、このように、様々な理由から具体的な学習活動に結び付いていない潜在的な学習需要を顕在化させ、学習行動にまで高めていくことが必要である。そのためには、人々の学習ニーズを的確に把握し、適切な学習機会を提供することと、その情報を適切に提供するシステムが必要になってくる。また、学習意欲を高めるための啓発活動に努め、学習相談に応じられる体制作りや、学習の成果が評価されるような条件作りに努めることも重要である。

　さらに、心身に障害のある人や病気がちな人などが、生涯学習に参加しやすくなるような配慮が必要である。

　人々の意欲を具体的な学習行動にまで高めるためには、学習機会を提供する側が、学習者の視点に立って、学習内容、学習方法に常に改善・工夫を加え、人々の様々な学習要求に適切にこたえる努力をしていくことも必要である。

(3) 学校その他の教育機関等と密接な連携を図り、専門的な学習需要にこたえる必要がある

　生涯学習の振興を図るためには、生涯学習の広がりを一層大きくし、いつでも、どこでも、誰でも学習することができるよう、学習者や学習分野の範囲を広げていくことが重要である。また、広がりを求めるだけでなく、内容についても、より高度で専門的な学習ニーズにこたえ、高さや深さを更に追及していく努力も必要である。

　このような観点に立てば、学習機会を提供する側の国、地方公共団体、社会教育施設、スポーツ・文化施設、職業能力開発施設、社会福祉施設等や民間事業者などが、より一層、学校などの教育機関やその他の研修・研究機

関等と密接な連携を図っていくことが必要になってくる。特に今後は、大学や大学院レベルの学習機会の提供が従来よりも求められ、高等教育機関の教育・研究機能を一層高め、生涯学習の振興に資するための努力をしていくことが重要になってくると考えられる。また、各省庁、地方公共団体、特殊法人、公益法人、企業等の教育研修機関や研究機関の蓄積する専門的な情報や知識・技術を、生涯学習のために活用することも重要であり、これらの関連施設や研究施設等を、新しい生涯学習の場としてとらえることも必要となってくるであろう。人々が本当に望んでいる、専門的な分野やレベルの学習機会に、比較的容易にアクセスできるような条件整備が必要となっている。リカレント教育などの充実を図っていく必要性はここにある。

また、学習機会を提供する側の、小学校、中学校、高等学校などの初等中等教育機関や、大学、短期大学、高等専門学校、専修学校専門課程（以下「専門学校」という。）などの高等教育機関、社会教育施設、行政、民間事業者などが、それぞれの「垣根」を超えて、真に学習者のためにそれぞれの情報を提供し合い、連携と協力を深め、多様で質の高い学習機会の提供とその情報のネットワークを作っていく必要がある。

(4) 学習の成果を職場、地域や社会において生かすことのできる機会や場を確保する必要がある

人々の生涯学習に対する需要は、ますます増大していくものと考えられるが、学習活動を通じて身に付けた知識や技術を、職場、地域や社会の中で活用したいという要請も大きくなっている。生涯学習は、生活の向上、職業上の能力の向上や自己の充実を目指して行われることが多いが、学んだ知識・技術を発表したり、他の人に教えたり、それを生かして社会に貢献したいと考えることは極めて自然なことである。学習の成果を生かして、人々の生涯学習に役立てたり、地域の活性化に貢献したり、社会教育、家庭教育、青少年の学校外活動やスポーツ・文化活動などの指導者となったり、ボランティア活動に取り組むなどの活動を行うことは、学習者にとっても新たな喜びであり、生きがいや励みになるものである。

また、生涯学習の成果を地域や社会で生かしていくことは、これから学習しようとする人々や、現在学んでいる人々にとってもよい刺激となって、生涯学習への意欲を一層高めることにもつながるものである。

このため、今後、人々の生涯学習の成果を発表する機会や場を増やしたり、職場や地域で、その成果を活用できる機会や場を拡充することが重要な課題となっている。
　　　　（略）

第2部　当面重点を置いて取り組むべき四つの課題

第1章　社会人を対象としたリカレント教育の推進について

1　生涯学習とリカレント教育
(1)　リカレント教育の考え方
①生涯学習とリカレント教育

リカレント教育は、昭和48年のOECD報告書「リカレント教育－生涯学習のための戦略－」で広く提唱されたもので、青少年期という人生の初期に集中していた教育を、個人の全生涯にわたって、労働、余暇などの他の諸活動と交互に行う形で分散させるものであり、いわゆる正規の教育制度とあらゆる種類の成人教育施策を統合する教育システムの確立を目指す理念であるとされている。

リカレント教育は多義的な概念であり、諸外国でもそのとらえ方や重点の置き方は一様ではないが、「職業人を中心とした社会人に対して学校教育の修了後、いったん社会に出た後に行われる教育であり、職業から離れて行われるフルタイムの再教育のみならず、職業に就きながら行われるパートタイムの教育も含む。」と理解することができる。リカレント教育は、我が国では「還流教育」や「回帰教育」と訳されたこともあるが、定着していない。本審議会において「高度で専門的かつ体系的な社会人再教育」と称することも考えられるが、今日では一般的に「リカレント教育」の用語が用いられているので、ここでは、この用語によることとした。

リカレント教育の「教育」という用語は、学習機会を提供する側の立場に立ったものであるが、リカレント教育で学習することは生涯学習の一環である。リカレント教育における学習は、生涯学習の重要な一部をなすものである。なお、リカレント教育においては・職業や社会生活に必要な知識・技術を習得するため、大学（大学院を含む。以下同じ。）、短期大学、専門学校などを中心に行われる、専門的・体系的な、職業人を主な対象とした教育が大きなウェイトを占めており、リカレント教育の推進を図る場合においては、この点に十分留意する必要がある。

②リカレント教育の機能

リカレント教育の機能は、その教育内容や対象等により、大きく次の三つに類型化することができよう。第1は、社会の変化に対応する、専門的で高度な知識・技術のキャッチアップやリフレッシュのための教育機能、第2は、既に一度学校や社会で学んだ専門分野以外の幅広い知識・技術や、新たに必要となった知識・技術を身に付けるための教育機能、第3は、現在の職業や過去の学習歴・学習分野に直接のかかわりのない分野の教養を身に付け、人間性を豊かにするための教育機能である。これらの教育機能には重なり合う面もあるが、この三つの機能があることを踏まえつつ、リカレント教育の現状の把握、課題や推進方策の検討を進めることが有意義と考えられる。

（略）

第2章　ボランティア活動の支援・推進について

1　生涯学習とボランティア活動

(1) 生涯学習とボランティア活動

生涯学習は、人々が、自発的意思に基づいて生涯にわたって行うことを基本とするもので、意図的・組織的な学習活動として行われるだけでなく、人々の様々な活動の中でも行われるものであり、幅広い範囲にわたっている。

ボランティア活動は、個人の自由意思に基づき、その技能や時間等を進んで提供し、社会に貢献することであり、ボランティア活動の基本的理念は、自発（自由意思）性、無償（無給）性、公共（公益）性、先駆（開発、発展）性にあるとする考え方が一般的である。

このような生涯学習とボランティア活動との関連は、次の三つの視点からとらえることができる。第1は、ボランティア活動そのものが自己開発、自己実現につながる生涯学習となるという視点、第2は、ボランティア活動を行うために必要な知識・技術を習得するための学習として生涯学習があり、学習の成果を生かし、深める実践としてボランティア活動があるという視点、第3は、人々の生涯学習を支援するボランティア活動によって、生涯学習の振興が一層図られるという視点である。これら三つの視点は、実際の諸活動の上で相互に関連するものである。

ボランティア活動は、このように、生涯学習との密接な関連を有するとともに、その活動は、現代社会における諸課題を背景として行われるものであることから、豊かで活力ある社会を築き、生涯学習社会の形成を進める上で重要な役割を持つ。そのため、あらゆる層の人々が学習の成果をボランティア活動の中で生かすことができる環境の整備を図ることが必要である。

(2) ボランティア活動の意義

ボランティア活動の領域は、幅広く日常の生活のあらゆる側面に及んでおり、例えば、地域の持つ教育機能を高めることや、高齢化社会への対応、豊かで潤いのある地域社会の形成に欠かせないものである。そのためには、子供から高齢者まですべての人々が、それぞれその立場や能力に応じて、ボランティア活動に参加することが重要である。特に、青少年期においては、身近な社会に積極的にかかわる態度を培い、自らの役割を見いだす上で、その教育意義は大きい。これまでの我が国のボランティア活動は、個人の自主性を重んじる欧米と異なり、地域社会との密着性と、ある程度の強制や義務感がなければ進まないという傾向が見られた。

歴史的には、近隣の人同士が世話をし合うといった地縁的な活動があり、さらに、民間団体の社会福祉運動、奉仕活動、社会教育活動などが行われてきた。昭和40年前後から「ボランティア」という言葉が普及し始め、ボランティアによる活動を支援するための組織作りが民間で始められた。昭和46年の社会教育審議会答申「急激な社会構造の変化に対処する社会教育のあり方について」において、地域における連帯意識の形成との関連でボランティア活動が注目され、その後、生きがいや充実感という視点から、臨時教育審議会において指摘された。生涯学習の基盤整備の視点から、中教審の平成2年の答申においても、その重要性が指摘されている。

(3) ボランティアの活動分野

第1部で述べたような、科学技術の高度化、情報化、国際化、高齢化等の近年における社会の変化を背景として、ボランティアの活動分野は、社会福祉の分野のほか、教育、文化、スポーツ、学術研究、国際交流・協力、人権擁護、自然環境保護、保健・医療、地域振興など多岐にわたっている。

今後展開されるボランティア活動としては、例えば、地球環境問題への取組、開発途上国や在日外国人に対する支援などの国際協力の分野等があり、さらには、企業等による社会貢献活動とボランティア活動との関連も注目される。

(4) ボランティア活動に対する評価の視点

ボランティア及びボランティア活動に対する評価としては、活動した本人の自己評価、ボランティア活動を受けた側の評価、社会全体からの評価の三つの視点が考えられる。

ボランティア及びボランティア活動に対する評価については、多様な考え方があり、活動した本人のボランティア活動を行ったことによる充実感、あるいは、ボランティア活動を受けた側の感謝の言葉で十分であるという考え方があると同時に、ボランティア活動を支援し、発展させるためには、経済的対価ではない何らかの社会的評価をするべきであるという考え方もある。

社会的評価の形態については、例えば、個々のボランティア活動を賞賛し公表すること、ボランティア活動の実績が何らかの資格取得の際に勘案されること、社会全体でボランティア活動がどの程度行われているのかを質的・量的に把握することにより、統計を整備し、認識を高めることなどが考えられる。もとより、こうした視点が、ボランティア活動の自発性、先駆性などの特質を損なうものであってはならない。

2　ボランティア活動の現状と課題
（略）

誰もが社会の一員として、自然に無理なく、そして楽しくボランティア活動を行えるような条件を整えることにより、ボランティア層の拡大を目指すことが重要である。とりわけ、男女共同参画型社会の形成を視野に入れ、今までの主婦を中心とした活動から、児童、生徒及び学生や、勤労者、退職後間もないシニア層等、幅広い層活動への発展が期待される。

そのためには、ボランティアとして活動するための基礎的な学習機会の充実や、学習の成果と能力を生かした活動の場の開発が今の課題であり、特に公的施設・機関

等の役割が期待される。

また、行政とかかわりを持ってボランティア活動が行われる場合、行政として行うべきことと、ボランティアが行う活動とが明確にされず、その活動を行政の補助的なものとみなす認識があって、行政職員、ボランティア双方において問題となることが多く、相互の役割とボランティア活動等に対する正しい認識を深めることが望まれる。

③情報の提供と相談体制の整備充実、連携・協力の推進

ボランティア活動を求める側のニーズと、ボランティアの意欲が効果的に結び付くよう、活動をする側と受ける側の実態を把握して、求めに応じた情報の提供及び相談体制の整備充実を行うことが求められている。また、ボランティア、民間団体、企業、勤労者、行政など関係者の連携・協力が重要であり、相互の情報交換等を推進することが必要である。

④事故等への対応と過剰な負担の軽減のための支援

ボランティア活動中に事故等が発生した場合、責任や補償について争われることがある。そのため、事故等を懸念してボランティアが活動を自ら控えたり、国民一般の活動への参加意欲をそぐことのないよう、責任を明確にして活動が行われるような方策が必要である。

さらに、ボランティア活動の無償性の理念を堅持しつつ、過剰な負担を個人に強いることを避けて、志ある人がボランティア活動を継続して行えるような方策が求められる。

⑤企業における課題

ボランティア活動をどうとらえるかについて模索している企業も多いが、勤労者の自己実現を支援する意義を理解して、企業が自ら、地域の一員としての役割を十分踏まえた積極的な対応を行うことが期待される。

⑥評価に関する課題

ボランティア活動に対する評価については多様な考え方があるが、何らかの評価を行うことがボランティア活動の発展につながるという観点から、自発性、無償性等の理念を考慮しながら評価の在り方を検討することが必要である。

第3章　青少年の学校外活動の充実について

1　生涯学習と青少年の学校外活動
(1)　生涯学習と青少年の学校外活動の意義

生涯学習は、人々が自発的な意思に基づいて行うことを基本とするものであり、これに必要な積極的な意欲、課題発見や課題解決の能力等の基礎は、人間形成の基礎が培われる青少年期に養う必要がある。

これらの意欲・能力等は、学校教育と学校外における多様な生活体験・活動体験があいまって、総合的・全人的に形成されていくものであると言うことができる。

青少年期における学校教育と学校外活動の間の相互補完的な関係は、更に広く、系統的・組織的に編成された学習と、各人が自らの興味・関心に応じて選択し実践する、自発的・体験的な活動との間の関係としてとらえることができるものであり、生涯にわたる学習活動全体を通じて応用されるものである。このため、生涯学習の振興に当たっては、青少年期の経験として、学校教育における基礎・基本の学習と並んで、学校外活動の持つ意義を重視することが極めて大切である。

特に、学校教育への過度の依存の傾向とともに、家庭での生活体験や、学校の外における直接体験的な活動の不足が指摘されており、これらのバランスを確保するため学校外活動の充実を図ることは、重要な課題になっている。

なお、今日、子供の無気力や引きこもりなどの現象が指摘されるようになってきており、学校外の日常生活の中で、異年齢集団における多様な活動の経験を通して、子供の自立や社会性の発達を促すことも大切である。

(2)　学校週5日制と学校外活動

平成4年度の2学期から幼稚園、小学校、中学校、高等学校及び特殊教育諸学校において学校週5日制が導入されるが、これは、学校・家庭及び地域における子供の生活全体を見直し、家庭や地域における生活時間の比重を高める必要があるとの観点から行われるものである。このことは、これまでの教育の仕組みを大幅に改変するものであり、学校、家庭及び地域相互の連携を一層緊密にし、それぞれが持つ教育機能が十分発揮されるようにすることが大切である。

また、学校週5日制は、子供が家庭でゆとりのある生活をしたり、地域での多様な活動に参加する機会を増加させる契機となるものである。今日、学歴偏重、知識偏重等の風潮が指摘されている中で、豊かな生活体験・活動体験を通じて養われる、自発性、創造性などを含めた真の意味での学力が身に付きにくくなっていること、さらには、将来にわたって自らの生活を切り開いていくのに必要な、全人的な力も培われ難くなっていること等の懸念があることを踏まえると、学校週5日制を積極的に活用して、子供の全人的な人間形成を図っていくことが重要である。

その際、家庭、地域の関係団体・機関や学校などを含め、社会全体の理解と協力により学校外活動の基盤の強化を図るとともに、学校外活動の充実のための諸施策を推進していくことが求められる。

2　家庭や地域における現状と学校外活動の充実に向けての課題
(1)　家庭生活の変化と地域での活動体験の現状

家庭の状況については、子供が親の働く姿を目にしたり、家庭の中で親子が共に過ごす、きょうだい間で切磋琢磨するなどの経験が減少していることがうかがわれる。このような状況下で、日常生活の中で他の人々と共に活動する意欲や能力の基盤が培われにくくなっているとの指摘がある。

地域における子供の活動については、異年齢の仲間と自発的に活動したり、多様な直接体験を積み重ねる等の

機会が少なくなってきていることがうかがわれる。
(2) 学校外活動の充実に向けての課題

　国や地方公共団体によって、家庭教育に関する親の学習機会等の充実のための施策や、青少年教育活動に係る各種事業の推進及び青少年団体等の育成、各種社会教育施設等の整備などが図られているが、これらの施策の充実を一層積極的に推進する必要がある。

　今後の活動の促進に当たっては、社会変化によって生じている様々な課題を視野に入れ、子供が今日の社会動向に対する基礎的な興味・関心を養えるよう、活動の新しい視点を工夫することが重要である。

　特に、身近な地域における子供の活動の場の充実・確保、青少年教育施設等の整備・充実、地域の青少年団体等の育成・活性化、学校外活動を支援する人材の確保に努める必要があり、また、学校の施設も高機能・多機能化を図り、身近な活動の場として十分活用されるよう整備・充実を図っていくことが望ましい。

　さらに、社会一般における休日の拡大傾向を踏まえ、地域に密着している市町村等において、休日を活用した学校外活動の総合的な振興方策を計画的に推進していくことが有意義と考える。

　また、心身に障害のある子供が、地域における活動に参加しやすいよう配慮することが大切である。

　　（略）

第4章　現代的課題に関する学習機会の充実について

1　現代的課題とは
(1) 現代的課題の意義

　今日の我が国の社会は、第1部で述べたように、科学技術の高度化、情報化、国際化、高齢化の進展等により、急激な変化を遂げつつある。そのことが人間の生き方、価値観、行動様式を変化させ、従来の生き方、価値観、行動様式が、時代の要請するものとそぐわなくなっている。このようなことから、地球環境の保全、国際理解等の世界的な課題をはじめ、高齢化社会への対応、男女共同参画型社会の形成等、人々が社会生活を営む上で、理解し、体得しておくことが望まれる課題が増大している。ここで言う現代的課題とは、このような社会の急激な変化に対応し、人間性豊かな生活を営むために、人々が学習する必要のある課題である。

　現代的課題については、学習者が学習しようと思っても学習機会がなかったり、自己の学習課題に結び付かなかったり、学習課題として意識されないものも多い。

　これからの我が国においては、人々がこのような現代的課題の重要性を認識し、これに関心を持って適切に対応していくことにより、自己の確立を図るとともに、活力ある社会を築いていく必要がある。そのためには、生涯学習の中で、現代的課題について自ら学習する意欲と能力を培い、課題解決に取り組む主体的な態度を養っていくことが大切である。その際、生涯学習の意欲・能力等の基礎は青少年期に培われることに留意して、学校教育及び学校外活動を通じ、発達段階に応じて、現代的課題に関する興味・関心を養う学習や活動の機会の充実が望まれる。さらに、社会の急激な変化に直面している成人の場合については、積極的に現代的課題に関する学習機会の充実を図ることが必要である。

(2) 主な現代的課題

　現代的課題には多様なものがあるが、それを生涯学習の中で取り上げるに際しては、学習者の事情や学習者を取り巻く状況などに即してとらえることが大切である。そのため、学習機会を提供する側にあっては、このことに十分留意しつつ、学習者個人、家庭、地域社会、国、国際社会、地球といった様々な視野から現代的課題を検討することが期待される。

　また、多様な現代的課題の中から、学習課題とするものを選択するに当たっては、それが心豊かな人間の形成に資すること（豊かな人間性）を基本としつつ、特に、その課題が社会的観点から見てどれだけの広がりを持っているか（社会性・公共性）、どれだけその学習が時代の要請に即応しているか、緊急・必要であるか（現代性・緊急性）などの観点から行われることが重要である。

　このような観点から、現時点における具体的な現代的課題を挙げると、例えば、生命、健康、人権、豊かな人間性、家庭・家族、消費者問題、地域の連帯、まちづくり、交通問題、高齢化社会、男女共同参画型社会、科学技術、情報の活用、知的所有権、国際理解、国際貢献・開発援助、人口・食糧、環境、資源・エネルギー等が考えられる。

　なお、現代的課題は、社会や人々の生活の変化に応じて流動的なものであるため、学習機会の提供に当たっては、地域の実情に照らして、何が現代的課題であるか、常に研究していくことが必要である。

　　（略）

第3部　四つの課題についての充実・振興方策

1　適切な学習機会の拡充

　生涯学習の振興において、人々の学習活動を支援するためには、適切な学習機会の拡充を図ることが大切である。その際、心身に障害のある人や病気がちな人などが生涯学習に取り組むことができるよう、適切な配慮が望まれる。

　また、週休2日制の普及や学校週5日制の導入など、近年の休日の拡大傾向に伴って、土曜日や休日等における学習機会の提供へのニーズが高まっており、生涯学習の機会を提供する各種の施設や機関等において、この点を十分考慮に入れる必要がある。

(1) リカレント教育の学習機会の拡充
①大学等におけるリカレント教育

　社会人や職業人の知識・技術のキャッチアップやリフレッシュのための教育を推進するため、大学等の教育研究機能を一層高め、リカレント教育の学習機会を積極的に拡充していくことが重要である。

特に、国際社会で活躍し得る人材の育成、高度な専門的知識・能力を持つ職業人の再教育という観点からも、大学院レベルのリカレント教育の学習機会の拡充が必要である。

さらに、専門的技術教育や職業教育の分野では、専門学校の機能を積極的に活用することが望ましい。なお、専門学校の卒業者に大学編入学資格等を認めることについて、社会人の大学における学習機会を広く確保し、産業界の技術者等の充実を図る観点からも、今後検討が進められることが望まれる。

②リカレント教育の実施体制・方法

リカレント教育の推進のため、公開講座の充実、出張講座の開設など、大学等が地域や産業界と連携・協力しながら広く学習機会を提供することが必要である。その際、大学等でリカレント教育に当たる教員組織や事務体制等の充実が望まれる。

また、従来の教育内容・方法では十分な対応が困難な場合も考えられるので、大学等において、社会人に対応した履修形態の多様化・弾力化、新たなリカレント教育プログラムや教育方法の開発研究などを進め、社会人の希望や意欲にこたえる教育内容を提供することが期待される。また、企業人を含めた学外の講師の活用も効果的と考えられる。

週休2日制への移行等に伴い、社会人、職業人への学習機会の確保の観点から、大学等の教職員の勤務時間などについて、十分な配慮が望まれる。

さらに、大学等が組織的にリカレント教育に対応していくために、生涯学習教育研究センターなどを計画的に整備することが望まれる。

(2) ボランティア活動に関する学習機会の拡充

ボランティア活動を希望する人のために、ボランティアの精神、ボランティア活動の理念等について学習する機会を、様々な形で拡充することが重要である。

ボランティアを受け入れる公的施設・機関等においては、職員を対象に、ボランティア活動に対する正しい認識を培う研修を行うことが必要である。

また、学校教育においては、児童、生徒及び学生がボランティア精神などを培う体験的活動を行うことや、教育活動全体を通じて積極的な指導がなされることが重要である。

なお、これらの学習機会の目的、内容に応じた学習プログラムや活動メニューの開発、学習資料・事例集の作成・配布が必要である。

(3) 青少年の学校外活動における学習機会の拡充

子供の発達段階に応じて、自然や社会への基礎的な興味・関心を養う観点から、次のような学習機会の拡充や活動の充実を促進する必要がある。

①自然環境や社会環境など環境とのかかわりや、科学技術への興味・関心を培う活動
②地域の生活に密着した国際交流活動など、国際化社会に生きるための素養を身に付ける活動
③地域社会におけるボランティア活動、高齢者や障害者との交流活動、勤労体験活動など、多様な社会参加を経験する活動
④身近な地域において、異年齢の仲間作りを促進し、自発的な活動意欲を育てる活動

また、週休2日制の普及や学校週5日制の導入など、近年の休日の拡大傾向を活用し、各家庭において休日の活動計画が立てやすくなるように、休日における子供の活動、家族としての活動の振興を、例えば市町村等において地域の人々を対象とする「ホリデー・プラン」、「サタデー・プラン」、「親子プラン」などの形で呼び掛け、計画的に推進していくことが望ましい。

(4) 現代的課題に関する学習機会の拡充

教育委員会や社会教育施設は、人々の学習ニーズの高度化を考慮し、現代的課題に関する学級・講座等を充実することが必要である。特に、現代的課題に対する人々の学習意欲を高めるような、魅力あるプログラムを開発・提供することが必要である。

また、公民館など、社会教育施設における学級・講座等については、より多くの参加者が得られるようその活性化を図ることが必要である。

文部省や教育委員会以外の行政機関において、それぞれの所掌事務に関連して提供している、現代的課題に関する学習プログラムについても、学習者の立場に立った内容の改善・充実が望まれる。

2 学習情報の提供と学習相談体制の整備充実

人々の学習活動を支援するためには、最も適した学習機会を選択することができるよう、学習機会を提供する機関、指導者などに関する情報を収集・整理し、適切な情報を提供する情報提供体制や、学習者をその求めに適した学習機会等に結び付けるための学習相談体制を、各地域で整備することが必要である。また、公的施設だけでなく、人々の身近なところで必要な情報が入手できることが望ましい。

その際、コンピュータ等の活用により、人々の学習ニーズに迅速かつ的確に対応する、生涯学習情報提供システムなどのネットワークの整備が重要である。この場合、都道府県においては生涯学習推進センター等が、市町村においては中央公民館等が、それぞれの圏域の中心となることが望ましい。

さらに、大学等を含めた教育機関や生涯学習関連施設等との連携を図り、民間の諸活動との関連も考慮しつつ、都道府県域を越えたネットワークを整備し、将来的にはネットワークを全国化することが期待される。

(1) リカレント教育に関する情報の提供と学習相談体制の整備充実

リカレント教育に関して、地域や産業界が理解や認識を深めるよう啓発資料を提供することや、各種の具体的な学習情報を積極的に地域の人々、企業等へ提供することが重要である。

学習相談においては、リカレント教育における学習の成果の活用や、職業選択等に関する相談を充実すること

も望ましい。
(2) ボランティア活動に関する情報の提供と相談体制の整備充実

ボランティア活動を希望する人、活動している人、受ける側の人のそれぞれのニーズに適切に対応できるよう、各種の学習や活動に関する情報の収集・提供を行う体制を整備する必要がある。

ボランティアを受け入れる施設・機関は、ボランティア活動について総合的に連絡調整するための窓口を設置するとともに、専門的職員を配置することが必要である。

市町村、都道府県において、公民館などの社会教育施設等を活用し、各種のボランティア関係団体と連携して、情報の提供や相談を行うボランティア活動の支援のための拠点、例えば「生涯学習ボランティアセンター」のような場を整備し、その運営に当たっては、ボランティアによる相談員を置くことも考えられる。

さらに、全国的な規模でボランティア活動に関する各種情報の収集・提供、学習資料の作成、調査研究などを行う、生涯学習ボランティアの支援のための全国的なセンターの機能を整備することも考えられる。

(3) 青少年の学校外活動に関する情報の提供の充実

子供や家族が訪れやすい身近な場所に学習情報提供のコーナーを設置するなど、日常生活の中で、活動の場や機会に関する情報に接することができるようにすることが必要である。

教育委員会は、学校外活動に関する情報の収集と提供を積極的に行うことが重要である。その際、マス・メディアの理解と協力を得たり、学校などを通じて各家庭に情報を提供するなどの工夫も有効である。

また、活動の事例集、手引書などの作成・頒布に努めることや、青少年団体の活動への理解と参加の促進を図るため、必要に応じ、青少年団体が行う広報活動に協力することが望ましい。

(4) 現代的課題に関する学習情報の提供と学習相談体制の整備充実

教育委員会、社会教育施設、大学等、首長部局や民間団体等を含め、幅広い範囲から学習情報を収集し、その整理、提供体制を整備するとともに、住民に対して、現代的課題の学習に関し、分かりやすく、きめ細かな相談に応じることが必要である。

現代的課題について分かりやすいビデオ、パンフレット等を作成・提供し、様々な機会を通じて啓発活動を行うことも重要である。

3 関係機関等の連携・協力の推進

生涯学習の振興のためには、文部省、関係省庁、教育委員会、首長部局、大学等の高等教育機関、社会教育関係団体、スポーツ・文化関係団体、民間教育事業者、産業界等の関係者による、相互の幅広くかつ密接な連携・協力が必要である。

特に、国においては、文部省及び関係省庁が生涯学習の振興のための協議の場を設け、施策の推進等について十分な連携・協力を図っていく必要がある。

(1) リカレント教育実施のための連携・協力の推進

リカレント教育にかかわる事業の推進に当たっては、産・官・学等の関係者・機関がそれぞれの役割を明確にしながら、幅広い相互の連携・協力を図っていくことが大切であり、地域のリカレント教育を支援・推進するために、「リカレント教育推進協議会」など、行政と民間との協力によるリカレント教育推進のための組織や機関を設けることが考えられる。

(2) ボランティア活動に関する連携・協力の推進

都道府県・市町村の教育委員会は、民間団体等の協力を得ながら、関係行政部局と連携を取りつつ、「生涯学習ボランティア活動推進会議」等を開催することが必要である。

また、全国的な規模での連携・協力を図るための会議等の開催も望まれる。

(3) 学校外活動に関する関係団体・機関、学校の連携・協力の推進

学校外活動の充実を図る上で、青少年団体等の地域団体と教育委員会や社会教育施設との間の連携、地域団体間の連携、学校と地域団体との間における連携の促進を図ることが期待される。

(4) 現代的課題に関する関係機関の連携・協力の推進

都道府県・市町村においては、生涯学習の推進のための連絡会議を活用し、教育委員会等を中心とする関係部局の連絡・協力、地域の実態に即した学習課題等について検討を行うことが重要である。

国においては、各地域における現代的課題に関する学習機会の提供を総合的・効果的に推進するために、連絡会議の設置等により、関係省庁間の連携・協力の在り方等について適時検討を行うことが期待される。

4 人材の育成及び活用等

生涯学習の振興のためには、人材の育成・活用及び関係団体の育成が重要である。特に、生涯学習に関する専門的職員、指導者の養成や、メディアを有効に活用できるような資質を持った職員の養成が必要である。

施設の長や社会教育主事、学芸員、司書、公民館主事等の専門的職員の研修の一層の充実を図るとともに、大学等における高度の資質向上のための研修プログラムについて検討する必要がある。また、このような専門的職員の資格の在り方について検討することが望ましい。

さらに、生涯学習関連施設等の関係職員について、各種の研修等を実施することにより、相互の交流を図り、その資質の向上を図ることが重要である。

講師、助言者等には、大学等、企業、地域社会における特定分野の専門的指導者、生涯学習関連施設等の関係職員など幅広く求めていくことが大切である。

特定分野の専門的指導者については、これを積極的に発掘・確保するとともに、「人材バンク」等に登録して、活動への協力を得ることが重要である。

生涯学習を実践し、支援する関係団体の活動は、生涯

学習を推進する上で大きな役割を果たしており、特にボランティア活動や青少年の学校外活動に関して、今後もその推進の重要な担い手となることが期待される。

(1) ボランティア活動におけるリーダーの育成

　ボランティア活動においては、その中心となる経験豊富な世話役的リーダーの役割が大きいことから、ボランティアを受け入れる施設及び機関等は、必要に応じ、ボランティア活動のリーダーとなる人の資質・能力の向上を図る機会を設けることが必要である。

(2) 学校外活動を支援する関係団体の育成等

　青少年の学校外活動の充実を図るため、広く地域の人々の参加や協力を得るとともに、各家庭が自ら参加することや、父母等が積極的に参加することが望ましい。

　また、学校外活動を支援する青少年団体、その他多様な地域団体等の積極的な育成、団体活動の促進を図ることが必要である。

5　生涯学習関連施設の整備充実

　人々に多様な学習機会を提供するために、生涯学習関連施設の整備充実が重要である。

　公民館、博物館、図書館、婦人教育会館等の社会教育施設、学校施設、スポーツ・文化施設や複合的多機能型生涯学習関連施設の整備充実や運営の改善を進めるとともに、都道府県において生涯学習の振興に資するための事業を一体的に行う生涯学習推進センターの整備が必要である。また、他の行政部局等が所管する関係施設も含めて、生涯学習関連施設が総合的・計画的に整備されることが望ましい。

　特に、生涯学習関連施設の整備に当たっては、障害者や高齢者への配慮とともに、保育室を設けるなど人々が利用しやすいような配慮が望まれる。

　さらに、国においてもこのような生涯学習関連施設の諸活動を支援するとともに、施設等の相互の連携・協力を促進するため、既存の生涯学習に関する全国的な施設等の機能を活用しながら、次のような役割を持つ全国的な生涯学習の推進のためのセンターを整備し、その機能を充実することが望ましい。

①全国的な生涯学習情報の収集・提供
②多様なメディアを活用した学習ソフトの開発
③学習プログラム・教材等の研究開発
④生涯学習関連施設等の職員の養成・研修
⑤学習成果の評価等に関する調査研究

(1) リカレント教育実施のための施設の整備充実

　地域の中核的役割を担う施設を整備・活用し、産・官・学が連携・協力するとともに、地域の大学等が交流を深めつつリカレント教育を実施する、「リカレント教育・交流プラザ」のような場を整備すること等が期待される。

(2) 青少年教育施設等の整備充実

　青少年に豊かな生活体験や活動体験の機会を提供する上で、青少年教育施設の役割は大きい。

　全国の青少年教育施設の中心的役割を果たしている国立オリンピック記念青少年総合センターについては、上記の全国的な青少年教育施設としての役割を視野に入れながら、スポーツ・文化・国際交流・指導者研修等、青少年の生涯学習に関する活動の国内及び国際的な拠点として、総合的な基盤整備を進める必要がある。

　また、少年自然の家、青年の家等の青少年教育施設の機能の充実を促進するとともに、都市において、子供の興味・関心に応じて多様な活動を行える活動拠点として、多機能型の施設の整備を図る必要がある。

　その他、青少年の多様な活動の場となる国立科学博物館をはじめ、地方公共団体や民間の設置する自然科学や人文系の博物館やスポーツ・文化施設、様々な子供向けの施設など、各種施設の一層の整備と活用が必要である。

(3) 生涯学習活動を支援する観点からの学校施設づくり

　学校の施設は、地域社会において最も身近で利用しやすい生涯学習活動の場としての役割を有しており、その重要性は年々増してきている。

　今後は、人々の生涯学習活動の基盤を培うという観点から、人間性豊かな児童生徒を育てる教育環境作りに配慮した、快適な学校施設づくりを進めるとともに、地域住民の利用を考慮した施設整備を推進し、単に学校教育活動の場としてのみならず、その教育機能を幅広く地域社会に広げ、生涯学習活動を積極的に支援する観点から、学校施設の一層の整備と活用を図っていくことが必要である。

　また、地域社会において特色ある学校施設づくりを推進していくことも望ましいことである。

6　多様なメディアの活用

　学習機会や学習情報には、地域間の格差があったり、時間・場所等の制約があるので、人々の生涯学習を支援する上で、多様なメディアの果たす役割は大きい。

　その役割として、第1に、人々が個人で学習に取り組む場合に必要となる、多様な情報や学習のための教材・資料を人々に提供すること、第2に、地域的な事情により学習機会に恵まれない人々や学習時間を確保できない人々に対して、多様なメディアを導入することにより、時間や場所の制約の克服を可能とする学習の方法・手段を提供することなどが挙げられる。

　そのため、メディアの持つ可能性について、先導的な調査研究を一層推進することが重要である。

　特に、現代的課題については、マルチメディアや通信衛星等の多様なメディアの活用が必要である。

　また、現代的課題に関する学習機会の拡充のため、既存の公共・民間の放送等のメディアの活用及び関係者等との積極的な連携の推進が重要であり、都道府県にあっては、当該地域の放送等のメディアの、現代的課題への積極的対応について理解を求める努力が重要である。

　なお、放送大学は生涯学習の機関として重要な役割を果たすものであり、放送衛星などの新しい放送メディアの活用も検討しつつ、その対象地域を全国に拡充することが望まれる。

　放送等を活用した、大学公開講座や大学等の通信教育

の充実も期待される。
　さらに、映像資料等の貸出・提供など、人々のメディア活用を支援する図書館、視聴覚センター、視聴覚ライブラリー等の機能の一層の充実が必要である。
　　（略）

8　企業等の役割とそれに対する支援
(1)　企業等による支援
　企業等において、勤労者の生涯学習を支援するため、有給教育訓練休暇制度などを活用したリカレント教育休暇や、ボランティア休暇・休職制度の積極的な導入・普及が期待される。
　また、企業等において、研修や退職準備教育の一部として、ボランティア活動に関する学習が行われることが望ましい。その際、独自にこのような取組を行うことが難しい中小企業等においては、例えば数社で共同して行うことも考えられる。
　さらに、ボランティア活動や青少年の学校外活動に関し、企業等の持つノウハウの社会への還元、勤労者の参加の支援、企業施設の地域への開放や場所の提供等の便宜供与などを図ることが期待される。

(2)　企業等に対する支援
　企業等のニーズに適切に対応する学習コースの開発や実施を含め、リカレント教育の推進のためには、国や関係機関が先導的な役割を果たしていくことが必要である。
　また、リカレント教育のため学校に勤労者を派遣する企業等に対する、その負担軽減のための経済的な支援などが考えられる。
　リカレント教育を行う大学等の高等教育機関に対し、企業等が資金を提供する場合の手続面の改善、税制上の措置の活用を進める必要がある。また、生涯学習振興のための寄附金についての税制上の優遇措置等についても、今後の課題として検討していく必要がある。

9　評価
(1)　リカレント教育における評価
　リカレント教育による学習成果を、大学等において学校の正規の単位として認定する方向が広がることが期待される。
　また、科目等履修生制度などにより修得した単位を積み重ねて学士の学位を取得する、単位累積加算制度の検討が進められることも期待される。
　さらに、専門学校等における学習で習得した専門的・実践的な知識・技術等の学習成果に対して一定の称号を付与するなど、社会的な評価を確立するための方策を検討することが必要である。
　一方、企業等においても、リカレント教育により得られた学習成果が適切に評価される人事管理システムの採用が進められることが期待される。
　なお、リカレント教育の支援に積極的に取り組み成果をあげている企業等を国や地方公共団体が顕彰することも、リカレント教育の普及・啓発に資すると考えられる。

(2)　ボランティア活動に対する社会的評価
　ボランティア活動を今後一層支援し、発展させるために必要な社会的な評価の在り方として、例えば次のような点について検討する必要がある。
　①学校外のボランティア活動の経験やその経験を通して得た成果を適切に学校における教育指導に生かすこと。
　②ボランティア活動の経験やその成果を賞賛すること。
　③ボランティア活動の経験やその成果を資格要件として評価すること。
　④ボランティア活動の経験やその成果を入学試験や官公庁・企業等の採用時における評価の観点の一つとすること。
　履歴書にボランティア活動歴を記載することを奨励したり、そのために履歴書の様式を工夫すること等も検討に値する事柄であろう。
　ボランティア活動の経験やその成果は、社会的な評価項目の一つとして考えられるものであるが、社会的評価を行う場合は、無償性、自発性等ボランティア活動の基本的理念を損なうことのないよう留意する必要がある。
　また、ボランティア活動を社会において量的・質的に把握する統計的な調査研究を行うことが望ましい。
　　（略）

第4部　生涯学習の振興に向けて
　　～豊かな生涯学習社会を築いていくために～

(1)　学歴より生涯にわたる学習の蓄積の重視を
　我が国では、従来から学校教育に依存し過ぎる傾向があり、また、学校教育が量的に拡大してきたこともあって、教育全体の中で、その占める比重が非常に大きくなっている。しかも、その学校教育は主として青少年期に集中的に実施されてきた。そして、このことは大学や高校などへの進学について、過度の受験競争や学習塾通いなどの弊害をもたらし、大きな社会的問題となっている。これを緩和するためには、基本的には、社会の学歴偏重の考え方を是正していく必要がある。また、各種の公的職業資格の受験等に必要な学歴等の要件についても、一定の生涯学習の成果などで代替していくような努力も必要であろう。
　社会において、青少年期に卒業した学校の学歴のみを尊重するというのでなく、生涯にわたって何を学んできたか、どのような知識、技術、技能や資格を身に付け、どのようにして豊かな人間性を養ってきたか、どのように人生を歩んできたかなどの、個人の生涯にわたる学習歴や学習の蓄積が重視されるような環境を醸成していかなければならない。生涯のいつでも自由に学習機会を選択して学ぶことができ、その成果が評価されるような生涯学習社会を築いていく必要がある。
　　（略）

○学校へ
(1) 学校では、生涯にわたる人間形成の基礎を培うため、基礎的・基本的な内容の指導を徹底し、個性を生かす教育の充実を図るとともに、自己教育力の育成を図ることが期待されている。
　特に学力については、単なる知識や技能の量の問題としてとらえるのでなく、学校、家庭及び地域における学習や生活を通して子供が自ら考え、主体的に判断し、行動するために必要な資質や能力として身に付けるものであるという認識を持つことが重要である。
(2) 小学校、中学校、高等学校などの学校も、発達段階に伴う一定の年齢層の児童生徒に対する教育機関としての役割のみでなく、幅広く地域の生涯学習のための役割を果たすよう、その教育機能を、社会や地域に広げることが期待される。また、地域の生涯学習関連機関や団体との、密接な連携・協力を図ることが重要である。
(3) 大学、短期大学、高等専門学校、専門学校などの高等教育機関は、生涯学習社会を築いていく上で大きな役割を担っている。社会人のリカレント教育の実施など、生涯学習の機会を提供することは、大学等の重要な機能の一つであり、今後一層、生涯学習への積極的な取組が期待される。
(4) 学校の教員が自らの生涯学習に取り組むことは、教員自身にとっても、新しい発見と自己の充実・向上に結び付くものであり、使命感の高揚や指導力の向上にも役立つとともに、学校教育そのものにも好ましい影響を与えるものである。
　また、経験豊かな社会人や生涯学習の指導者などを、幅広く学校教育の場に迎え入れることは、学校の教育機能を高めることに役立ち、学校教育の活性化にもつながるものであり、積極的な対応が望まれる。

○企業等へ
(1) 我が国の社会、経済の発展において、企業等の果たしてきた役割は大きい。今後は、企業自身の発展のためにも、社会的存在としての役割が大きくなってきていることに留意し、企業自らの活動として生涯学習を支援し、その推進に貢献することが期待される。また、生涯学習に関心を持つ企業等を中心とした、生涯学習推進のための協議会のような組織作りが期待される。
(2) 勤労者の生涯学習の振興のためには、企業等の理解と協力が不可欠である。リカレント休暇、ボランティア休暇の導入などにより積極的に支援するとともに、勤労者が生涯学習しやすい条件作りのため、時短、週休2日制など、勤労者の自由時間、余暇時間の増大などの方策を一層促進することが望まれる。また、ボランティア活動の経験やリカレント教育などの生涯学習の成果を、採用、昇任などの際に適切に評価することが望まれる。
　　（以下、略）

地域における生涯学習機会の充実方策について（抄）

[生涯学習審議会答申　平成8 (1996) 年4月24日]

I　社会に開かれた高等教育機関

　大学、短期大学、高等専門学校及び専門学校からなる高等教育機関は、高度で体系的かつ継続的な学習の場として、生涯学習社会において重要な役割を果たすことが期待されている。これからは自分自身の生きがいのために教養を身に付けたり、職業生活に必要な新しい知識や技術を身に付けたりするために、いったん社会に出た後でもまた勉強し直したいと考える人が増えてくるからである。もし大学等の高等教育機関がこれらの新しい学習ニーズに適切にこたえられなければ、本当の意味での生涯学習社会は実現しないと言っていい。

　高等教育機関がこのような新しい学習ニーズにこたえて社会に開かれた存在に生まれ変わるためには、まず社会人の受入れを促進する必要がある。若い年齢層の学生だけでなく、広範な年齢層にまたがる社会人を積極的に学生として受け入れることである。意欲と能力さえあれば、だれでもいつでも容易に高等教育を受けられるようにする必要がある。近年は大学審議会の答申に基づいて高等教育の改革の中で、社会人の受入れに資する様々な改善策が講じられてきた。その結果、受入れの実績も上がってきている。しかし、社会人を受け入れることに積極的な大学等であっても、一部の関係者の努力にとどまり教職員全体の意識が変化しているとまでは言えないことが多い。社会人の受入れには、社会人の学習にふさわしい新たな教育課程の編成、履修形態の工夫を行わなければならないなど様々な困難も伴うが、各大学等はそれぞれの教育理念・目的に沿って、個性を発揮しながら、積極的に取り組むことが望まれる。

　社会人学生の受入れ以外の方法による地域社会への貢献も重要である。教育や研究を通じて行われる社会貢献とりわけ地域社会への貢献は高等教育機関に期待されている重要な役割である。次代を担う若者の教育や研究活動を通じて地域社会の発展に寄与することはもとよりであるが、今後は更に広く地域一般の住民に生涯学習の場を提供することを通じて、地域社会に貢献するという役割が期待される。

　したがって、社会に広く開かれた高等教育機関を実現するためには、「社会人の受入れの促進」と「地域社会への貢献」を当面の目標とし、その達成に向けて必要な方策を強力に推進する必要がある。以下にそのための具体の施策を提言する。

1　社会人の受入れの促進

(1)　教育内容の多様化と履修形態の弾力化

　これまで大学等が受け入れてきた学生は、主として高等学校などを卒業して直ちに進学してくる者であった。これらの学生は同年齢層の比較的均等な学力を持つ若者である。一方、社会人は広範な年齢層にわたり、社会生活・職業生活の面でも全く異なる背景を持ち、学習に対する問題意識も極めて多様である。また、多くの場合、職業や社会生活と学業との両立も図らなければならない。大学等における社会人の円滑な受入れを促進していくためには、こうした特性を持つ社会人の学習ニーズに適切にこたえられるよう、教育内容、履修の方法について新たな改善策を検討することが望まれる。

（略）

○夜間大学院の拡充

　平成元年および5年の大学院設置基準の改正により、専ら夜間に教育を行う大学院修士課程、博士課程の設置が認められるようになった。高度な職業人養成についての社会的な要請が強いことから今後ますます夜間大学院の設置が進むものと思われる。既存の大学院にあっても、例えば、郊外に設置される大学院の場合、都市部にサテライト的な学習の場を設け、そこでカリキュラムの一部を履修する仕組みをとれば、社会人のリカレント教育を推進する上で有効な方策となると考えられる。また、昼間・夜間の両方にわたって授業を開設する昼夜開講制も普及してきている。さらに、標準修業年限を超えて在学できるコースを設けることができるようにすることについての検討も望まれる。

（略）

○社会体験のための休学制度の活用

　学生の修業については、継続的・集中的に勉学を行うことが教育上適切であるとの考え方から、一定の修業年限が定められ、卒業するためには一定年限以上在学することが必要であるとされている。しかし、各大学等の教育理念・目的あるいは専攻分野によっては、学生が学業の途中に一定期間就業することやボランティアなどの社会活動に参加することは、教育上の効果を高め、また、本人の人間形成や人生設計にとっても有意義な場合もあり、勉学に対する新たな意欲を喚起する点でも評価できる場合がある。「寄り道」又は「道草を食うこと」の効用である。このため、各大学等において休学制度の積極的な活用が考えられてよい。この場合、企業等には、学生の就職の際にこうした社会体験も評価するように配慮を求めたい。

○通信教育の改善充実

　大学・短期大学の通信教育の在学者数は逐年増加を続け、現在では、約21万人に上っており、生涯学習に重要な機能を果たしている。しかし、課程の修了率は大学で毎年数％にとどまるなど、学習継続の困難性もうかがわれる。それぞれの大学・短期大学において、カリキュラムや教材の工夫などを通じて、学習意欲を継続・支援す

る方策が講じられることが望まれる。また、スクーリングについては、近年の情報通信技術の進展を踏まえ、各大学・短期大学において単位数の設定などを弾力的に行うことができるような方向で検討されることが望ましい。さらに、今後、通信制大学院も含め、通信衛星等の情報通信網を活用することによる新しい通信教育の在り方について検討することが望まれる。通信制を採用していない大学等にあっても、情報通信網を活用することにより、他の高等教育機関との連携による教育内容の多様化・高度化を図るとともに、教育委員会や社会教育施設等との連携による公開講座の実施など大学等の教育を地域社会に提供していくことも望まれる。なお、こうしたことの前提として情報通信網を早急に整備していくことが重要である。

○放送大学の全国化

放送大学については、放送の視聴可能な地域を全国に拡大することが重要な課題である。このことにより、高等教育を受ける機会の飛躍的な拡大がもたらされるばかりでなく単位互換・放送教材の提供など既存の大学等との適切な連携により、大学等の教育の改善に資するものと期待されている。国としては放送大学の全国化の早期実現に向けて、その準備に最大限の努力を払うことが必要である。これに伴って、学習センターの整備も進める必要がある。

○大学への編入学等

平成3年の大学設置基準の改正により、編入学定員の設定が可能になり、短期高等教育機関卒業後も学習の継続の道が実質的に開かれるようになった。編入の実績も着実に増加している。今後の産業構造の変化や、社会生活に必要な知識・技術の高度化等に対応するためにも、多くの大学で編入学定員が一層積極的に設定されることが望まれる。また、専門学校から大学への編入学についても、そのために必要となる要件などを含めて制度的な検討を進める必要がある。

専門高校から大学への進学については、これまでも、入学試験科目の設定や問題の作成に当たって専門高校の教育内容に即したものにするなどの配慮が行われてきているが、今後も、専門高校からの進学機会の拡充に向けて一層の工夫改善が求められる。なお、高等学校総合学科についても同様の配慮が求められる。

大学間での単位互換制度について、現在、幾つかの地域では、大学・短期大学が地方公共団体と連携・協力の体制を組んで、組織的な単位互換や施設設備の共同利用が行われており、その一層の推進が期待される。

大学以外の教育施設等の学習成果であっても、大学教育に相当する一定水準以上のものについては、各大学が教育上有益と判断した場合には、大学の単位として認定できるようになっている。認定の対象となり得るのは、一定要件を満たす専門学校における学習や文部大臣の認定を受けた技能審査の合格に係る学習などである。大学においては、この制度の積極的な活用により、学生の学習機会の多様化や学習内容の充実を図ることが期待される。また、認定の対象となる学習活動については、今後、大学の教育に対する社会の要請の変化やこの取組の進捗状況を踏まえ、大学の教育水準の維持等に留意しつつ、更に拡大していくことが望まれる。なお、大学以外の高等教育機関についても同様の制度化がなされており、その活用が望まれる。

(2) 公開講座の拡充

従来から、大学等では盛んに公開講座が行われてきている。現在、ほとんどの大学で実施され、年間の受講者数も大学と短期大学とを合わせて約77万人に及んでいる。地域住民の学習ニーズがますます高度化・専門化していることから、大学等には、一層、そこでなければ提供できない内容・水準の学習機会提供が強く求められる。ややもすると提供する学習内容が住民のニーズと遊離しがちとの声もあり、公開講座を内容面・運営面で見直し、充実していくことが必要になっている。また、成人向けのものばかりでなく、青少年に対して最新の研究成果などを分かりやすく学習できる講座を設けることも期待される。

○講座内容・方法の改善

講座内容・方法の改善に当たって考慮すべき点としては、職業技術の習得などの新たなニーズに即応すること、より高度で専門的な内容を備えること、新しいメディア等の活用によって広域の受講を可能にすること、社会教育施設等での学習と連携・接続できるようにすることなどが挙げられる。また、聴講形式のものばかりでなく、演習・実験を取り入れた参加型のものをとの要望もある。こうした点に配慮しつつ公開講座を一層充実することが望まれる。

なお、実施に当たっては、地方公共団体や民間団体等との連携・協力を推進し、地域社会のニーズに的確に即応するようにすることも大切である。また、地域の教育委員会や生涯学習センター、社会教育・文化・スポーツ施設を通じて積極的に広報し、地域住民が参加しやすくなるように努める必要がある。

○単位の認定

大学の中には授業科目の一部を公開講座としても位置付け、正規の学生以外の受講者は科目等履修生として登録することにより、それらの者の単位取得を可能にしているところがある。こうした措置は、科目等履修生としての費用が必要になるものの、講座受講への意欲を高め、より多くの人々が高等教育に接する契機となるものであり、多くの大学での取組が期待される。

○短期集中プログラムの開設

社会人の職業能力の充実・向上をねらいとする講座を実施する場合、それぞれの高等教育機関の専門性を生かした専門的で集中的なプログラムの開設が求められる。正規の課程では修学の要件を満たすことが難しいこともあり、また、一般的・入門的な内容の講座では学習ニーズに沿わないこともあることから、様々な期間と内容で行われるプログラムを設けることが期待される。受講希

望者の意向に応じて、期間も数日や数週間などと比較的短期間に集中したもの、また分野についても、先端的なもの、学際的なものなど専門性の高いものが望まれる。このため、プログラムの企画の段階から、受講者や受講者の派遣企業などとあらかじめ協議をすることが大切である。

(3) 学内の組織体制の整備

大学等は、社会人学生の受入れに伴って、従来とは違った様々な措置を講ずる必要が出てくる。こうした措置を効果的、継続的に実施していくためには、教職員間で生涯学習の重要性についての共通理解を形成し、学内の生涯学習推進の組織体制を整備することが重要である。

○生涯学習のセンターの整備

学内の組織体制を整備するに当たっては、実際に学生を受け入れる各部局の対応が必要になる。必要に応じて委員会を作ることなどが考えられるが、最近、一部の大学院においては、専ら社会人教育の充実を図るための講座を整備するなどの例も見られる。こうした措置は社会人の受入れの推進に大いに資するものと期待される。また、学内全体としても、生涯学習を総合的に推進する体制の整備が必要であり、現在、国公私立を問わず、幾つかの大学等において全学的な生涯学習推進のためのセンターの整備が進められつつある。生涯学習教育研究センターなどと称されるこれらの組織においては、生涯学習に関する調査研究、公開講座などの生涯学習事業の企画・運営、大学等における学習関連情報の収集・提供、他の関係機関との連携・調整など、大学等における生涯学習推進の中核として様々な事業が行われている。今後こうした体制整備が各地の大学等において進められていくことが望まれる。

(略)

(4) 社会人学生への支援の充実

大学等における社会人の受入れが円滑に進むためには、学生本人の十分な意欲や能力、及び大学等での必要な受入れ措置だけでは十分とは言えない。社会における特別な配慮や支援がどうしても必要である。職業を持つ社会人の場合、通学時間や学校外での学習時間の確保に困難な場合が多い。職場での理解を得ることも必要になる。経済的な負担も決して少なくない。こうしたことへの支援は、企業等にとっても従業員の職務能力の向上という点で有益であり、積極的に行われることが望まれる。

○学習成果の適正な評価

大学等への社会人の入学が促進されるためには、学習の成果が、企業あるいは社会一般において適正に評価されるようになることが基本的に必要である。このことによって、社会人の学習意欲が一層高まり、学習の質や成果に対する期待も増大する。企業等においては、大学等での学習の成果が適切に評価されるように検討を行うことが望まれる。

(略)

○社会人教育に関する情報提供の推進

社会人の大学等への入学を促進するため、大学等における学習に関する情報を社会人や企業等に積極的に提供するとともに、意見交換の場の設定など、大学等と企業との連携を進めることが必要である。

2 地域社会への貢献

(1) 施設開放の促進

施設の開放については、これまでも多くの大学等で行われてきているが、地域住民の高度で専門的な学習に対するニーズの高まりにこたえて、今後より一層施設開放を進め、これらのニーズにこたえていくことが重要である。

○施設開放の拡充

大学等の施設の開放は、図書館・博物館・資料館・体育館・グランドなどが主な対象となるが、実情に応じて、多様な施設の開放が可能な限り行われるよう工夫されるべきである。これらの施設を円滑に開放するためには、大学等が地域社会の一員として地域に積極的に貢献していくことが社会から強く期待されている、との共通認識を学内で確立することが必要である。その上で、施設開放に必要な手続きを簡素化し、それを地域の人々に広く知らせることが望まれる。この場合、様々な学習情報を統合的に扱う都道府県の生涯学習推進センターなどの活用が考えられる。

(略)

(2) 社会からの支援

大学等は、教育研究を通じて地域社会をはじめとして広く社会に貢献していくことが強く期待されている。しかし、その役割を果たしていくためには、地域社会から様々な支援を受けなければならない。これまでも、大学等の教員資格の弾力化を図り、産業界など広く社会の各分野から優秀な研究者・技術者・実務家などを教員として受け入れてきた。また、寄附講座・寄附研究部門の設置、奨学寄附金の受入れなどの支援も受けてきた。今後も、これらの一層の拡充を図るなど、人的にも物的にも多様な支援を受け、地域社会との連携強化を図っていくことが必要である。

○ボランティアの受入れ

大学等の図書館、資料館あるいは付属病院などにおいて、ボランティアの人々による施設運営への協力・支援が見られるようになっている。こうしたボランティアの活動は、大学等にとって、施設の機能の充実、組織の運営の向上のために極めて貴重である。また、地域の人々の学習成果や経験を生かす機会の確保、社会における有能な人材の公共の場での活用、大学等が地域社会に支えられているという好ましい雰囲気の醸成などの点においても有意義である。今後、充実したボランティア活動が多様な形態で進むよう、大学等においてボランティアの育成を図るとともに、受入れの仕組みを明確にし、広く

社会に積極的な受入れの姿勢を示すことが大切である。その際、ボランティアを対象とする研修の充実も必要である。

II 地域社会に根ざした小・中・高等学校

子供たちの生活は、学校ばかりでなく家庭や地域社会での生活すべてから成り立っている。子供たちはそれぞれの生活を通して学び、成長していく。豊かな人間として成長していくには、知・徳・体のバランスのとれた成長が必要であり、子供の生活全体を通して適切な教育が行われることが大切である。特に、今日、子供たちは社会的な価値観の大きな変化や、マスメディア等を通じてもたらされる様々な社会的風潮の影響を強く受けており、学校は社会から孤立して教育を進めることはできない。学校が適切に教育活動を展開するためには、家庭、地域社会との密接な連携が不可欠である。特に、学校週五日制の円滑な実施、いじめ問題への適切な対応を進めていくためには、学校・家庭・地域社会の三者の連携が一層必要とされている。この連携・協力のためには、学校を社会に積極的に開いて、学校が抱えている問題、置かれている状況などを地域社会の人々に理解してもらい、地域社会が持つ多様な教育力を生かすことが大切になる。同時に、学校は地域社会の一員として積極的に地域社会に貢献していくことも大切である。つまり、生涯学習時代の学校として期待される教育機能を十分に発揮し得るために、地域社会に根ざした学校として、地域社会に開かれ、地域社会とともに発展していく姿勢が求められる。

学校教育ではただ単に知識を一方的に身に付けさせるのではなく、自ら学ぶ意欲や自分で考え、判断し、行動する力を高め豊かにすることが重要である。学校でこのような教育を推進することは、生涯を通じて学び続けようとする意欲と能力を培うことにつながる。そのためには、子供たちが様々な対象に進んでかかわり、自分の課題を見いだし、解決できるような教育活動を積極的に展開することが大切である。その際、学校内の教職員だけで取り組まなければならないと考える必要はない。地域社会から様々な支援を得ることによって、学校の教育機能をより一層効果的に発揮することができると考えられる。このような認識の下に、学校は、その教育活動に地域社会の人材の協力を得るなど、地域社会の持つ教育力の活用に心掛けることが大切である。

他方、地域住民のために学校を活用することも考えるべきである。学校が地域社会の住民に対して学習機会を提供したり、施設を開放したりすることにより、地域社会へ貢献するのである。こうした貢献により、地域の人々と学校との連帯意識が高められ、学校がその本来の機能を果たすに当たって大きな力となる。

したがって、小学校、中学校、高等学校、特殊教育諸学校、幼稚園が地域社会に根ざした学校として発展していくためには、「地域社会の教育力の活用」と「地域社会への貢献」を当面の目標とし、その達成に向けて必要な方策を強力に推進する必要がある。以下にそのための具体の施策を提言する。

1 地域社会の教育力の活用

(1) 地域社会の人材等を活用した教育活動

地域社会には、職業や経験を通して培った高い資質や能力を持つ様々な人々がいる。これらの人々の専門的な知識や技能などを学校の教育活動に適切に活用することによって、教育活動の多様化とその質の向上に大いに資することが期待できる。しかし、現在のところ地域の人々による学校の教育活動への参加・協力が日常的にどの学校でも見られるという状況にはなっていない。自ら学ぶ意欲や思考力、判断力、表現力などの育成を重視する教育が進められている今日、地域社会の多様な人材、社会教育・文化・スポーツ施設、地域の文化財、産業施設、さらには、森林・河川・海浜などの自然の持つ教育機能などを有効に活用することが望まれる。

○特別非常勤講師制度の活用

昭和63年の教育職員免許法の改正により、社会人の学校教育への登用を可能とする制度である特別非常勤講師制度が導入された。この制度により、特定の領域において優れた知識・技能を持つ者については、教員免許状を持っていなくても、都道府県教育委員会の許可を受けて教科の領域の一部やクラブ活動を担当する非常勤講師として採用され、教室で直接子供に指導できることになった。平成6年度からはこのような非常勤講師配置のための国による助成措置も講じられている。平成6年度には高等学校を中心に全国で延べ2,328人がこの制度の活用により教壇に立っているが、小・中学校においては必ずしも実績は多くない。この制度の一層の活用を望みたい。そのため、教育委員会は、この制度の活用を各学校に広く促すとともに、地域の人材を授業に有効に活用するシステムを作るべきである。例えば、教員や指導者となり得る人材を発掘して、登録制度を設け、候補者名簿を作成すること（特別非常勤講師人材バンク）などが考えられる。また、地域の人々にも、学校からの求めに応じて、積極的に学校教育に協力する姿勢を持つことを期待したい。

○学校行事や部活動での専門家の活用

学校行事等の特別活動や部活動などの指導においても、地域の人々の積極的な協力を得ることが大切である。この場合も、教育委員会は学校と地域の人材を結び付ける役割を積極的に果たすことが大切である。

○社会教育施設等の活用

自ら学ぶ意欲や思考力などを育てるためには、様々な生活体験や活動体験を通して自ら考え学ぶことができる機会を増やすことが大切である。学校においては、そのための方途の一つとして、社会教育・文化・スポーツ施設の一層積極的な活用が求められている。これまでも、少年自然の家などを利用して学校の集団宿泊活動が行われてきているが、様々な施設を活用して学校の教育活動

を充実させることが期待される。例えば、公民館、博物館、美術館などの施設において、学校教育に即した内容で事業を企画したり、社会科や理科、美術などの授業の一部をこれらの施設において、施設の専門的職員の協力を得て行うことを考えてもよい。

こうしたことを着実に推進するためには、市町村教育委員会において、適切な指導助言や財政上の措置など地域や学校の実情に合わせた積極的な対応を図ることが必要である。市町村教育委員会の創意と工夫が期待される。なお、こうした地域の教育資源の活用を考える場合にはいわゆる教育機関・施設に限らず、広く、森林・河川・海浜などの自然環境も視野に入れて、検討されることが望ましい。

(2) 学校に対する地域社会の支援

地域社会が学校に対して必要な支援を行うことは、学校教育の機能を高める上で特に大切である。学校週五日制の円滑な実施、いじめ問題への適切な対応、学校を取り巻く教育環境の改善など、緊急の課題が生じている。これらの課題への実効性ある対応のためには、学校と家庭・地域社会との密接な連携が重要である。また、社会からの様々な支援の受入れは、ややもすると閉鎖的になりがちな学校のこれまでの慣行や雰囲気の見直しの契機にもなる。

○PTA活動の活性化

学校に対する地域社会の支援の拡充のためには、地域の人々が、自分たちの学校として愛着を感じ、学校の問題を共有しようとする気持ちを持つことが大切である。そのためには、学校側からその現状を知らせ、課題を理解してもらい、その上で協力を求めることが必要である。

このためには、PTA活動の一層の活性化が不可欠である。PTAは、学校からの求めに応じ学校の諸活動に必要な支援・協力を行うとともに、学校を取り巻く課題を十分把握しながら、会員自らがやりがいを感じられるような、自主的な事業に取り組むことが重要である。また、組織的な活動ばかりでなく、個々の会員が各自の都合に合わせて柔軟に参加できるような多様な活動形態を工夫するとともに、職業を持つ人々が参加できるよう夜間や休日に活動の時間を設定するなどの工夫も考えられる。さらに、学校に対する地域社会の支援を拡充していくための一つの方策として、例えば、市町村教育委員会が核となり地域の社会教育団体や学識経験者などの参加を得て設けられる地域の教育問題に関する連絡協議の場に、PTAも積極的に参加していくことも考えられる。

PTA活動は、男女共同参画社会へ向けてのモデルともなるべき活動であり、男女両性がいろいろな場で共に参画していくことが求められる。父親の積極的な参加を促すために、各種の会合などの開催時間や場所を見直すことも必要になる。さらには、PTA活動への参加が保護者としてまた地域社会の構成員として当然のことであるとの認識が、企業を含め社会全体に広がる必要がある。行政としても、そのような意識の高まりや環境の醸成に向けて努力すべきである。

○ボランティアによる支援

学校に対する地域社会の支援としては、地域の高齢者の会などのボランティア活動を行う団体等に呼び掛け、その協力を得ることも考えられる。このことについては、世代を超えたふれあい活動の実施、地域の伝統的な文化や技能の伝承、校庭の整備・花壇の世話など学校の環境整備への協力など、様々な支援が考えられる。

2 地域社会への貢献

(1) 地域住民への学習機会の提供

学校は、子供たちに対する教育の場というばかりではなく、地域社会の貴重な学習の場でもある。学校の持つ教育機能や施設を開放して、地域住民に学習機会を提供することに対する、地域住民の期待は大きい。また、このことは学校の機能をよりよく発揮する上においても是非必要なことである。

○開放講座等の充実

地域住民への学習機会として学校の開放講座への期待は大きい。現在、高等学校、専修学校においては国庫補助を受けて開放講座が行われてきているが、一層の拡充が望まれる。また、地域によっては、小・中学校でも実施しているところがある。こうした講座の実施に当たっては、それぞれの学校の特色や教職員の意欲を生かす配慮が必要である。教職員にとって、講座の実施はある程度の負担にはなるという面はあるものの、一方で、地域住民への指導や教授を通じて得るところも少なくないと考えられる。地域の人々の学校への理解も深まることになる。今後、講座の実施に当たっては、受講者の利便を考慮して多様な時間帯に実施されるようにする必要がある。

なお、幼稚園においても地域の実情に応じて、子育て相談や子育てに関する講座などの取組が行われているが、今後一層それらの取組を推進し、幼稚園が地域の幼児教育のセンター的役割を果たすことが求められる。

(2) 施設開放の促進

学校施設の開放は、現在、小・中・高等学校を合わせて平均9割の学校で実施されている。しかし、その開放の日数や時間は学校により様々であり、近年の地域住民の学習ニーズの増大に対して必ずしもその需要を満たしているとは言えない。一方、開放時に事故があった場合に学校側が責任を問われるのではないかとの懸念が開放を妨げる要因となっているとの指摘もある。

地域において学習活動のためのまとまった施設設備が不足している現状では、学校施設の開放は、地域住民が身近な場所で多様な学習を行う上で極めて有効であり、その促進が強く期待される。

○開放実施体制の整備

学校施設開放の促進のためには、開放事業の実施上の責任がどこにあるかを明確にしておくことが必要である。

この点については、従来、学校開放事業の実施上の責任は開放事業の主体である教育委員会にあるとされている。事業の具体的な運営は、教育委員会が直接、あるいは地域住民のボランティアによる開放実施委員会を通して行い、校長は事業についての管理責任は負わないことになっている。体育施設の開放については昭和51年の文部省通知により、学校開放時の管理体制の仕組みが明確にされている。また、校舎などの施設の開放についてもこれまで指導がなされてきているが、なお、実態として学校にとって負担になっている例も見られる。施設開放に対する学校関係者の懸念を払拭し、開放事業の実施体制を確立するため、教育委員会においては、学校ごとに施設の管理や利用者の安全確保・指導に当たる管理指導員の適切な配置、地域住民の協力を得た委員会の整備など必要な措置を講ずることが求められる。また、教育委員会は、開放事業にともなう事故に対応するため、参加者や指導者を対象とする各種保険制度について周知することも必要である。

○学校施設の高機能化

学校施設は、子供たちの学習活動にとって最も適切な環境となるよう整備されることが前提であるが、地域の人々の学習の場として活用することも大切であることから、それに対しても快適で機能の高い学習環境として整備される必要がある。このため、施設設備の機能の高度化を図るほか、関連する文教施設等との有機的な連携や施設の複合化などにより、多様な学習機会を提供することについても柔軟に検討すべきである。

開放を円滑に進めるためには、あらかじめ学校の建設の段階で開放にも配慮した設計が行われることが大切である。文部省により示されている学校施設整備指針においても、クラブハウスの設置など開放に関する事項が規定されており、地域の実情に応じた適切な配慮が望まれる。

学校施設の機能の高度化を図るためには、地域の実情に応じて、例えば、学校の校庭と市民公園、あるいは学校プールと市民温水プールなど、学校施設と地域の施設との一体的な整備を行うことも考えられる。また、学校施設と隣接する地域の施設との間での相互利用を図ることも考えられる。いずれの場合にも、学校教育に支障の生じないように十分配慮すべきことは言うまでもない。

○余裕教室の活用

生徒の減少に伴って生じている余裕教室の有効な活用も当面の大きな課題になっている。余裕教室の活用に当たっては、コンピュータ教室など教育活動を一層充実させる観点からの転用がまず考えられるべきである。特に、いじめなど生徒指導上の諸問題への対応に関連して、近時、カウンセリング室の整備のための緊急3か年整備計画が策定されたところであり、その促進が期待される。このほか、更に活用の余地のある場合には、地域住民の学習活動を積極的に支援する観点から、社会教育・文化・スポーツ施設への転用も検討すべきである。なお、地域の実情に応じては、更に学童保育・デイサービスセンター等福祉施設や備蓄倉庫等地域防災のための施設などへの転用も考えられる。

（略）

Ⅲ　地域住民のニーズにこたえる社会教育・文化・スポーツ施設

（略）

1　多様化・高度化する学習ニーズへの対応

(1)　多様で総合的な学習機会の提供

（略）

○総合的な計画の整備

多様な施設の総合的な整備のためには、地域全体での総合的、有機的な学習施設整備計画を作ることが大切である。地域のまちづくり計画等の中にしっかりと位置付けられることにより、施設の整備は着実に進展することであろう。

（略）

(2)　施設間の広域的な連携の促進

関係施設間にネットワークを形成し、相互の機能の広域的な連携・協力体制を整備することにより、地域における生涯学習機能を総合的に発揮することが期待される。

○行政部局間の連携強化

社会教育・文化・スポーツ施設においては、それぞれの施設の職員の努力により、多様な学習機会の提供が行われてきている。他方、地域住民の学習ニーズの高まりに応じて、首長部局および関連施設での学習機会提供も盛んに行われるようになっている。このため、教育委員会や他の行政部局で行われる各種の事業の実施について、学習者の立場に立って、行政部局間の連携・調整を図ることが必要になってきている。そのため教育委員会が積極的な役割を果たすことが期待される。

なお、教育委員会が実施する事業の内容は、どちらかと言うと、これまで趣味・文化・教養などに偏る面も見られたが、今後は、職業に係る知識・技術の向上や市民意識・社会連帯意識などに関する学習、あるいは、介護等の生活技術の習得に係る学習などを含め、新たな学習ニーズにこたえる適切な内容の事業を積極的に実施すべきである。このためには、それらの学習に関係する行政部局・施設の協力・支援を得ることが必要であり、その観点からも、教育委員会と他の行政部局間の連携・調整を図る必要がある。

○民間との連携強化

人々の多様な学習ニーズに柔軟にこたえるためには、多様な学習機会が提供されなければならない。学習機会の提供や学習支援を行うのは公的施設ばかりではない。一般の個人・グループあるいは民間教育事業者などを広い視野でとらえ、これらと適切な連携を進める必要がある。このため、民間の教育事業者と公的施設との連携の

あり方が現実的な課題となり、連携のための新たなルール作りが必要になってきている。平成7年9月の文部省通知により、公民館における民間教育事業者の施設利用が、社会教育法上許容される旨の法解釈が明確に示されたことは、公民館事業における民間との連携を考える上において有意義である。今後とも関係者の相互の理解の下に適切な連携関係を作っていくことが求められる。生涯学習関連施設・民間事業者間の円滑な意思疎通を図るための協議会・情報交換会が幾つかの都道府県で開催されるようになっているが、こうした機会の拡充と機能強化が期待される。

○コーディネート機能の強化

異なる種類の施設間で形成された広域的なネットワークが有機的・効率的に機能するためには、連携の中心となる中核的な機関が不可欠である。これには、一般に地域の生涯学習推進センターが当たっているが、ネットワークを形骸化させないようにするためにも、生涯学習推進センター自体の体制整備が必要になる。この場合、特に、コーディネート機能の強化が大切である。地域住民の学習ニーズを的確に把握し、これに即応した学習機会の提供を企画し、関係施設間の事業の調整を図るなど、ネットワークが生き生きと統合的に機能するようにする必要がある。このため、生涯学習全般にわたって企画・調整・助言などの支援能力を持った専門的職員をセンターなどに配置することが大切である。コーディネーター養成も急がれる課題であり、国立教育会館社会教育研修所などでの研修の拡充が望まれる。

○学習情報ネットワークの構築

施設間のネットワークを円滑かつ迅速に動かすためには、構成施設等の学習情報のオンラインネットワークの構築が欠かせない。このため、現在、国では西暦2000年を目途に、全国的な学習情報のネットワークづくり、全国的な中核機関づくりが進められている。様々な分野で構築されつつあるネットワークを統合した総合的な学習情報システムの利用が早期に実現することを期待したい。その際、他の学習情報関連システムとの連携にも配慮が望まれる。都道府県においても、国の補助制度を活用しながら、情報ネットワークの構築が進められている。おおむね、順調な整備状況と言えるが、各都道府県・市町村によっては情報を検索できる端末が少ないこと、最新の情報が入力されていないことなど、学習者にとって必要な情報が得られるまでにはなっていないところもあり、引き続き努力が求められる。なお、社会通信教育事業も、今日の学習ニーズに応じて、多様に展開してきており、生涯学習を進める上で重要な役割を担うに至っている。これらに係る学習情報についても、情報ネットワークにおいて適切に提供されることが望まれる。

(3) 情報化・マルチメディア化への対応

学習機会へのアクセスに対する時間的・地理的な制約を大幅に緩和させ、より質の高い効率的な学習を可能にするものとして、各種の学習施設における情報化・マルチメディア化への対応に対する人々の要請は特に高い。また、個人の自主的な学習を進める上での有力な手段としても、期待は大きい。

○情報化による事業の革新

施設においては、事業の実施や施設の運営に情報関係施設設備を積極的に導入することが必要になっている。これに伴って、情報関係の機器・システムのもとでマルチメディアを用いた学習プログラムを開発するなど新しい事業の内容・方法の革新を図る必要がある。同時に、職員の関係知識・技術の習得が迅速に進むよう研修等の改善を図る必要がある。

○情報提供のマルチメディア化

現在整備が行われつつある生涯学習情報提供システムは、文字や数値による案内情報等が中心である。しかし、科学技術の進歩により音声・図形・画像・映像等を効果的に組み合わせたマルチメディア形態の情報提供が可能になっている。このため、地域住民に親しみやすく利用しやすい情報提供を行うためにも、システムのマルチメディア化を図ることについて検討を行う必要がある。また、インターネットなどの情報通信網の発展を視野に入れた先行的な研究開発が求められる。

(4) 学校教育との連携・協力

今日の学校教育では、自ら考え、判断し、行動するなどの資質・能力を重視する教育が展開されている。こうした教育を進めていく上で、自然環境や日常生活の中での体験学習が効果的である。社会教育・文化・スポーツ施設などが学校と連携して、こうした事業を展開していくことが求められており、その連携・協力の推進の在り方や具体的な方向が課題となっている。

○「学社融合」の理念に立った事業展開

従来、学校教育と社会教育との連携・協力については、「学社連携」という言葉が使われてきた。これは、学校教育と社会教育がそれぞれ独自の教育機能を発揮し、相互に足りない部分を補完しながら協力しようというものであった。しかし、実際には、学校教育はここまで、社会教育はここまでというような仕分けが行われたが、必要な連携・協力は必ずしも十分でなかった。この反省から、現在、国立青年の家、少年自然の家においては、学校がこれらの青少年教育施設を効果的に活用することができるよう、「学社融合」を目指した取組が行われている。

この学社融合は、学校教育と社会教育がそれぞれの役割分担を前提とした上で、そこから一歩進んで、学習の場や活動など両者の要素を部分的に重ね合わせながら、一体となって子供たちの教育に取り組んでいこうという考え方であり、学社連携の最も進んだ形態と見ることもできる。このような学社融合の理念を実現するためには、例えば、学校が地域の青少年教育施設や図書館・博物館などの社会教育・文化・スポーツ施設を効果的に利用することができるよう、それぞれの施設が、学校との連携・協力を図りつつ、学校教育の中で活用しやすいプログラムや教材を開発し、施設の特色を活かした事業を積極的

に展開していくことが重要である。これによって、学校だけでは成し得なかった、より豊かな子供たちの教育が可能になるものと考えられる。今後、こうした学社融合の理念に立った活動を積極的に推進していくためには、国としても、必要な調査研究や先導的な事業に対する支援などを行うことが求められる。

また、学校と家庭・地域社会との適切な役割分担と連携を図りつつ学社融合を円滑に推進していくためには、その基盤を整備していくことが重要である。学校と施設間の人事交流の一層の促進や、学校教員が青少年教育施設等で体験的な研修を行うような機会を拡充することなども検討される必要がある。

○学校週五日制への対応

平成4年9月から実施されている学校週五日制は、これからの時代に生きる子供たちの望ましい人間形成を図るため、学校、家庭及び地域社会が一体となってそれぞれの教育機能を発揮する中で、子供が自ら考え主体的に判断し、行動できる力を身に付けるようにしようとするものである。この学校週五日制は子供たちの生活にゆとりを与え、より豊かな生活体験・活動体験の機会を豊富にする契機となるものであり、地域社会における学校外活動充実の拠点となる社会教育・文化・スポーツ施設には大きな期待が寄せられている。

（略）

○地域ぐるみの活動の展開

社会教育・文化・スポーツ施設が学校と連携・協力していくためには、これらの施設を中心とした地域ぐるみの活動が展開される必要がある。特に、現在、学校週五日制の実施やいじめ問題への対応などを契機に、子供の育成に関して地域社会の持つ教育機能の充実・向上が求められている。このため、これらの施設においては、子供たちのためにやりがいのある楽しい活動機会を積極的に提供していくとともに、社会教育関係団体、ボランティアグループなどと協力して、子供たちの健全な育成のための適切な事業が行われるようにいろいろな啓発事業を行うことも求められる。これらの活動が円滑・的確に行われるよう教育委員会による支援も必要である。

また、子供たちが基本的な生活習慣・態度等を身に付ける上で、家庭の果たす役割は特に大きい。家庭の教育力の向上のために、社会教育施設等において、家庭教育についての学級・講座の実施、親子で活動する機会の提供、家族一緒の文化・スポーツ活動の機会の提供などの多様な学習機会の提供や相談事業の充実などの支援が必要である。

こうした地域ぐるみの活動が活発に行われるためには、企業におけるこれらの活動への支援も必要である。この点については、平成8年3月に（社）経済団体連合会が取りまとめた「創造的な人材の育成に向けて～求められる教育改革と企業の行動～」においても指摘されているところであるが、労働時間の短縮、弾力的な労働時間管理、休暇取得の促進などの実施、進学時期の子供を持つ職員への転勤時期・場所等についての配慮など、社会人が地域社会や家庭で活動・生活するためのゆとりをもたらすよう企業が具体的な対応をとることが求められている。

2　組織運営の活性化

(1)　人的体制の整備

施設の機能が十分に発揮できるかどうかは、事業の実施や施設の運営管理を担う職員体制にかかわる面が大きい。学芸員、司書、アートマネージメント担当職員、スポーツプログラマー等の専門的職員、あるいは様々な分野の指導者等に優秀な人材を得て、機能的な業務体制を編成することが重要である。社会の変化や学習ニーズの多様化の中で常に生起する新たな課題に迅速かつ的確に対応できるかどうかは、それに対応し得る能力と意欲を持った人材を確保し、機能的な組織運営を行うことにかかっていると言っても過言ではない。

○専門的職員の確保・養成

人的体制の整備のためには、各施設の事業を担当する専門的職員に優秀な人材を確保するとともに、研修により資質の向上を図ることが必要である。その際、特に、地域住民との対応において意思の疎通を円滑、適正に図ることが求められていることにかんがみ、そのような観点からの研修も配慮される必要がある。社会教育主事等の専門的職員の養成や研修の充実について、本審議会社会教育分科審議会の報告（平成8年4月）を踏まえ適切な方策が講ぜられることを期待したい。

○ボランティアの受入れ

人的体制の整備の上では、施設職員とともに、施設業務に対して協力・支援を行うボランティアも重要な要素となる。ボランティア活動は、施設にとってその組織運営の活性化に重要であるばかりでなく、ボランティア自身にとっても、自己開発・自己実現につながる学習の場として、学習成果を生かす場として、あるいはボランティア相互の啓発により学習を活性化するものとして重要である。こうした点から、積極的にボランティアの受入れを進めることが必要である。その際、社会教育主事、学芸員、司書などの資格を有しながら実際の業務に就いていない者が多数存在することから、こうした有資格者の持つ専門的知識やそれぞれの多様な経験等を活用することが有意義である。データベース（人材バンク）の創設を行うなど、国と関係機関・団体等との連携・協力の下に、ボランティアの受入れの推進を図ることが必要である。また、ボランティアの受入れに当たっては、施設の業務全体の中でボランティアが有効な活動を進められるようにするため、先導的な取組を行っている施設の事例を普及させたり、あるいは研究協議を行ったり、ボランティアや職員の研修を実施したりすることも必要である。

(2)　利用者の立場に立った施設の運営

自発的な意志に基づき自由に行われるべき生涯学習を

進めるには、施設は、施設の管理者側の都合ではなく、利用者側の立場に立った事業の実施、施設の運営に十分配慮する必要がある。

○アクセスの改善

利用者が社会教育・文化・スポーツ施設をできるだけ利用しやすいように、施設の開館日・開館時間については、地域の実情に応じつつ、可能な限り弾力的な扱いをすることが必要である。また、身近なところで施設の利用が可能になるよう、分館の拡充などが求められるとともに、施設間のネットワーク化の推進により、施設のサービスが柔軟に受けられるようにする必要もある。施設の利用の改善を図る上では、施設内の設備など学習環境の充実も大切な課題である。学習者の特性（子供、高齢者、障害者、外国人など）に配慮した施設設備の整備や事業運営の工夫も求められる。

○住民参加による運営

施設の事業の運営に当たっては、施設の管理者が事業の企画・実施を含めて施設の運営全般に責任を持って行うことが当然であるが、施設や地域の実情に応じて、地域住民が事業の企画や運営に何らかの関与ができるようにすることも考えられる。例えば、事業の企画・運営・広報などを行う委員会に委員として参加したり、ボランティアとして指導のスタッフに加わったりすることなどがあろう。こうした事業運営への住民の参加は、地域の施設としてより利用者の立場に立った施設の運営に資するところが大きいと考えられる。

(3) 新しい学習課題に対する運営の改善

地域住民を取り巻く社会環境の急激な変化の中で、新たな学習課題も生起してきており、施設としてそうした課題に対応できるように運営を工夫することが必要になっている。常に新たな需要を的確に把握し、新しい事業展開や運営の改善を図っていくことは、施設がその組織の活力を維持していく上にも大切である。

○国際化・情報化等への対応

国際化・情報化・高齢化等の社会の変化への対応や男女共同参画社会の形成など現代的課題に関する学習の推進について、地域の実情に応じた積極的な取組が期待される。

（略）

○学習者への支援

人々の学習形態は学級・講座や講演会のほか、共通の学習ニーズで構成される学習グループ、図書・メディアを活用した個人学習など多様化が進んできている。社会教育・文化・スポーツ施設においては、このような学習グループや個人の自主的な学習活動を積極的に支援するとともに、こうした学習グループ等の育成に向けた支援・協力を行う必要がある。自主的な学習への支援方策として、学習者の幅広い選択が可能になる多様な内容の提供、学習相談や助言事業の改善・充実、視聴覚教育メディアの開発、学習情報提供システムの充実などが検討される必要がある。

(4) 財政面での充実

財政面での充実は、活力ある施設の運営のための重要な基盤の一つである。質の高い事業を多様に展開していくためには、職員など関係者の創意・工夫とともに、必要な財政的な裏付けの確保が不可欠である。

○財源の確保

公的な社会教育・文化・スポーツ施設が、今後、より高度な事業や情報化等に対する新たな機能の充実等を積極的に推進していくためには、まず、施設の設置者が施設の運営体制の充実を図るとともに、運営経費など財政的な基盤の整備に従来にも増して努力することが必要である。また、施設においても、施設の事業の充実のために自助努力を行う姿勢が求められる。特に、様々な財政上の制約の下においては、施設運営のための独自の財源を確保することも大切である。社会教育法においては公民館の維持運営のため市町村は特別会計や基金を設けることができる旨規定されているところであり、こうした既存の仕組みなどを積極的に活用することが期待される。また、支援のための財団が地域レベルあるいは施設単位に設置できれば、安定的に事業運営や施設維持をすることができる。その際、広く民間からの資金協力を得ることが望まれる。そのためには、例えば、各種行事・イベント等を開催し、継続的に広報を実施するなどして、生涯学習の重要性や施設の事業の必要性について民間の関心と理解を深めるような努力と工夫が必要である。

また、それぞれの施設においても、利用者の適切な経費負担を含め、施設の有する多様な機能を効果的に活用するような事業展開に努めることが必要である。そうした努力や工夫によりもたらされる蓄積を当該施設等の財源に充て地域住民のための事業の充実や施設運営のために活用することにより、財政基盤の充実の面のみならず、施設の組織運営の活性化のためにも極めて大きな効果を及ぼすものと考えられる。

○適切な料金設定のもとでの事業展開

現在、公的な施設においては、その公共性を考慮し講座等の受講料などは無料あるいは教材費などの実費に限ることが一般的である。地域住民のための公共的な利用に供することを目的とする本来的な性格から、そのこと自体は今後とも否定的にとらえるべきことではない。特に、青少年の学校外における多様な学習の場の確保や学校週五日制の導入など新たな課題への積極的な対応という観点から、学校が休みの土曜日に博物館の入場料を子供について無料にする等の取組も行われており、一層の拡充が必要である。しかし、事業内容や参加者、地域における学習機会提供の状況によっては、適切な料金設定の下での事業展開の在り方について検討することも必要と考えられる。その際、地域住民の学習ニーズや参加者の特性、あるいはそれぞれの施設としての事業の必要性や優先度、民間教育事業者など他の学習関連施設の設置状況や事業の実施状況などを十分考慮することが必要である。

IV 生涯学習に貢献する研究・研修施設

1 多様な学習機会の提供

(1) 施設の開放や学習関連事業の実施

　研究・研修施設は、地域住民の高度化し多様化する学習ニーズに的確にこたえることのできる、極めて魅力的な地域社会の学習資源としてとらえることができる。施設の持つ人材や施設設備等の学習資源をいかにうまく活用して地域に学習機会を提供するかが課題となっている。このため、それぞれの施設がその置かれた状況に応じて、施設の公開や公開講座の実施などを進めることが求められる。

○施設の公開

　研究・研修施設の建物や設備等を見学することはそれだけで専門の分野における研究事情を学習するための契機となり得る。積極的な施設の公開、見学会・説明会の実施、それらに合わせた施設や関連する研究に対する啓発資料の作成・展示・配布などが求められる。

○公開講座等の実施

　研究・研修施設の研究者等の職員が当該施設の研究成果や研究に関連しての知見を、分かりやすく公開講座・講演会などの形で地域住民に提供していくことについても地域の期待は大きい。これらの開催については、教育委員会や社会教育施設などを通して広く地域の人々に広報することが望まれる。場合によっては、地方公共団体の行う事業に組み込んで行うことも考えられる。また、研究者等の職員が地方公共団体等で行われる講座、学級に講師として協力することもあろう。こうした活動を積極的に実施することが期待されている。

（略）

おわりに

　地域における生涯学習に関連する諸施設を四つの類型に分け、それぞれの施設が今後とるべき方策について述べてきた。その中にはそれぞれの類型を超えて、より横断的、総合的に取り組まなければならない課題もある。

　第一は、施設間の連携・協力の推進である。学習者の様々なニーズに柔軟・迅速・的確にこたえていくためには、各施設が単独で対応するのではなく、類型を超えて関連する施設間に機能的なネットワークを構築して対応することが有効である。このことについては、それぞれの類型内での連携は図られてきているが、更にその枠を超えて、地域社会におけるすべての関連施設を含む連携・協力システムの構築を推進する必要がある。その場合、学習者の立場に立った学習機会の提供という観点から、行政部局の違いや公的施設・民間施設の違いを超えて連携を深めることが大切である。

　また、円滑で実効あるネットワークを構築するためには、情報ネットワークの整備やコーディネート機能の充実が基盤的な要件になる。新しい豊かな情報データが容易に取得できる仕組みを活用して、コーディネーターが学習者と施設、施設間相互の連絡・調整を的確に行うことが大切である。日常的な連携・協力は、各施設の学習機会提供に有用なノウハウなどをもたらし、施設の職員に新たな意欲を刺激する。従ってシステムに参加する機関・施設の機能の向上に資することにもなろう。広域的かつ総合的なネットワークの仕組みを、地域の状況等に応じて形成していくことが望まれる。

　第二は、情報化・マルチメディア化への対応である。科学技術の発展に伴い、コンピュータ、光ファイバー等の高度情報通信網、衛星通信、衛星放送等がごく身近な存在になってきた。これらは時間的・地理的な制約を大幅に緩和させ、より質の高い効率的な学習を可能にするものとして期待されている。施設における適切・効果的なマルチメディアの活用は、学習機会の提供の充実、学習方法や内容の改善等に大きく貢献するとともに、個人の自主的な学習活動の支援にも大きな役割を果たすことが期待されている。今日、施設と学校との連携の強化が求められているところから、両者を有機的に結ぶための手段の一つとしてマルチメディアの活用は一層重要となろう。今後は、これまで以上に、マルチメディアの利用、コンピュータ等物的条件の整備、活用方法の研究と実践、ソフトウエアの研究開発、専門的な人材の養成等諸施策の推進が望まれる。

　第三は、ボランティアの受入れである。ボランティアを受け入れることは、施設の提供する学習機会をより充実するばかりでなく、地域住民の希望や意見を施設の運営に反映させ、その活性化に寄与する。また、ボランティアとして協力する人々にとっても、その活動は自らの能力を生かす道でもあり、生きがいや自己実現に結び付くものでもある。その意味において、生涯学習の視点からボランティア活動を拡充することが望まれる。

　施設へのボランティアの参加・支援を促進するため、それぞれの施設の実情等に応じて受入れの体制を整備することが望まれる。また、行政においても、ボランティアグループや団体への支援、ボランティアコーディネーターの養成、情報の提供など、ボランティア活動を促進するための諸施策の推進が望まれる。

　第四は、市町村教育委員会の活性化である。市町村教育委員会は、小・中学校や社会教育・文化・スポーツ施設の設置者としてそれぞれの施設が適切に運営されるよう必要な基盤の整備や管理を行っており、これら施設が今回の答申の諸提言に即して事業や施設運営の改善を図る場合、それを有効に促進する役割を担う。施設における学習活動の推進のため市町村教育委員会の役割は極めて重要である。関連機関の連携体制を構築するに当たっても、市町村教育委員会は学習ニーズを具体的に把握して施設の事業に生かすなど、住民の最も身近なところで実質的にコーディネートの役割を果たしている。その一層の活性化が求められる。

　いずれの課題も、これまでの組織の中に閉じこもった

閉鎖的あるいは縦割りの指向とは相容れないものである。関係者においては、学習者の視点に立った生涯学習機会を実現するため、新しい発想に立って広い視野からお互いの連携・協力関係を築き上げることを期待したい。

21世紀を展望した我が国の教育の在り方について［第1次］（抄）

［中央教育審議会答申　平成8（1996）年7月19日］

第1部　今後における教育の在り方

（略）

(3)　今後における教育の在り方の基本的な方向

　我々は、以上のような認識の下に、今後の教育の在り方について種々検討を行った。

　教育においては、どんなに社会が変化しようとも、「時代を超えて変わらない価値のあるもの」（不易）がある。

　豊かな人間性、正義感や公正さを重んじる心、自らを律しつつ、他人と協調し、他人を思いやる心、人権を尊重する心、自然を愛する心など、こうしたものを子供たちに培うことは、いつの時代、どこの国の教育においても大切にされなければならないことである。

　また、それぞれの国の教育において、子供たちにその国の言語、その国の歴史や伝統、文化などを学ばせ、これらを大切にする心をはぐくむことも、また時代を超えて大切にされなければならない。我が国においては、次代を担う子供たちに、美しい日本語をしっかりと身に付けさせること、我が国が形成されてきた歴史、我が国の先達が残してくれた芸術、文学、民話、伝承などを学ぶこと、そして、これらを大切にする心を培うとともに、現代に生かしていくことができるようにすることも、我々に課された重要な課題である。

　我々はこれからの教育において、子供たち一人一人が、伸び伸びと自らの個性を存分に発揮しながら、こうした「時代を超えて変わらない価値のあるもの」をしっかりと身に付けていってほしいと考える。

　しかし、また、教育は、同時に社会の変化に無関心であってはならない。「時代の変化とともに変えていく必要があるもの」（流行）に柔軟に対応していくこともまた、教育に課せられた課題である。

　特に、(2)で述べたように、21世紀に向けて、急激に変化していくと考えられる社会の中にあって、これからの社会の変化を展望しつつ、教育について絶えずその在り方を見直し、改めるべきは勇気を持って速やかに改めていくこと、とりわけ、人々の生活全般に大きな影響を与えるとともに、今後も一層進展すると予測される国際化や情報化などの社会の変化に教育が的確かつ迅速に対応していくことは、極めて重要な課題と言わなければならない。

　このように、我々は、教育における「不易」と「流行」を十分に見極めつつ、子供たちの教育を進めていく必要があると考えるが、このことは、これからの時代を拓いていく人材の育成という視点から重要だというだけでなく、子供たちが、それぞれ将来、自己実現を図りながら、変化の激しいこれからの社会を生きていくために必要な資質や能力を身に付けていくという視点からも重要だと考える。

　また、今日の変化の激しい社会にあって、いわゆる知識の陳腐化が早まり、学校時代に獲得した知識を大事に保持していれば済むということはもはや許されず、不断にリフレッシュすることが求められるようになっている。生涯学習時代の到来が叫ばれるようになったゆえんである。加えて、将来予測がなかなか明確につかない、先行き不透明な社会にあって、その時々の状況を踏まえつつ、考えたり、判断する力が一層重要となっている。さらに、マルチメディアなど情報化が進展する中で、知識・情報にアクセスすることが容易となり、入手した知識・情報を使ってもっと価値ある新しいものを生み出す創造性が強く求められるようになっている。

　このように考えるとき、我々はこれからの子供たちに必要となるのは、いかに社会が変化しようと、自分で課題を見つけ、自ら学び、自ら考え、主体的に判断し、行動し、よりよく問題を解決する資質や能力であり、また、自らを律しつつ、他人とともに協調し、他人を思いやる心や感動する心など、豊かな人間性であると考えた。たくましく生きるための健康や体力が不可欠であることは言うまでもない。我々は、こうした資質や能力を、変化の激しいこれからの社会を［生きる力］と称することとし、これらをバランスよくはぐくんでいくことが重要であると考えた。［生きる力］は、全人的な力であり、幅広く様々な観点から敷衍することができる。

　まず、［生きる力］は、これからの変化の激しい社会において、いかなる場面でも他人と協調しつつ自律的に社会生活を送っていくために必要となる、人間としての実践的な力である。それは、紙の上だけの知識でなく、生きていくための「知恵」とも言うべきものであり、我々の文化や社会についての知識を基礎にしつつ、社会生活において実際に生かされるものでなければならない。［生きる力］は、単に過去の知識を記憶しているということではなく、初めて遭遇するような場面でも、自分で課題を見つけ、自ら考え、自ら問題を解決していく資質や能力である。これからの情報化の進展に伴ってますます必要になる、あふれる情報の中から、自分に本当に必要な情報を選択し、主体的に自らの考えを築き上げていく力などは、この［生きる力］の重要な要素である。

　また、［生きる力］は、理性的な判断力や合理的な精神だけでなく、美しいものや自然に感動する心といった柔らかな感性を含むものである。さらに、よい行いに感銘し、間違った行いを憎むといった正義感や公正さを重んじる心、生命を大切にし、人権を尊重する心などの基本的な倫理観や、他人を思いやる心や優しさ、相手の立場になって考えたり、共感することのできる温かい心、ボランティアなど社会貢献の精神も、［生きる力］を形作る

大切な柱である。

そして、健康や体力は、こうした資質や能力などを支える基盤として不可欠である。

このような[生きる力]を育てていくことが、これからの教育の在り方の基本的な方向とならなければならない。[生きる力]をはぐくむということは、社会の変化に適切に対応することが求められるとともに、自己実現のための学習ニーズが増大していく、いわゆる生涯学習社会において、特に重要な課題であるということができよう。

また、教育は、子供たちの「自分さがしの旅」を扶ける営みとも言える。教育において一人一人の個性をかけがえのないものとして尊重し、その伸長を図ることの重要性はこれまでも強調されてきたことであるが、今後、[生きる力]をはぐくんでいくためにも、こうした個性尊重の考え方は、一層推し進めていかなければならない。そして、その子ならではの個性的な資質を見いだし、創造性等を積極的に伸ばしていく必要がある。こうした個性尊重の考え方に内在する自立心、自己抑制力、自己責任や自助の精神、さらには、他者との共生、異質なものへの寛容、社会との調和といった理念は、一層重視されなければならない。

今後、国際化がますます進展し、国際的な相互依存関係が一層深まっていく中で、子供たちにしっかりと[生きる力]をはぐくむためには、世界から信頼される、「国際社会に生きる日本人」を育てるということや、過去から連綿として受け継がれてきた我が国の文化や伝統を尊重する態度を育成していくことが、これまでにも増して重要になってくると考えられる。

我々は、[生きる力]をこのようなものとして考えたところである。そして、[生きる力]をはぐくむに当たっては、特に次のような視点が重要と考える。

(a) 学校・家庭・地域社会の連携と家庭や地域社会における教育の充実

まず第一は、学校・家庭・地域社会での教育が十分に連携し、相互補完しつつ、一体となって営まれることが重要だということである。教育は、言うまでもなく、単に学校だけで行われるものではない。家庭や地域社会が、教育の場として十分な機能を発揮することなしに、子供の健やかな成長はあり得ない。[生きる力]は、学校において組織的、計画的に学習しつつ、家庭や地域社会において、親子の触れ合い、友達との遊び、地域の人々との交流などの様々な活動を通じて根づいていくものであり、学校・家庭・地域社会の連携とこれらにおける教育がバランスよく行われる中で豊かに育っていくものである。特に、[生きる力]の重要な柱が豊かな人間性をはぐくむことであることを考えると、現在、ややもすると学校教育に偏りがちと言われ、家庭や地域社会の教育力の低下が指摘されている我が国において、家庭や地域社会での教育の充実を図るとともに、社会の幅広い教育機能を活性化していくことは、喫緊の課題となっていると言わなければならない。

人々が物の豊かさから心の豊かさへと大きく志向を移し、日本型雇用システムが揺らいでいる中で、今、人々は家庭や地域社会へと目を向け始めている。その意味で、今こそ家庭や地域社会での教育の在り方を見直し、その充実を図っていく必要があると考える。

また、このように、子供たちは社会全体ではぐくまれていくものであることを再確認し、子供たちの健やかな成長は、大人一人一人の責任であり、大人一人一人が考え、社会のあらゆる場で取り組んでいく必要がある問題であること、また、大人の社会の在り方そのものが強く問われる問題であることを改めて強調しておきたい。

(b) 子供たちの生活体験・自然体験等の機会の増加

次に、子供たちに[生きる力]をはぐくむためには、自然や社会の現実に触れる実際の体験が必要であるということである。子供たちは、具体的な体験や事物とのかかわりをよりどころとして、感動したり、驚いたりしながら、「なぜ、どうして」と考えを深める中で、実際の生活や社会、自然の在り方を学んでいく。そして、そこで得た知識や考え方を基に、実生活の様々な課題に取り組むことを通じて、自らを高め、よりよい生活を創り出していくことができるのである。このように、体験は、子供たちの成長の糧であり、[生きる力]をはぐくむ基盤となっているのである。

しかしながら、(1)で見たように、今日、子供たちは、直接体験が不足しているのが現状であり、子供たちに生活体験や自然体験などの体験活動の機会を豊かにすることは極めて重要な課題となっていると言わなければならない。こうした体験活動は、学校教育においても重視していくことはもちろんであるが、家庭や地域社会での活動を通じてなされることが本来自然の姿であり、かつ効果的であることから、これらの場での体験活動の機会を拡充していくことが切に望まれる。

(c) 生きる力の育成を重視した学校教育の展開

さらに、これからの学校教育においては、[生きる力]の育成を重視した教育を展開していく必要があるということである。組織的・計画的に教育を行う学校がどのような視点を重視して教育を行うかは極めて重要であり、このことなしに一人一人の子供たちにしっかりと[生きる力]をはぐくむということの実現は期し得ない。このような視点に立ったこれからの学校教育の在り方については、第2部第1章で詳しく述べることとしたい。

(d) 子供と社会全体の[ゆとり]の確保

今後の教育の在り方について、これまで述べてきたように、子供たち一人一人に[生きる力]をはぐくんでいくことが大切であるとした場合、学校・家庭・地域社会は、具体的にどうあるべきであり、どう変わらなければならないのか。それぞれについての具体的な提言は、第2部以下に述べるが、我々は、[生きる力]をはぐくんでいくために、これらに共通のものとして、子供たちにも、学校にも、家庭や地域社会を含めた社会全体にも[ゆとり]が重要であると考える。今、子供たちは多忙な生活を送っている。そうした中で[生きる力]を培うことは

困難である。子供たちに［ゆとり］を持たせることによって、はじめて子供たちは、自分を見つめ、自分で考え、また、家庭や地域社会で様々な生活体験や社会体験を豊富に積み重ねることが可能となるのである。そのためには、子供たちに家庭や地域社会で過ごす時間、すなわち、子供たちが主体的、自発的に使える時間をできるだけ多く確保することが必要である。そうした［ゆとり］の中で子供たちは、心の［ゆとり］を持つことができるようになるのである。

また、子供たちに［生きる力］をはぐくんでいくためには、子供たちに［ゆとり］を持たせるだけでなく、社会全体が時間的にも精神的にも［ゆとり］を持つことが必要である。社会全体が［ゆとり］を持つことにより、はじめて、学校でも家庭や地域社会でも、教員や親や地域の大人たちが［ゆとり］を持って子供たちと過ごし、子供たちの成長を見守り、子供たち一人一人と接することが可能となる。こうした社会全体の［ゆとり］の中で、子供たちに［生きる力］をはぐくんでいくことができるのである。

ここで［ゆとり］と言うとき、もちろん時間的な［ゆとり］を確保することも重要であるが、心の［ゆとり］や考える［ゆとり］を確保することがさらに重要である。こうした心の［ゆとり］を社会全体が持つためには、実は我が国社会全体の意識を改革していくということが必要となってくる。なぜなら、我々が心の［ゆとり］を持つことを妨げているものとして、例えば、他人がしているから自分もするといった横並び的な意識があったり、高等学校や大学で学ぶのは、ある一定の年齢層でなければならないというような過度に年齢を意識した「年齢主義」的な価値観があるのではなかろうか。こうした意味で、我々は、自分の生き方を自ら主体的に決めていくという価値観に立って、真の意味で個を確立していくことが必要だと考えるのである。

(4) 過度の受験競争の緩和

子供たちに［ゆとり］を確保し、［生きる力］をはぐくんでいくためには、子供たちがそのような生き方をし得る環境を整えることが必要である。そのためには、本人の努力、家庭教育の在り方、地域社会の環境整備など課題はいろいろあるが、我々は、特に重要な問題として過度の受験競争の緩和があると考えた。

この問題は、いわゆる学（校）歴偏重社会の問題とも関連し、解決策を見出すことの難しい問題である。しかし、幾ら［ゆとり］の確保や［生きる力］の重要性を訴えても、そのような生き方を採ることが難しい事情があるならば、正にそれは画に描いた餅と言わざるを得ない。

過度の受験競争は少子化が進む中で、緩和しつつあるという見方もあるものの、塾通いの増加や受験競争の低年齢化に象徴されるように、大学・高等学校をめぐる受験競争は、多くの子供や親たちを巻き込みつつ、一部の小学生へも波及し、かえって厳しくなっているのが現状と考える。過度の受験競争は、子供たちの生活を多忙なものとし、心の［ゆとり］を奪う、大きな要因となっている。子供たちは、過度の受験勉強に神経をすり減らされ、青少年期にこそ経験することが望まれる様々な生活体験、社会体験、自然体験の機会を十分に持つことができず、精神的に豊かな生活を行うことが困難となっている現状がある。小学生の子供たちなどが、夜遅くまで塾に通うといった事態は、子供の人間形成にとって決して望ましいことではない。

また、高等学校や大学を目指した過度の受験競争は、高等学校以下の学校段階における教育や学習の在り方を、受験のための知識を詰め込むことに偏らせる傾向を招いている。こうした教育の在り方は、子供たちに［生きる力］をはぐくんでいく上で、大きな問題だと言わなければならない。

もちろん、これまでもこの問題について、国、都道府県、学校は手をこまねいていたわけではない。それぞれの立場において、種々の努力がなされてきた。

例えば、選抜方法の多様化、評価尺度の多元化という基本的観点に立って、大学における入学者選抜については、面接、小論文、実技検査などの実施、推薦入学の改善、受験機会の複数化、職業教育を主に学習した生徒を対象とする選抜方法の導入、大学入試センター試験の活用、編入学の推進、大学情報の提供などの改善が進められ、また、高等学校における入学者選抜については、調査書の活用と充実、推薦入学の活用、受験機会の複数化、面接の活用、偏差値や業者テストに依存しない進路指導などの改善が進められてきた。

さらに、高等学校や大学がそれぞれの教育理念や目標に沿って特色ある教育を展開していくことを基本に据えて、高等学校教育の多様化などの高校改革や個性化・多様化を理念とするカリキュラム改革など大学改革の取組も推進されてきた。

また、企業・官公庁における採用や昇進の在り方が学（校）歴偏重社会の一つの大きな要因となり、過度の受験競争を助長してきた面があるが、現在、経済構造が大きく変化する中で、企業において、採用方法や雇用慣行を変革しようという動きが現れており、官公庁においても努力を始めている。こうした企業等の変革の動きは、今後さらに加速されるのではないかと考えられる。

我々としても、こうした大学・高等学校における入学者選抜の改善、大学改革・高校改革の取組を評価しつつ、今後一層改善が進められることを強く望みたい。また、企業・官公庁において、学校名にこだわらない採用など人物・能力本位の採用や、形式的な学（校）歴にこだわらない能力主義に基づく昇進などについてさらに積極的な取組を望みたい。

このような現実の社会の動きを踏まえ、親の側においても、子供の将来にとって何が最も重要であり、そのためにどのような教育が必要なのかについて、一人一人が真剣に考えることを求めたい。

また、この問題は、第14期中央教育審議会や大学審議会においても取り上げられてきたところであるが、過度の受験競争の現状は、我々が提言する［生きる力］を目

指す教育の実現に深くかかわるものであることから、さらにこの問題を今期中央教育審議会の検討事項の一つである学校間の接続の改善の審議とも関連させて、引き続き検討したいと考えている。その際、企業、官公庁における採用や昇進の問題、形式的な学（校）歴を重視するいわゆる学（校）歴偏重社会の問題等も併せて検討を行い、中央教育審議会としての提言を行いたい。

（略）

第２部　学校・家庭・地域社会の役割と連携の在り方

第１章　これからの学校教育の在り方

(1)　これからの学校教育の目指す方向
［１］これからの学校

いまだ成長の過程にある子供たちに、組織的・計画的に教育を行うという学校の基本構造はこれからも変わらないが、これまで、第１部で述べてきたことを踏まえるとき、これからの学校は、［生きる力］を育成するという基本的な観点を重視した学校に変わっていく必要がある。

我々は、これからの学校像を次のように描いた。

まず、学校の目指す教育としては、

(a)［生きる力］の育成を基本とし、知識を一方的に教え込むことになりがちであった教育から、子供たちが、自ら学び、自ら考える教育への転換を目指す。そして、知・徳・体のバランスのとれた教育を展開し、豊かな人間性とたくましい体をはぐくんでいく。

(b)生涯学習社会を見据えつつ、学校ですべての教育を完結するという考え方を採らずに、自ら学び、自ら考える力などの［生きる力］という生涯学習の基礎的な資質の育成を重視する。

そうした教育を実現するため、学校は、

(c)［ゆとり］のある教育環境で［ゆとり］のある教育活動を展開する。そして、子供たち一人一人が大切にされ、教員や仲間と楽しく学び合い活動する中で、存在感や自己実現の喜びを実感しつつ、［生きる力］を身に付けていく。

(d)教育内容を基礎・基本に絞り、分かりやすく、生き生きとした学習意欲を高める指導を行って、その確実な習得に努めるとともに、個性を生かした教育を重視する。

(e)子供たちを、一つの物差しではなく、多元的な、多様な物差しで見、子供たち一人一人のよさや可能性を見いだし、それを伸ばすという視点を重視する。

(f)豊かな人間性と専門的な知識・技術や幅広い教養を基盤とする実践的な指導力を備えた教員によって、子供たちに［生きる力］をはぐくんでいく。

(g)子供たちにとって共に学習する場であると同時に共に生活する場として、［ゆとり］があり、高い機能を備えた教育環境を持つ。

(h)地域や学校、子供たちの実態に応じて、創意工夫を生かした特色ある教育活動を展開する。

(i)家庭や地域社会との連携を進め、家庭や地域社会とともに子供たちを育成する開かれた学校となる。

このような「真の学び舎」としての学校を実現していくためには、学校の教育活動全体について絶えず見直し、改善の努力をしていく必要があるが、教育内容については、特に、次のような改善を図っていく必要がある。

（略）

［３］一人一人の個性を生かすための教育の改善

（略）

また、生徒の多様な学習ニーズにこたえるため、他の高等学校や専修学校における学習成果を単位認定する制度の一層の活用を図っていく必要がある。

さらに、生徒の学校外における体験的な活動や、自らの在り方・生き方を考えて努力した結果をこれまで以上に積極的に評価していくこととし、ボランティア、企業実習、農業体験実習、各種資格取得、大学の単位取得、文化・スポーツ行事における成果、放送大学の放送授業等を利用した学習、各種学校・公開講座等における学習、テレビやインターネット、通信衛星などマルチメディアを利用した自己学習などについて、各高等学校の措置により、高等学校の単位として認定できる道を開くことを積極的に検討していく必要がある。

（略）

［５］横断的・総合的な学習の推進

子供たちに［生きる力］をはぐくんでいくためには、言うまでもなく、各教科、道徳、特別活動などのそれぞれの指導に当たって様々な工夫をこらした活動を展開したり、各教科等の間の連携を図った指導を行うなど様々な試みを進めることが重要であるが、［生きる力］が全人的な力であるということを踏まえると、横断的・総合的な指導を一層推進し得るような新たな手だてを講じて、豊かに学習活動を展開していくことが極めて有効であると考えられる。

今日、国際理解教育、情報教育、環境教育などを行う社会的要請が強まってきているが、これらはいずれの教科等にもかかわる内容を持った教育であり、そうした観点からも、横断的・総合的な指導を推進していく必要性は高まっていると言える。

このため、上記の［２］の視点から各教科の教育内容を厳選することにより時間を生み出し、一定のまとまった時間（以下、「総合的な学習の時間」と称する。）を設けて横断的・総合的な指導を行うことを提言したい。

この時間における学習活動としては、国際理解、情報、環境のほか、ボランティア、自然体験などについての総合的な学習や課題学習、体験的な学習等が考えられるが、その具体的な扱いについては、子供たちの発達段階や学校段階、学校や地域の実態等に応じて、各学校の判断により、その創意工夫を生かして展開される必要がある。

また、このような時間を設定する趣旨からいって、「総合的な学習の時間」における学習については、子供たちが積極的に学習活動に取り組むといった長所の面を取り上げて評価することは大切であるとしても、この時間の学習そのものを試験の成績によって数値的に評価するよ

うな考え方を採らないことが適当と考えられる。さらに、これらの学習活動においては、学校や地域の実態によっては、年間にわたって継続的に行うことが適当な場合もあるし、ある時期に集中的に行った方が効果的な場合も考えられるので、学習指導要領の改訂に当たっては、そのような「総合的な学習の時間」の設定の仕方について弾力的な取扱いができるようにする必要がある。
　　（略）

(2)　新しい学校教育の実現のための条件整備等
　(1)で述べたような学校教育を実現していくためには、様々な面の改善・充実を図っていく必要があるが、特に以下のような条件整備等を図ることは極めて重要なことと言わなければならない。
［1］教員配置の改善
　　（略）
［2］教員の資質・能力の向上
　　（略）
　教員研修については、多様な研修機会を体系的に整備していく必要がある。その際に、大学院等における現職教育や、教員の社会的視野を広げるため、民間企業、社会教育施設、社会福祉施設等での長期にわたる体験的な研修を積極的に進めることが必要である。また、これからはいじめ問題への対応など、子供たちの心のケアが一層求められることにかんがみ、すべての教員について基礎的なカウンセリング能力の育成を充実する必要があるが、特に養護教諭については、採用時の研修をはじめとする現職研修の格段の充実を図る必要がある。
　　（略）
［3］学校外の社会人の活用
　各学校に配置される教員について、その配置の改善や資質・能力の向上を図ることは、もちろん重要であるが、学校外の社会人の指導力を、学校教育の場に積極的に活用することを提言したい。
　幅広い経験を持ち、優れた知識・技術を持つ社会人を活用することは、学校の教育内容を多様なものとするとともに、特に、子供たちに社会性や勤労観・職業観を育成したり、実技指導の充実を図る上で有効と考えられる。また、ともすれば閉鎖的となりがちな学校に、外部の新しい発想や教育力を取り入れることにより、教員の意識改革や学校運営の改善を促すことも期待される。さらに、小学校の専科教育の充実や中学校・高等学校の選択履修拡大等の観点からも社会人の活用が有効と考えられる。このような考えに立って、小・中・高等学校において、特別免許状や特別非常勤講師制度の活用をはじめ、外国語指導助手（ALT）や情報処理技術者（SE）の増員を図るなど、社会人の活用を一層促進するための施策を進める必要がある。
　また、豊富な知識・経験を有する退職教員等を積極的に活用することも併せて提言したい。
　　（略）

［5］関係機関との連携
　これまで、学校関係者の間では、学校教育を学校内だけで行おうとする傾向が強かったことは否めない。
　これからの学校教育においては、単に学校だけを教育の場と考えるのでなく、子供たちの体験的な学習の場を広げ、豊かな社会性をはぐくんでいくために、社会教育施設、青少年教育施設、文化施設、スポーツ施設などの公共施設や企業等の機関との連携を積極的に図り、教育の場を広く考えて、教育活動を展開していくことが必要である。
　また、いじめや登校拒否の問題など様々な教育課題が生じているが、それらへの取組に当たっても、学校だけで取り組むべきもの、との狭い固定的な考え方にとらわれることなく、児童福祉、人権擁護、警察など広く関係機関との連携を一層図る必要がある。
　　（略）
［7］幼児教育の充実
　生涯にわたる人間としての健全な発達や社会の変化に主体的に対応し得る能力の育成などを図る上で、幼児期における教育は、その基礎を培うものとして極めて重要なものである。
　特に、今日、都市化、核家族化、少子化が進行する中で、幼稚園が、家庭や地域社会とあいまって、同年齢や異年齢の幼児同士による集団での遊び、自然との触れ合い等の直接的・具体的な体験など、幼児期に体験すべき大切な学習の機会や場を用意することの重要性は、ますます高まってきている。
　　（略）

第2章　これからの家庭教育の在り方

(1)　これからの家庭教育の在り方
　家庭教育は、乳幼児期の親子のきずなの形成に始まる家族との触れ合いを通じ、［生きる力］の基礎的な資質や能力を育成するものであり、すべての教育の出発点である。
　しかしながら、近年、家庭においては、過度の受験競争等に伴い、遊びなどよりも受験のための勉強重視の傾向や、日常の生活におけるしつけや感性、情操の涵養など、本来、家庭教育の役割であると考えられるものまで学校にゆだねようとする傾向のあることが指摘されている。
　加えて、近年の都市化、核家族化等により地縁的つながりの中で子育ての知恵を得る機会が乏しくなったことや個人重視の風潮、テレビ等マスメディアの影響等による、人々の価値観の大きな変化に伴い、親の家庭教育に関する考え方にも変化が生じている。このようなことも背景に、無責任な放任や過保護・過干渉が見られたり、モラルの低下が生じているなど、家庭の教育力の低下が指摘されている。
　我々は、こうした状況を直視し、改めて、子供の教育や人格形成に対し最終的な責任を負うのは家庭であり、

子供の教育に対する責任を自覚し、家庭が本来、果たすべき役割を見つめ直していく必要があることを訴えたい。親は、子供の教育を学校だけに任せるのではなく、これからの社会を生きる子供にとって何が重要でどのような資質や能力を身に付けていけばよいのかについて深く考えていただきたい。

とりわけ、基本的な生活習慣・生活能力、豊かな情操、他人に対する思いやり、善悪の判断などの基本的倫理観、社会的なマナー、自制心や自立心など［生きる力］の基礎的な資質や能力は、家庭教育においてこそ培われるものとの認識に立ち、親がその責任を十分発揮することを望みたい。

そして、社会全体に［ゆとり］を確保する中で、家庭では、親さらには祖父母が、家族の団らんや共同体験の中で、愛情を持って子供と触れ合うとともに、時には子供に厳しく接し、［生きる力］をはぐくんでいってほしいと考える。同時に、それぞれが自らの役割を見いだし、主体的に役割を担っていくような家庭であってほしいと思う。

(2) 家庭教育の条件整備と充実方策

［1］家庭教育の在り方と条件整備

家庭における教育は、本来すべて家庭の責任にゆだねられており、それぞれの価値観やスタイルに基づいて行われるべきものである。したがって、行政の役割は、あくまで条件整備を通じて、家庭の教育力の充実を支援していくということである。

このような考え方に立って、我々は、［2］において家庭教育に関する学習機会の充実、子育て支援ネットワークづくりの推進、親子の共同体験の機会の充実、父親の家庭教育参加の支援・促進を提言することとしたが、条件整備の第一としては、まず、家族がそろって一緒に過ごす時間を多く持ち、一緒に生活や活動をすることができるような環境を整えるということが重要である。そして、そのためには、週休2日制や年次休暇の取得推進など年間の勤務時間の縮減、育児休業制度の一層の普及・定着、受験競争の緩和などの条件整備を進め、社会全体に［ゆとり］を確保するとともに、家庭を大切にする社会づくりが重要だと考える。

また、家庭教育については、ともすれば、母親に責任がゆだねられ、父親の存在感が希薄であるとの指摘がしばしばなされるところであり、父親の家庭教育に対する責任の自覚を求めたい。このために、その時間の確保を父親に訴えるとともに企業には協力方を強く呼びかけたい。また、親がPTA活動、ボランティア活動、地域の様々な行事等に参加し、それらを通じて得た経験や、人々とのつながりを家庭教育に生かしていくことも重要だと考えられるほか、育児の経験者として子育ての様々な知恵を持っている祖父母が孫の教育に参加していくことは、一層重要になってくると考える。

［2］家庭教育の具体的な充実方策

以上のような考えの下に、家庭教育の充実を図るため次のような施策の推進を提言したい。我々はこれらの施策展開を通し、子供を持つ親が家庭教育の重要性について再認識し、それぞれの家庭においてこれからの時代にふさわしい子供の教育の在り方を確立し、子供たちが［ゆとり］と潤いのある家庭生活の中で［生きる力］をはぐくんでいくことを期待する。

(a) 家庭教育に関する学習機会の充実

子供たちの［生きる力］をはぐくむためには、子供の成長のそれぞれの段階に応じた親としての教育的な配慮が必要である。このため、親たちに対する子供の発達段階に応じた家庭教育に関する学習機会を一層充実すべきである。その学習内容としては、特に、子供の発達段階と人間関係の在り方、他人を思いやる心や感性などの豊かな人間性や自制心、自立心などをはぐくむ家庭教育の在り方や子供とのコミュニケーションの図り方等についての学習を重視する必要があると考える。なお、その際には、市町村教育委員会が、幼稚園や保育所、保健所、病院、大学、民間教育機関等により実施されている子育てについての関連事業との連携を図り、子供の発達段階に応じた体系的・総合的な学習機会を提供するよう配慮する必要がある。

また、こうした施策を進めるに当たっては、これまで家庭教育に関する学習機会に参加したくてもできなかった人々に対する配慮がなされなければならない。特に、共働き家庭が増加していること等を踏まえ、自宅や職場等身近な場所に居ながらにして学習できるような環境を整備する必要がある。このため、家庭教育に関する学習内容その他の情報をテレビ番組等を通じて提供するとともに、近年、家庭においてコンピュータの普及が著しいことを踏まえ、パソコン通信やインターネット等の新しいメディアを通じて豊富に提供していく必要がある。メディアの利用は、特に、過疎地域の家庭教育の充実を図る上でも非常に重要であると考える。

なお、少子化、核家族化、共働き家庭の増加、子供の生活の変化等が進む中で、子供の発達段階に応じて身に付けるべき基本的生活習慣や家庭や地域社会で経験することが望ましい生活体験、社会体験、自然体験などについての情報は、大変貴重なものと考えられる。これらに関する資料が作成され、家庭教育学級等各種の学習機会で積極的に活用されることも意義のあることと考えられる。

これから親になる青年を対象に、意識啓発や保育ボランティア等の育児体験など人生の早い時期から子育てに関する学習機会を提供することも必要なことである。

また、子育て経験を有する祖父母等が、孫の教育に積極的にかかわることは大いに意義のあることと考えられる。そのための支援策として、祖父母等が、子供の生活や考え方、近年の家庭・家族の変化や教育をめぐる動き等について学習する機会を設けることも考えられてよい。

(b) 子育て支援ネットワークづくりの推進

核家族化や女性の社会進出が進む中で、子育てに対する不安感や負担感を感じる親が増大している。このよう

な状況を踏まえて、(a)で提言した施策の推進とともに、親に対する相談や情報提供の充実など子育てに対する支援体制の整備を図る必要がある。そして、そのための方策としては、専門家や専門の機関等による電話や面接での相談体制の整備を図ることが必要であるが、その場合には、特に各市町村単位でのきめ細かな相談体制を整備することが望ましいと考える。また、そこで相談に当たるスタッフとして、親の悩み等に対するカウンセリングの能力を備えた家庭教育関係指導者を養成することが重要であるが、そのためには、大学等高等教育機関や生涯学習センター等においてカウンセリングに関する講座を開設することなども有効な方策である。

さらに、子供を持つ親と地域の子育て経験者との交流の促進や子育て支援グループの育成による相互扶助の仕組みづくりなどを通し、日常的な生活圏の中での子育てのネットワークづくりを提案したい。そして、そのネットワークは、特に障害のある子供がいる家庭、ひとり親家庭、単身赴任家庭等に十分配慮したものであってほしい。

また、幼稚園が、地域社会における子育て支援の一つの核として、親等を対象に、幼児教育相談や子育て公開講座を実施したり、子育ての交流の場を提供したりするなど、地域の幼児教育のセンターとしての機能を充実し、家庭教育の支援を図っていくことも期待したい。

(c) 親子の共同体験の機会の充実

親子で様々な共同体験、交流活動を行う機会(例えば、ボランティア活動、植物栽培体験、動物飼育体験、スポーツ活動や芸術鑑賞、創作活動、地域の歴史探訪、読書会の開催など)を行政は積極的に提供すべきだと考える。親と子が同じ体験を持つことは親のものの見方、子供の考え方をお互いが知り合う上で、また、場合によっては同じ価値観を共有する上で非常に有効であり、これを機に親子のきずなが一層深まることが期待される。

こうした親子共同体験や交流活動を促進する上で、施設整備の大切さを忘れてはならない。例えば、公民館に親子が一緒に遊べる多目的ホールや談話室、託児室、育児相談室等の施設を整備したり、図書館に子供図書室、児童室・児童コーナー、談話室等を設けるなど、親子が活動しやすいような配慮をすることは極めて重要なことである。

(d) 父親の家庭教育参加の支援・促進

先に、これまで必ずしも十分に果たされてこなかった家庭教育における父親の役割の重要性を再認識することの大切さを指摘したが、父親の家庭教育への参加を促進するため、父親等を対象とした家庭教育に関する学習機会を企業等職場に開設すること、夜間・休日に開設すること、通信による講座を開設すること等学習機会を充実する必要があると考える。また、企業等において子供たちが父親の職場を見学する機会や父親の仕事を疑似体験する機会を提供するなど、子供たちに親の働く姿を見せる機会を提供することももっと考えられてよいであろう。

以上、家庭教育の充実方策について述べてきたが、これらの施策を含め、親が安心して子供を生み育てることのできる社会環境の整備に向けて、国、都道府県、市町村が一体となった取組を進める必要がある。

また、社会の変化や家庭の多様化等を背景として、より幅広い観点から家庭教育の在り方等を研究する必要が生じており、家庭教育について学際的な研究が一層推進されることを期待したい。

第3章 これからの地域社会における教育の在り方

(1) これからの地域社会における教育の在り方

子供たちに［生きる力］をはぐくんでいくためには、学校で組織的・計画的に学習する一方、地域社会の中で大人や様々な年齢の友人と交流し、様々な生活体験、社会体験、自然体験を豊富に積み重ねることが大切である。地域社会における、これらの体験活動は、子供たちが自らの興味・関心や自らの考えに基づいて自主的に行っていくという点で特に大きな意義を持っている。

共同作業や共同生活を営むことができる社会性や他者の個性を尊重する態度、日々新たに生じる課題に立ち向かおうとする意欲や問題解決能力、精神力や体力、新しい物事を学ぼうとする意欲や興味・関心、文化活動や自然に親しむ心などの［生きる力］は、学校教育や家庭教育を基礎としつつ、地域での様々な体験を通じて、はじめてしっかりと子供たちの中に根づいていく。また、こうした地域社会での様々な体験は、学校教育で自ら学び、自ら考え、主体的に判断し、表現し、行動できる資質や能力を身に付けていくための基礎となるのである。

しかし、現実には、地域社会での活動を通しての子供たちの生活体験や自然体験は著しく不足していると言われ、また、都市化や過疎化の進行、地域における人間関係の希薄化、モラルの低下などから、地域社会の教育力は低下していると言われている。

こうした状況の中で、我々は、今こそこれからの地域社会の在り方、また、そこでの教育の在り方について率直に問い直してみる必要がある。そして、何より大切なことは、地域のアイデンティティーを確立し、地域の人々のだれもが自分の住む地域に誇りと愛着を持ち、その中で、地域の大人たちが手を携えて、子供たちを育てていく環境を醸成することであると考える。

このような視点に立って、我々は社会全体に［ゆとり］を確保する中で、地域社会が、地域の大人たちが子供たちの成長を暖かく見守りつつ、時には厳しく鍛える場となること、また、地域社会が単に人々の地縁的な結びつきによる活動だけでなく、同じ目的や趣味・関心によって結びついた人々の活動が活発に展開され、子供たちをはぐくむ場となっていくことを強く期待するものである。

(2) 地域社会における教育の条件整備と充実方策

［1］地域社会における教育の在り方と条件整備

地域社会の活動は、正に地域の人々の主体性や自主性を前提とするものであり、地域社会の大人一人一人が、

その一員であることの自覚を持ち、地域社会の活動を自主的に担っていくことがまず重要であると言わなければならない。

したがって、行政としては、地域の人々の主体性や自主性を尊重しつつ、地域の人々のニーズを的確に把握し、それらを踏まえながらいかに地域社会の活動を活発にするかという視点に立って、活動の場や機会の提供、様々な団体への支援、指導者の養成、情報提供など基盤整備に重点を置いて、施策を進めていく必要がある。その際、障害のある子供たちが積極的に参加できるような配慮を特に望んでおきたい。

また、第2章においても述べたとおり、地域社会の活動を充実させるためには、こうした施策とともに、社会全体に［ゆとり］を確保するための条件整備を進める必要がある。

なお、この点に関連し、これまでの経済成長の過程で社会全般に定着してきた企業中心の行動様式について、社員とともに、企業においても、その見直しを図り、社員も地域社会の一員であることの自覚を強く求めたいと思う。また、様々な職業生活や社会生活を経験した人々が、それらを通じて得たものを積極的に地域社会に還元してほしい。そのことは、地域社会の活動をより豊かなものとしていく上で、大変に貴重なものと考えられるのである。

［2］地域社会における教育の具体的な充実方策

学校週5日制の実施を契機に、各地で地域社会における子供たちの活動を推進するための様々な取組が進められているが、今後、さらにその充実を図るため、活動の場の充実、機会の充実や指導者の養成などについて、幾つか具体的な方策を提言したい。これらの諸方策が、各地でそれぞれの地域の特色を生かして活発に実施されることを期待するものである。

(a)活動の場の充実

（遊び場の確保）

成長過程にある子供たちにとって「遊び」は、自主性や社会性の涵養、他人への思いやりの心の育成などに資するものであり、調和のとれた人間形成を図る上で極めて重要な役割を担っている。都市部だけでなく、豊かな自然環境が残されている農村部においても、テレビを見たり、テレビゲームをするなど室内で遊ぶことが多くなっている今日、子供たちの「遊び」の持つ教育的意義を改めて再確認し、自然や空地を利用したわんぱく広場や冒険広場、公共施設や民間施設において遊び場やたまり場などをできるだけ多く用意し、子供たちが仲間と自由に楽しく遊ぶことができるような環境を整えることを強く望むものである。また、その際には、遊び場マップやたまり場マップを作成、配布することなどにより、子供たちが手軽にそうした場を利用できる環境を整えていくことが必要であることも併せて指摘しておきたい。なお、家庭においても、遊びの持つ積極的な意義を再認識することを望んでおきたい。

（学校施設の活用）

現在、休業土曜日には、青少年教育施設や公民館などを使って、子供たちの文化・スポーツ活動がイベント的に行われている。しかし、子供たちが、遊びやスポーツ、音楽、美術、工作、あるいは科学の実験、読書、英会話、コンピュータなど、本人の希望に応じた様々な活動を豊富に体験することができるようにするためには、子供たちにとって最も身近で、かつ、使いやすく造られている学校施設をもっと活用していく必要がある。いわゆる学校開放は、かなり進んできているものの、その多くは運動場や体育館の開放であり、開放時間や開放日数も限られている。今後は、学校図書館や特別教室も含め、学校の施設を一層開放し、様々な活動を行っていく必要がある。その際、親や地域の人々のボランティア参加による活動などは、子供たちの活動を豊かにするためにも大いに推奨したい。

なお、学校開放について、土曜日や日曜日等についても実態として学校長に施設管理の責任がある場合もあり、このため、これが進まないとの指摘もある。今後は、本来は学校開放時の管理責任が教育委員会にあることを踏まえ、例えば、教育委員会は、管理責任を教育委員会に移すなどして、管理運営体制の整備と責任の明確化を図るとともに、開放される学校施設が有効に活用されるよう指導員を委嘱するなどの工夫により、学校開放の一層の充実に努めてほしい。

（社会教育・文化施設の整備充実と新たな事業展開）

公民館、図書館、博物館、青少年教育施設、美術館等、様々な社会教育・文化施設の整備が各地で進められてきている。もちろん、いまだ十分であるとは言えず、今後もさらに積極的に整備に取り組む必要があるが、その際、特に利用者の視点に立った整備・充実の重要性を指摘しておきたい。これらの施設が、子供たちのそれぞれの興味や関心に応じた主体的な学習の場として、子供たちにとって気軽に利用できるということが大切である。このことは、これらの施設の運営等についても同様で、子供たちのニーズを踏まえ、子供たちが行くことを楽しみにするような施設運営や参加型・体験型の事業を行っていくことが重要である。

そのために、例えば、公民館や生涯学習センター、青少年教育施設などにおいては、今後、工作教室や昔遊び教室、史跡めぐりなどの子供・親子向けの事業や講座を充実したり、各種学習サークル活動などを活発に行うことが望まれる。

また、読書は人格形成に大きな役割を果たすものであり、図書館においては、読書活動の一層の促進を図るため、蔵書の充実のほか、子供への読書案内や読書相談、子供のための読書会などの事業の充実などにもっと努めていく必要がある。

博物館、動物園、植物園、水族館などにおいては、動植物の観察や天体観測、化石の収集などそれぞれの地域性や専門性を生かした体験型の講座や教室の充実、美術館や文化会館などにおいては、芸術の鑑賞、コンサート、

絵画・彫刻・演劇等の実技講座などの子供・親子向けの事業の充実などが必要と考える。

また、科学や技術に対する子供たちの知的好奇心を高めるため、大学や研究所、企業などの協力を得て科学教室を実施したり、科学博物館なども、子供たちが五感を通じて体験することができるような学習の場として整備していく必要がある。

（新たなスポーツ環境の創造）

子供たちが地域のスポーツ活動に親しみ、スポーツ活動を通じ、「体」の面だけでなく、社会的な規範を守る精神や思いやりの心などをはぐくむことは、子供たちが知・徳・体のバランスのとれた成長をしていく上で、極めて有効である。そのためには、子供たちが主体的、継続的にスポーツ等の多様な活動を楽しめるように、スポーツ活動を行う場である地域のスポーツ施設の整備充実を図るとともに、その運営・利用のネットワーク化を進めていく必要がある。

また、これらの施設には、今後、単にスポーツをする場の提供だけではなく、優れた指導者による、少年スポーツ教室、親子スポーツ教室等の多様で魅力あるプログラムの積極的な提供が望まれる。このことは、スポーツを通じて、異世代間のコミュニケーションを活発にするという意味でも、極めて意義があると考えられる。

さらに、今後は、子供たちが異年齢の人々と交流し、適切なリーダーから指導を受けられるようなスポーツ活動の拠点や、これを支える広域的なスポーツセンター等を広く普及させ、新たなスポーツ環境を創造していくことが必要と考える。

(b)活動の機会の充実
（地域ぐるみの活動の推進）

これまでにも指摘したように、都市化・過疎化の進行や地域社会の連帯感の希薄化などから、地縁的な地域社会の教育力の低下が指摘される中で、今日、地域社会の教育力の再生を促すことが極めて重要になっている。

このため、地域の大人たちが率先してあいさつ運動、環境浄化活動、交通安全活動、防災活動などの地域ぐるみの啓発活動に取り組むことを大いに推奨したい。また、これらの活動を振興していく上でも、地域社会のアイデンティティーを確立していくことが重要であり、各地域に残る年中行事や祭り、伝統芸能の継承・復活などを図っていくことは大変に意義のあることと考える。行政も、こうした活動への支援を積極的に行っていってほしい。地域を挙げてのこうした取組は、今日深刻化しているいじめの問題の解決にも資するものと考えられる。

（ボランティア活動の推進）

近年、我が国でもボランティア活動への関心が急速な高まりを見せている。参加者は増加し、活動分野も、福祉の領域のみならず、街づくり、国際協力、環境保護など幅広い分野にわたっている。ボランティア活動への参加は、それぞれの自発性に基づくものであるだけに、こうした活動に参加することによって、高齢者をいたわる気持ちを培い、自分たちの街づくりを通して身近な社会にかかわることの大切さを学ぶことなどの教育的意義は極めて大きい。さきの阪神・淡路大震災では多数の若者が救援活動に参加し、被害を受けた人々をいたわることや街を復興するということの重要性を強く実感したが、この体験は、極めて貴重なものと言わなければならない。

このようなボランティア活動の持つ意義を考えると、他者の存在を意識し、コミュニティーの一員であることを自覚し、お互いが支え合う社会の仕組みを考える中で自己を形成し、実際の活動を通じて自己実現を図っていくなど、青少年期におけるボランティア体験の教育的意義は特に大きい。子供たちの、社会性の不足が指摘される今日、体験的な学習としてのボランティア活動に青少年が気軽に参加できる機会を提供することは急務であると考える。

子供たちが、学校や地域社会でのそれぞれの役割に即した活動を通して、ボランティア活動を経験し、将来、ボランティア活動を自然に行っていく契機としていってほしい。そして、「ボランティア活動は特別なことでなく、自分自身にとって身近なこと、必要なこと、大切なこと、だれにでも日常的にできることである」という認識が社会全体に広がることが望まれる。

このため、行政においては、ボランティア活動を実際に体験したり、活動の理念や必要な知識・技術等について学習する機会を様々な形で提供することが必要である。様々な民間団体などが、ボランティア活動の機会を積極的に提供することも期待したい。学校も、その実態に応じてボランティア活動に取り組むことを望みたい。その一つとして、例えば、PTAや地域の様々な民間団体と手を結んで、子供たちのためにボランティア活動の機会を作っていくような試みもあってよいと考える。また、ボランティア活動全般が広く展開される環境を作るため、ボランティア活動を求める側のニーズとボランティアの活動意欲を効果的に結びつけることができるよう、情報提供やコーディネーターの養成などボランティア活動に取り組みやすく、かつ、続けていきやすい条件整備を図っていくことが急がれる。

（交流活動の推進）

今日の子供たちは、物質的な豊かさや便利さなど、恵まれた環境で育っている反面、様々な人々との交流が不足し、そのことが、子供たちの人間関係を希薄化させていると言われている。

このような現状を改善するため、社会教育・文化・スポーツ施設や青少年団体等が中心となって、都市部と過疎地域、農村と漁村など異なる地域間の交流、乳幼児や老人など異なる世代間の交流、障害者との交流、国際交流など、様々な人々との多様な交流を積極的に推進する必要がある。

また、希薄化している今日の子供たちの人間関係の改善や自活力の向上を図るため、一定期間地域の身近な施設から学校に通学する「合宿通学」などの実施も考えられてよいであろう。

(自然体験活動の推進)

子供たちに、自然の中における様々な生活体験や自然体験などの機会が不足している現状を考えると、農作業体験、野外活動や環境保護活動など、子供たちに豊かな自然に触れさせ、自然に対する理解や愛情を育てるような子供・親子向けの事業を充実させることは、今日極めて重要なことである。

活動の場としては、もちろん、身近な日常生活圏での自然体験や生活体験も重要であるが、日常生活圏を離れての活動も子供たちに是非体験させたいものである。特に、多感な子供時代に豊かな自然の中で長期間過ごす体験は極めて有意義と考えられる。そこで、長期休業期間中などに、少年自然の家などの青少年教育施設やホームステイを活用して、子供たちにそうした機会を与えることを提唱したい。

また、キャンプ、オリエンテーリング、サイクリング、ホステリング等の自然に触れ親しむアウトドアスポーツの機会も、子供たちの体験活動として提供したい。

行政は、こうした体験活動を奨励する施策に積極的に取り組んでほしい。

(c)青少年団体等の活動の振興

子供たちが、自らの興味・関心等に基づき、自主的・主体的に様々な活動を行うことは極めて意義のあることである。このような子供たちの活動を支え、促していくのが青少年団体・スポーツ団体である。

青少年団体の活動は、子供たちに、各種の集団活動を通じて、社会性、協調性や積極性などを養おうとするものであり、スポーツ団体の活動は、スポーツを通じて心身ともに健やかな青少年の育成に大きく寄与している。一人一人の子供たちに［生きる力］をしっかりとはぐくんでいこうとするとき、これらの団体の活動の役割はますます重要性を増している。行政は、これらの団体の魅力ある活動の情報提供や啓発活動を通じて、できるだけ多くの子供たちの参加を促進するほか、指導者の育成、有意義な活動に対する各種の支援など、青少年団体やスポーツ団体の活動の一層の振興に努めていく必要がある。

(d)指導者の養成と確保

子供たちの地域社会における活動を充実するためには、地域社会や施設で子供たちの指導に当たったり、地域社会の人々の自主的な取組を支援する者が養成・確保されなければならない。子供たちの地域社会における活動が、子供たち自身が自主的・自発的に参加するものであることを考えると、その指導者は、専門的な知識や指導技術に加え、青少年に慕われ、親しめるような優れた人間性を備えることが求められる。

現在、地域社会における活動の推進に携わる者としては、都道府県や市町村の社会教育主事や社会教育指導員、体育指導委員、施設の専門的職員(青少年教育施設の専門職員、公民館の主事、図書館の司書、博物館の学芸員、文化会館のアートマネージメント担当職員など)、青少年団体やスポーツ団体の指導者・育成者などがいる。

しかし、これらの指導者については、その数においても、また研修や学習の機会についても極めて少ないのが実態である。例えば、地域社会における活動を含む社会教育全体の要となる社会教育主事についてみても、いまだに社会教育主事が設置されていない市町村があるなど、地域社会における教育を支える基盤は必ずしも十分なものとは言えない。

今後、子供たちの地域社会における活動を充実させるため、これらの指導者に優れた人材を確保するとともに、その資質の向上を図るための施策を一層充実させることが必要である。

(e)情報提供の充実

子供たちが様々な活動に参加しようとしても、あるいは施設等を利用して学習しようとしても、そうした学習情報がなければ子供たちは参加できない。子供たちに様々な活動に参加することを促す上で、どのような活動が、いつ、どこで行われているか等の具体的な情報を的確かつ効果的に提供する仕組みを整備することが必要である。

このため、市町村教育委員会が中心となって地域社会における活動に関する各種の情報をデータベース化するとともに、学校や関係機関などとの情報通信ネットワークを形成して、子供たちに情報を十分に提供する体制を整備することが急がれる。

その際は、社会教育・文化・スポーツ施設や関係機関、民間団体、地域のグループなどが実施する個々の活動の場所や内容、プログラムなどに関する情報だけでなく、指導者やボランティアなど、地域社会における活動を支援する人材に関する情報も積極的に提供することが重要である。

また、市町村教育委員会やPTAが地域社会における活動に関する情報資料を作成し、随時子供や家庭に配布するほか、地域社会における活動に関する相談コーナー、情報コーナーの開設等による情報の提供や相談の実施も効果的と考える。

(f)「第4の領域」の育成

地域社会における教育力の低下が指摘される中にあって、従来の地縁的な活動から目的指向的な活動へと人々が参加意欲を移しつつある傾向がうかがえる。このような状況を踏まえ、これからの地域社会における教育は、同じ目的や興味・関心に応じて、大人たちを結びつけ、そうした活動の中で子供たちを育てていくという、従来の学校・家庭・地縁的な地域社会とは違う「第4の領域」とも言うべきものを育成していくことを提唱したい。

例えば、青少年団体では、地縁的なものよりも、最近ではむしろ、スポーツやキャンプ、ボランティアといった目的指向的なものの方が人気が高いと言われているが、これなどは、ここでいう「第4の領域」の一つの例と言えよう。また、日常生活圏を離れて、豊かな自然の中で、青年の家、少年自然の家などの青少年教育施設を活用した活動や、民間教育事業者などが提供する体験学習のプログラムを利用した活動も、「第4の領域」の例と考えられ、今後ニーズが高まっていくものと考えられる。

行政としては、こうした状況を踏まえつつ、目的指向

的な様々な団体・サークルの育成や、日常生活圏を離れた広域的な活動の場や機会の充実、効果的な情報提供活動、民間教育事業者との連携などを通じて、「第4の領域」の育成に積極的に取り組んでいってほしい。

［3］地域社会における教育を充実させるための体制の整備
　(a)市町村教育委員会の役割の重要性

　子供にとって、地域社会の活動としては、日常の生活圏での活動が最も重要である。その意味で、子供の地域社会における活動を充実するためには、地域における教育行政に関して直接の責任を負い、子供に最も身近な位置にある市町村教育委員会の役割がますます重要なものとなってくると言わなければならない。

　現在も、市町村教育委員会は、地域社会における活動を充実させるため、活動の場や機会の提供をはじめとして、青少年団体の支援、指導者の養成や情報提供など様々な施策に取り組んでいるが、人々が、従来の地縁的な活動から目的指向的な活動へと参加意欲を移しつつある傾向を考えると、今後は、市町村長部局とも連携しつつ、情報通信ネットワークを活用した情報提供、指導者の人材バンクの形成や派遣、様々な団体とのネットワークの形成など、地域社会での活動に関する幅広い連絡・調整・企画機能を一層充実していくことが必要と考える。

　(b)地域教育連絡協議会や地域教育活性化センターの設置

　地域社会における教育の充実を地域ぐるみで行うための一つの方策として、地域の人々の意向を反映しつつ、地域社会における学校外の様々な活動の充実について連絡・協議を行い、ネットワークづくりを進めるため、市町村教育委員会等が核となり、PTA、青少年団体、地元企業、地域の様々な機関・団体や学校等の参加を得て、地域教育連絡協議会を設けることを提唱したい。

　この地域教育連絡協議会の設置は、地域社会における教育の充実について関係者の参加意識を高め、保護者や地域の人々が、行政や他人任せではなく、自分たち自身の問題としてこれに取り組んでいく大きな契機になるものと考える。

　なお、市町村によっては、既に、子供たちの健全育成や地域社会における活動の充実をねらいとする各種の協議会が設けられ、成果をあげているところも多い。こうした既存の協議会を、地域の実態に応じ、地域教育連絡協議会として活用することも考えられる。

　また、関係者間の連絡・協議を行うだけでなく、自ら地域社会における活動に関する事業を行ったり、各種の情報提供や相談活動、指導者やボランティアの登録、紹介などを行うため、地域の実態に応じ、行政組織の一部又は公益法人などとして、地域教育活性化センターを設置することも考えられる。

　(c)国・都道府県の支援、民間教育事業者の取組

　以上、様々な施策について述べてきたが、これらの施策は、国、都道府県、市町村の連携・協力の下に、体系的に進められなければならない。

　地域社会における教育は、各地域の実態を踏まえ、それぞれの地域の特色を生かして展開されることが極めて重要である。市町村が施策を立案するに当たっては、地域の人々のニーズを十分反映したものであることが望まれるし、国・都道府県の市町村に対する支援は、できる限り地域のニーズを踏まえた柔軟なものであることが必要である。

　また、従来、これらの施策を進めるに当たっては、民間教育事業者の取組を十分視野に入れてこなかったきらいがある。今後は、民間教育事業者による、子供たちを対象とした、文化・スポーツ活動や自然体験などの体験活動等の取組も期待し、これらとの適切な連携を図っていくことが必要である。

　これらの施策や地域社会における様々な取組があいまって、子供たちの地域社会での多様な活動の場と機会が豊かになっていくことを期待したい。

第4章　学校・家庭・地域社会の連携

　第1部(3)(a)で述べたとおり、子供たちの教育は、単に学校だけでなく、学校・家庭・地域社会が、それぞれ適切な役割分担を果たしつつ、相互に連携して行われることが重要である。

　このような観点から、学校・家庭・地域社会の連携に関し、特に配慮しなければならない点について、幾つかの提言を行うこととしたい。

（開かれた学校）

　学校が社会に対して閉鎖的であるという指摘はしばしば耳にするところである。学校や地域によって事情は異なり、この指摘の当否を一律に断定すべきではないが、子供の育成は学校・家庭・地域社会との連携・協力なしにはなしえないとすれば、これからの学校が、社会に対して「開かれた学校」となり、家庭や地域社会に対して積極的に働きかけを行い、家庭や地域社会とともに子供たちを育てていくという視点に立った学校運営を心がけることは極めて重要なことと言わなければならない。

　そこで、まず、学校は、自らをできるだけ開かれたものとし、かつ地域コミュニティーにおけるその役割を適切に果たすため、保護者や地域の人々に、自らの考えや教育活動の現状について率直に語るとともに、保護者や地域の人々、関係機関の意見を十分に聞くなどの努力を払う必要があると考える。特に、いじめ・登校拒否の問題などでの学校の対応ぶりを見ていると、学校内での出来事や学校としての取組などをできるだけ外部に漏らすまいとする傾向が強いように感じられることがある。学校は、家庭や地域社会との連携・協力に積極的であってほしい。

　また、学校がその教育活動を展開するに当たっては、もっと地域の教育力を生かしたり、家庭や地域社会の支援を受けることに積極的であってほしいと考える。例えば、地域の人々を非常勤講師として採用したり、あるいは、地域の人々や保護者に学校ボランティアとして協力

してもらうなどの努力を一層すべきである。

さらに、学校は、地域社会の子供や大人に対する学校施設の開放や学習機会の提供などを積極的に行い、地域社会の拠点としての様々な活動に取り組む必要がある。

そのために、これからの学校施設については、学校教育施設としての機能を十分確保することはもちろん、家庭や地域社会とともに子供たちを育てる場、地域の人々の学習・交流の場、地域コミュニティーの拠点として、それにふさわしい整備を推進していく必要がある。例えば、校庭や屋内運動場だけでなく、特別教室等についても地域の人々や保護者への開放を前提とした整備を進めるべきであり、地域の人々や保護者の利用しやすいスペースにも配慮していくべきである。

また、第3章(2)[2](a)で述べた点に留意しつつ、学校開放にさらに取り組むほか、余裕教室について、学校と家庭・地域との連携や、地域の学習・交流のためのスペース等として活用を図ることも積極的に考えていくべきである。さらに、学校と社会教育施設等との複合化や隣接設置等についても、教育的配慮をしつつ、学校や地域の実態に応じて検討していくべきである。

このような取組を通じて、学校が家庭や地域社会にとって垣根の低い、開かれたものとなることは、学校の教育活動をより多彩で活発なものにするとともに、家庭や地域の人々の学校に対する理解をより深めることに大いに資するものと考える。

(学校のスリム化)

学校・家庭・地域社会の連携と適切な役割分担を進めていく中で、学校がその本来の役割をより有効に果たすとともに、学校・家庭・地域社会における教育のバランスをよりよくしていくということは極めて大切なことであり、こうした観点から、学校が今行っている教育活動についても常に見直しを行い、改めるべき点は改めていく必要がある。こうした見直しを行うに当たっては、我が国の子供たちの生活において、時間的にも心理的にも学校の占める比重が家庭や地域社会に比して高く、そのことが子供たちに学校外での生活体験や自然体験の機会を少なくしているとも考えられる現状を踏まえることが必要である。

このような考えの下に、二点指摘しておきたい。その一つは、現在、家庭や地域によりその実態は異なるものの、日常の生活におけるしつけ、学校外での巡回補導指導など、本来家庭や地域社会で担うべきであり、むしろ家庭や地域社会で担った方がよりよい効果が得られるものを学校が担っている現状があるということである。これらについては、家庭や地域社会での条件整備の状況も勘案しつつ、家庭や地域社会が積極的に役割を担っていくことを促していくことが必要であると考える。

二つ目として、部活動の問題がある。部活動は、教育活動の一環として、学級や学年を離れて子供たちが自発的・自主的に活動を組織し展開されるものであり、子供の体と心の発達や仲間づくり、教科を離れた教員との触れ合いの場として意義を有しているものである。しかしながら、学校が全ての子供に対して部活動への参加を義務づけ画一的に活動を強制したり、それぞれの部において、勝利至上主義的な考え方から休日もほとんどなく長時間にわたる活動を子供たちに強制するような一部の在り方は改善を図っていく必要がある。また、地域社会における条件整備を進めつつ、指導に際して地域の人々の協力を得るなど地域の教育力の活用を図ったり、地域において活発な文化・スポーツ活動が行われており学校に指導者がいない場合など、地域社会にゆだねることが適切かつ可能なものはゆだねていくことも必要であると考える。

このほか、教育内容の厳選の問題については、すでに第1章(1)において述べたところであるが、学校は、それぞれの学校の教育課程について絶えず見直しを行い、改めるべき点は改め、指導内容の精選を不断に進めていく必要がある。現在、学校が行っている様々な行事や会議についても、学校がその本来の役割をより有効に果たすために、その教育的意義を問い直し、絶えずその実施方法の工夫を含め、精選を図っていくべきであると考える。また、行政機関や地域の関係団体は、学校に様々な依頼をするときは、その必要性を十分吟味し、学校にとって過重な負担にならないよう配慮する必要がある。

(学校外活動の評価)

子供たちの学校外活動を活性化する観点から、子供たちが、社会教育団体や青少年団体における活動、ボランティア活動、文化・スポーツ活動などに積極的に取り組んだ場合、これらを学校においても奨励する意味で評価する方法などが検討されてよいと考える。しかし、学校外の活動は、言うまでもなく、子供たちの自主性・自発性に基づいて行われるものであり、子供たちのそうした積極的な意欲や態度を励ますという視点を忘れてはならない。

(PTA活動の活性化への期待)

PTAは、学校と家庭が相互の教育について理解を深めあい、その充実に努めるとともに、地域における教育環境の改善・充実等を図るために保護者と教員の協力の下に組織され、子供たちの健やかな成長を願いつつ、これまで地域の実態に応じ、様々な活動を展開してきた。

家庭・地域社会それぞれについて、子供たちを取り巻く環境が著しく変化し、家庭や地域社会の教育力の低下が指摘されている今日、学校と家庭、さらには、地域社会を結ぶ懸け橋としてのPTA活動への期待は、ますます高いものとなってきている。しかし、率直に言って、現在のPTAの活動は、従来から父親の参加を得ることが難しかったことに加えて、女性の社会進出の進展等を背景として、PTAによっては、活動の展開や充実が困難になっているのが現状と言わなければならない。

PTA活動の重要性と今日の現状を踏まえ、PTAに対しては、その会合を夜間や休日に開催するなど、保護者等が一層参加しやすい環境づくりに努めるとともに、学校のOB、OGや地域の有志等の参加や協力も得ながら、家庭と学校とが連携協力して行う活動、家庭教育に関す

る学習活動、地域の教育環境の改善のための取組などを含め、その活動の充実を図っていくことを期待したい。

また、教員においては、従来に増してPTA活動についての理解を深め、積極的にその活動に参加することが望まれる。

あわせて、行政に対しては、PTAの今後の活動の充実のため、積極的な支援を進めていくことを求めたい。

（教育委員会の活性化）

これまで述べてきたとおり、これからの教育では、学校・家庭・地域社会全体を通して行われるとの視点が重要である。従来、学校教育中心の行政になりがちであった教育委員会についても、学校のみならず、家庭や地域社会における教育に関する条件の整備・充実や、これら相互の連携を推進することが大きな役割となっていくものと考えられる。

また、生涯学習社会への移行が求められている現在、学校以外の学習機会の提供や場の整備など、広く社会教育、文化、スポーツ等の振興のために教育委員会の果たす役割は今後ますます増大していくであろう。そして、このような分野の充実は、家庭や地域社会における教育力を充実させ、学校も含め、地域全体で子供の教育を担うという観点からも重要であると考える。また、このような分野については、教育委員会のみならず、首長部局においても関連する施策を行う場合が増えており、両者の協力が不可欠となってきている。

このような状況を踏まえ、教育委員会の一層の充実を図る必要があると考えられるが、そのためには、例えば、教育委員会において中核的役割を果たす教育長に、教育に関する造詣が深く、また、行政的な識見も有する、より適切な人材を継続的に確保するための方策や、必ずしも十分な体制整備ができていない小規模市町村教育委員会の事務処理体制の充実方策、教育委員会と首長部局との一層の連携を推進するための方策等について検討することが必要と考える。

（マスメディアや企業への期待）

子供たちが健やかに成長していく上で、学校・家庭・地域社会の役割はもとより重要であるが、子供たちは社会全体で育てていくものであり、社会を構成するマスメディアや企業が子供の育成に積極的に協力していくことを期待したい。

マスメディアについては、子供たちの生活に占める比重の大きさから言って、その人間形成に与えている影響は計り知れない。マスメディアにおいては、そのような現状を認識し、子供たちに豊かな人間性を育成するという方向に沿っての取組を大いに期待するところであり、いやしくも不適切な影響を与えないような配慮を要望しておきたい。

企業に対しては、特に、労働時間の短縮、フレックスタイム制の確立、育児休暇や年次休暇の取得促進、授業参観休暇制度の創設など、社員が家庭教育や地域活動に一層参画しやすい環境づくりに努めることを要望しておきたい。また、子供たちを対象とした職場参観や技術体験会などの体験学習教室を開催したり、学校に協力して特別非常勤講師等として人材を派遣するなど、経営資源を生かした貢献も期待したい。

第5章　完全学校週5日制の実施について

(1) 今後における教育の在り方と学校週5日制の目指すもの

我々は、以上のような第1部及び第2部各章での検討を踏まえて、学校週5日制の今後の在り方について検討した。

学校週5日制については、平成4年9月に月1回の学校週5日制が導入され、平成7年4月に月2回の学校週5日制が実施に移されるという形で段階的に進められ、これまでおおむね順調に実施されてきた。これらの実施の経過を通じ、学校での取組や子供の学校外活動の場や機会などの条件整備の進展とともに、これまでのところ全体として学校週5日制に対する保護者や国民の理解は深められてきたと考えている。

今後の教育の在り方について、我々は、これまで述べてきたとおり、子供たちや社会全体に［ゆとり］を確保する中で、学校・家庭・地域社会が相互に連携しつつ、子供たちに［生きる力］をはぐくむということを基本にして展開されていくべきだと考える。［生きる力］は、単に学校だけで育成されるものでなく、学校・家庭・地域社会におけるバランスのとれた教育を通してはぐくまれる。特に、家庭や地域社会における豊富な生活体験、社会体験や自然体験は重要である。そうした点を踏まえて、今日の子供たちの生活の在り方を省みると、子供たちは全体として［ゆとり］のない忙しい生活を送っており、様々な体験活動の機会も不足し、主体的に活動したり、自分を見つめ、思索するといった時間も少なくなっているというのが現状である。こうした現状を改善する意味で、家庭や地域社会での生活時間の比重を増やし、子供たちが主体的に使える自分の時間を増やして［ゆとり］を確保することは、今日、子供たちにとって極めて重要なことと考える。

これらを言い換えれば、子供にとっての学校・家庭・地域社会のバランスを改善してよりよいものとする必要があるということである。

そこで、学校週5日制の今後の在り方を考えてみると、学校週5日制は、こうした子供たちの生活の在り方や学習の環境を変え、これまで縷々述べてきたような今後の教育のあるべき姿を実現する有効な方途であり、その目指すものは、今後の教育の在り方と軌を一にしていると考えられる。このような考えの下に我々は、完全学校週5日制の実施は、教育改革の一環であり、今後の望ましい教育を実現していくきっかけとなるものとして積極的にとらえる観点から、後述する様々な条件整備を図りながら、21世紀初頭を目途にその実施を目指すべきであると考える。

もちろん、完全学校週5日制の実施は、社会の隅々に

まで定着している学校教育の枠組みを変更するものであり、その実施に当たっては、その意義等について、家庭や地域の人々の十分な理解を得なければならない。

また、第1章(1)で述べた方向に沿って、教育内容を厳選するなど学習指導要領を改訂する際には、完全学校週5日制の円滑な実施に資するよう、全体として授業時間数の縮減を図ることも必要と考える。

なお、教育内容を厳選し、全体として授業時間数の縮減を図った場合、学力水準が低下するのではないかといった懸念がある。確かに、学力を単に知識の量という点でとらえるとすれば学力水準は落ちるという懸念はあるかも知れない。しかし、我々は、学力の評価は、単なる知識の量の多少のみで行うべきでなく、これまで述べてきたような変化の激しい社会を［生きる力］を身に付けているかどうかによってとらえるべきであると考える。そして、我々は、こうした力は完全学校週5日制の下で、学校での取組はもとより、家庭や地域社会における取組とあいまって、十分に養うことができると考える。

以上のほか、完全学校週5日制のねらいを実現するためには、その実施に当たって特に、以下のような点に留意する必要があると考えている。

(2) 完全学校週5日制の実施に当たって特に留意すべき事項

[1] 学校外活動の充実と家庭や地域社会の教育力の充実

学校週5日制の趣旨は、第2章や第3章で述べた家庭や地域社会の教育力の充実とあいまってはじめてその趣旨が生かされるものであり、これらの章で述べた施策の実行を強く期待する。特に、完全学校週5日制の実施に当たっては、市町村教育委員会が中心となって、地域教育連絡協議会や地域教育活性化センターを設置することなどにより、地域における様々な団体などと連携し、土曜日や日曜日における活動の場や機会の提供、情報提供など多様な学校外活動のプログラムを提供する体制を整えていく必要がある。その際、国や都道府県は、全国的あるいは広域的な見地からの取組を進めることはもとより、市町村に対し、積極的な支援を行わなければならない。こうした環境整備は、既に平成4年9月から月1回の学校週5日制が実施されて以来、着実に進められてきているところであるが、今後、一層取組を強化すべきである。

特に、幼稚園や小学校低学年で土曜日に保護者が家庭にいない子供や障害のある子供等に対して、遊びや文化・スポーツ活動などの学校外活動の場や機会、指導者の確保等により、これらの子供たちが安心して過ごせるよう、特段の配慮が必要である。

これらの施策を体系的に推進し、かつ、実効あるものとするため、今後、完全学校週5日制の実施に向け、文部省を中心に、関係省庁とも連携し、子供に対して多様な学校外活動を提供する体制整備についての指針（家庭や地域社会の教育力の充実策、保護者が家庭にいない子供や障害のある子供等への配慮を含む。）を作成し、それらを参考としつつ、市町村教育委員会が関係部局や都道府県教育委員会とも連携し、実施プランを作成し、実行していく必要がある。

[2] 過度の受験競争の緩和と子供の［ゆとり］の確保

学校週5日制のねらいである、子供たちに［ゆとり］を確保し、［生きる力］をはぐくんでいく上で妨げの一つとなるものとして、過度の受験競争の問題がある。

これについては、第1部(4)で述べた取組を進めるとともに、さらに、本審議会としても検討を行い、必要な提言を行うこととしている。

また、月2回の学校週5日制を導入した段階では、休業土曜日について、通塾率について大きな変化はないものの、完全学校週5日制を導入する際には、塾通いが増加するのではないかとの懸念がある。学校週5日制は、子供たちの家庭や地域社会での生活時間を増し、子供に［ゆとり］を確保し、家庭や地域社会での豊富な生活体験・社会体験・自然体験の機会を与えようとするものであるが、過度の塾通いはその機会を失わせることとなるのである。子供を塾に通わせるかどうかは、もとより、それぞれの家庭が決めることである。その意味で我々は、完全学校週5日制の実施に当たっては、一人一人の親が、その趣旨を理解し、自らの子供にとって真に必要な教育とは何かを真剣に考えることを、あえて強く望んでおきたい。

塾関係者に対しては、完全学校週5日制の実施に当たって、その趣旨を十分に理解して、節度ある行動をとるよう強く望んでおきたい。

また、部活動について、休業土曜日などを使って行き過ぎた活動が行われる懸念も指摘されている。学校週5日制の趣旨を踏まえ、子供たちの［ゆとり］が確保できるよう適切な指導を望みたい。

[3] 完全学校週5日制の実施方法

上述した学校週5日制の趣旨は、国公私立の各学校種を通じて異なるものでなく、全国的に統一して実施することが望ましい。

また、これまで段階的に学校週5日制が実施されてきた中で、多くの私立学校で導入が進められているものの、いまだに導入の検討すら行われていない学校もある。特に、完全学校週5日制の導入に当たって、学習指導要領を改訂することを踏まえると、国公立学校と歩調を合わせた導入を各私立学校に対し、強く望んでおきたい。

第3部 国際化、情報化、科学技術の発展等社会の変化に対応する教育の在り方

第1章 社会の変化に対応する教育の在り方

これからの教育の在り方については、既に第1部(3)で述べたように、我々は、これからの社会の変化は、これまで我々が経験したことのない速さで、かつ大きなものとなるとの認識に立って、豊かな人間性など「時代を超えて変わらない価値のあるもの」（不易）を大切にしつつ、

「時代の変化とともに変えていく必要があるもの」(流行)に的確かつ迅速に対応していくという理念の下に教育を進めていくことが重要であると考える。

国際化、情報化、科学技術の発展、環境の問題などのそれぞれに対する教育の在り方については、第2章以下で述べることとするが、これからの社会の変化に対応する教育の在り方の基本は、第1部で述べた、［生きる力］の育成を目指して教育を進めていくことが重要であるということである。

すなわち、既に述べたように、これからの社会は、変化の激しい、先行き不透明な、厳しい時代であること、そのような社会において、子供たちに必要となるのは、いかに社会が変化しようと、自分で課題を見つけ、自ら学び、自ら考え、主体的に判断し、行動し、よりよく問題を解決する資質や能力であり、また、自らを律しつつ、他人とともに協調し、他人を思いやる心や感動する心など豊かな人間性であり、そして、また、たくましく生きていくための健康や体力である、と考えるのである。

社会の変化に対応する教育の在り方として、我々が次に指摘しておきたいことは、国際化や情報化などの社会の変化に対応し、これらの新たな社会的要請に対応する教育を行っていくことは重要なことではあるが、初等中等教育段階は、これらの変化に主体的に対応できる資質や能力の基礎を、子供たちの発達段階を十分に考慮に入れて育成する必要があるということである。

そのためには、教育内容を厳選し、［ゆとり］のある教育課程を編成するとともに、指導方法の改善に努め、学校教育の在り方を、これまでの知識を教え込むことに偏りがちであった教育から、子供たち一人一人の個性を尊重しつつ、上述の［生きる力］をはぐくむことを重視した教育へと、その基調を転換させていくことが必要である。

(略)

第3章　情報化と教育

［1］情報化と教育

情報化の進展は、今、新たな段階を迎えつつある。既に我が国では、企業活動、研究活動から教養文化活動、娯楽の世界まで、社会のあらゆる分野に情報化が浸透し、情報化社会と言われるにふさわしい社会を迎えているが、今日見られるインターネット、マルチメディア一体型のパソコン、携帯電話などの普及は、想像をはるかに超えて我々の生活様式をさらに急速に変えつつある。

世界的規模での情報通信ネットワークを通じて、不特定多数の者が、双方向に文字・音声・画像等の情報を融合して交換することを可能とする高度情報通信社会が現実のものとなりつつあり、それはかつての産業革命にも匹敵するような変化を全地球的にもたらし、今後の社会の姿を大きく変え、21世紀へ向けて新たな展望を開くものとして大きな期待が寄せられている。高度情報通信社会の全体像については、今後の技術革新や基盤整備の動向によっても左右され、なお明確でないところがあるが、情報化が、さらに急速に進展することは確実である。

情報化の進展は子供たちの教育にも様々な影響を与えている。

まず挙げられるのは、子供たちが様々な情報手段から入手する情報量の膨大さと内容の多様さである。もちろん個人差や学校段階によって違いはあろうが、量的には学校教育を通して提供される情報を凌駕し、またその内容は学校の授業で学ぶものよりも子供たちの興味や関心を大いに引きつけるものが少なくない。

(略)

［4］高度情報通信社会に対応する「新しい学校」の構築

［2］及び［3］では、高度情報通信社会が現実のものとなりつつある我が国において、それに適切に対応していくための初等中等教育段階での教育の在り方について述べた。

ここでは、我々はそのような教育活動を展開していくためには、学校自体が高度情報通信社会にふさわしい施設・設備を備えた「新しい学校」になっていく必要があることを指摘したい。

学校、とりわけ初等中等教育段階における学校の情報通信関連施設・設備の現状は、高度情報通信社会への対応という点で必ずしも十分とは思われない。そうした学校の状況を改善していくことが、子供たちの教育を充実させることにつながっていくのである。［2］や［3］で述べたコンピュータやネットワーク環境の整備等をはじめ、学校の施設・設備全体の高機能化・高度化を図り、学校全体を高度情報通信社会に対応した機関にしていかなければならない。学校、教育センター、大学等の教育関係機関はもとより、他の様々な機関、組織等とネットワークを形成し、情報収集の迅速化、学校運営や学校事務処理の合理化・迅速化等を図るとともに、適時、保護者、地域の人々、さらには広く社会に対し、自らの情報を積極的に発信していく開かれた学校となっていくことを強く望むものである。

(略)

もう一つは、国立教育会館が、教育等に関する情報を収集し、データベース化し、それらを全国に提供するなどの機能を果たす教育情報のナショナルセンターとしての役割を担っていくことを提言したい。今日様々な教育課題に直面する中で、教育関係者が、広く全国レベルでの教育関係施策等に関する情報や教育関係の統計情報、教育関係の各種実践事例の情報等を必要に応じ、随時入手し得るような仕組みを整備することは、極めて重要なこととなっている。国立教育会館が、豊富な情報を必要に応じ、一括して提供できるような機能を持つことは、極めて有効なことと考える。

［5］情報化の「影」の部分への対応

情報化の進展に対応し、子供たちに様々な悪影響を与えるいわゆる情報化の「影」の部分の問題が指摘されている。［1］においても述べた通り、様々なマスメディアから流されるあまりにも多くの情報の中で、子供たちは

どの情報を選択するか極めて難しい環境に置かれていること、また情報機器等の技術が進歩すればするほど増加する間接体験・疑似体験と実体験との混同を招くこと、さらには、テレビゲーム等に没頭する例に象徴されるように、あまりにも長時間にわたって情報機器等に向かい合うことが人間関係の希薄化や真の生活体験・自然体験の不足を招来させたり、子供たちの心身の健康に様々な影響を与えることなどの懸念が、問題点として指摘されている。

情報化の進展に対応する教育を考えるに当たって、こうした情報化の「影」の部分の持つ問題に、学校のみならず、家庭、地域社会が相互に連携・協力し合って、真剣に取り組む必要がある。

その際重要なこととして指摘しておきたいことの一つは、子供たちに、コンピュータ等の情報機器はあくまで自分を助ける「道具」であること、そして、自らの考えを持ち、自ら判断し、自らの責任において行動することが大切であることを十分理解させることである。

さらに、情報機器はあくまで自分たちの行動を支援するためのものであり、より大切なことは人間同士の触れ合いであること、コンピュータ等を通して体験するものはあくまで間接体験や疑似体験であって、実際の生活体験・社会体験・自然体験などの直接体験こそが大切であることなどについて子供たちにしっかりと理解させるとともに、我々大人たちもこうしたことの大切さについて、さらに認識を深める必要がある。

また、一人一人が情報の発信者となる高度情報通信社会においては、プライバシーの保護や著作権に対する正しい認識、「ハッカー」等は許されないといったコンピュータセキュリティーの必要性に対する理解等の情報モラルを、各人が身に付けることが必要であり、子供たちの発達段階に応じて、適切な指導を進める必要がある。そして、こうした点について子供たちに正しく理解させるための指導方法や指導内容等について研究を促進する必要がある。

第4章　科学技術の発展と教育

［1］科学技術の発展と教育
　（略）
　(b)子供たちに豊かな科学的素養を育成するため、地域社会において、体験的に学習できる博物館等の整備や社会教育施設等における科学教室の開催など、様々な学習機会の提供に努める必要があること。
　（略）
［3］地域社会における様々な学習機会の提供

子供たちに、豊かな科学的素養を育成するためには、学校教育だけでなく、地域社会において、科学に関する様々な学習機会が用意されていることが重要である。様々な学習機会に出会うことで、子供たちの中に科学に関する興味や関心が呼び起こされ、科学に関する夢と期待がはぐくまれていくのである。

科学博物館などは、今日、子供たちが自らの興味・関心に応じつつ、科学に親しみながら、科学的なものの見方や考え方を身に付けていく上で、大きな役割を果たしているが、これからは、さらに子供たちが、直接、物に触れたり、動かしたりするなど五感を使って体験できる学習の場として整備し、子供たちにとって一層魅力あるものにしていく必要がある。また、科学博物館や少年自然の家などの社会教育施設が、今後、それぞれの特色を生かしつつ、科学についての体験型の学習機会の提供を一層充実させていくことが望まれる。そのためには、特に、学芸員等の職員の資質の向上などを図り、その体制を充実させていく必要があると考える。

我が国の基礎研究を担っている大学や研究所には、施設見学の機会の提供やセミナーの開催などを通じて、科学の面白さや魅力について、子供たちに積極的に情報発信していくことを望みたい。その際、特に、科学者たちには、試行錯誤を繰り返しながら、生命や宇宙の神秘に迫っている現代科学の本当の魅力を様々な機会を通じて、子供たちに分かりやすい言葉で語りかけることを期待したい。

我が国の科学技術の一翼を担ってきた企業に対しても、製造現場における最新鋭の施設や設備の見学の機会を子供たちに提供することを望みたい。その際、特に、研究者や技術者たちには、いかに苦労しながら、創意工夫をしつつ、新しい生産技術を生み出してきたかを子供たちに伝えることなどを期待したい。

また、自然現象に触れて、その神秘に探究心を抱くことは、科学の原点である。その意味で、自然観察やキャンプなど自然に親しむ機会が、できるだけ多く子供たちに提供されることが望まれるところである。

以上、科学に関する学習機会について、幾つかの例を挙げてみたが、こうした学習機会は、このほかに様々に考えられるであろう。我々は、多くの施設、機関、団体等が、それぞれ特色のある学習の機会を子供たちに積極的に提供していってほしいと考える。しかし、せっかくの学習機会も、どのような活動がいつ、どこで行われているか等の情報が子供たちに伝えられなければ意味を失ってしまう。このため、市町村教育委員会が中心となって地域社会における科学に関する学習機会についての各種の情報をデータベース化するとともに、関係機関や民間団体などとの情報通信ネットワークを形成し、子供たちに情報を十分に提供する体制を整備することが必要であることを指摘しておきたい。

第5章　環境問題と教育
　（略）

［3］地域社会における様々な学習機会の提供

環境教育については、学校だけでなく、地域社会においても、様々な学習機会を提供するなどの取組を進めるべきである。

地域社会における環境に関する学習機会の提供の取組

を進めるためには、学習活動の場の充実、学習機会の拡充や情報の提供などについて充実する必要がある。

 とりわけ、学習機会の拡充については、自然に親しむことが環境教育の第一歩であり、環境から学ぶとともに、環境について学ぶといった視点に立って、星空観察、バードウォッチングなどの自然観察やキャンプなどの野外活動をはじめとして、様々な自然に親しむ機会を設けることが重要である。また、博物館や少年自然の家等の社会教育施設などにおいて、環境学習教室など多様な学習機会を拡充することが望まれるが、その際には、特に、体験型の学習機会の充実に留意する必要がある。さらに、子供たちがグループ活動や団体活動を通じて、地域において楽しく、自主的、継続的に環境について学んだり、環境保全活動を行っていくことも有意義であり、こうした活動をさらに活性化していくべきである。大学や研究所などにおいても、子供たちを対象にセミナーなどを開催し、地球環境問題の現状などを分かりやすく説明していくことを望みたい。企業などにおいても、子供たちに環境に関する学習機会の提供を期待したい。さらに、現在、国と地方公共団体が共同して、毎年「環境教育フェア」が開催されている。「環境教育フェア」では、環境教育の成果発表や環境問題についての講演・パネルディスカッションなどが行われているが、教育関係者のみならず、一般の人々からの参加者も多く、この「環境教育フェア」が社会全体の環境に関する意識啓発に寄与するところは極めて大きいと考えられる。こうした行事が今後一層充実して実施されることが望まれる。

 以上、環境に関する地域での学習機会の例を幾つか挙げてみたが、我々は、様々な地域で、特色を持った環境に関する学習の機会が子供たちに用意されることを望むものである。そして、第4章［3］においても指摘したように、環境に関する学習活動についても、どのような活動がいつ、どこで行われているか等についての様々な情報を子供たちに提供する仕組みを整備することが必要である。このため、科学に関する学習機会についての情報と同様に、市町村教育委員会が中心となって、地域社会における各種の情報をデータベース化するとともに、関係機関や民間団体などとの情報通信ネットワークを形成し、子供たちに情報を十分に提供する体制を整備することの必要性を指摘しておきたい。

 なお、環境問題への取組としては、一人一人が身の回りのできることから実践していくということが重要である。その意味でも子供たちが学校や地域社会でのそれぞれの役割に即した活動を通して、ボランティア活動を経験し、将来、環境保全を含めたボランティア活動を自然に行っていく契機となることを望みたい。

 また、家庭においても、子供たちに環境を大切にする心をはぐくむとともに、学校や地域社会で学んだことを日常生活で実践するよう促していくことを期待したい。

 （以下、略）

生涯学習の成果を生かすための方策について（審議の概要）（抄）

[生涯学習審議会答申等　平成9 (1997) 年3月13日]

V　生涯学習の成果を「個人のキャリア開発」に生かす

1　基本的考え方

○　いわゆる「キャリア開発」の概念は、時代とともに変化してきている。従来は企業・雇用者主導のキャリア開発プログラムに沿って、被雇用者が業務遂行に必要な教育訓練を受けるという形をとってきた。しかし、最近は、個人が自らの生涯にわたるキャリアを設計し、それに沿って個人のイニシアチブで学習活動を続けるという形が重視されるようになっている。また、「キャリア」の概念についても、最近はそれを職歴面に限定せず、地域や社会での様々な活動歴など社会生活上の諸側面も含めるようになってきている。本審議の概要では、これらを踏まえ、「キャリア」を「生涯にわたる個人の社会生活・職業生活に関する経歴」と捉え、個人主導のキャリア開発を支援する観点から、ⅰ）青少年、ⅱ）勤労者、ⅲ）高齢者、ⅳ）女性、に分けて支援方策を検討するとともに、学習者のキャリア開発にとって重要な公的職業資格や技能審査等の活用方策について整理した。

（青少年－キャリア開発の基礎となる職業観の涵養－）
○　青少年が自己の将来に対する目的意識を持ち、キャリアを主体的に開発していくようにするためには、働くことの喜び、楽しさ、苦しさやその意義を学習し、将来、社会の一員として勤労を担っていくにふさわしい職業観を涵養することが必要である。

（勤労者－個人主導のキャリア開発の推進－）
○　近年における技術革新の進展、産業構造の変化、産業活動の情報化、グローバル化、雇用環境の変化等に伴い、勤労者に職業人としての絶えざる資質能力の向上が求められる中で勤労者の職業に関する学習需要が高まっている。

個々の企業にとっても、雇用する勤労者が職務に関連する知識や技術を修得することは、技術水準の向上や新規事業の展開を図る上で有益である。また、産業界全体にとっても、産業構造の転換を進める上でプラスとなろう。

こうした状況の中、職業に関する学習機会の場を充実するとともに、個々の勤労者によって主体的に行われる自己啓発に対する支援をより一層重視することが必要である。

（高齢者－新たな活動への参加の促進－）
○　高齢社会が到来しつつある中、高齢者が、長年培ってきた経験や知識を生かし、社会の重要な一員として様々な活動に参加、貢献できるようにすることは極めて重要な課題である。このため、高齢者に対し、地域社会やボランティア活動に生かすことを前提とした知識・技術の習得や、さらなる職業能力の向上を図る学習機会の充実が必要である。

（女性－エンパワメントの支援－）
○　近年、女性がその能力をあらゆる分野で発揮することを可能にするような条件づくり（いわゆる女性のエンパワメント）が社会的に強く要請されていることから、特に女性を対象とした施策を推進することが必要である。女性が学習成果を生かして社会、経済など様々な分野で活躍することを促進するため、地域社会への貢献やボランティア活動に関する学習機会に加えて、女性の(再)就業・起業を支援していく学習機会の充実が必要である。

（公的職業資格や技能審査等の活用促進）
○　各種の公的職業資格や技能審査等は、生涯学習の成果を社会的に活用するための評価システムとして重要である。しかし、これらの資格等の内容・水準は多種多様であり、また、類似の資格等の間における連携も十分ではなく、学習者や資格等を生かす場である企業等の側にとって分かりにくいものもある。今後、学習成果の多元的な評価を進める上で、これら資格等について、その活用を円滑にするための方策を講じていくことが必要である。

（以下、略）

社会の変化に対応した今後の社会教育行政の在り方について（抄）

[生涯学習審議会答申　平成10(1998)年9月]

第1章　社会教育行政の現状

1　社会教育法等の制定と改正の経緯

> 我が国の社会教育行政は、戦後間もなく制定された社会教育法、図書館法、博物館法、青年学級振興法等の社会教育関係法令に加え、学校教育、社会教育を通じ、生涯学習の振興を目的とした生涯学習の振興のための施策の推進体制等の整備に関する法律等にのっとって行われている。その特徴としては、住民の自主的な社会教育活動を尊重し、行政の役割は主としてそれを奨励、援助すること、また、社会教育施設の運営に当たっては住民参加の考えが取り入れられていることなどが挙げられる。

昭和24年6月に社会教育法が制定され、社会教育に関する国及び地方公共団体の任務、地方公共団体（都道府県及び市町村の教育委員会）の社会教育に関する事務、社会教育関係団体、社会教育委員、公民館、学校施設の利用、社会通信教育など社会教育全般にわたって規定が整備された。その後、昭和25年4月に図書館法が、昭和26年12月に博物館法が制定され、その目的、事業、職員、国の補助などについて定められた。博物館法においては、行政が奨励、援助する対象を明らかにするため、博物館の登録制度が設けられた。また、青年学級については、その全国的な普及に伴い、国及び地方公共団体の援助が求められたことから、昭和28年8月に青年学級振興法が制定された。そして昭和59年に設置された臨時教育審議会における数次にわたる答申等を受けて、平成2年6月に広く学校教育、社会教育及び文化の振興を視野に入れた生涯学習の振興を目的として、生涯学習の振興のための施策の推進体制等の整備に関する法律(以下、「生涯学習振興法」という。）が制定された。社会教育法は、制定後、数回にわたり一部改正が行われた。大きな改正としては、昭和26年3月における社会教育主事等社会教育関係職員の充実を期するための規定の追加と、昭和34年4月における社会教育関係団体に対する補助金支出禁止規定の削除などがある。また、博物館法については、昭和30年7月に学芸員の資格認定制度の導入及び博物館相当施設の指定制度などを追加する改正が行われた。

こうした法律の整備と並んで、臨時教育審議会、中央教育審議会、社会教育審議会、生涯学習審議会等において、社会教育に関する様々な答申及び建議が行われ、それぞれの時期における施策推進上の指針として重要な役割を果たしてきた。中でも、昭和46年4月の社会教育審議会答申「急激な社会構造の変化に対処する社会教育の在り方について」は、社会的条件の変化によってもたらされている社会教育の課題を踏まえ、社会教育の内容、方法、団体、施設、指導者の各項目について、社会教育が担うべき役割とその基本的な方向を指摘するとともに、社会教育行政の役割と当面する重点事項について提言し、その後の社会教育行政に大きな影響を与えた。

社会教育法等に規定されている社会教育行政の特徴としては、住民の自主的な社会教育活動を尊重しつつ、行政の役割は主としてそれを奨励、援助することにあるとしていること、また、特に社会教育施設の運営に当たっては住民参加の考え方が取り入れられていることなどが挙げられる。

2　社会教育行政の組織と運営

> 地方公共団体の社会教育行政は、教育委員会が所管しており、その事務局に社会教育を担当する課等が設置されるとともに、社会教育主事等の社会教育関係職員が置かれている。また、教育委員会は公民館、図書館、博物館等の社会教育施設を設置・管理し、それらの施設には、館長その他の職員が置かれるとともに、その運営に関する審議会・協議会等が置かれ、その運営に住民の意思が反映されることとされている。

社会教育における中立性の確保は極めて重要であり、その行政の執行に当たっても、特定の党派的、宗派的影響力から中立性を確保する必要がある。このような趣旨から、社会教育行政は、地方公共団体において首長から独立した行政委員会である教育委員会が所管している。教育委員会の事務局には、社会教育の担当課等が置かれているが、その態様は、例えば、社会教育課という一つの課を設けている地方公共団体や、生涯学習課の中に社会教育係を設けている地方公共団体など様々である。

社会教育法第9条の2の規定により、教育委員会の事務局に、社会教育主事を置き（1万人未満の町村は設置義務が猶予されている。）、社会教育主事補を置くことができるとされている。社会教育主事の職務は、社会教育を行う者に専門的技術的な助言と指導を与えることであり、社会教育主事補の職務は、社会教育主事の職務を助けることである。また、市町村における社会教育行政体制の充実強化を図るため、都道府県教育委員会が市町村教育委員会の求めに応じて、社会教育主事を派遣する制度が定着しているところである。社会教育主事の設置率（派遣社会教育主事を含む。）は、平成8年10月1日現在、都道府県においては100％、市町村においては約91％となっている。社会教育主事は、社会教育行政の中で重要な役割を担っており、生涯学習が盛んになるにつれて、ますますその役割は大きくなっている。

また、同法第15条第1項の規定により、地方公共団体に、社会教育委員を置くことができるとされている。社

会教育委員は、独任制の機関であり、その職務は、社会教育に関し教育長を経て教育委員会に助言するために、社会教育に関する諸計画を立案したり、会議を開いて教育委員会の諮問に応じて意見を述べたりするほかに、教育委員会の会議に出席して社会教育に関し意見を述べることなどがある。社会教育委員の設置率は、平成8年10月1日現在、都道府県においては100％、市町村においては約99％となっている。しかし、社会教育委員制度は、一部例外はあるものの、その運用が活発に行われているとは言えないのが現状である。

教育委員会は、公民館(市町村のみ)、図書館、博物館等の社会教育施設を管理・運営している。公民館においては、その職員として館長、主事等が置かれ、館長の諮問に応じて公民館における各種の事業の企画実施につき調査審議する機関として、公民館運営審議会が置かれている。図書館には館長、司書等が、博物館には館長、学芸員等が置かれるとともに、施設運営に住民の意思を反映させることを趣旨として、図書館協議会、博物館協議会が置かれている。社会教育施設数は、平成8年10月1日現在、公民館が1万7,819館、図書館が2,396館、博物館（博物館相当施設を含む。）が985館、青少年教育施設が1,319施設、婦人教育施設が225施設などとなっている。

平成7年度間の施設の利用状況（延べ数）を見ると、公民館においては、団体利用が約199万団体、約1億8,442万人、個人利用が約2,302万人であり、図書館においては、帯出者数が約1億2,001万人であり、博物館においては、入館者数が約1億2,407万人である。

近年、ボランティアの活動が社会教育施設の運営において重要になってきている。ボランティアの活動状況（延べ人数）をみると、公民館が約138万人、図書館が約26万人、博物館が約11万人、青少年教育施設が約14万人、婦人教育施設が約6万人などとなっている。

また、生涯学習の振興に関する審議機関としては、生涯学習振興法第10条の規定により、文部省に生涯学習審議会が設置され、その分科会として社会教育分科審議会が置かれている。都道府県については、同法第11条の規定により、都道府県生涯学習審議会を置くことができるとされており、平成9年4月1日現在、33都道府県において設置されている。

第2章　社会教育行政を巡る新たな状況と今後の方向

1　地域住民の多様化・高度化する学習ニーズへの対応

> 戦後の著しい経済発展等がもたらした人々のライフスタイルの変化、価値観の多様化、高学歴化の進展、自由時間の増大の中、人々は、物心両面の豊かさを求め、高度で多様な学習機会の充実を求めている。社会教育行政が、このような人々の多様化・高度化する学習ニーズに的確に対応するためには、様々な方法により豊かな内容の学習機会を確保するとともに、学習情報の提供等を通じて、住民の自主的な学習活動を支援・促進する役割を果たしていく必要がある。

戦後の著しい経済発展、科学技術の高度化、情報化、高学歴化、少子高齢化等が進む中、人々のライフスタイルの変化や価値観の多様化が見られる。人々の生活水準は向上し、自由時間も増大している。人々は物質的な面での豊かさに加え、精神的な面での豊かさを求め、生涯を通じて健康で生きがいのある人生を過ごすことや自己実現などを求めている。このような状況の中で人々は、高度で多様な学習機会を求めるようになってきている。また、近年、産業構造が急激に変化しており、継続的に知識・技術を習得することが必要になるとともに、転職等人材の流動化も高まり、リカレント教育の必要性とその充実が一層強く求められている。さらに、単に学習するだけではなく、その学習成果を地域社会の発展やボランティア活動等に生かしたいと考える人も多くなってきている。

戦後の社会教育行政は、初期における勤労青少年に対する教育機能、地域住民に対する生活文化や教養の向上、女性の地位向上と社会参加の促進、高齢者に対する生きがいづくりなどを中心的な目的においた社会教育を展開してきた。例えば、市町村にあっては、公民館を中心として学級・講座等の事業を実施し、学習グループの育成等に努めてきた。しかしながら、前述したような学習ニーズの多様化・高度化の中で、公民館における学級・講座等、行政が自ら提供する学習機会だけでは、住民の学習ニーズに十分には対応することができなくなっている。今後の社会教育行政は、このような多様化・高度化する学習ニーズに的確に対応するため、大学等高等教育機関や民間教育事業者、企業の人材や学習資源を活用しながら豊かな学習機会の確保に努めるとともに、学習情報の提供等を通じて、住民自身の学習意欲と自由な創意・工夫を生かした学習活動を支援し、促進する視点を重視すべきである。

2　生涯学習社会の構築に向けた社会教育行政

> 学歴社会の弊害の是正、社会の成熟化に伴う学習需要の増大、社会・経済の変化に対応するための学習の必要性の観点から、生涯学習社会の構築に向けて教育改革の努力が進められている。社会教育はその中で重要な位置を占めており、社会教育行政は、生涯学習社会の構築に向けて中核的な役割を果たさなければならない。今後の社会教育行政は、学校教育をはじめ、首長部局、民間の活動等との幅広い連携の下に、人々の生涯にわたる自主的な学習活動の支援に努めていかなければならない。

学歴社会の弊害の是正、社会の成熟化に伴う学習需要の増大や、社会・経済の変化に対応するための生涯学習の必要性の観点から、昭和60年6月の臨時教育審議会答

申「教育改革に関する第一次答申」において、学校中心の考え方から脱却して、生涯学習体系への移行が提言された。また、平成4年7月の生涯学習審議会答申「今後の社会の動向に対応した生涯学習の振興方策について」は、基本的考え方として、今後、人々が、生涯のいつでも自由に学習機会を選択して学ぶことができ、その成果が適切に評価されるような生涯学習社会の構築を目指すべきであるとした。

生涯学習活動は、広範な領域において行われており、社会教育活動の中で行われるものに限定されるものではないが、社会教育活動は、幼児期から高齢期までの生涯にわたり行われる体育、レクリエーションまでをも含む幅広い活動であり、社会教育活動の中で行われる学習活動が生涯学習活動の中心的な位置を占めると言える。このような観点から、社会教育行政は、生涯学習社会の構築を目指して、その中核的な役割を果たしていかなければならない。

これからの社会教育行政は、幼児期から高齢期までのそれぞれのライフサイクルにおける学習活動に対応することを基本として、生涯学習社会の構築に重要な役割を果たさなければならない。今日、住民の行う学習活動は広範多岐にわたって行われていることから、教育委員会の社会教育行政だけでは住民の学習ニーズに対応する施策の推進が困難となってきている。このため、文部省においては他省庁及び民間の活動と、教育委員会の社会教育部局においては学校教育部局、首長部局及び民間の活動などと連携しつつ、幅広い視野に立って社会教育行政を展開することが不可欠となっている。

3 地域社会及び家庭の変化への対応

> 地域社会や家庭の環境が変化し、住民の地域社会の一員としての意識や連帯感が希薄化するとともに、家庭の教育力も低下している。完全学校週5日制への移行、学校のスリム化に伴い、青少年に対する社会教育の責任は一層重要なものとなっており、社会教育行政は、地域社会の活性化と地域の教育力向上に取り組むとともに、家庭の教育力の充実に資する施策の推進が必要となっている。

都市化、核家族化、少子化の進展や産業構造の変化等に伴い、地域社会や家庭の環境が大きく変化した。住民の地域社会の一員としての意識や連帯感も希薄化してきていることに伴い、地縁的なつながりの希薄化の中で、家庭の孤立化も進んでいる。

親が子どもに対して行う家庭教育は、本来、親の責任と判断において、それぞれの親の価値観やライフスタイルに基づいて行われるものである。今日、家庭を取り巻く環境が大きく変化する中で、多くの親が子どものしつけや教育に対する悩みや不安を抱えており、育児に対する自信喪失とともに、本来家庭において行うべき教育を学校等の外部機関にゆだねる傾向が見られるなど、家庭の教育力が次第に低下してきている。このような低下した家庭の教育力を回復していくためには、行政は積極的に家庭教育に対する支援を充実していくことが強く求められている。学校、家庭、地域社会が連携し、これらのバランスのとれた教育の推進を図るため、完全学校週5日制への移行や学校のスリム化が進められる中、青少年に対する社会教育の責任は一層重要なものとなってくる。地域と家庭の教育力の向上を図りつつ、青少年の健全な育成に地域全体で取り組んでいく必要がある。

地域の教育力の活性化のためには、地域社会自体が活性化されていなければならない。このためには、地域の住民が、地域社会が自らの生活基盤であるとともに住民自身が地域の構成員であるという意識を培っていくことが重要である。このような意識を育てていく上で、地域住民による自主的な学習活動や社会参加活動が果たす役割は極めて大きい。今後の社会教育行政は、地域の課題を的確にとらえた学習活動の提供、ひとづくり、まちづくりなど地域に親しみを持てるような社会教育活動、住民相互の交流につながる社会教育活動の振興などに努める必要がある。また、地域社会はボランティア活動を含め、地域住民の経験、技術を生かせる場でもある。豊かな社会体験や実務経験を有する高齢者や学習活動で実力を身に付けた地域の人材が、こうした社会教育活動の中で活躍できるようにすることも必要である。

なお、最近、青少年を巡る悲しい出来事が続いている。ゆとりのなさがもたらす青少年のストレス、倫理観の欠如、生命に対する認識の希薄化、青少年非行の低年齢化・凶悪化など、青少年を巡る諸問題は、大人社会の在り方や近時の青少年を取り巻く環境の変化と密接な関係にあり、抜本的な対策が必要であって、対症療法的な取組で解決できる問題ではない。

平成10年6月30日に、中央教育審議会は「新しい時代を拓く心を育てるために－次世代を育てる心を失う危機－」として「幼児期からの心の教育の在り方について」答申した。また、本審議会において「青少年の生きる力を育む地域社会の環境の充実方策」について、別途審議を行っているところであり、こうした答申等の結果を踏まえて施策の充実を推進する必要がある。

4 地方分権・規制緩和の推進

> 地方公共団体が、地域の状況に即応した適切な社会教育サービスを住民に提供するためには、その自主的な判断の下に、住民の意思を十分に踏まえた事業を展開できる環境の整備が不可欠であり、規制の廃止、基準の緩和、指導の見直し等、地方分権を一層推進していく必要がある。

地域にはそこで生活する住民がいて、地域固有の課題や学習資源が存在する。そこで行われる社会教育としての取組は、それぞれの地域の歴史、風土、産業、人口構成などを反映して行われる。今後、地方公共団体が、地域の状況に応じた自主的な取組や地域住民の意思を十分に踏まえた事業を展開することができるよう、国の規制

等の廃止ないしは緩和など、地方分権の一層の推進が求められている。

現在、地方分権推進委員会を中心に、政府全体として地方分権の推進に総合的に取り組んでいる。もともと戦後の社会教育行政制度は、地方分権の考え方に立ち、また、公民館運営審議会の設置をはじめとして住民が社会教育施設の運営に参加する仕組みを持つなど、今日においても先進的な考えを持って整備されたものであると言える。しかしながら、住民自治の考え方に基づく制度でありながら、その定め方が固定的・画一的であることもあって、住民参加の仕組みが形骸（がい）化したり、地域の特色が生かせなくなっている場合が少なくない。地方公共団体が、自主的な判断の下、地域の状況に即応した適切な社会教育サービスを地域住民に提供するため、社会教育行政制度における規制の廃止、基準の緩和、指導の見直しなど地方分権、規制緩和の観点からの改革を積極的に進めることが必要である。

また、活力ある社会教育行政は、そこに暮らす住民の意思と責任において確保していくものであり、地域づくりへの住民の主体的な取組を促すためにも、その政策形成過程に地域住民の広範な参画を促進する必要がある。

なお、地方分権推進委員会の第2次勧告（平成9年7月）の中で、「必置規制の廃止・緩和とは、・・（略）・・現に地方公共団体で業務を行っている職員の職や行政機関等の廃止を推奨するものではない。むしろ必置規制の廃止・緩和が行われることにより、地方公共団体としては、より適切な形で職員や行政機関等を設置することができるようになるものである。」「必置規制が廃止・緩和されたとしても、地方公共団体が必要な行政サービスの低下を招くようなことがあってはならず、職員や組織の硬直的な設置義務付けを見直し、柔軟な設置を可能とすることにより、それぞれ異なった社会経済条件、地理的条件の下に置かれている地方公共団体が地域の実情に最もふさわしい体制で行政サービスを提供することができるようになり、そのことが機動的で充実したサービスの提供、即ち行政の質の向上にもつながるものである。」と指摘していることは重要であり、特に留意する必要がある。

5　民間の諸活動の活発化への対応

> 民間の社会教育活動が活発化し、社会教育関係団体、民間教育事業者、ボランティア団体等が積極的な活動を行っている。これからの社会教育行政は、これら民間活動についての環境の整備や支援を行うとともに、ボランティア団体をはじめとするNPOを含め、民間団体との連携協力を進めることが必要である。

民間の社会教育活動が未発達な状況においては、社会教育行政が、住民の社会教育活動の先導的役割を果たしてきた。しかしながら、住民の学習ニーズが多様化、高度化する中、民間教育事業者等、社会教育分野における民間の諸活動が活発化しており、こうした民間活動を視野に入れ、それと連携しつつ社会教育行政を展開する必要がある。

特に都市部においては、民間教育事業が発達し、社会教育における重要な役割を占めるようになってきている。また、ボランティア活動も活発化するなど、社会教育活動の領域がこれまで以上に拡大している。従来、社会教育行政が行ってきた民間活動支援施策は、主として、社会教育関係団体に対する補助金や指導・助言というものであった。今後の社会教育行政にあっては、民間教育事業者、ボランティア団体をはじめとするNPO等とも幅広く連携協力を進めるとともに、これら民間活動がより一層活性化し、人々の学習活動をより豊かにする上で貢献し得るよう環境を整備していくことが必要である。

第3章　社会教育行政の今後の展開

第1節　地方分権と住民参加の推進

1　地方公共団体の自主的な取組の促進

> 地方公共団体が、地域の特性と住民ニーズに的確に対応した社会教育行政を展開するため、国の法令、告示等による規制を廃止・緩和する。また、地方公共団体の主体的な行政運営に資するよう、社会教育施設の運営等の弾力化を進める。

(1)　地方公共団体に対する法令等に基づく規制の廃止・緩和

○　公民館運営審議会の必置規制の廃止と地方公共団体の自主的判断の反映

社会教育法第29条第1項の規定により、公民館に公民館運営審議会を置くこととされている。公民館運営審議会は、公民館の運営に住民の意思を反映するための組織であり、戦後の公民館の発展期において重要な役割を果たしてきた。しかしながら、住民の意思を反映させる方法については、公民館運営審議会が必ずしも十分に機能しているとは言えないところもあり、地方公共団体が地域の実情に応じてその反映方法を考え、決定できるようにすることが、実質的にその趣旨をより徹底できるものと考えられる。また、同法第30条の規定により、公民館運営審議会の委員構成として、学校の代表者や、社会教育関係団体の代表者などが規定されており、結果的に選出範囲が狭くなり、男性に偏る傾向になるなど、地域の実情、住民の意思を踏まえた運営という観点から見て、これらの規定は、現時点では必ずしも適切とは言えない。

今後は、公民館運営審議会の設置を任意化することとし、その委員構成等についても地域の実情に応じて決めることができるよう弾力化するとともに、地方公共団体の自主的な判断の下に、公民館運営審議会以外の方法による住民の意思の反映の仕組みをも採り得るようにすることが適当である。

○　公民館長任命の際の公民館運営審議会からの意見聴

取義務の廃止

社会教育法第28条第2項の規定により、公民館長の任命に際して、事前に公民館運営審議会の意見を聞くことが義務付けられている。しかしながら、事前に公民館長という公務員の人事を公民館運営審議会にかけ、意見を聞くことは事実上困難を伴うという実情にあることや、上記のように公民館運営審議会の必置規制を廃止すること等にかんがみ、意見聴取義務を廃止することが適当である。

○ 公民館の基準の大綱化・弾力化と公民館長、主事の専任要件の緩和

「公民館の設置及び運営に関する基準」(文部省告示)は、社会教育法第23条の2第1項の規定に基づき定められている。この基準においては、公民館の設置運営に必要な基準として、必要な施設、設備、職員等が細かく規定されている。しかしながら、公民館は地域に密着した活動が求められる施設であり、画一的かつ詳細な基準を定めることは適当ではないことから、今後、こうした基準については、公民館の必要とすべき内容を極力大綱化・弾力化するよう検討する必要がある。

現在、同基準第5条第1項の規定において、公民館には専任の公民館長及び主事を置くことが定められている。公民館長や主事は、公民館の運営において極めて重要な役割を担っており、地域の実情を踏まえ、かつ視野の広い特色ある公民館活動を展開するためには、広く優秀な人材を館長及び職員に求めることが必要であり、基準の大綱化・弾力化を進める中で、この専任要件を緩和することが適当である。

○ 国庫補助を受ける場合の図書館長の司書資格要件等の廃止

図書館法第13条第3項に、国庫補助を受ける図書館においては、当該図書館長は司書となる資格等を有する者でなければならないと規定されている。また、同法第19条の規定により、国庫補助を受けるための最低の基準を文部省令(図書館法施行規則)で定めることとされており、同施行規則第2章において、図書館長の専任・有給要件、人口等に応じた図書の増加冊数、司書及び司書補の配置基準、建物の延べ面積基準が規定されている。

図書館長は図書館についての高い識見を持つことが求められるのはもとより当然であるものの、司書の資格は有していないが識見、能力から図書館長にふさわしいと言える人材を登用する場合も考えられる。また、館長の専任・有給要件、人口等に応じた図書の増加冊数、司書及び司書補の配置基準、建物の延べ面積基準については、国庫補助を受けるための最低の基準として規定されたものであるが、図書館の情報化や他の施設との連携、地域の実情に応じた多様な図書館サービスの推進等が求められていることなどから、法律に基づく一定の基準を設け、それに適合しなければ補助対象とすることができないとする制度は今日必ずしも適当とは言えない。以上の観点から、同法第13条第3項及び第19条、同施行規則第2章の規定は廃止することが適当である。

なお、同法第19条の規定を廃止することとの関連で、同法第18条に基づく公立図書館の望ましい基準の取扱いについて検討することが必要である。

○ 博物館の望ましい基準の大綱化・弾力化と公立博物館の学芸員定数規定の廃止

博物館法第8条の規定に基づき、博物館の望ましい基準として、昭和48年11月に「公立博物館の設置及び運営に関する基準」(文部省告示)が告示されている。同基準においては、必要な施設及び設備、施設の面積、博物館資料、展示方法、教育活動、職員等が定められている。このような基準を設けることにより、博物館の水準の維持向上が図られてきたが、既に本基準の制定後四半世紀が過ぎ、博物館を取り巻く環境も大きく変化している。自然史博物館、科学博物館、美術館、水族館、動物園等、博物館の種類が多いことに加え、現在の博物館に求められる機能は、単なる収蔵や展示にとどまらず、調査研究や教育普及活動、さらには、参加体験型活動の充実など多様化・高度化している。こうした状況を踏まえると、博物館の種類を問わず、現行のような定量的かつ詳細な基準を画一的に示すことは、現状に合致しない部分が現れている。このため、現在の博物館の望ましい基準を大綱化・弾力化の方向で見直すことを検討する必要がある。

学芸員及び学芸員補は博物館にとって欠くことができない専門的職員であるものの、その配置基準については、博物館の種類、規模、機能等のいかんや地域の実情を問わず一律に定めることは適切でないことから、少なくとも現行の同基準第12条第1項の学芸員又は学芸員補の定数規定は廃止することが適当である。

(2) 社会教育施設の運営等の弾力化

○ 社会教育施設の管理の民間委託の検討

近年、博物館等の社会教育施設の管理を、地方自治法第244条の2の規定に基づき、地方公共団体出資の法人等に委託するケースが出てきている。文部省は、こうした委託について、社会教育施設運営の基幹に関わる部分については委託にはなじまないとして、消極的な立場をとってきている。しかしながら、施設の機能の高度化や住民サービスの向上のためには、上記のような法人等に委託する方がかえって効率的な場合もあることや、施設の特性や状況が地域により様々であることから、今後、地方公共団体がその財政的基盤を保証した上で、社会教育施設の管理を適切な法人等に委託することについては、国庫補助により整備された施設を含め、地方公共団体の自主的な判断と責任にゆだねる方向で検討する必要がある。

○ 図書館サービスの多様化・高度化と負担の在り方

近年の情報化の進展には目を見張るものがあり、社会のあらゆる領域に情報化が浸透しつつある。図書館についても、例えば、コンピュータネットワークを通じて、自宅にいながら図書館の提供する情報を得ることや、図書館において館の内外の様々な情報を得ることが可能になるなど、今後図書館の提供するサービスは多様化・高度化することが予想される。

一方、公立図書館は、入館料その他図書館資料の利用についてはいかなる対価をも徴収してはならないと法定されているが、今後公立図書館が高度情報化時代に応じた多様かつ高度な図書館サービスを行っていくためには、電子情報等へのアクセスに係る経費の適切な負担の在り方の観点から、サービスを受ける者に一定の負担を求めることが必要となる可能性も予想される。

このようなことから、地方公共団体の自主的な判断の下、対価不徴収の原則を維持しつつ、一定の場合に受益者の負担を求めることについて、その適否を検討する必要がある。

○ 博物館設置主体に関する要件の緩和

博物館法でいう博物館、いわゆる登録博物館は、その設置主体が地方公共団体、民法法人、宗教法人、日本赤十字社等に限定されており、またその施設の性格は社会教育施設であることから教育委員会の所管となっている。また、博物館法第29条に規定する博物館相当施設については、設置主体が、国、株式会社、学校法人、個人等である場合でも指定できるが、公立の博物館相当施設については、教育委員会所管の施設でなければ指定できないとする運用がなされてきた。しかしながら、美術館、動物園等については、首長部局で設置運営する例が増えてきていることなどから、首長部局所管のいわゆる博物館類似施設（博物館法上の登録博物館でも博物館相当施設でもない施設をいう。）を、博物館相当施設として指定する道を開き、教育委員会の専門的、技術的な支援を積極的に進めることが適当である。平成10年4月17日付け生涯学習局長通知において、こうした要件緩和が実施された。今後、教育委員会は施設の所管や設置主体の別なく博物館に相当する施設については、適切に博物館法第29条に基づく指定をしていくことが望まれる。

さらに、大学等において充実した博物館施設が整備されつつあることや、学校教育と社会教育の連携を推進する観点から、学校法人が設置する施設等についても博物館として登録することができるようにするなど、博物館登録制度の在り方について検討する必要がある。

○ 司書等の資格取得における学歴要件の緩和

図書館法第5条の規定において、司書又は司書補となる資格を取得するための要件が定められているが、資格取得を拡大する方向で、学歴要件などの基礎要件の見直しを行う必要がある。現行では司書補となる資格の取得に当たり、高校卒業又は高等専門学校第3学年の修了を基礎要件として求めている（同条第2項第2号）が、大学入学資格検定合格等も司書補となる基礎要件となるように見直すべきである。また、司書の資格の取得に当たっては、司書補として実務経験を有する者以外は大学卒（短期大学卒等を含む。）を基礎要件として求めており、学位授与機構による学士の学位の取得等によっては司書となることができないが、これについても見直す必要がある。

2 社会教育行政における住民参加の推進

> 社会教育委員の制度を積極的に活用するほか、社会教育施設の運営をはじめとする社会教育行政に、多様な方法により住民参加を求めることが必要である。また、女性の積極的な登用が必要である。

(1) 住民参加の推進

地方公共団体は、これまで以上に社会教育行政の政策形成過程に住民の意思を反映していくことが求められることから、社会教育委員の制度等を積極的に活用していくことが必要である。また、社会教育施設の運営は、それぞれの施設が地域の実情に応じた適切な仕組みを工夫し、その運営に住民参加を求めていくことが必要である。特に、社会教育活動の多くを女性が担い、参加しているにもかかわらず、例えば、都道府県の社会教育委員の女性の割合は4分の1程度にとどまっている。今後、社会教育委員や社会教育施設の運営協議会等の委員に占める女性の比率を4割以上とすることを目指すなど、女性の積極的な登用が必要である。

(2) 社会教育委員の規定の見直し

社会教育法には、社会教育委員制度が規定されているが、社会教育行政の意思形成に対する民意の反映のため、社会教育委員の知識や経験等をこれまで以上に活用する必要がある。しかしながら、社会教育委員の構成規定から、学校の代表者や社会教育関係団体の代表者などが多く、結果として選出範囲が狭くなり、男性に偏る傾向にある。また、社会教育委員の委嘱期間の長期化や人物の固定化など弊害も指摘されていることから、地域の実情に応じ、多様な人材を社会教育委員に登用できるようにするため、委員構成、委嘱手続き等を定めた同法第15条の規定の見直しを行う必要がある。

(3) 図書館協議会の規定の見直し

図書館法には、図書館の運営に住民の意思を反映させるための機関として図書館協議会制度が規定されている。図書館協議会の委員についても、社会教育委員と同様、その構成規定から、学校の代表者や社会教育関係団体の代表者などが多く、結果として選出範囲が狭くなり、男性に偏る傾向にある。また、利用者の代表が委員になるケースは必ずしも多くないなど同協議会の形骸化も指摘されている。このため、地域の実情に応じ、多様な人材を図書館協議会の委員に登用できるよう、同法第15条に定める委員の構成規定の見直しを行う必要がある。

3 国・都道府県・市町村の取組

> 地方分権が進められる中、国・都道府県・市町村は新たな取組を求められる。住民の最も身近な社会教育行政を行う市町村は、住民参加の下、地域に根ざした行政を展開する必要がある。都道府県は、広域行政や市町村の連携を積極的に進める必要がある。国は、人材養成、学習情報の収集・提供、調査研究などに重点化する必要がある。

(1) 市町村の取組

　市町村は、住民の最も身近な行政機関として、住民ニーズ等を的確に反映し得る立場から、地域の特性や住民ニーズに根ざした多様な社会教育行政を推進することが求められている。このため、社会教育行政の企画運営に住民参加を求めるとともに、住民の自主的な社会教育活動を支援するため、学習情報提供や学習相談事業の充実を図っていくことがより重要となる。また、住民の生活圏の広域化や学習ニーズの高度化等に対応する社会教育行政が求められていることから、都道府県、市町村間の連携協力の促進を積極的に進めていかなければならない。なお、市町村教育委員会の事務を定めた社会教育法第5条の規定については、現在では役割を終えた事項の削除を含め、規定の見直しについても検討していくことが望まれる。

(2) 都道府県の取組

　都道府県は、市町村事業との重複を避けつつ、市町村の社会教育行政の基盤となる、中核施設の運営、指導者の養成・研修、学習情報の提供、都道府県レベルの社会教育に関する諸計画の策定、モデル事業の実施等を行う必要がある。特に、広域連携のコーディネート機能を充実し、各市町村の連携を促進していかなければならない。その際、都道府県と市町村が連携して、広域的な学習サービス提供のための体制を整備する必要がある。また、住民の活動範囲の広域化、学習の内容やレベルに対するニーズの多様化に対応し、広域的な学習情報の提供等の実施が重要である。

　地方分権等に伴い、市町村の人口規模、財政力等により、その社会教育活動の活発化などの面で格差が広がることが予想される。その場合、市町村の行政を補完・補充する立場から、人的交流等を含め多様な支援が求められる。また、社会教育行政の企画立案や円滑な実施に資するため、都道府県、市町村の持つ情報を相互に日常的に交換できるような体制の整備充実が求められる。なお、都道府県教育委員会の事務を定めた社会教育法第6条の規定については、現在では役割を終えた事項の削除を含め、規定の見直しについても検討していくことが望まれる。

(3) 国の取組

　国は、これまで補助金の交付や地方交付税措置等を通じ、社会教育施設の整備充実、指導者の養成、社会教育事業の振興、社会教育主事の配置の支援等を行ってきている。今後は特に、社会教育指導者、学習活動・事業等に関する情報の蓄積に力を注ぎ、広く関係機関や国民に学習情報を提供するとともに、海外に対しても発信できるように努める必要がある。また、高度な学習事業や学習方法等の調査研究の開発・実施、先駆的なモデル事業の開発・実施、各地域の特性を生かした具体的な取組や参考になる国内外の先進事例を収集し提供していかなければならない。

　また、社会教育主事をはじめとする社会教育の関係職員は、社会教育を支える重要な基盤であることから、企画立案能力や連絡調整能力等を備えた高度で専門的な人材としての研修・養成を行うことが重要であり、それらを一層充実していく必要がある。

第2節　地域の特性に応じた社会教育行政の展開

1　教育委員会における社会教育行政推進体制の強化

> 　社会教育委員、社会教育主事の機能を強化すること、公民館の専門職員等の能力の向上を図ることにより、教育委員会及び社会教育施設における社会教育行政体制の強化を図る。

○　社会教育委員の審議機能の強化

　独任機関である社会教育委員は、教育委員会の会議に積極的に出席して意見を述べるとともに、会議体としての社会教育委員の会議の審議機能の強化を図る必要がある。社会教育委員の会議を活性化し、各種審議、提言活動などや、調査研究機能を強化するとともに、公民館、図書館、博物館等の社会教育施設の運営の在り方についても、総合的な企画立案、提言等を行うなど、積極的かつ恒常的な活動が期待される。なお、都道府県においては、社会教育委員の会議と生涯学習審議会の役割や職務の分担、又は連携の在り方などについて、検討していくことが必要である。

○　社会教育主事の新たな役割等

　社会教育主事の職務は、社会教育法第9条の3の規定により、社会教育を行う者に専門的技術的な助言と指導を与えるとされている。従来、市町村における社会教育行政は、公民館等における学級・講座の実施や団体・グループの育成に重点が置かれ、社会教育主事の指導、助言の対象もそのような分野において行われてきた。しかしながら、住民の学習活動は多様化・高度化し、住民にとっては、社会教育行政以外の、首長部局や民間から提供される学習機会も魅力的なものとなってきている。こうした、住民の学習活動の実態やニーズに対応するためには、社会教育事業の実施等の従来型の社会教育行政の範疇での指導・助言だけでは、広範な社会教育活動に対する総合的な支援ができなくなってきている。今後の社会教育主事は、より広範な住民の学習活動を視野に入れて職務に従事する必要がある。このため、社会教育活動に対する指導・助言に加え、様々な場所で行われている社会教育関連事業に協力していくことや、学習活動全般に関する企画・コーディネート機能といった役割をも担うことが期待されている。こうした業務に社会教育主事が積極的に従事していくため、同法第9条の3の社会教育主事の職務規定について、企画立案、連絡調整に関する機能を重視させる方向で見直すことについて検討する必要がある。

　また、社会教育主事としての幅広い知識や経験は、学校教育や地域づくりにおいても大いに貢献し得るものであり、社会教育主事となる資格を有する職員を公民館、青少年教育施設、婦人教育施設等の社会教育施設に積極

的に配置するとともに、学校、さらには、首長部局においても社会教育主事経験者を配置し、その能力を広く活用することが期待される。

○ 社会教育主事を通じた学社融合等の推進

現在、小・中・高校の教職員を社会教育主事に登用する場合が多い。教員出身者が社会教育主事として社会教育の実務を経験し、学校に戻った時に、社会教育行政で培った広い視野を持って学校の運営に当たることは、学校教育にとっても望ましいものであるとともに、学校教育と社会教育の連携の強化の上でも意義深いものである。また、学校から社会教育主事として登用された後、学校に戻るという一方通行型だけではなく、一度学校に戻って、再度社会教育行政の管理職等として戻ってくる、あるいは生涯学習、文化、スポーツ関係等幅広い分野にも登用されるような双方向型のキャリアシステムの採用が必要である。これにより、社会教育行政と学校等関係機関との連携が促進されるであろう。このような社会教育主事の経験等を有効に生かす人事システムの構築が期待される。また、学校教育行政と社会教育行政の中心的役割を果たす指導主事と社会教育主事との間においても、人事上や事業推進上の連携を進めていくことが求められる。

○ 社会教育主事の設置促進のための社会教育主事講習の見直し等

社会教育法第9条の2の規定により、教育委員会の事務局に、社会教育主事を置くとされ、また、社会教育法施行令の附則（昭和34年政令第157号）第2項の規定により、人口1万人未満の町村に対して、「当分の間」社会教育主事を置かないことができるとしている。本規定制定後約40年が経過した今日、未設置市町村は281市町村（平成8年10月1日現在）となっている。社会教育主事の役割は、生涯学習社会の構築を目指す上で、ますます重要となっており、社会教育主事の設置を促進するための環境整備が求められている。そのための一環として、社会教育主事の資格取得のための講習機会を大幅に拡充することが必要である。現在、社会教育主事講習は、国立教育会館社会教育研修所及び国立大学で行われているが、今後は、夏期以外の受講機会の拡充、受講場所の拡大、単位の分割取得制度及び単位互換制度の整備、さらには放送大学や通信教育を活用した在宅学習による受講、通信衛星等を使った社会教育主事講習の実施等を導入していくことが必要である。

また、市町村における社会教育主事の配置を促進するため、都道府県においては、地方交付税を活用し、派遣社会教育主事に関する所要の財源措置を図り、市町村の社会教育行政の体制整備を支援していくことが望まれる。

○ 公民館職員の資質向上

今後の公民館活動は、学級・講座の実施や団体・グループの育成のみならず、ボランティアの受入れをはじめとした地域住民の学習成果を生かす場としての機能を果たすことや、学習情報の提供機能、さらには学習相談の機能を持つことも期待されている。社会教育行政において、公民館は、住民と日常的、恒常的に接する社会教育の場であることから、学習機会の提供のみならず地域の課題の調査分析能力や住民ニーズを的確に把握する能力を持つことが期待される。このためには、館長、主事等の公民館の職員が社会教育全般についての広範かつ専門的な知識と経験を持つようにすることが大切であり、社会教育主事講習の受講等により社会教育主事となる資格を取得するなど、種々の研修機会を利用して専門性のある職員としての資質を向上させていくことが必要である。

2 地域づくりと社会教育行政の取組

> 住民が共同して行う地域づくり活動を支援するなど地域社会の活性化に向け、社会教育行政は重要な役割を持つ。今後の社会教育行政は、住民の個々の学習活動の支援という観点のほか、地域づくりのための住民の社会参加活動の促進という観点から推進する必要がある。

(1) 社会教育行政を通じた地域社会の活性化

地域社会の活性化に向け、社会教育行政は、地域住民が地域に根ざした活動を行えるような環境を創り出すことや住民が一体となって地域づくりをしていくような活動（地域共創）を支援していくことに取り組む必要がある。社会教育施設における、どちらかといえば受け身の学習活動から、発信型の学習活動の支援、例えば、学習成果を生かしたボランティア活動の支援、地域社会というフィールドで行う実践的活動の振興、住民の交流促進などを積極的に推進していかなければならない。このためには、社会教育活動に関する情報の収集・提供や、地域の社会教育に関する人材情報の収集・提供等を推進するとともに、社会教育諸活動における地域の人材の登用、ボランティアが活躍できる場の開発を推進する必要がある。社会教育施設の運営に一層住民の参加を求めることについても、積極的に取り組んでみるべき課題である。今後の社会教育行政は、住民の学習活動の支援という観点とともに、地域づくりのための住民の社会参加活動の促進という観点を加味して推進する必要がある。

(2) 地域の人材が活躍するための社会教育主事となる資格の活用

地域には、勤労者や退職者を問わず、また性別や年齢も問わず、社会教育活動を実践・指導する資質を有する人材が豊富に存在する。こうした地域の人材が社会教育の場で活躍できる環境を整備しなければならない。例えば、民間から社会教育主事に積極的に登用したり、また、民間の人々が、社会教育指導員等非常勤の社会教育行政の専門家として活躍できるように工夫すべきである。このため広く社会人一般が、社会教育主事となる資格を取得できるよう、社会教育法第9条の4に規定する取得要件を弾力化の方向で見直すことを検討する必要がある。これに加え、社会教育主事設置のために設けられている社会教育主事講習を、地方公務員以外の者でも受講しやすくする必要がある。社会教育主事講習は、生涯学習概

論、社会教育計画等、社会教育に関する専門的な内容から構成されており、社会教育の分野で活躍する民間の人々にとっても有効な内容であるが、収容定員等の制約から地方公務員の受講を優先せざるを得ないという事情がある。今後は、広く社会教育主事講習を受講できるよう、その講習の在り方を改善していく必要がある。このため、同法第9条の5の規定に基づく社会教育主事講習等規程（文部省令）に定める社会教育主事講習の受講資格規定について見直しを行うとともに、社会教育主事講習の機会の大幅な拡大など、一般にも受講しやすい方法を導入していくことが必要がある。

(3) 地域の人材が活躍できる場としての社会教育施設

人々の学習活動が進むにつれ、その学習成果を地域で活用したいと希望する人が増えてきている。こうした人々が活躍する場として、社会教育施設が率先してその役割を果たすことが期待されている。公民館をはじめ、図書館や博物館等においてボランティア活動が盛んになってきていることは、そうした人々のニーズの現れである。しかしながら、多くの社会教育施設においては、ボランティアを受け入れる体制ができていない、受入れのための事務が繁雑である、受入れ予算がないなどを理由として、ボランティアの受入れ等に消極的なものが見受けられる。

学習成果を生かす場が広がることは、学習者に達成感や充実感等が生まれ、さらに学習意欲が増すという相乗効果が期待できるなど、生涯学習社会の構築にとって有効なものである。このような学習支援・社会参加支援は社会教育行政の重要な使命であり、社会教育施設は学習成果の活用の場としてその役割を果たしていかなければならない。

第3節　生涯学習社会におけるネットワーク型行政の推進

1　ネットワーク型行政の必要性

> 生涯学習社会においては、人々の学習活動・社会教育活動を、社会教育行政のみならず、様々な立場から総合的に支援していく仕組み（ネットワーク型行政）を構築する必要がある。社会教育行政は生涯学習振興行政の中核として、学校教育や首長部局と連携して推進する必要がある。また、生涯学習施設間や広域市町村間の連携等にも努めなければならない。

(1) ネットワーク型行政の必要性

人々の学習活動・社会教育活動は、様々な時間や場所において様々な方法で行われている。多様化する学習活動や学習ニーズにこたえ、生涯学習社会における社会教育行政を推進するためには、多様な機関間で多様なレベルの連携が不可欠である。学習者から見れば、学習サービスをだれが提供するかは、さして重要ではなく、それぞれの学習サービスが自分に合った内容や水準であり、かつ、低コスト、場所的・時間的にも都合がよいことなどが重要であると言える。したがって、各機関は、その自らの特色や専門性を生かしつつ、相互に連携して住民に対する学習サービスを的確に行うようにしなければならない。

生涯学習社会においては、各部局の展開する事業や民間の活動が個別に実施されると同時に、こうした活動等がネットワークを通して、相互に連携し合うことが重要である。これからは、広範な領域で行われる学習活動に対して、様々な立場から総合的に支援していく仕組み（ネットワーク型行政）を構築していく必要がある。この意味で社会教育行政は、ネットワーク型行政を目指すべきであり、社会教育行政は生涯学習振興行政の中核として、積極的に連携・ネットワーク化に努めていかなければならない。

また、ネットワークを構築するためには、国、地方公共団体、大学・研究機関、民間団体等に存在する人・もの・情報等に関する学習資源を調査、収集し、その学習資源を有効に活用できるようにすることが必要である。このため、国は、学習資源の開発を効率的に進めるため、地方公共団体間のネットワーク化を促進し、また、地方公共団体は、人々に直接学習資源を提供するだけではなく、ネットワーク参加機関、施設、団体等がそれぞれ役割を果たせるような環境を整備していくことが求められる。

(2) 生涯学習社会構築を目指した社会教育行政の法令上の位置付けの検討

生涯学習社会における社会教育行政は、前述したとおり、ネットワーク型行政の中核としての機能を果たすことが必要である。このような役割を効果的に果たしていくためには、社会教育行政が生涯学習社会の構築を目指すものであることを行政システムの中で明確にしていくことが求められており、社会教育法上の位置付けを含めて検討していく必要がある。

2　学校との連携

> 社会教育と学校教育とが連携することにより、子どもたちの心身ともにバランスのとれた育成を図ることが重要である。学校施設の開放等を進めることにより、地域社会の核としての開かれた学校を作る必要がある。また、高度化する学習ニーズに対応するため、高等教育機関、国公立や民間の研究機関、企業との連携も不可欠である。

(1) 学校教育と社会教育の連携

子どもたちの生きる力をはぐくむために学社融合の必要性が言われ、様々な場面で取組が始まっているが、いまだ学校教育と社会教育の連携は不十分と言わざるを得ない。学校教育と学校外活動があいまって、子どもたちの心身ともにバランスのとれた育成が図られることとなる。昨今の子どもたちを巡る環境を考えると、早急に学社融合の実をあげていかなければならない。

地域社会の核としての開かれた学校を作ることや、学社融合の観点から、学校施設・設備を社会教育のために利用していくことが必要である。余裕教室等を利用するなど学校施設を社会教育の場に提供することにより、児童、生徒と地域社会との交流が深まり、地域社会の核としての開かれた学校が実現する。また、特に学校体育施設については、地域住民にとって最も身近に利用できるスポーツ施設であり、学校体育施設の地域社会との共同利用化を促進し、地域住民の立場に立った積極的な利用の促進を図ることも重要である。学校の運動場やプール、教室の開放等が盛んとなってきているが、学校開放にいまだ慎重な学校もあるなど、学校により取組が異なっている。学校開放を進めるため、教育委員会が学校ごとに施設の管理や利用者の安全確保・指導に当たる人員の適切な配置、地域住民の協力を得た委員会の整備など必要な措置を講ずることが求められる。

こうした中で、学校の建替えに際し、地域住民の生涯学習活動の場としての活用を予定した設計を行うこと、また、地域住民のための高機能な生涯学習施設を整備し、これを学校教育に優先的に使わせることなど、非常に分かりやすい学社融合のスタイルを施設の設置運営面から打ち出している例もあり、先駆的取組として評価できるものである。

(2) 高等教育機関等との連携

高度化した人々の学習ニーズに対応するためには、大学等の高等教育機関との連携が不可欠である。最近では、公開講座はもとより、科目等履修生制度の充実や夜間大学院の開設等、社会人が大学の単位を取得したり、修士課程、博士課程を履修することができるなど、大学における社会人受入れのための取組が活発となっている。従来、教育委員会側からの高等教育機関との連携への働き掛けは必ずしも活発ではないが、今後は連携を積極的に進めていく必要がある。これらを支援する上で国が果たすべき役割は極めて大きい。高等教育機関においても、地域社会の一員として地域における学習活動の振興のために、積極的に貢献していくことが期待される。また、今年から通信衛星により全国的に提供することになった放送大学の放送授業を公民館等社会教育施設において受信できるようにするなど、住民の学習活動の高度化のために積極的に活用していくことが期待される。さらに、国公立及び民間の研究機関や企業についても、専門的かつ高度な人材や施設設備など貴重な学習資源を有していることから、これらとの連携も有効である。

3 民間の諸活動との連携

> 社会教育行政は、社会教育関係団体、民間教育事業者、ボランティア団体をはじめとするNPO、さらには、町内会等の地縁による団体を含めた民間の諸団体と新たなパートナーシップを形成していくことが必要である。

(1) 民間教育事業との連携

本来、社会教育行政は、人々のニーズに応じて、多様で豊かな学習の場を提供する観点から民間教育事業を支援すべきであり、民間が創意にあふれた活発な教育活動を展開できるような環境整備を図っていくことが重要である。社会教育行政が、これまでどちらかといえばその支援に消極的であった民間教育事業者に対して、今後は、例えば共催で事業を実施することや、社会教育施設を開放すること、さらには、住民に対して、民間の教育事業に関する情報を提供していくことなど積極的な対応が必要である。

特に、公民館等においては、民間教育事業者の活用についてこれまで消極的な姿勢が見られたり、また、民間で実施可能な事業を行政側の主催事業として行うことなど、民間と競合する面が見られたりするが、その協力方策について検討する必要がある。公民館が、住民の意思を反映しつつ主催事業を展開する上で、民間教育事業者との連携協力を積極的に考えるべきである。

(2) 社会教育関係団体との連携

これまで社会教育関係団体は、民間の行う社会教育活動の中心として重要な役割を担ってきた。しかしながら、ボランティア団体をはじめとするNPOによる活動など、新たな団体の活動が盛んになっている。平成10年3月には、特定非営利活動促進法(いわゆるNPO法)が成立している。同法では、社会教育の推進を図る活動等を特定非営利活動としており、こうした活動を行う団体に対して法人格を付与することができるようになった。

これまで、社会教育行政は、社会教育関係団体の活動を重視し、奨励すべき活動に対して補助金を交付して支援する等、連携を密にとってきた。その結果、団体側も行政の支援を前提とした事業展開となり、本来の自立的な意識が希薄となったとの指摘もある。今後、社会教育関係団体は、それぞれの設立の趣旨・目的に沿った一層自立した活動の展開が求められる。社会教育行政は、社会教育法第11条及び第12条の規定の趣旨を踏まえ、社会教育関係団体、ボランティア団体をはじめとするNPO、さらには町内会等の地縁による団体をも含め、これらとの新たなパートナーシップ(対等な立場から相互に連携・協力しあう関係)を形成していくことが大切である。

4 首長部局等との連携

> 地域社会の活性化を通じた地域の教育力の活性化は社会教育行政の重要な課題である。地域の人材育成に責務を負う教育委員会と地域づくりに広範な責務を負う首長部局とが連携して、生涯学習、社会教育、スポーツ、文化活動を通じた地域の教育力の向上に取り組む必要がある。

人間形成の基盤が地域社会にあることを考えると、活力ある地域社会の構築、地域づくりは社会教育行政にとって極めて重要な意味を持っている。地域の人材育成に責務を負う教育委員会と地域づくりに広範な責務を負う

首長部局とが連携して初めて、生涯学習、社会教育、スポーツ、文化活動を通じた地域づくりと地域の教育力の再活性化が可能となる。青少年教育、男女共同参画社会の形成等の諸活動は、地域全体で取り組むものであり、それぞれの地域の実情に即して、教育委員会と他の部局が連携協力して推進していかなければならない。行政サービスの提供者がどの組織であるかは、住民にとって重要な意味を持たない。それぞれの部局が、その行政目的に応じた特徴ある様々な事業を行うことは好ましいものであり、問題があるとすれば、同種の事業が様々な部局で相互に連携されずに行われていることである。

例えば、男女共同参画の一層の推進のために、教育委員会は、男女の固定的な役割意識を改めるための学習や、女性のエンパワーメント（個々の女性が自ら意識と能力を高め、政治的、経済的、社会的及び文化的に力を持った存在となること）を目指した学習を専門的な見地から支援することが必要である。一方、首長部局の女性担当部局では男女共同参画に関する広報活動等を行っており、教育委員会の婦人教育行政と首長部局の女性行政は、各専門部局がそれぞれのノウハウを生かした役割分担に従って施策を行いつつ相互に連携を図ることが効果的である。社会教育としての婦人教育を実施する教育委員会は、首長部局を通じて、関係施策を行う他部局の情報を得ながら施策を進めていくことが必要である。特に、民間団体に対しては、首長部局と教育委員会が密接な連携を図り、それぞれの持つ情報を提供するといった具体的な対応が不可欠である。

住民にとっての行政サービスの提供、充実という観点から、教育委員会と首長部局が積極的に連携協力していかなければならない。現行の社会教育法では、第7条、第8条に広報宣伝における協力、資料の提供等教育委員会と地方公共団体の長との関係が規定されているが、教育委員会が首長部局とさらなる連携を進める観点から、規定の在り方について検討していく必要がある。

5　生涯学習施設間の連携

> 社会教育施設間のみならず、首長部局が所管する各種の施設等との積極的な連携を促進し、住民にとって利用しやすい生涯学習施設のネットワークを構築していくことが必要である。このための恒常的な組織の設置が期待される。

生涯学習の拠点として様々な施設が設置されている。社会教育施設だけではなく、首長部局が所管する各種の施設においても、さらに民間や企業が持つ施設でも学習活動は行われている。学習者から見れば、各施設がそれぞれ特色を生かして魅力的な活動を行っていることと、それぞれの施設が連携していることが重要である。したがって、社会教育施設と学校施設を含めたその他の生涯学習施設との連携協力体制を構築し、住民にとって使いやすい魅力的な施設運営に努めるべきである。このためには、例えば生涯学習施設ネットワーク委員会ともいうべき連携のための恒常的な組織を設置し、施設間の連携を図るとともに、施設間における事業情報の相互交換、人材の共通活用、共同キャンペーン、事業の調整ができるようなシステムの一層の充実が必要となる。例えば、ある市においては、公民館、図書館、博物館等の社会教育施設と学校、児童館、消費者センター、コミュニティーセンター等が連携して、各施設の実施事業の情報提供や学習プログラムの開発をするための共同事務局を設置して住民サービスを展開するなどの取組が行われている。こうした施設間の連携協力は、それぞれの施設の事業内容の充実、高度化にもつながるものとして参考に値する。

6　市町村の広域的連携

> 高度な社会教育行政サービスを実現するためには、事務処理の共同化をはじめ、市町村が広域的に連携することが有効であり、こうした連携を促進することが期待されている。

住民の活動範囲は広域化しているとともに、一つの市町村で提供できるサービスは限定されている。例えば、小規模の町村では、単独で充実した博物館などを整備することは容易ではなく、市町村が広域的に連携して社会教育行政に取り組むことが有効かつ効率的である。連携の手法としては、一部事務組合等による事務処理自体の広域処理化や、各市町村が共催負担金を拠出し協力して事業を行い、事務局は持ち回りにするなどの方法がある。地方自治法上の規定により、公の施設の区域外設置や、区域外の住民の利用について、議会の議決が必要とされているが、住民ニーズに対応し、高度な社会教育サービスを提供するためには、サービス機能の広域的な連携協力に積極的に取り組むことを検討する必要がある。その例として、指導者の登録、情報提供の共同実施、施設職員の合同研修などが挙げられる。また、市町村の連携協力には都道府県の支援が不可欠であり、各地域において、恒常的な連携組織を設置するなどの工夫が考えられよう。なお、平成10年度からは、文部省の広域学習サービスに関する補助制度が開始されることとなっており、広域連携への支援施策として期待される。

第4節　学習支援サービスの多様化

1　情報化時代の通信教育の在り方

> 社会通信教育は、生涯学習社会の実現に大きな役割を果たしてきているものの、現在の社会教育法の規定は郵便が情報伝達手段の中心であった時代に設けられたものであり、多様なメディアが急速に進展している情報化時代にふさわしい社会通信教育の在り方について検討する必要がある。

社会通信教育は、時間的、地理的な制約を受けることなく、いつでもだれもが学ぶことのできる学習機会として、生涯学習社会の実現に大きな役割を果たしてきてい

るが、近年、インターネット、衛星通信等の情報通信技術をはじめとした科学技術の急速な進展に伴い、これらの多様なメディアを活用することにより、情報化時代に対応した社会通信教育の発展が期待される。これらの多様なメディアを利用した通信手段やビデオテープ、CD-ROM等の映像・音声教材を効果的に活用することができるよう研究開発を促進することが必要である。

社会通信教育については、社会教育法第49条から第57条までに規定されているが、これらの規定は、郵便が情報伝達手段の中心であった時代に設けられたものである。このため、同法第50条第1項の定義等については、情報化に対応した今後の社会通信教育にふさわしい規定となるよう見直す必要があるかどうかを検討するとともに、社会教育上奨励すべき通信教育を文部大臣が認定する「文部省認定社会通信教育」についても、このような新しい技術を活用した社会通信教育を認定の対象とする等、社会通信教育の認定の在り方について検討することが必要である。

2 学習成果を評価するための技能審査の在り方

> 文部省認定技能審査制度は、学習の成果を社会的に評価するものとして、また、学習活動に励みを与えるものとして重要な役割を果たしている。技能審査の法令上の根拠を明確にするとともに、今後の在り方を検討することが必要である。

文部省認定技能審査制度は、青少年・成人が習得した知識・技能について、民間団体がその水準を審査・証明する事業のうち、教育上奨励すべきものを文部大臣が認定するものであり、現在、実用英語技能検定、日本漢字能力検定など25種目の技能審査が認定されている。この文部省認定技能審査制度は、学習の成果を社会的に評価するものとして、また学習活動に励みを与えるものとして重要な役割を果たしており、学校教育の現場や就職の際にも活用されてきている。

一方、公益法人が独自に行っている審査等を各省庁が認定等することについては、その手続等に関する不透明性の改善が求められており、平成8年9月の閣議決定「公益法人に対する検査等の委託等に関する基準」では、各省庁が行う認定等が法令に基づくものであること、審査等を実施する公益法人は、法令によって指定されていることなどの要件を整えることが必要とされたところである。現在、文部省認定技能審査は、昭和42年10月に制定された「技能審査の認定に関する規則」（文部省告示）に基づき実施されているが、同閣議決定を踏まえ、その実施に関し、法令上の根拠を明確にすることが必要である。

併せて、認定する団体を原則一種目一団体とする現行の認定に当たっての運用の見直しを検討するとともに、実施団体における業務及び財務等に関する情報の公開の促進など、文部省認定技能審査がより適切に行われるための措置を講ずることを検討していくことが必要である。

3 マルチメディアの活用

> マルチメディアの活用は、時間的・地理的制約を克服し、質の高い効率的な学習を可能にするものであり、マルチメディアを活用した新しい学習システムの開発や普及が望まれる。また、社会教育施設におけるコンピュータの整備や、操作に関する学習機会を充実させることが必要である。

今日、社会のあらゆる分野において情報化が浸透しているが、生涯学習の振興を図る上で、マルチメディアの活用は、時間的、地理的制約を克服し、勤労者や子育て中の人、身近に学習機会のない人にとって、より質の高い効率的な学習を可能にするものとして、また、障害者や高齢者等の学習機会へのアクセスを容易にするものとして期待されている。

放送大学は、テレビ、ラジオの放送メディアを効果的に活用した大学通信教育の実施機関として、広く国民に大学教育の機会を提供している。平成10年1月、これまでは関東地域の一部に限定されていた放送対象地域が、通信衛星を利用した放送により全国へ広がったところである。また、生涯学習に関する情報の提供を充実させるため、全国的に生涯学習情報を提供する体制（まなびねっとシステム）の整備が、西暦2000年を目標に進められているなど、マルチメディアを活用した社会教育サービスの充実が図られているところである。

今後は、いつでもどこでも学習者のリクエストに応じた学習ができるシステムや、ISDN（音声、ファクシミリ、データ、映像等の情報を大量、高品質かつ経済的に伝送することを可能としたデジタルネットワーク）、衛星通信を活用したテレビ会議システム等による遠隔学習の実施、さらには図書館、博物館等の有する学習素材をマルチメディアデータベース化して他の社会教育施設や学校等において活用できるようにするなど、マルチメディアの活用による新しい学習システムの開発・普及が望まれる。

こうした中、衛星通信を利用した総合的な教育情報通信システムが平成10年度に整備され、平成11年度より運用が開始される。これは、国立教育会館（本館、学校教育研修所、社会教育研修所）、文部省本省、国立科学博物館、国立オリンピック記念青少年総合センターと都道府県・政令指定都市の教育センター、学校及び社会教育施設等を衛星通信により結び、教育情報通信ネットワークシステムの整備を図るものである。本システムを活用した全国規模の社会教育事業の実施や社会教育職員研修の充実が期待される。

一方、急速な情報化は情報リテラシー（情報及び情報伝達手段を主体的に選択し、活用していくための個人の基礎的な資質）の不足等情報システムにアクセスすることが困難な人々、いわゆる情報弱者を生み出す可能性がある。このため、様々な人々がコンピュータに慣れ親しみ、利用するために、社会教育施設におけるコンピュータの整備やコンピュータの操作に関する学習機会を充実させることなどが必要である。

現在、マルチメディアの活用については、社会教育分科審議会教育メディア部会において包括的に検討しているが、引き続き検討していくこととする。

4 青年学級振興法の廃止

> 勤労青年に教育的機会を付与するための青年学級振興法は、進学率の上昇等の社会の変化に伴い廃止することが適当である。ただし、青年に対する学習成果の評価等、その法律の精神については、引き続き継承していくことが期待される。

青年学級振興法は、勤労青年に教育の機会を付与するため昭和28年8月に制定されたものである。その後、進学率の上昇等によるそのニーズの低下、青年教室への予算措置などによる代替措置の充実等の社会の状況の変化に伴い、その存続意義が乏しくなってきていることから、同法を廃止することが適当である。ただし、同法は、青年側から学級講座の開設を求めることができるなど、学習意欲のある者にその機会を与えるという趣旨を持つとともに、青年学級を受講したことが学習の成果として社会から評価されるなど、その法律の精神については、生涯学習社会の構築を目指す現在においても重要である。学習したい青年に対し学習機会や学習情報を確実に提供することやその学習成果の評価のためのシステムを構築することなど、青年学級の精神を継承した社会教育行政を展開することが期待される。

今後の地方教育行政の在り方について（抄）

[中央教育審議会答申　平成10(1998)年9月21日]

第1章　教育行政における国、都道府県及び市町村の役割分担の在り方について

2　国の役割及び国と地方公共団体との関係の見直し

　教育行政も含め、今後国が重点的に果たすべき役割に関しては、地方分権推進委員会第一次勧告（平成8年12月）において、（i）国際社会における国家としての存立にかかわる事務、（ii）全国的に統一して定めることが望ましい国民の諸活動又は地方自治に関する基本的な準則に関する事務、（iii）全国的規模・視点で行われなければならない施策及び事業の3つが示されている。

　現在、教育行政において国が担っている事務として1の(1)で示した「ア　基本的な教育制度の枠組みの制定」、「イ　全国的な基準の設定等」、「ウ　地方公共団体における教育条件整備のための支援」及び「エ　教育に関する事業の適正な実施のための支援措置等」は、いずれも上記(ii)及び(iii)に該当し、基本的には今後とも国においてその役割を担うべき事務であり、そのことを明確にする必要がある。

　しかしながら、今後とも国が担うべき事務・事業の具体的な内容については、時代の変化に対応して、地方分権を推進し、より地域に根差した主体的かつ積極的な教育行政を展開できるようにする観点から、教育制度の一層の多様化、弾力化や基準の大綱化、弾力化を進めるとともに、都道府県や市町村の負担を軽減するため事務手続の簡素化を図るなど、その内容を見直すことが必要である。また、「中央省庁等改革基本法」第2条において、「国の…事務及び事業の運営を簡素かつ効率的なものとする」と規定されている点についても配慮することが必要である。
　　（略）

5　国、都道府県、市町村、学校等の間の情報網の整備

　国及び都道府県教育委員会が指導等を適切かつ効果的に行うためには、今後、教育及び教育行政等に関する実証的研究の成果や内外の情報を収集し、適切な情報提供を行うことがますます重要となってくるものと考えられる。都道府県、市町村のニーズに応じて効果的に指導等を行うとともに、都道府県教育委員会や市町村教育委員会による学校、社会教育施設等に対する支援機能の充実を図るためには、教育分野における全国的な情報網を速やかに整備することが必要である。

　以上のような観点から、これに関連する事業の在り方について以下のように見直し、改善を図る必要がある。

具体的改善方策
　ア　インターネットや衛星通信等を活用して、国、都道府県、市町村、学校、社会教育施設等を相互に結ぶ情報網を整備し、情報伝達の迅速化・同報化を図ること。
　イ　国、都道府県、市町村、学校、社会教育施設等の間の情報網の整備等に関連して、当該情報網を利用して、学校教育、社会教育、文化、スポーツなどの行政施策や学校等における教育内容・方法・形態に関する各種の実証研究の成果、学校や社会教育施設などの運営の改善に資する情報など広範な教育関連情報をデータベースとして蓄積し、これを検索・利用できるような全国的な教育に関する総合情報システムを構築するとともに、そのような総合情報システムによる情報提供事業や情報教育において中心的な役割を果たす教職員の研修など研修事業等の充実を図ること。
　ウ　全国的な教育総合情報システムの開発及び運用、情報提供、研修事業を行う全国レベルのセンターとして、国立教育会館を再編整備すること。
　エ　都道府県等においては、市町村教育委員会や学校、図書館、公民館等の教育施設等を相互に結ぶ情報網の整備等に際して、教育センター等が情報網の中核的な役割を果たし、学校等における教育活動を支援することができるよう、その充実に努めること。

第2章　教育委員会制度の在り方について

1　現行制度の概要と課題

(1)　都道府県及び市町村は、住民の福祉の増進を目的として、住民の安全、健康、福祉の保持、治山治水など様々な公共的な事務を行っており、その多くは選挙で選ばれた知事、市町村長が担当しているが、政治的中立性が求められたり、専門的な対応を求められる教育や人事などの事務については、知事、市町村長とは別個の執行機関が行政委員会等（選挙管理委員会、人事委員会など）として設置されている。

　教育委員会は、このような執行機関の一つであり、議会の同意を得て首長が任命する5人の教育委員から構成される合議制の行政委員会として設置され、「地教行法」第23条に規定される職務権限を管理執行している。その職務権限は、（i）その所管する学校の設置管理に関する事務、（ii）教育用財産の管理に関する事務、（iii）学齢児童生徒の就学等に関する事務、（iv）青少年教育・公民館の事業等の社会教育に関する事務、（v）体育・スポーツに関する事務、（vi）文化財の保護に関する事務、（vii）ユネスコ活動に関する事務、（viii）その他当該地方公共団体の区域内における教育に関する事務など極めて広範にわたっている。

教育委員会には、その指揮監督の下に教育委員会のすべての事務をつかさどる教育長が置かれている。また、具体的な事務を処理するために事務局が設置され、事務職員、技術職員が置かれている。このほか、都道府県や政令指定都市の教育委員会をはじめ多くの市町村教育委員会には専門的な事務に従事する指導主事や社会教育主事等が置かれている。それとともに、都道府県教育委員会には、市町村教育委員会に対する指導等や県費負担教職員の人事事務等を行うため、一定の地域ごとに教育事務所等が置かれている。

教育長は、他の行政委員会の事務局長とは異なって、教育委員会の会議に出席して教育行政の専門家としての立場から助言を行うとともに、そこで決定された方針を具体的に執行する職務と責任を担う特別の地位を有している。このような教育長の特別な地位に鑑み、その選任手続を慎重なものとし、適材を確保しようとする観点から、教育委員会が教育長を任命するに当たっては、「地教行法」第16条の規定により、都道府県・政令指定都市教育委員会の教育長については文部大臣の承認が、市町村教育委員会の教育長については都道府県教育委員会の承認が必要とされている。

(2) このような現行制度とその運用については、(i) 教育委員会会議では議決を必要とする案件の形式的な審議等に終始することが多く、様々な教育課題についての対応方針等について十分な話し合いや検討が行われていない、(ii) 教育委員の選任についてより民意を反映するための工夫や方策が必要である、との指摘がある。また、(iii) 教育長の任命承認制度は地方分権を推進する観点から廃止し、地方公共団体自らの責任で適任者を選ぶことができるよう改めるべきである、(iv) 教育長の選任が地方公共団体内部の人事異動の一環として行われ、教育や教育行政について必ずしも十分な経験を有しない者が任用される場合がある、(v) 事務局体制が弱体であり専門的職員が不足している、(vi) 地域の特色や実態に応じた独自の施策の展開に乏しい、(vii) 施策の企画・立案や実施に当たって地域住民への情報提供やその意向の把握・反映が十分でない、などの指摘もなされている。

(3) このような指摘にこたえ、地域における教育施策の実施主体である教育委員会が教育、文化、スポーツ等の幅広い分野においてますます多様化する地域住民の要望に的確に対応し、きめ細かな教育行政を主体的かつ積極的に展開できるようにするため、「教育委員の選任の在り方等の見直し」、「教育長の任命承認制度の廃止と適材確保方策」、「市町村教育委員会の事務処理体制の充実」、「地域住民の意向の積極的な把握・反映と教育行政への参画・協力」の4つの視点から、これに関連する制度とその運用や事業の在り方について以下のような見直しを行い、改善を図る必要がある。

  2 教育委員の選任の在り方等の見直し

教育委員会は、当該地方公共団体の設置する学校の管理運営に当たるとともに、生涯学習、社会教育、文化、スポーツ等の幅広い分野における事務を執行している。教育委員会の基本方針や重要事項の決定を行う教育委員には、それぞれの幅広い知識・経験を生かすとともに地域住民の多様な意向を教育行政に反映することが求められている。

地方公共団体の執行機関である行政委員会の委員の選任は、一般的には、議会の同意を得て首長が任命することとするか、又は選挙により選出することとするのが通例である。

教育委員については、教育委員会制度が発足した昭和23年から昭和31年までは教育委員の選任に公選制が採用されていたが、選挙活動から生じる政治的確執が教育委員会の運営にそのまま持ち込まれるおそれが多分にあったことなどから、公選制を廃止し、首長による任命制が導入された。このような経緯等にも鑑みると、今後とも首長が議会の同意を得て任命する制度とすることが適当である。

しかしながら、教育委員会の所掌事務が学校教育にとどまらず生涯学習、社会教育、文化、スポーツ等幅広い分野にわたっている中で、教育委員の構成が教職出身者中心になっている教育委員会もあるなどの状況を改善し、地域住民の教育行政に対する関心・要望が多様化しているという状況を考慮して、幅広い分野の人材から教育委員が構成されるようにすることが必要である。また、教育委員の数については、都道府県、市町村ともに現行と同様その数を原則5人とするが、教育委員会の担う事務は生涯学習、学校教育、社会教育、文化、スポーツ等の幅広い範囲に及んでいること、また地域を支える人材の育成を通して地域経済・地域社会の振興に密接にかかわっていること等を踏まえ、執行機関としての性格に配慮しつつ、より幅広い分野から人材を選考できるよう見直しが必要である。

以上のような観点から、これに関連する制度等について以下のように見直し、改善を図ることが必要である。
具体的改善方策
(教育委員の選任の在り方)

ア 教育委員の構成分野（例えば、教育分野、芸術文化分野、スポーツ分野、経済分野等）をより広範にする観点、学識経験者等の意見・推薦等を取り入れる観点、教育委員の選任の基準や理由、経過等を地域住民に明らかにする観点などから、首長が教育委員を選考し、また議会に同意を求めるに際して、様々な工夫を講じること。
(教育委員の数の弾力化等)

イ 現行制度において、町村については条例で定めるところにより教育委員会を3人の教育委員で組織できることとされているが、より広範な分野から教育委員を選任できるようにするため、「地教行法」第3条の規定を見直し、都道府県及び市については、条例で定めるところにより、例えば7人の教育委員で教育委員会を組織できることとするなど弾力化を図ること。

ウ 教育委員の処遇については、役割の重要性に見合

ったものとなるようにすること。
　　（教育委員への情報提供等）
　エ　新たに教育委員の職に就いた者を対象に、国や地方公共団体の教育施策の状況等について情報提供したり、研究協議を行う機会を提供することに努めること。
　　（略）

　　5　地域住民の意向の積極的な把握・反映と教育行政への参画・協力

　生涯学習、学校教育、社会教育、文化、スポーツ等の幅広い分野において、ますます多様化する地域住民の要望に的確にこたえる行政を展開するためには、教育行政にその意向を把握・反映する方策や地域住民の教育行政への参画・協力を促進する方策について一層の努力が必要である。
　このためには、教育委員会が教育行政に関する説明責任の意義や重要性を十分に認識して、地域住民に対して幅広く積極的な情報提供を行うとともに、地域住民の教育行政に対する意見や苦情に積極的に対応することが強く求められる。
　また、教育施策の実施に当たって、学校、家庭、地域社会の適切な役割分担の下に、地域住民と連携協力し、地域活力の導入を促進することが必要である。その際、地域社会における教育の充実について関係者の参加意識を高め、保護者や地域住民が行政や他人任せではなく、自分たちの問題としてこれに取り組む契機として、中央教育審議会第一次答申（平成8年7月）においてその設置を提言している地域教育連絡協議会や地域教育活性化センターの積極的な活用に関し、施策の充実に努めることが必要である。
　以上のような観点から、これに関連する施策等について以下のように見直し、改善を図ることが必要である。
具体的改善方策
（地域住民の意向の把握・反映）
　ア　教育委員が地域住民などと直接意見交換を行う公聴会などの場の積極的な設定に努めること。また、教育モニター、教育アドバイザー等の積極的な活用や教育委員会独自の苦情処理窓口の設置の推進に努めること。
　イ　小・中学校の通学区域の設定や就学する学校の指定等に当たっては、学校選択の機会を拡大していく観点から、保護者や地域住民の意向に十分配慮し、教育の機会均等に留意しつつ地域の実情に即した弾力的運用に努めること。
（地域住民の教育行政への参画の促進）
　ウ　教育委員会は、学校教育についての方針や、学校の適正配置、学級編制などについて、地域住民に対する積極的な情報提供を図ること。また、所管する各学校における教育目標や教育活動等についても、積極的な情報提供に努めること。さらに、生涯学習、社会教育、文化、スポーツ等の分野についての方針や事業の実施状況等についても、積極的な情報提供に努めること。

　エ　教育委員会会議の公開・傍聴を推進するとともに、積極的な広報に努めること。
　オ　特に住民の関心が高い事項について、説明会や意見交換会を開催するなどの工夫を講じること。その際、多くの住民が参加しやすいよう、時間帯や場所の設定にも十分配慮すること。
（地域住民の教育行政への協力の促進）
　カ　学校、社会教育施設や教育委員会などが行う事業に積極的にボランティアを受け入れる体制を整えるとともに、ボランティアコーディネーターの養成、配置に努めること。
　キ　教職員や専門的職員の採用選考や研修等に際して、積極的に地域の有識者や企業等の協力を得るよう努めること。
　ク　総合型地域スポーツクラブに見られるように、教育委員会の行う地域に密着した事業の実施と関係する施設の運営を一体化し、これに地域住民が参画するような仕組みの設定や、このような地域住民の取組の推進に努めること。

第4章　地域の教育機能の向上と地域コミュニティの育成及び地域振興に教育委員会の果たすべき役割について

1　現行制度の概要と課題

(1)　学校教育、社会教育、文化、スポーツという幅広い分野を所管する教育委員会は、地域における生涯学習の振興に重要な役割を果たしている。地域における生涯学習の振興は、住民の自発性を尊重しつつ、各地域が主体性を発揮しながら進めるべきものであり、生涯学習の視点から人づくり、まちづくりの取組を進める市町村も増えている。
　生涯学習の振興に資する施策は教育委員会のみが行っているものではなく、首長部局においても様々な施策が実施されている。
　生涯学習の振興をより効果的に推進するためには、教育委員会が重要な役割を果たし、首長部局や民間団体との連携を図っていくことが必要となる。このことについては、「生涯学習の振興のための施策の推進体制等の整備に関する法律」第3条第1項において、都道府県教育委員会における生涯学習の振興に資する事業を掲げるとともに、同条第2項において「地域において生涯学習に資する事業を行う機関及び団体との連携に努めるものとする」と規定し、知事部局等との連携を求めている。また、市町村については、同法第12条により、関係機関及び関係団体等との連携協力体制の整備について規定している。
(2)　しかしながら、(ⅰ)教育委員会が地域全体の教育機能向上のために必ずしも十分な役割を果たしていない、(ⅱ)地域コミュニティの拠点としての学校・公民館の活用が十分ではない、(ⅲ)地方公共団体にとって極めて大きな行政課題となっている地域コミュニティの育成や地

域振興に必ずしも積極的でなく、十分に寄与していない、(ⅳ)首長部局や民間団体・事業者等との連携が必要である、などの指摘がなされている。

(3) このようなことを踏まえ、「地域の教育機能の向上」、「地域コミュニティの育成と地域振興」、「教育委員会と首長部局、関係機関・団体等との関係」、「学校以外の教育機関の運営の在り方」の４つの視点から、これに関連する制度とその運用や事業の在り方について以下のような見直しを行い、改善を図る必要がある。

2　地域の教育機能の向上

子どもの生きる力をはぐくむため、地域社会の力を生かすことや家庭教育の在り方を見直すことが求められている。このため、地域が一体となって子育てを支援することや異年齢集団活動など様々な体験活動を充実することを通じて、地域社会を挙げて子どもを心豊かにはぐくんでいく環境を整備していくことが地方教育行政上の極めて重要な課題となっている。

また、家庭教育については、保護者に対する学習機会の提供などその充実を図るための施策が推進されているが、家庭への支援をより充実していくことが求められている。

さらに、中央教育審議会第一次答申において述べているように、子どもの育成は学校・家庭・地域社会の連携協力なしにはなし得ず、学校の教育活動を展開するに当たってはこのことを踏まえた工夫が必要である。本審議会が６月に行った「幼児期からの心の教育の在り方について」の答申においても、心の教育の充実を図る上で、社会全体、家庭、地域社会、学校それぞれについてその在り方を見直し、子どもたちの成長を目指して、どのような点に今取り組んでいくべきかということを具体的に提言したが、この提言においても各地方公共団体に対し、家庭、地域社会の教育機能を高めるための施策を積極的に講じていくことを求めている。

豊かな社会の中で、子どもに適切な勤労観や職業観を育成することが課題となっており、地域の商店、農家、工場や老人ホームなどの社会福祉施設等と連携し、その協力を得て、働くことや社会に奉仕することの喜び、それによって得られる達成感を子どもに体得させることができるような様々な教育活動を展開することが効果的と考えられる。

中央教育審議会第一次答申においては、従来の学校・家庭・地縁的な地域社会とは異なる「第４の領域」の育成を提唱したが、今後、地域全体の教育力の向上については、従来の学校など関係機関・団体の自発的な連携協力という域を超えて、学校をはじめとする地域の様々な教育機能が協調・融合して、子どもの成長を担うことが求められており、このような地域の教育機能の協調・融合を支援し、促していくことが教育委員会の新たな役割として期待されている。教育委員会においては、このような観点から、生涯学習、社会教育、芸術文化、スポーツ等の事業の企画、実施に際して、学校教育との協調・連携に十分配慮するとともに、学校教育に地域の活力を生かすための様々な工夫を講じることが必要である。なお、その際、首長部局の行う関係施策についても、地域の教育機能の向上の観点から、有機的な関連を持って行われるよう、首長部局との連携協力に努めることが必要である。

以上のような観点から、これに関連する制度等について以下のように見直し、改善を図る必要がある。

具体的改善方策

（地域の教育機能の向上）

ア　教育委員会の行う教育、文化、スポーツに関する種々の施策を学校教育の振興や地域の教育機能の向上の観点から、総合的に実施するよう努めること。

イ　学校など関係機関・団体が連携協力し、その機能の協調・融合を通じて、地域全体の教育力の向上を図る観点から、関係者の共通理解を深めるとともに、例えば、様々な機関・団体により実施される芸術文化やスポーツ、社会教育などの事業・活動に関するコーディネーターを配置するなど教育委員会の企画調整、斡旋等の支援機能を充実するための工夫を講じること。

ウ　地域全体の教育機能の向上のため、例えば、幼稚園を地域の子育て支援の拠点として相談・情報提供機能を付加したり、公民館が当該地域における教育機能の向上に関連する事業・活動に関するコーディネート機能を発揮できるよう職員の資質の向上に取り組むなど、教育機関や文化・スポーツ施設の活用に努めること。なお、保育所や各種の児童施設、コミュニティセンターなどについても同様の観点からの取組が期待される。

（学校・家庭・地域社会の連携の推進）

エ　教育委員会によっては、その設置する文化・体育施設などの管理運営のための公益法人を設立しているところもあるが、地域の協力を得つつ、施設管理以外の積極的な事業展開を図るなどの工夫を講じること。

オ　地域教育連絡協議会の構成員に、第３章６で触れた学校評議員を加えることなどにより、学校区単位での教育行政に対する要望の把握とそれに基づく地域社会とのきめ細かな連携の促進に努めること。

カ　学校の運営組織の在り方に関して、家庭や地域社会との連携を念頭において校務分掌組織を整備するよう努めること。

（家庭教育への支援等）

キ　教育委員会においては、地域社会が一体となって家庭教育を支援する体制を整備していくことが必要であり、特に学校と家庭・地域社会を結ぶ懸け橋となるべきPTAの活動をより一層活性化させるよう努めること。

（学校の教育活動への地域の活力の導入・活用）

ク　開かれた学校づくりを推進し、豊かな教育内容を実現するため、豊富な経験を持った学校外の社会人が教壇に立つことができる特別非常勤講師制度を一層活用する方策について検討すること。

ケ　校長の判断により機動的に学校の教育活動に地域

住民の協力を求めることができるよう、教育委員会が学校支援ボランティアを登録・活用する仕組みを導入するなど工夫を講じること。

　コ　高校生の在学中の就業体験(インターンシップ)の積極的推進、企業等の施設における学習を高等学校の単位として認定することができる技能連携制度の一層の活用や、平成10年度から導入された学校外における体験的な活動等の高等学校における単位認定制度の積極的活用など地域の関係機関との連携に努めること。

　サ　読書指導の充実のための近隣の図書館の活用や体験的学習の充実のための博物館や美術館の活用、勤労の尊さや社会に奉仕する精神を養うための老人ホームでの奉仕活動など、地域の教育施設や首長部局所管の青少年関係施設、社会福祉施設の機能の活用に努めること。

　シ　保護者、地域におけるスポーツ指導者や伝統文化継承者、さらに企業等の専門家などの地域住民の協力を得て、教科指導、道徳教育、特別活動、部活動などの学校の教育活動の多彩な展開に努めること。特に運動部活動の実施に際しては、地域や民間のスポーツクラブの指導者やスポーツ施設を活用するなど工夫を講じること。

　　3　地域コミュニティの育成と地域振興

　地域住民の学習活動、芸術文化活動、スポーツ活動等を活性化し、住民の地域社会への参加を促していくことは、地域の豊かな人間関係の形成、地域意識の向上に役立ち、生き生きとした地域コミュニティの基盤形成を促進するものである。こうした観点から、既にいくつかの市町村において、生涯学習を中核としたまちづくりの取組が進められ、地域コミュニティの育成や地域振興に大きな役割を果たしているが、このような取組が全国の多くの市町村で展開されていくことが望まれる。

　また、教育委員会が管理運営している教育機関、例えば、学校や公民館は、地域住民に身近な公共の施設であり、地域コミュニティ形成の拠点としての重要な役割を担うことが求められる。特に、住民の日常生活圏に最も身近に存在する学校は、学校教育の実施という本来の機能を前提として、地域住民の生涯学習やコミュニティ活動の拠点としても、その資源を有効に活用していくことが重要である。

　さらに、教育委員会は、地域振興においても重要な役割を担うことが期待されている。すなわち、近年は、文化財や特定分野の芸術文化活動、スポーツ活動が地域のアイデンティティ形成に寄与している例も多く、例えば、重要文化財などの文化遺産を活用してのまちづくりや都市整備が行われたり、地元のプロスポーツチームへの支援を契機として地域を挙げて特色あるスポーツ活動の普及・振興など様々な取組が行われている例があり、このような場合に教育委員会が積極的な役割を果たすことが望まれる。また、様々な芸術鑑賞の機会、スポーツや文化活動、学習活動の機会を選択・享受できることが都市や地域の魅力につながることから、今後の地域の振興においては、公共基盤の整備、産業育成、福祉の充実などと並んで、教育委員会の社会教育、文化、スポーツ施策が重要な役割を担うものと考えられる。このほか、学校教育を通じた人材育成はこれまでも地域振興の基盤を形成してきたが、学校の有する教育機能を社会人の再教育機会の充実のために活用することは、産業構造の変化等に対応した人材育成や地域経済の活性化などにも資するものであり、その充実が期待されている。

　以上のような観点から、これに関連する制度等について以下のように見直し、改善を図る必要がある。

具体的改善方策
(地域コミュニティの育成と地域振興における教育委員会の役割)

　ア　教育、文化、スポーツなど個々の分野の行政課題に対応する施策の充実に加え、広く地域コミュニティの育成、地域振興の観点から、民間の団体・事業者の多様な活動を視野に入れ、首長部局等関係の行政機関とも連携して、総合的な施策の推進に努めること。

　イ　コミュニティ活動への住民参加を促進するため、住民の持つ知識・技術を地域の学習関連機関や民間団体等の活動に積極的に生かしていくための工夫を講じること。

　ウ　従来の手法にとらわれることなく、様々な行財政手法や制度を活用して地域振興に資する事業の積極的な展開に努めること。

　エ　国や都道府県は、都道府県・市町村における総合的な施策の展開を支援すること。その際、生涯学習、社会教育、文化、スポーツ等に係る市町村等に対する国の補助事業について、例えば、これらの事業を市町村等が総合的かつ効率的に実施できるような工夫を講じること。

　オ　地域住民の教育委員会への期待に適切にこたえ、事業への積極的な参加を得るため、教育委員会関係の事業のみならず、首長部局や他の地方公共団体、民間企業等が実施する事業を幅広く掲載した情報紙の作成など、広報活動の充実に努めること。

　カ　産業構造の変化等に対応した人材育成や地域経済の活性化などの観点も踏まえ、学校の持つ様々な機能を公開講座等として提供していくよう努めること。

(地域コミュニティの拠点としての学校等の活用)

　キ　学校開放の管理体制の整備、教室・体育館等を活用した住民の交流・学習スペースの整備、学校体育施設の社会体育との共同利用化などの開かれた学校のための基盤整備を進めること。

　ク　地域コミュニティの拠点として学校等を活用するため、学校の新増築や学校の統廃合に伴う校舎の設計などに際して、地域住民や学校の意見を参考にし、地域住民による利用が可能となるような施設として建築するなどの工夫を講じること。

(新たな情報手段を用いた地域コミュニティの拠点の整備)

　ケ　既存の社会教育施設等の地域コミュニティの拠点としての機能を一層高める観点から、新たな情報手段の

活用を図るため、例えば衛星通信の受信システムなど必要な設備・装置の整備を進めるとともに、衛星通信を利用した図書館、公民館等に対する子ども向け番組の提供やテレビ会議システムやインターネット等を融合的に活用した大学等との連携による多様な公開講座・講習の提供などを積極的に促進すること。

4　教育委員会と首長部局、関係機関・団体等との関係

　教育委員会が、地域コミュニティ育成、地域振興に積極的に寄与するためには、教育委員会が行っている施策と首長部局が行っている関連施策とを効果的に連携づけていくことが不可欠である。すなわち、文化やスポーツを含む生涯学習の振興に係る行政の分野をどちらが所管するのかという二者択一的な考え方に立つのではなく、地域住民の立場に立って、教育委員会と首長部局がその機能を効果的に発揮することが必要である。
　また、大学や専修学校は、それぞれ、高度な教育・研究機能や実践的・専門的な教育機能を有する生涯学習機関として、地域住民への施設開放、公開講座等をより積極的に行っていくことが期待されており、教育委員会は、こうした大学、専修学校など地域の高等教育機関等との連携を強め、地域住民のニーズを踏まえた社会人の再教育機会の充実など、地域全体の人づくりの視点に立った施策の推進を図ることが必要である。
　さらに、私立学校については、その自主性・独自性を尊重する観点から、所管については、首長が所管する現行の制度を基本とするが、私立学校も公教育を担う地域の教育機関であることを踏まえ、地域全体として、一人一人の個性を生かした教育の実現を図るため、地域の状況に応じて、教育委員会と私立学校との連携の推進が必要である。また、教育委員会は、公立学校の管理機関であるとともに、地域の教育行政機関として、指導主事を配置し、教育課程等について様々な指導資料や研究資料を作成するとともに、教職員の研修を企画実施するなど種々の専門的機能を有しており、このような専門的機能を、地域の状況に応じて私立学校が利用できるようにすることが必要である。
　このほか、住民の学習活動等の活性化という視点に立ち、民間の企業・団体あるいは個人が行っている活動も視野に入れ、その自主性を尊重しつつ支援するとともに、地域の学習活動を総体として充実していくため、カルチャーセンター、スポーツクラブ等の民間教育事業者の活動が地域における学習活動の基盤の一つであることを十分踏まえ、これらの民間教育事業者と連携した施策を推進することが必要である。
具体的改善方策
（首長部局との連携の促進）
　ア　地域全体の生涯学習を振興する観点から、青少年・女性関連の施策や職業能力開発施策、社会福祉施策、さらには、環境、農政、土木等の行政分野における自然体験学習などの関連施策を行っている首長部局や、郵便局、営林関係機関などと積極的な連携に努めること。
　イ　首長部局が行う都市政策や産業政策等の地域振興策について積極的に対応するよう努めること。
（大学等との連携の促進）
　ウ　生涯学習を通じた地域振興という視点から、恒常的に大学等との協議の場を設定することなどにより、積極的な連携協力体制を整えるとともに、例えば、公民館などの施設において地域の複数の大学や専修学校による公開講座を定期的に実施するなどの工夫を講じること。
　エ　平成10年1月からCS放送による全国放送を開始した放送大学の提供する放送授業を積極的に活用して、住民の学習の高度化を図るよう努めること。
（私立学校との連携の促進）
　オ　私立学校に対し、教育委員会が積極的に情報提供を行うよう努めること。
　カ　公私教育連絡協議会の活用などにより、私立学校と教育委員会との連携協力に努めること。
　キ　教育委員会においては、私立学校との連携推進を通じ、私立学校の経営手法や教育実践を公立学校において活用できるよう努めること。
　ク　教育委員会は、地域の実情に応じて、その有している専門的機能を私立学校が利用できるよう工夫を講じること。
（民間の団体・事業者等との連携）
　ケ　自治会、町内会、PTA、商店街、各種の団体・サークル等により地域に根ざした多彩な学習活動が行われているが、教育委員会はこれらの活動がより活発となるよう、団体等の活動を高めるきっかけとなるイベント等の機会の充実、学校や公民館等の施設の提供などの取組の積極的な推進に努めること。
　コ　例えば、観光協会等の協力を得て文化財の保存と活用を図ったり、あるいは、医療関係者や福祉関係団体の協力を得て、健康づくりや高齢者の生きがいづくり等にも配慮しながら、多様なスポーツ活動の推進に努めること。
（カルチャーセンター等民間教育事業者との連携の促進）
　サ　例えば、民間教育事業者との協議の場の設定、民間教育事業者の活動も含めた総合的な学習情報の提供、公民館等における民間教育事業者と連携協力した学習講座の実施などの取組の積極的な推進に努めること。

5　学校以外の教育機関の運営の在り方

　公民館等の社会教育施設、体育・スポーツ施設、文化施設などの学校以外の教育機関の在り方については、その運営も含め、生涯学習審議会、保健体育審議会、文化政策推進会議等において、専門的立場から審議、答申が行われている。
　すなわち、生涯学習審議会では、平成10年9月に「社会の変化に対応した今後の社会教育行政の在り方について」の答申を行い、規制の廃止・緩和、社会教育施設の

運営等の弾力化、社会教育行政における住民参加の推進などについて提言を行っている。

また、保健体育審議会では、平成9年9月に「生涯にわたる心身の健康の保持増進のための今後の健康に関する教育及びスポーツの振興の在り方について」の答申を行い、地域社会におけるスポーツの充実のための方策等を提言している。

文化政策推進会議では、平成10年3月に「文化振興マスタープラン」の報告を行い、文化立国の実現に向けての各般の提言を行っている。

学校以外の教育機関の在り方については、これらの答申等に沿ってその改善の取組が行われるべきものであるが、本審議会としても、地域の教育機能の向上、地域コミュニティの育成、地域振興の観点から、特に以下の点について配慮を求めるものである。

具体的改善方策

ア 勤労者、高齢者などを含むすべての人が施設を利用しやすいようにするため、例えば、施設の開館日・時間の弾力化、住民に身近な分館の拡充、施設間のネットワークの推進、障害者等に配慮した施設設備の整備などの取組に努めること。

イ 公民館、図書館及び博物館に係る各種の規制や基準等をできるだけ廃止、緩和すること。

ウ 施設運営に関し、一層積極的に住民の参加を求め、住民の意向を的確に把握・反映できる仕組みについて検討していくこと。さらに、スポーツ施設においては、住民や利用者の組織する団体に運営を委ねる例も見られることから、このような取組を推進する方策を検討すること。

エ ボランティア登録システムや研修体制を充実するなどにより、施設の特性や状況に応じたボランティア受入れ体制の整備の積極的な推進に努めること。

オ 例えば、学校の教育活動に沿ったプログラムを開発すること、施設の事業情報を積極的に学校に提供すること、施設やその指導者を学校の部活動や自然体験学習などの教育活動のために活用することなどの取組の充実に努めること。

カ 教育委員会所管の各施設、首長部局等所管の各施設、民間団体等の事業について、例えば、生涯学習の振興の視点から連携協力を進め、学習講座や学習情報の提供を共同で実施するなど工夫を講じること。また、青少年の健全育成という視点から、教育機関と児童館等の福祉施設などが効果的な連携を図るよう努めること。

学習の成果を幅広く生かす（抄）
——生涯学習の成果を生かすための方策について

［生涯学習審議会答申　平成11(1999)年6月］

第1章　新しい社会の創造と生涯学習・その成果の活用

（略）

（学習成果を社会で通用させるシステムの必要性）

行政がこれまで行ってきた施策の中心は学習機会の提供にあったが、これからは、生涯学習の成果の活用促進にも力を入れる必要がある。そのためには、活用の機会や場の開発ばかりでなく、そのための社会的な仕組みの構築等が重要な課題になる。

その仕組みのひとつとして、学習の成果を一定の資格に結びつけていくことが重要である。近年、企業においては、これまでのように学歴・学校歴に偏らず、個人の顕在化した能力を求めてきており、従業員の資格取得が企業の人的資源開発上意味をもつものとして、資格取得を奨励してきている。また、個人が学習した成果を活用して社会参加しやすい環境を整備するためには、社会の誰もが共通して学習の成果を一定の資格取得として確認できることは意義のあることであり、このことにより、学習した個人もその成果を社会に積極的に提供しやすくなるとともに社会も様々な機会に個人の学習成果を活用しやすくなるというメリットがある。

一方、個人にとっては、学習すること自体が本来楽しいものであるが、学習の成果が社会的に通用する資格という形で認められることは、学習者にとって自己の成長や向上が広く社会的に確認できることから大きな意味をもつ。さらに、個人が資格を活用して社会に関わり、様々な活動に参加することが進めば、自己実現のみならず、新たな学習課題の発見をもたらし、さらなる学習を行うインセンティブにもなるのである。

行政が、学習成果の活用のための仕組みを構築するにあたっては、資格がこのようなメリットやインセンティブを持つことを十分に考慮する必要がある。

また、行政が行うべき学習機会の提供にあたっても、従来の文化・教養タイプのものから、社会参加型や問題解決型の学習あるいは学習成果の活用を見込んだ内容のものなど、学習者に活動のために必要な力を養う学習へと重点を移行させるべきであろう。

本答申では、個人が学習成果を活用して社会で自己実現を図る場として最も緊要な課題となっている、キャリア（職業、職歴ばかりでなく社会的な活動歴をも含む。）開発、ボランティア活動、地域社会での活動をテーマにその振興方策を考察し、できる限り具体的に提言することとした。

1．個人のキャリア開発に生かす

第一は学習成果を個人のキャリア開発に生かすという課題についてである。

産業構造の変化等を背景に、新規学卒者の一括採用、年功序列、終身雇用といった従来の企業等における日本型雇用形態が変化しつつあることなどにより、学歴の持つ意味合いが大幅に減少し、個人の学習成果としての知識や技術、能力が問われるようになってきている。どこで学んだかということ以上に、何を学び何ができるのかということが決定的に問われるようになってきている。

勤労者にも、職務の円滑な遂行と将来のキャリア・アップを目的に、自己啓発の意欲は一層高くなってきている。人生80年時代を迎え、生涯にわたり自己の職業生活をどう設計し、どう送っていくかについて、将来のキャリア展望を踏まえて、自分自身で職業生活に関しての生涯設計計画を立てたいとする人も多くなってきている。

職業といっても、企業など組織の中で雇用されて働くことのほかに、自ら事業を起こして働くことへの意欲も高まってきているし、それを支援する社会的なシステムもでき始めている。また、ボランティア活動の延長から非営利での公益的な活動としてではあるが活動継続に必要な最低限の収入が得られるように事業化して、キャリアに結びつける人も出てきている。

女性については、経済的な自立意欲が一層増大するとともに、近年は、職業を通じて社会的な自己実現を図ることに意義を認める人が増えてきている。また、未婚女性の生涯設計をみると、継続就業や子育て後に再就職することを希望する者が増えている。実際の就業パターンとしては、家事と仕事の両立の負担が重いため、出産、育児等でいったん退職し、家事や育児で忙しい期間は就業を控え、子育てが一段落した後に再就職するケースが多いとみられる。また、豊かな生活体験や人脈を生かして、リサイクル・ショップ、手作りパン屋、情報誌の発行等の起業や、在宅ワーク、仲間との共同出資による経営等を進める人々も決して少なくない。

高齢社会の到来という状況の下で、高齢者のキャリア開発も大きな課題となっている。日本の高齢者には、どの先進国よりも高い就業意欲があり、定年後の第2、第3の就職等、仕事による生きがいを求める傾向が強いばかりでなく、ボランティア活動等の各種の社会活動への参加意欲も高い。社会的にも将来、少子化等による労働力人口の減少に対応して、高齢者が就労して社会に寄与する機会が増大することが予想される。

こうしたことから、学習成果を生かすにあたっては、まず、個人のキャリアを開き、発展させていく上で、どのような方策が必要かを明らかにする必要がある。

2．ボランティア活動に生かす

次に、学習成果をボランティア活動に生かすことにつ

いて検討する必要がある。

阪神・淡路大震災やタンカー海難による石油流出事故、さらには長野冬季オリンピック・パラリンピック等を契機に、ボランティア活動は国民の間に大きな広がりをもって行われるようになってきている。日本人にボランティア・マインドは定着しつつあると考えられる。

ボランティアを志向する社会は、個人が共同体社会への共感に基づいて、自主的にその営みに参加し貢献することに価値を置く社会であり、こうした方向を促進することは、社会をより望ましいものへと変革していくことにつながる。今後の我が国社会にとって極めて重大な課題であるということができる。

今の若者や子どもたちに、社会規範や道徳性の欠如、無気力感や閉塞感等が蔓延しているとの指摘もあるが、それは大人や社会全体が、ひたすら、自分や家族だけの物質的な利益や欲求を追求・充足させてきたためではないか。人が、現在の自分自身に存在意義を感じ、将来の自分に希望をもつためには、自分のためにではなく、人のために、みんなのために、社会のために自分が役に立っているという意識、あるべき自分に向かって努力しているという確信が必要なのではないか。

学校歴を求めての受験競争のように、他人と比べて自分を確認するというやり方ではなく、かけがえのない一人の個人として自己を認めることができるようになるために、ボランティア活動は今日の日本の社会にとって極めて重要な活動となろうとしている。

ボランティア活動は、生涯学習の成果を生かし、深めるのに相応しい場の一つであり、学習成果を活用するためには、ボランティア活動を推進していくための方策を検討することが重要な課題である。

3．地域社会の発展に生かす

もう一つの課題は、学習成果を地域社会の発展に生かすということである。

生涯学習の機運の高まりに伴い、行政によるばかりでなく民間の教育事業の興隆もあって、地域社会での学習機会は相当拡大してきている。それに伴い、近年、人々には、学習するだけでなく、学習して得られた成果を生かして、身近な地域社会において何か活動したい、地域での活動を通して積極的に社会に関わりたいとする人が増えてきている。

一方、地域社会においては、都市化や過疎化の進行などにより、地縁的なコミュニティとしての機能が著しく衰退してきており、地域の人々に一体感がなくなり、地域の教育力の低下が憂慮されるなど、地域社会のコミュニティとしての再生が大きな課題となっている。

特に現在、非行や薬物乱用等の様々な子どもの問題行動も見受けられる。子どもを心豊かにたくましく育てていくことは、地域の人々皆の願いであるばかりでなく、我が国社会の将来に関わる重大な問題でもある。このため、地域ぐるみで子どもを健やかに育てるための地域活動が極めて重要な課題になってきている。

また、地域には、ごみ処理、自然環境の保全、介護・福祉等の様々な現代的、かつ、切実な課題がある。これらは、行政だけの対処方策では解決が難しく、住民自らが学習し、理解し、主体的に参加しようとするときに初めて効果的な対処が可能となる問題である。それだけ住民の意識的な問題解決型の学習が重要となるのである。こうした学習により、地域に対する住民のマネジメント能力が向上し、それに基づいて住民の社会参加が現実に可能となる。このように、住民の力によって地域社会の課題を解決し、地域を再生させる上でも、住民の学習や、学習成果を生かした地域活動への参加が欠かせない。

また、地域社会の再生にとっては、生涯学習によって活力ある住民が育成されること、そしてその人や人々のネットワークが地域に張り巡らされることが必要である。これらが、他のすべての領域での活動の力強い基盤になるからである。

こうしたことから、生涯学習の成果を地域社会の発展に生かすことを第3の課題としなければならない。

（略）

第2章　生涯学習の成果を「個人のキャリア開発」に生かす

1．なぜ、今、学習成果を個人のキャリア開発に生かすのか

(1) 個人のキャリア開発意欲の増大

人生80年時代を迎え、将来のキャリアを展望しながら、生涯にわたる自己の職業生活を自分自身で設計しようとする人々が多くなっている。また、職業を通じて社会的に自己実現を図ろうとする傾向が強まっている。

個人のキャリア開発に対する意欲増大の社会的背景として、年俸制の導入など企業において個人の能力・実績を重視した処遇を講じようとする傾向や、通年採用の広まり、転職・出向等の企業間の勤労者の流動性の増大があげられる。新規採用においても、学歴や学校歴を問わないとする企業が増えるなど、全般に学歴以外の個人の様々な資質・能力を多様に評価しようとする傾向が拡大しつつある。

こうした傾向は今後とも進んでいくものと予想され、このことに伴い、個人のキャリア開発の意欲もさらに拡大していくものと思われる。

女性も、経済的自立と職業を通じての自己実現を図ろうとする意欲が増大しており、特に、職業能力を身に付けることや、それを活用して自ら事業を起こすための学習プログラムについてのニーズが高まっている。また、未婚女性の生涯設計をみると、継続就業や子育て後に再就職することを希望する者が増えている。実際の就業パターンとしては、家事と仕事の両立の負担が重いため、出産、育児等でいったん退職し、家事や育児で忙しい期間は就業を控え、子育てが一段落した後に再就職するケースが多いとみられる。

超高齢社会を間近に控えた現在、平均余命が長期化することに伴って高齢者の社会参加意欲には強いものがある。各種のボランティア活動のほかに、特に、定年後の第2、第3の就職など仕事による生きがいを求める傾向も他の国の高齢者と比べて顕著に高くなっている。また、近い将来、労働力人口の減少に対応して、高齢者の雇用・活用が現実の社会・経済的な課題となることも予想されている。

また、最近、地域でのボランティア活動などが民間非営利団体の公益的事業につながる例も見られるようになっている。学習成果を社会的に意義のある事業に生かすことができて、しかも活動継続に最低限必要な収入が得られる事業として成り立つようになっている。今後、こうした形でキャリア形成が行われることも多くなるものと考えられる。

(2) 企業における人材養成の仕組みの変化

近年の科学技術の進歩、情報化・国際化の進展等を背景に、産業の高付加価値化、新しい分野の産業の創造が企業の大きな課題となっている。このため、企業では、技術水準の向上、創造的技術の創出、新分野への進出等を果たすため、勤労者の能力のより一層の向上が喫緊の課題と認識されるに至っている。

従来、ジョブ・ローテーションと結びついたオン・ザ・ジョブ・トレーニングなどの企業内訓練が行われてきた。このやり方は、多くの職を経験し、社内に蓄積された知識や技術、ノウハウを継承し、社内の人間関係を円滑にし、全体に均質で高い能力のゼネラリストを育成するという面での大きな効果があったが、新たな戦略を立て、新事業を生みだし、それを展開させる能力が必要となっているときには、それだけでは十分な対応ができないという状況になる。また、ローテーションによる人材育成では時間がかかり、変化のスピードに対応しにくいという状況もある。さらに、勤労者の創造性を培ったり、自律的な向上心を育む観点からは、企業が主体となって行う人材育成事業だけでは必ずしも十分な効果をあげられないという側面もある。

こうしたことから、企業としては多様な Off－JT の実施、外部の教育機関等への教育研修の委託を進めるとともに、勤労者個人の自己啓発活動を積極的に支援するようになってきている。

2．学習成果を生かすにあたっての課題と対応方策

(1) 個人のキャリア開発に関する学習機会の拡充

公民館等の社会教育施設で開設される講座・学級のうち、職業的な知識や技術の向上に関するものの比率は数％程度で、あまり多くない。その内容も、総じて職業の入門的なもの、就職に対する心構えのようなものばかりが多く、技術やノウハウの取得等の実践的なものはごく少ない。

これは住民の職業に係る学習ニーズが低いということより、従来からこうした学習が社会教育施設では行われてこなかったために、学習ニーズが潜在化したままになっているためと考えられる。こうした現状のままでは、たとえニーズ調査をやっても結果としてニーズが顕在化して現れてこないことが多い。

むしろ、実際に事業を実施してみて、社会教育施設でもやれることを示してみてからニーズの調査をする方が有効である。まず、地域住民の学習ニーズを先取りして講座等を開設することにより、職業に資するものとすることが考えられる。また、職業に関係する学習の情報を収集して、提供できるようにすることも考えられる。こうした際には、社会教育主事のコーディネイト機能の発揮が重要な要素となろう。

起業についての学習機会の提供は、最近、地方公共団体や大学などでも少しずつ行われるようになってきているが、その内容については、資金の調達方法、マーケティング、会社設立のノウハウなどの実務的な知識はもちろん、夢や志を実現するため、冷静に事業計画をたてる手法なども必要であろう。

また、生涯学習センター等が関係行政部局による様々な学習・教育事業に関する情報を収集し、総合的な情報提供を行うことやキャリアに係る学習の相談事業を行うことができるようにする必要がある。

その際、退職した企業人などキャリア経験が豊かな人を活用して、女性、青少年、高齢者等を対象とした生き方指向のキャリア相談事業等を多様に企画・実施することが望まれる。

また、個人への学習機会を提供する際、障害のある人にも配慮して、点字資料・図書、パソコン等の整備を図り、学習支援を充実する。

（略）

（女性を対象に）

我が国の社会での意志決定や政策決定の場への女性の参画の度合いは、国連の調査によると世界38位とされ、女性のエンパワーメント（女性自らが意識と能力を高め、政治的・経済的・社会的・文化的に力を持った存在となること）が大きな課題になっている。このため、ボランティア活動や地域ビジネス等の活動で女性がリーダーになり得るためのリーダーシップの開発などを行い、女性が地域、ボランティア活動、産業等の様々な分野で政策や方針の決定に参画できるようにしていく必要がある。

社会教育施設で開設される講座は、伝統的に趣味、教養、文化関係のものが多く、エンパワーメントに係る講座等は多くない。これらの講座の受講者には女性が多いことを考えれば、今後社会教育施設等においては、エンパワーメントに係る講座を積極的に開設することが必要であり、このような学習機会がより多く提供されることで、女性がその学習成果を生かして社会の場で活躍する機会が開けていくことになろう。

また、女性の就業環境を整備することは、男女共同参画社会の実現を目指す観点からも大切なことである。近年は、就業機会の多様化により、自分の適性や志向に適

した事業を自ら起こすことを希望する女性も増えつつある。近年の新たな産業創造者の性別構成では、男性が96.5％と大多数を占めているが、最近は女性を対象とした起業への支援も実施されている。

　　　（略）
（高齢者を対象に）
　日本では、高齢者自身に働く意欲が極めて高い。現に、他の国に比べても高齢者の就業率は高くなっている。近年多くの市町村で、企業等を定年退職した高齢者や働く意欲のある高齢者に臨時的・短期的な仕事を委託する「シルバー人材センター」が設立され、活発な活動を展開している。さらに、高齢者がそれまでの職業経験や職業に伴う学習の成果を生かして、地域活動を事業化したり、起業を行うケースも出てきている。

　また、少子・高齢社会が急速に進展する我が国においては、今後、高齢者が職業に就き生産活動に従事し、または、地域活動に参加するなど積極的に社会に貢献することが、社会にとっても欠かせないものになると見られる。

　このため、公民館等の身近な社会教育施設においても、高齢者の職務経験や人生経験を生かせるような就業のための実践的で専門的な学習機会の提供が必要である。

　　　（略）
（青少年を対象に）
　青少年の職業意識を高め、その能力、適性、希望に応じた適切な職業選択やキャリア開発を支援するため、青少年が職業や勤労についてその意義を理解する学習機会を設けることが必要である。

　この場合、学校では、進学・就職活動への指導に止まることなく、勤労の意味や仕事の責任と楽しさ、様々な職業の種類やそうした職業に就くために必要とされる資質・適性等とともに、自分の個性等の自己への理解を深めさせることも大切である。

　また、様々な職業現場を見学したり体験したりすることや、社会の各分野で活躍する人々を学校に招いて話を聞いたりする機会を設けたりすることが大切である。特に、中学校や高等学校等においては、働くことによって得られる達成感を味わわせるため、勤労体験学習や就業体験の機会を一層充実することが求められる。

　さらに、大学生・専修学校生等については、主体的な職業選択や高い職業意識を育成するため、学生が在学中に自らの専攻、将来のキャリアに関連した就業体験を行うインターンシップの導入を一層進めることが求められる。

　A　高等教育機関による社会人のための学習機会の拡充

　社会の情報化、国際化の進展や科学技術の進展等に伴い、職業を持つ社会人の再学習の需要は高い。このため、高等教育機関においても、社会人特別選抜の実施、科目等履修生、編入学、聴講生・研究生の受入れ等の社会人のための学習機会が広げられてきている。今後、職業を持つ社会人の再学習の需要は一層高まると考えられることから、高等教育機関においては、これまで以上に社会人の受入れを積極的に進めることが望まれる。

　高度な専門職業人養成を目的とする大学院の専攻・コースが活発な活動を展開するようになった。しかも、従来の学部の新規卒業者ばかりでなく、広く職業を持つ社会人などを対象とするリカレント型の教育コースも珍しいものではなくなった。こうしたキャリア開発に資する大学院の一層の拡充が望まれる。

　また、同時に、社会人には勤務上の様々な制約があることから、こうした大学院については履修形態や修業年限に係る制度的な一層の弾力化が求められる。夜間の課程や昼夜開講制の課程の大学院は既に設けられ、高い教育効果を上げているが、さらに、大学審議会答申において、各大学の選択により修士課程で１年以上２年未満の修業年限でも修了することが可能なコースや、あらかじめ標準修業年限を超える期間を在学予定期間として在学できる長期在学コースを設けることができるようにすることが提言されており、これを受けた速やかな制度改正が望まれる。

　B　新たな情報通信手段を活用した高等教育機関等による学習機会の拡充
【通信衛星等を活用した公開講座の拡充】
　現在、情報技術の進展とともに、光ファイバーや通信衛星等の高度情報通信基盤の整備が急速に進みつつある。このようなマルチメディアは、時間的・地理的な制約を克服し、多数の人々に、多様かつ質の高い学習資源の利用を可能にするとともに、学習者の主体的な学習活動を支援する手段として、今後高等教育機関が広く国民に学習機会を提供していく際に、その活用の検討が不可欠となろう。既に、早稲田大学をはじめ７大学で「教育情報衛星通信ネットワーク」を活用して全国の公民館で大学の公開講座をリアルタイムで受講できるようにする試みがなされているが、大学、大学院、専修学校専門課程（以下「専門学校」という。）においては、通信衛星を活用した公開講座の提供に積極的に取り組み、国民に広く学習機会を拡充する方法について検討する必要がある。このため、行政においても、「教育情報衛星通信ネットワーク」事業が日常的に行われるように充実するとともに、全国の公民館・図書館・教育センター・学校等における送受信環境の整備を進めることが望まれる。また、今後は、大学や専門学校等においてもこのネットワークと連携することにより、全国の公民館・学校等に直接公開講座を送信することが望まれる。

　さらに、現在各大学にSCS（スペース・コラボレーション・システム）が整備されてきているが、今後は、「教育情報衛星通信ネットワーク」とSCSが相互に乗り入れることができるようにすることも検討すべき課題となっている。

　なお、大学等の公開講座を通信衛星を活用して公民館等において受講できるようにしていくにあたって、公民館等においてこのような取組が積極的に行われていくよう、例えば、受講者から一定の実費を徴収して、その経

費を公開講座の運営や公民館活動の充実に寄与するようなシステムづくりの検討に着手することが望まれる。

また、高齢者や子育て中の女性等に、在宅のまま公開講座の受講機会を提供する手段として、地域の生活に密着した情報の提供を行っているCATVの活用も検討することが重要である。さらに、今後は、一斉送信型のシステムに加え、インターネットを活用したインタラクティブ型の送信も積極的に行い、例えば、多くの大学の参加により共同で公開講座を実施しそれをインターネットで流すなど、全国どこでも高度な教育をいつでも受けることができるような取組も期待したい。

さらに、インターネットを活用して在宅で高度な教育を受けることができるような学習システムについても早急に研究を進めることが望まれる。

これらに加え、大学の公開講座に限らず、単独の公民館では招聘することができないような著名な講師を、複数の公民館が協力して招聘し、魅力ある講座を衛星通信を活用して関係の公民館に配信するようなシステムについても検討することが必要である。

【情報通信を活用した大学院レベルの遠隔教育の実施】

大学審議会答申にもとづき、情報通信技術などを活用した遠隔教育による大学院修士課程の設置が平成10年3月から制度化されている。時間・場所からの制約を大幅に緩和し、学習の自由を拡げるものであり、大変望ましいことであり、今後こうした新しい大学院の拡充が求められる。さらに、情報通信技術による遠隔教育の大学院博士課程の設置についても修士課程における開設・運営状況、実績等を十分に踏まえつつ今後の課題として検討されることが望まれる。

また、既に、米国などでは、衛星通信ネットワークやインターネット（ホームページ、チャット（＊1）、掲示板、メールの活用）等多様な情報通信技術を用いて、授業を行ったり、質問を受けたりして、通学しなくても卒業できるような大学院レベルの教育システム（バーチャル・ユニバーシティー）が行われており、このような状況を踏まえた検討が望まれる。

さらに、今後マルチメディアを高度に利用した大学院教育の実施も期待されるところであり、そのための取組を進めることが望まれる。

注）＊1　ネットワーク上で同時に複数の人がメッセージを交換すること。

C　放送大学の拡充

放送大学は、広く社会人等を対象として、幅広い分野で多くの授業科目を開設し、高等教育レベルの教育を提供しており、生涯学習の中核的機関としての役割を担っている。また、平成10年1月から衛星放送を利用した全国放送を開始したことにより、全国津々浦々の自宅で放送大学の授業が視聴できるようになり、一層身近な大学となってきている。今後は、全国放送の運営状況や業績等を踏まえつつ、キャリア開発のための学習機会として、例えば、看護関係職員の資質向上に役立つ授業科目を開設するなど、社会人の再教育のための機会提供の拡充や通信制大学院が制度化されたことから、大学院の実現への取組が期待される。その場合、高度な職業人養成や社会人再教育を主たる目的とするなど、社会的要請に対応した魅力ある大学院を目指すことが望まれる。

D　大学・高等学校における学校外での学修成果の認定の拡大

【大学における認定の拡大】

（専門学校における学修）

現在、大学においては専門学校等の大学以外の教育施設での学修等を当該大学の単位として認定できることとされており、平成8年度で国公私立あわせて100大学が制度を設けているものの、認定実績は延べ17大学とごく少ない。

このような背景としては、専門学校等での学修成果を単位認定することで大学の格が下がって見られるのではないかといった誤った序列意識があることや、認定する仕組みとして専門学校等と予め単位認定協定を締結するなど煩雑な形式を採らなければならないと思われていることがあると考えられる。

現在、大学生が資格取得の目的などで専門学校にも通うケースが見られる。また、大学の中には資格取得のための講座を課外で開講して多くの受講者を集めたり、そうした講座自体を専門学校と連携して実施したりするところも出てきている。こうしたことから、今の大学生の中には、大学教育以外の資格取得を目的とした専門的実学教育へのニーズもあることが見てとれる。大学においては、学生のニーズを踏まえ多様な大学教育を実現するとともに、学生の主体的な学習意欲を重視するためにも、専門学校での学修の単位認定を進めることが重要である。

学外での学修成果を卒業要件単位として認定することを促進するためには、一部大学関係者の誤った序列意識の改革を行うことが必要であるとともに、学外での自主的な学習活動の成果と代替できるような授業科目を予めカリキュラム上明記するなどの工夫をする必要がある。また、単位認定にあたっては、個々の学生の学習実績に応じて迅速に単位認定する仕組みについて、個々の学校で多様に工夫することも必要である。

（ボランティア活動、インターンシップ等）

大学生については、主体的な職業選択のできる高い職業意識を育成する観点からインターンシップの導入が進められている。また、大学生によるボランティア活動も盛んになってきている。このような学習活動は、学生の主体的な学習意欲の現れであり、意義のあることである。

大学設置基準等については、これまで学外の学修の成果を単位として認定するよう弾力化を図ってきているが、例えば、ボランティア活動やインターンシップ等の学外の様々な学習成果を授業科目の中に位置づけるなど単位認定が促進されるよう、各大学における工夫が望まれる。

さらに、平成10年10月の大学審議会答申においては、大学に対する外部の第三者による評価の義務づけが提言されており、多元的な評価システムの構築が進められている。今後、各大学は一層開かれた大学として様々な改

善を図っていくことが求められることから、例えば、専門学校等大学以外の教育施設での学修成果、ボランティア活動やインターンシップ等の学校外での活動の単位認定の状況についても、評価の項目に加えていくことについても検討が望まれる。

【高等学校等における認定の拡大】

高等学校においては平成10年度から、盲・聾・養護学校高等部においては平成11年度から、ボランティア活動や就業体験等について広く単位として認定できるようになったことに伴い、高等学校等は、今後、地域での生徒のボランティア活動、文化活動、自然体験や就業体験に関する情報を親や生徒に提供したり、これらの体験の評価を積極的に行うべきである。現在、生徒の学校外における体験的な活動のうち単位認定できるものについて、全国高等学校長協会からガイドラインが示されているが、今後は、各都道府県等において、地域の実情や生徒の実態等に応じて、ガイドラインを作成し、実社会での就業体験等の生徒の学校外における活動の成果を単位として認めるようにしていくべきである。また、このように学校外の体験活動を広く正規の教育として認めるという柔軟で弾力的な教育を実現するのに、しばしば地域の人々の意見や働きかけが実際の力になることが多いことから、例えば平成10年9月に中央教育審議会で設置を提言された「学校評議員」を活用して、積極的に地域から地元の高等学校等に対して要望、注文など具体的な意見表明を行ってもらいたい。

（略）

(2) 学習に対する支援の充実

A　職業に関する学習機会の情報収集・提供

職業に関する学習機会について幅広く情報が収集・提供されることが必要である。そのため、リカレント教育を実施する高等教育機関をはじめとして、国、地方公共団体、民間による学習機会の提供について、履修の形態・内容・時間等の必要な情報を詳しくしかも一元的に集約し、公表することが求められる。

さらに、後述の第2章2(5)のインターネット学習情報提供システムにおいて、個人のキャリア形成に必要な学習機会の情報や個人の職業能力開発に関する学習機会の情報等を盛り込み、インターネットを通じて公民館や生涯学習センター等の社会教育施設において即座に検索できるようにすることが望まれる。また、職業に関する学習機会の情報を収集して全国に配信するナショナル・センター機能の整備も望まれる。

B　勤労者に対する学習支援の拡充

勤労者個人が行う学習活動に対する企業による支援の現状については、平成6年現在で80.0％の事業所が何らかの形で支援を行っているものの、そのうち受講料等への援助を行っている事業所は70.2％で全体の約半数（約56％）にすぎず、就業時間への配慮や教育訓練に関する情報提供については、全体の約42％にとどまっており、具体的な支援内容からみると、企業における学習活動への支援は必ずしも十分な水準にはなっていない。

また、有給教育訓練休暇制度を有している事業所は平成6年現在で23.1％にすぎず、制度それ自体が必ずしも十分普及しておらず、その活用についても不十分な状況がうかがわれる。休暇取得状況を見ると、勤労者のうち休暇を取得した者は19.4％にすぎず、休暇日数も1日未満が16.6％、1日以上3日未満が62.3％と年間で3日に満たないものがほぼ8割となっている。しかも、取得した休暇のほとんど（68.5％）が一般の有給休暇の消化であり、有給教育訓練休暇によるものは、わずかに13.7％にすぎない。

このため、国も、こうした有給教育訓練休暇の付与や受講費用の援助を行う企業に対し、その援助費や賃金の一定割合を助成する「自己啓発助成給付金制度」を運用してきているが、勤労者がより学習しやすい環境を整備していくためには、今後一層、有給教育訓練休暇制度の導入の促進、休暇を取得しやすい職場環境づくり、資格取得のための情報提供サービスの充実、受験準備への勤務時間上の配慮、受験費用・受講費用の援助、取得した資格についての奨励金の支給、資格を活かしやすい部署への配置など企業からの支援内容を拡充していくことが求められる。

一方、産業界が必要とする知識や技能の変化、雇用の流動化等に伴い、企業による支援とともに、勤労者の主体的な自己啓発への取り組みが重視されるようになってきている。このため、国では、平成10年12月から、一定の条件を満たす雇用保険の一般被保険者（在職者）または一般被保険者であった者（離職者）が労働大臣の指定する教育訓練を受講し修了した場合、教育訓練施設に支払った経費の80％に相当する額を支給する「教育訓練給付制度」を開始したところである。この制度は、勤労者が幅広い教育訓練対象の中から講座を選択することができ、主体的な学習を通じて職業能力の開発を行うことができる意義のある制度であり、今後その活用が望まれる。

なお、企業等においては、勤労者の持っている能力等のリソースを大切にしつつ長期にわたって能力開発を行っていくことが重要であることにも留意してほしい。

C　女性のキャリア開発のための条件整備

結婚・出産により、職業を中断して家庭で主婦業に専念する女性については、一定期間後職場に復帰できるような制度的な整備や、託児施設の拡充などが必要であるとともに、中断の期間中、職業能力を維持できるような、何らかの研修・能力維持プログラムの実施（例えば、所属企業による、一定期間ごとの業務内容の変化や新たな課題などについての研修会の開催、業務に係る技能のリフレッシュ研修等）もあわせて望まれる。

また、後述の第2章2(5)のインターネット学習情報提供システムにおいては、職業中断期間中の職業能力を維持するための学習機会に関する情報についても提供されるようにすることが必要である。

乳幼児を持つ女性に対しては、必要とされる学習機会を提供するとともに、その機会を実際に活用できるよう

にするため、保育施設の整備などの社会的な条件の整備もあわせて措置される必要がある。このため、生涯学習センターや公民館等の学習機会を提供する施設において託児室、子どもスペース等の整備を進めるとともに、これらの施設でボランティアによる預かりサービスを受けられるようにすることが必要である。また、最近、幼稚園において、通常の教育時間終了後の預かり保育、専門家による子育て相談、子育て情報の提供、子育てシンポジウムの開催、3歳未満児の受入れなどの取組が行われるようになってきているが、これらの推進のため、今後とも一層の、行政支援も必要である。
　　（略）

(3)　各種資格・検定等に係る学習支援
　A　各種資格等の学歴要件等の見直し
　各種資格を国民にさらに開かれたものにするため、高度で専門的な知識や技術、経験を要するために特別の教育・訓練を必要とするものを除き、一定の学歴がないことのみによって、資格取得の道を閉ざすことは妥当ではない。学習成果を適切に評価し、個人のキャリア開発に生かしていくという観点からは、できるだけ学歴要件を除去することが求められる。
　大学入学資格検定の合格者は、高等学校卒業者と同じように大学入学資格が認められているが、各種の資格取得にあっては、その受験資格等が高等学校卒業者と同等には認められていないものもあることから、高等学校卒業者と同じように扱うことが望まれる。特に、公的な資格については、関係する省庁において、早急に実態把握の上、改善を図ることが望まれる。
　また、各種資格の受験要件に関しては、専門学校卒業者は短大卒業者に相当する取扱いを受ける例が増えているが、なお短大卒業者相当と評価されていない資格が見られることから、その見直しについて検討を行うことが求められる。
　（専門学校卒業者の大学への編入学受入れの推進）
　専門学校の卒業者については、平成6年度に専門士制度が創設され、専門士の称号が付与されることとなった。また、平成10年6月に学校教育法等の一部が改正され、平成11年4月から一定の要件を満たした専門学校を卒業した者は大学に編入学することができることとされた。専門学校卒業者の大学教育への継続という要求に適切に応えることになること、専門学校が制度的に袋小路に到ることによる閉塞感を解消することになることなど有意義な改革と評価できる。
　このことに対応して、平成11年4月からの編入学に向けて編入学試験の中で専門学校卒業者も対象として実施された大学も若干あるものの、専門学校卒業者でさらに学習することを希望する者の要求に広く応えていくためには、今後この制度の定着が望まれるところである。
　大学関係者が、(a)当該制度の趣旨・内容を十分に熟知し、学内の規則等の整備を進めること、(b)専門学校教育についての理解を深め専門学校教育の成果を適切に評価すること、(c)欠員が出た場合にのみ編入学を認めるのではなく、予め編入学定員枠を明確に設定することなどの方策が考えられる。このような点を考慮した各大学における対応を望みたい。
　B　技能審査等の学校外での学修に係る単位認定の拡大
　青少年・成人が習得した知識や技能について、民間団体がその水準を審査・証明する事業のうち、教育上奨励すべきものを文部大臣が認定する制度として「文部省認定技能審査」がある。現在、実用英語技能検定、日本漢字能力検定など25種目の技能審査が認定されている。
　生涯学習の成果の評価に関する方策の一つとして、この文部省認定技能審査の合格に係る学修を大学、短期大学、高等専門学校、高等学校、盲・聾・養護学校の高等部において単位認定することが制度化されている。また、平成11年3月に制度改正がなされ、高等学校、盲・聾・養護学校の高等部に加え、大学等においても文部省認定技能審査の合格に係る学修だけでなく、各省庁、民間団体が行っている審査のうち一定の要件を備えたものについても単位認定できることとされたところであり、今後この制度の活用が望まれる。
　（専修学校設置基準の改正）
　専修学校については、生徒に対する教育内容の充実に資するため、現在、他の専修学校において授業科目を履修した場合、一定の範囲内で当該専修学校での授業科目の履修とみなすことができることとなっている。また、同様の考え方から、専門課程については、生徒が行う大学・短期大学、高等専門学校における学修を当該専修学校における授業科目の履修とみなすことができることとなっている。
　今後、生徒の多様な学習ニーズに対応し、教育内容の一層の充実を図るためには、専修学校以外の学修のうち専修学校教育に相当する一定水準以上のものについても、専修学校の授業科目の履修とみなすことができるようにすることが必要である。
　また、大学については、平成10年4月から、多様なメディアを高度に利用して教室等以外の場で授業を履修させることができることとされている。
　このため、専修学校において、情報化の進展に対応し、多様な専修学校教育を幅広く展開することができるよう、多様なメディアを高度に利用して教室等以外の場で授業を履修させることができるようにするとともに、入学前における大学・短期大学、高等専門学校、高等学校における授業科目の履修に加え、公開講座、公民館等の社会教育施設における学修、認定社会通信教育、技能審査、ボランティア、インターンシップ、外国の学校等における学修の成果など専修学校以外の学修成果もできるだけ幅広く認められるよう、専修学校設置基準の改正を早急に検討していくことが必要である。

(4)　学習成果の多元的な評価
　A　ビジネス・キャリア制度等の活用促進

ホワイトカラーの段階的・体系的な専門知識の習得を支援する「ビジネス・キャリア制度」（＊1）は、個人のキャリア開発に有意義な制度であり、勤労者の企業間異動の際にも活用できるものと考えられ、その活用促進が期待される。

また、国ばかりでなく、民間の業種別の団体などが、それぞれの業種に関わって、資格や技能審査の制度を開発、運営することが求められる。多様な評価システムが多元的に展開されることによって、人材の活用を促進することにつながるからである。それらについて、行政も国民に情報提供を行うなどして、その運用が活発になるよう積極的な支援が望まれる。

注）＊1　担当する職務を適切に遂行するために必要となる専門的知識・能力の基準が体系的に定められ、これに沿って認定された講座を学習し、試験による学習成果を確認することで、ホワイトカラーの段階的なキャリア・アップを支援するシステム。

B　年齢制限の緩和

新規学卒者の一括採用にあたり、ストレートでの進学を標準に、一定年限以上の浪人・留年を認めないような年齢についての制限的な扱いについては、緩和を望みたい。

日本企業の新人採用にあたっては、学歴以上に年齢による制限の強いことが大きな弊害になっていると言われている。年齢へのこだわりは、採用する人材に多様な経験のあることを好まないことにつながり、学歴・学校歴志向と相まって一層ゆとりのない学歴競争を強いる要因ともなっている。年齢による制限をできるだけ緩和・撤廃し、試行錯誤ややり直しのきく、より自由なキャリア形成が行えるようにしていく必要がある。企業、官公庁等でのこうした面での採用システムの具体的な見直しが求められる。特に、教員については、各都道府県で採用する際、一定の年齢までとの制限があるところが多いが、社会での多様な経験を持った人材を広い範囲から選択することが大切であると考えられることからも、年齢制限を緩和したり撤廃することが望ましい。また、中途採用において、中高年齢者を排除する扱いもあることについて、職務経歴や職務を通して身につけた諸能力を重視する観点から再検討を願いたい。

C　学習の成果に対する企業等の評価の改善

1) 評価の改善を図る

生涯学習社会の実現のためには、いつでも、どこでも自由に行われる学習の成果が、企業や社会において適正に評価されることが必要である。このことによって、学歴・学校歴が個人の唯一絶対の評価軸と見なされるという従来の社会的な風潮を打ち破ることができる。また、多様な学習の成果が適切に評価されるようになれば、社会人の学習意欲も一層高まり、結果として学習の質が高まり、社会が学習成果に対して期待する度合いも増大することになる。そのためには、学習成果を評価するための社会的なシステムが必要になる。現在、そのためのシステムとしては、職業の内容や技術・技能の分野に応じて、各種の公的資格又は民間資格、技能審査、個々の企業における職務能力評価制度など様々なものがある。企業においては、これらの仕組みを活用することなどにより、資格取得をはじめとする自己啓発の成果に対し適切な評価を促進することが望まれる。

現在、各企業においても、従業員の資格などの取得が企業の人的資源開発上意味をもつものとして、資格などの取得を奨励してきている。従業員が業務に関連するもののみならず、業務に関連しない場合でも、一定の学習を経て資格などを取得した場合（公認会計士、実用英語検定、情報処理技術者など）に、奨励金（合格祝金）を支給する企業は63.2％あり、人事上の対応で考慮する（人事記録に記入されるものから、配置転換や昇進・昇格に考慮されるものまでを含む。）企業は52.3％となっている（1998年度産業労働調査所調査による。）。このような企業による処遇は、社会人の学習意欲を高めるとともに、企業の人材育成や能力開発に大きな意味をもつと考えられることから、今後、様々な資格の実態等を踏まえた上で、企業による評価が一層高められるよう取組を進めることが期待される。

また、企業等の人事管理において、これまでのように学歴・学校歴に偏らないで、個人の多様な学習の成果、知識・経験等がより的確に評価されるようになることが望まれる。そのためには、多様な能力を評価する仕組みとそれを積極的に運用しようとする態度を確立することが望まれる。それぞれの企業等が、学校歴などを偏重せず、企業等として独自で多様な学習成果を積極的に評価するようにすることが望まれる。既に一部企業においては、採用の際に、学歴・学校歴の書類を取らないとするところも現れてきているが、今後こうした傾向はさらに強まっていくものと見られる。

2) 学習成果に互換性を持たせるシステムを作る
（個々人の学習成果の記録づくりをしよう）

学習成果を様々な分野で活用する際の資料とするために、学習成果の評価サービスを行うことは、国による違いがあるとはいえ、最近の欧米では非常に発達してきている。

例えばアメリカでは、大学の社会人対応が活発で様々な学習成果の評価が行われているが、それ以外にも継続教育単位が普及してきている。これは、成人学習者の継続教育や学習活動の成果を証明するための公的生涯学習単位である。また、近年はポートフォーリオ（書類などをまとめて挟む紙ばさみの意味）が注目されている。ポートフォーリオは、学校歴も含めた様々な学習成果の評価、社会的活動、職歴、表彰歴などを蓄積した個人の情報ファイルで、州によってはキャリア・パスポートという名称をつけているところもあり、州法で高等学校卒業者に支給を義務づけているところもある。

ポートフォーリオはイギリスでも使われ始めたが、イギリスの場合には全国共通の学習達成記録（NRA：National Record of Achievement）が注目される。これ

は学校教育も含めた個人の学習成果の評価記録の全国統一様式で、我が国にはまだこのような仕組みはない。この記録には、資格取得には至らないような中間段階の学習成果の評価や取得単位も記載でき、記載内容は公的に認証されたもの、及び自己評価となっている。

（「生涯学習パスポート」－生涯学習記録票－について）

我が国においても、自らのキャリアを開発し、学習成果を社会的活動、進学、就職、転職、再就職等に広く活用していくために、自らの学習成果を積極的にアピールし、社会的評価を求めることができるようにする必要が生じている。社会や企業の側にしても、その人の学習成果を確認する資料があれば、採用や登用の際にそれを活用することができる。そのようなことを考えると、これからは、個々人がそれぞれの学習成果の記録として、例えば外国のポートフォーリオのような「生涯学習パスポート」（生涯学習記録票）を作り、活用できるようにすべきであろう。

これは個人の記録であるから、客観的な記録だけではなく、自己評価や自分自身についての記述を盛り込むことができるようにしておかなければならない。従って、それを例えば学校歴、学校外の学習活動歴、資格リスト、技能リスト、職歴、ボランティア歴、地域活動歴、自分の進歩についての自己評価、今後の抱負等を記載するファイルとすることが考えられる。その形式はまちまちでもよいが、標準的な様式を作り、各方面でそれを利用してもよいであろう。

今後、我が国でも、青少年の頃からこのような「生涯学習パスポート」（生涯学習記録票）を持ち、学習成果の記録を積み重ねて、一人一人がその人ならではのキャリアを開発していくようにすべきであろう。また、社会の側も、学校の入学試験、官公庁・企業等の採用の際には、それを資料として活用したり、地域活動での人材登用、ボランティア活動等を行う際に積極的に活用するなど、生涯学習社会にふさわしい新たな仕組みを作ることが望まれる。

3) 学習成果の認証システムを構築する

「生涯学習パスポート」は、自己評価を基本とするため主観的な記載にならざるを得ない。それを評価する側からは、記載のうち学習活動そのものに係る部分について、第三者機関が事実確認をし、それを証明すれば、一層評価がしやすくなるとともに、生涯学習パスポート自体の活用も促進されることから、今後、生涯学習成果の認証システムについて具体的な調査研究を進めることが望まれる。（学習活動の事実確認とその証明、公示の機能を、ここでは認証と呼ぶこととする。）

（認証の必要性）

生涯学習成果の認証システムが必要となる理由には、次のようなことが考えられる。

　a) 様々な地域での学習成果を全国どこででも活用できるようにするため

最近は都道府県、市町村の総合的な生涯学習支援システム（例えば、県民カレッジ）等で、単位や修了証によって生涯学習の成果を評価、認定するところが増えている。しかし、それが他の都道府県、市町村では通用しないため、広域的に学習成果の活用をしようとしても学習成果が他で認めてもらえないことから、それをどこででも活用できるようにすることが必要となる。

　b) 特定地域内での各種資格を広く全国どこででも通用するようにするため

特定地域内での各種資格（例えば、都道府県認定、商工会議所認定の資格等）も他の地域では通用しないものが多いので、それらを広くどこででも活用できるようにすることが必要となる。

　c) 社内資格を広く社会で活用できるようにするため

企業の社内資格はその企業内でしか通用していないところであるが、今後その汎用性について分析し、社会での活用方策について検討することが必要である。また、例えばある社内資格を持っている人が、地域の地場産業へ転職して活躍しようとしたり、定年後にそれを生かして社会に貢献しようとして、その社内資格に付加価値をつける学習を行った場合には、その社内資格と合わせた学習成果として示すことができるようにすることも考えられる。

（認証を行うための仕組み）

生涯学習成果を認証する仕組みとしては、次のようなことが考えられる。

　a) 学習成果の認証互換ネットワークとその拠点

例えば、都道府県、市町村等が参加する学習成果の認証ネットワークを作り、その拠点として、次のようなナショナル・センター機能を整備することが考えられる。

・生涯学習成果の認証のための評価の互換・転換、累積加算の仕組みや基準の作成
・生涯学習成果の認証に関する情報の収集・提供
・生涯学習成果の認証に関する相談
・生涯学習成果の認証に関する調査研究

　b) 学習成果の認証互換のための換算基準

生涯学習成果の評価の中には、学習時間数だけによるものや技能審査・技能検定のように試験だけによるもの、学校の単位のように学習時間と知識や技術等の習得の確認を合わせて行うものなど、様々なものがある。また、単位にしても、例えば県民カレッジをはじめとする生涯学習機関の出す単位は、1時間1単位、5時間1単位など様々である。それを互換できるようにするためには、換算基準（例えば生涯学習単位）を作り、ナショナル・センターやネットワークの連絡会議等で換算基準や互換についての調整を行っていくことが必要である。

　c) 生涯学習成果の認証

学習成果の認証は、ナショナル・センターの作成した換算基準を使って、都道府県の生涯学習推進センター、市町村教育委員会等で行う。

(5) 学習した者と学習成果を求める者を結びつけるシステムを作る

(インターネットによる学習情報提供システム)

　学習者が学習によって得た何らかの成果を地域社会の中の様々な活動に効果的に生かすためには、学習成果を提供しようとする学習者と活用の場・機会が適切にマッチングされることが必要である。これまでも、人材バンクが設けられ、学習成果の活用を図ることが試みられてきているが、必ずしも満足な結果が得られていない。

　このため、活用を促進する新たなシステム作りが求められる。このようなシステムとしては、学習者の生かしたい学習の成果や参加を希望する活動の内容・形態等を登録する「学習成果提供バンク」と、行政機関・企業・民間団体・グループ・個人等が学習者の学習成果を受け入れて実施しようとする事業内容・構想等を登録する「学習成果募集バンク」が整備され、これらがインターネットを通じて全国どこでも検索・活用できることが望まれる。

　現在、全国津々浦々で地域の子どもの体験活動機会や家庭教育支援活動に関する情報収集や提供、相談紹介を行う「子どもセンター」の設置が進められているが、将来的には、この情報収集・提供システムを全国どこでもインターネットを活用してアクセスできるようにすることが考えられる。そのようなインターネット情報提供システムにおいて、それぞれの地域において地域の「学習成果提供バンク」と「学習成果募集バンク」が整備され、学習者の生かしたい学習の成果と学習成果の受入内容に関する情報がインターネットを通して全国津々浦々で即座に手に入れられるようにすることが望まれる。

第3章　学習成果を「ボランティア活動」に生かす

1．なぜ、今、学習の成果を「ボランティア活動」に生かすのか

(1) ボランティアを志向する社会の進展

　我が国の近年におけるボランティア志向の高まりは、国民の間に、個人の経済的・物質的な利益を求める生き方ばかりでなく、他者のため、社会・公共のために積極的に自分を役立てたいとする意識が高まってきていることの証左である。

　ボランティアを志向する社会は、個人が、共同体社会への共感に立って、自主的にその営みに参加し、貢献することに価値を置く社会であり、こうした方向を促進することは、社会をより望ましいものへと変革していくことにつながることである。そのような意味で、人々のボランティア活動を促進していくことは、今後の我々にとって極めて重大な課題であるということができる。

　現代の社会は、少子・高齢化、国際化、情報化等の社会状況の急激な変化の中で、多くの課題が複雑に広がっている。しかし、これら複雑・多岐にわたる様々な課題解決をすべて行政に頼ることには自ずと限界がある。山積する喫緊の課題に迅速かつ柔軟に対応するためには、国民一人一人が自己責任と信頼を基調とする自覚・自立した意識に基づいてボランティアの活動に積極的に関わっていくことが求められるところとなっている。

　また、国連は、21世紀にはボランティア活動が今世紀以上に活発化することを期待し、21世紀の最初の年である西暦2001年を「ボランティア国際年」とするとの決議を採択した。これを契機に、国際交流や国際的な場でのボランティア活動の展開が予想され、我が国のボランティア活動の一層の進展が期待される。

　ボランティア活動は、本来、志さえあれば誰にでもできるものであるが、実際に活動しようとすれば、活動にかかわる分野の知識や技術の習得のための学習が必要なものもあり、また、ボランティア活動に参加することによって、必然的にさらなる学習が発展することになるなど、生涯学習と密接な関係にある。ボランティア活動の促進と生涯学習の推進とは実質的に切り離すことができない関係にあると言って過言ではない。ボランティア活動は学習成果を生かし、体験的にその成果を深める実践の場そのものである。

　したがって、ボランティアを志向する社会をさらに進めていくためには、人々のあらゆる場における学習活動を振興することが必要であり、それとともに、学習によって得た知識や技術などの成果を積極的にボランティア活動に生かすことができるような社会的なシステムを構築するなど、様々な施策を講じることが求められている。

(2) 生涯学習によるボランティア活動の深化と発展

　本審議会の平成4年7月の「今後の社会の動向に対応した生涯学習の振興方策について」(答申)において、ボランティア活動と生涯学習の関係が明確にされたことにより、生涯学習の理念に支えられて、ボランティア活動に参加する人々が増えるとともに、その活動範囲も、例えば、学習活動やスポーツでの指導、公共施設での活動支援、自然環境の保全や地域美化、国際交流・貢献等、極めて広範な領域に広がった。

　生涯学習の考え方においては学習を通じて自己を成長させ、社会に参加し自己実現を図ることが強く意識されるところから、ボランティア活動においても、他者のためであると同時に、自己のための活動でもあるという、意識の上での自然な融合が図られつつある。生涯学習によるボランティア理念の深化が見られる。

　今後、ボランティア活動を、それぞれの人々の志に沿う実りあるものに深め発展させるためには、ボランティア活動とこれに伴う学習活動を一体のものと捉え、誰もが参加できるものとする雰囲気を醸成するとともに、積極的に生涯学習の成果を生かすようにすることが大切になっている。

(3) 社会教育関係団体や民間非営利公益活動の進展

　社会的な要請に応えて、問題解決能力を持つ専門性や継続性のある活動を進めるためには、個人やグループによるボランティア活動が、専任の職員や必要な施設、設備、ノウハウ等を備えた民間の非営利の組織体（いわゆ

るNPO)による公益的な活動へと進展していくことが求められる。

　学習成果の活用を考える場合、個人としてのボランティア活動ばかりでなく、非営利の組織的な公益的活動に生かすことにも配慮することが大切である。

　今後、生涯学習社会の活性化のためには、社会教育関係団体はもとより、民間非営利の公益的組織が行政とのパートナーシップのもとに、自主的・自発的な活動を多様に展開していくことが大いに期待される。

2．学習成果をボランティア活動に生かすにあたっての課題と対応方策
　　－ボランティア活動の充実・発展のために－

(1) 多様な活動の発見・創造

　ボランティア活動は、何かきまった活動が、どこかきまったところで、与えられるというものではない。ボランティア自身が、現実社会の中でその必要性に気づき、共感を持って創り出すものである。それぞれの個人の気持ちや都合に合った、多様でユニークな内容・形態の活動が豊かに発見され、創造されていくことが期待される。
　　（略）

　図書館、博物館等の社会教育施設等においては、住民のボランティアの受入れを社会的な責務として捉え、積極的に受け入れることが望まれる。ボランティア活動はある意味で生涯学習そのものであって、ボランティアの受入れは、施設にとっては、学習者に学習活動の機会を提供するという施設の本来の目的ともいうべきものであり、施設の運営の活性化にも役立つと期待される。ボランティアにとっても、活動の場が広がるとともに、学習の場において学習成果の活用が図られることになり、学習を進める上で極めて効果的であるなどメリットが大きい。

　ボランティアを施設に円滑に受け入れるため、施設側の担当者の指名、ボランティア及び職員双方への研修の実施などが必要となってくるが、施設の設置者においては、規則などの整備のほか、受入れに必要な予算措置についても配慮することが必要である。

　そのほか、地方公共団体においても、新たな活動の場として、庁舎、郵便局、病院、駅等の公的施設やスポーツ競技大会等イベントの組織運営等、一層幅広いボランティア活動の場の開発が待たれる。

　また、ボランティア活動に対する多様なニーズに伴い、国内外で、比較的長期間にわたり、特定のボランティア活動に専従することを希望する者も増えており、その分野や内容も様々な形態になってきている。今後一層こうした活動に対する企業や関係団体による理解やそれに基づく支援等の広がりが望まれる。
　　（略）

　なお、ボランティアの無償性の原則の内容については、それぞれのボランティアが判断すべきことであるが、交通費、材料費、光熱費等の実費や食事代等の支給を受けるものも、その範囲内と考えることが一般的になってきている。そうした支援を受けても、ボランティア精神にもとるものとはいえない。むしろ、より多くの人達にボランティア活動を可能にするという意味で、ボランティアを励ましその活動を促すことになるものと考えられる。

(2) ボランティア活動のもつ社会的責任

　ボランティア活動は、志さえあれば、本来、いつでも、どこでも、誰にでもできるものである。しかし、ボランティア活動が無償の、他人や社会に貢献しようとする行為であるとはいえ、それが社会的な活動である限りは、ボランティア活動に対する責任や義務が問われるのは当然のことである。一人一人がボランティアの責任・義務について自覚を持って参加するという意識を醸成していくことが大切になってきている。

　そのために重要なのは、志や熱意ばかりでなく、受け手の気持ちへの配慮、活動を支える知識・技術の獲得や仲間との協調性ということであり、そうした学習も大切になる。

　ボランティアとしての責任を全うするためには、活動における安全管理の確保、危機回避のための手だての習得が特に大切であり、そのための学習機会が整備、提供されることが必要である。

　また、万一の事故に備えて、近年、多様な保険制度が創設されるようになってきている。個人が加入するものばかりでなく、市町村等の事業者が一括して加入するものなど、活動の形態に即応して、適切な保険を活用することが必要になっている。

(3) ボランティア活動についての自己評価の促進

　充実したボランティア活動を行うためには、第一義的に活動についての自己評価が重要である。ボランティア活動が誰のためでもなく、自分のために行うものである以上、当初の目的に比して結果はどうであったか、何が身についたのか、何が足りなかったのかなど自分で評価するのが基本である。受け手の評価も自己評価する上では次の活動の改善につなげることができるという意味で重要である。

　そして、しばしば、自分で自分の活動を評価してみることによって、それまで気がつかなかった自分の良さを発見するなど自分の成長を確認できることがある。そうした場合には、それを自分の中にとどめ置かないで、積極的に社会にアピールすることも大切である。自分に対する肯定感が新たな行動を切り開く自信をもたらすことにつながるからである。

（入学試験等における評価の促進）
　入学試験や就職試験においても、自己をアピールする一つの方法としてボランティア活動における学習成果を積極的に活用することが適当である。学校や企業としても、それらを多様な評価項目の一つとして、取り入れる

ようにすることが望まれる。

平成9年10月現在で、大学入学者選抜（推薦入学を含む。）においてボランティア活動の経験を評価している大学は、国公私立併せて587校中188校（32.0％）となっている。

また、平成11年度の公立高等学校入学者選抜では、ボランティア活動の評価について、全都道府県において、調査書の何らかの欄に記載することができる状況にあり、特にボランティア活動の名称を冠した記載欄があるのは13県となっている。

入学試験が、当該学校の教育を施すに足る資質と能力を判定するためのものであることからすれば、ボランティア活動を通して得た学習成果を、多様な評価の一つとして問うことは、ボランティア活動を重視する学校にあっては、当然のことといえよう。

今後、大学、高等学校の入学者選抜においては、例えば推薦入学におけるボランティア活動の積極的な評価など広くボランティア活動の経験を評価するよう求めたい。

また、企業においても、例えばボランティア活動の経験を評価して採用する枠を設けるなど採用における積極的なボランティア活動の評価が望まれる。

(4) ボランティア活動に対する共感の輪の拡大

ボランティア活動を一層盛んにするためには、社会の様々な場において、ボランティア活動を互いに認め合い、それを社会的に表すことが大切である。

ボランティア活動をすばらしいこととして賞賛したりすることはボランティア活動の本質になじまないとの意見もあるが、むしろ、ボランティア活動を奨励し、促進するために、社会の様々な場所において積極的に賞賛し、顕彰し、社会全体にボランティア活動への共感の輪を広げることが重要と考える。現に、多くの団体などで顕彰事業等が行われている。具体的な賞賛、顕彰の方法は、それを行う個人、団体、企業等がボランティアに対するそれぞれの基本的な姿勢を明確にする中で、検討、実施すべきものと考えられる。

（略）

（社会的な支援システムの整備－行政による支援拡充）

i) ライフサイクルに応じたボランティア活動のプログラム開発

人生の各期の特性等に応じ、かつ、個人の興味や関心に応じた多様な活動の実践的なプログラム（活動内容、形態、活動先との連絡方法等）を早急に研究、開発する必要がある。教育委員会、社会教育施設等が中心になり、ボランティア団体や関係行政機関等とも連携をとって、プログラム及びその活動の場の開発を進めることが望まれる。

（略）

(5) 生涯学習ボランティア・センターの設置促進

ボランティア・センターは、ボランティア活動についての情報の収集・提供、相談、活動プログラム開発、調査・研究、研修・訓練、啓発、団体間の連絡調整、団体の組織化支援、団体への助成等の機能を持っており、ボランティア活動の推進に欠かすことのできない機関である。

福祉の分野では、社会福祉協議会によるセンターが全国各地に整備されているが、生涯学習ボランティア・センターについては、整備箇所も少なく、また設置場所も教育事務所や社会教育施設などに開設され、非常勤の学習相談員などが配置されるに止まっているところも多いことから、必ずしもボランティア希望者のニーズに十分応え切れていない状況にある。

今後、身近なところでの支援サービスが受けられるようにするため、各市町村ごとに、例えば公民館等の住民に身近な施設においてボランティア活動に関する情報の収集・提供や相談等を行う窓口としてのセンターが設けられる必要がある。また、都道府県レベルにおいても生涯学習推進センター等にその機能を担わせ、都道府県・市町村の間のみならず、国のセンターからのアクセスも可能となるよう、相互の連携について十分検討することが望まれる。

運営にあたって、多様で流動的、非定型的なボランティア活動への円滑、かつ、適切な支援が行われやすくするためには、全面的に行政が行うのではなく、例えば、一部の事業を委託して実施するなどボランティア団体と行政との協議を通じた連携が有効と考えられる。

市町村域のセンターは、社会福祉協議会のセンターや全国的なボランティア推進団体・センター等と連携を保ち、人々の多様なニーズにも対応できるようにすることが大切である。

なお、こうした生涯学習ボランティア・センターにあっては、近年様々な領域でのボランティア活動が盛んになってきていることから、それぞれの領域に共通する学習機会の提供という観点から、総合的な情報提供、連絡調整等を行い、全体としてのボランティア活動に貢献することも十分検討すべきと考えられる。

(6) ボランティア・バンクの構築
（全国ボランティア・バンクのネットワーク化）

ボランティア活動へのきっかけづくりのためには、人々のボランティア活動に参加する動機づけを促進し、希望に沿った活動に結びつける機会を提供することが重要である。実際、各種の調査においても、ボランティア活動に参加しない理由として、「参加するきっかけがない」とか「活動の情報がない」といったものをあげる人が多い。

このため、ボランティア活動について適切な情報提供を行うという観点から、ボランティア活動を希望する人、特にこれからボランティア活動を始めようとする人に対しては、どこに問い合わせれば、希望するボランティア活動の情報が得られるかなどの情報を提供することが必要である。

そこで、ボランティア活動に関する情報提供・相談窓

口を開設し、電話やインターネット等による情報提供および相談事業を実施することを検討すべきである。特に、これからボランティア活動を始めようとする人にとっては、どこに問い合わせればよいかわからないという声を多く聞くことから、まずボランティア活動に触れるきっかけとなる窓口を設け、その窓口から具体的な活動に結びつく情報を提供するシステムを考えるべきである。そのため、全国的なシステムを整備する方策を検討することが望まれる。

文部省が策定し、推進している「全国子どもプラン（緊急3ヶ年戦略）」においては、子どもセンターを全国津々浦々に整備し、地域の子どもの体験活動機会や家庭教育支援活動に関する情報収集、情報提供、相談紹介を行うこととしており、子どもセンターを通して地域のボランティア情報を提供することが可能となる。

このことにより、先に述べたように、近年様々な領域でのボランティア活動が盛んになってきているという状況も踏まえ、関係する機関とも連携を図りながら、ボランティアの派遣や受入れ等の情報を提供している様々な分野のボランティア活動推進機関を紹介し、その機関ではどのような情報が得られるかについての情報提供を行ったり、相談に応じることにより、人々を希望するボランティア活動に結びつけることが可能になるであろう。今後ボランティア活動を一層広げていくためには、前述のインターネット情報提供システムにおいてこのようなボランティア活動も盛り込み、全国津々浦々で誰もが情報を手に入れることができるようにすることが必要である。

また、国立婦人教育会館では、すでにWINET（Women's Information NETwork system）と称して、女性や家庭教育に関するデータベースを構築し、ホームページ上で情報検索が可能となっていることから、今後、ボランティアに関する情報についてもこのシステムを活用した窓口を整備することが考えられる。

さらにインターネットを活用して、ボランティア・センターに勤務するコーディネーター等の職員が互いに情報を提供し、交換する場としてこうした窓口を活用することも、今後大いに期待することができよう。

(7) ボランティア・コーディネーターの養成、研修

適切で円滑なボランティア活動を実現させるためには、ボランティア活動を希望する人とボランティアを必要とする人の双方のニーズを総合的に調整し、マッチングする役割を持つボランティア・コーディネーターが重要である。希望者・受入れ先双方のニーズの把握、活動の場の募集・紹介・開拓、活動の調整、相談・助言等を行うボランティア・コーディネーターの役割を果たす職員は、生涯学習ボランティア・センターだけではなく、社会教育施設・公共施設等の受け入れを行う施設、送り出す側である学校、企業等にも必要となる。

コーディネーターの養成については、社会福祉分野では取組が行われてきたところであるが、なお今後とも充実すべき課題であり、養成にあたる適格者が地域レベルではまだ十分人材が得られないという現状を考えれば、社会教育の関係機関・団体において、まず養成プログラムの内容・方法を確立し、養成プログラムの体系化を図る必要がある。その場合、考慮されるべき点としては、おおむね、(1)ボランティア活動の今日的意義や生涯学習との関係の理解、コーディネーターの役割と倫理についての理解等、(2)マッチングやその後の活動支援についての技術の獲得、(3)グループ・団体の組織化、指導助言についての能力の獲得、(4)関係団体、行政機関等との連携調整の能力の獲得等があげられる。

なお、適切で円滑なボランティア活動を実現させるためには、ボランティアを受け入れる社会教育施設・公共施設等の職員に対するボランティア活動に関する研修等を充実することも重要である。

（企業による支援拡充）

ⅰ) 企業自身の社会貢献事業の推進

企業においても、社会を構成する一員として、その人材や資金を活用して、積極的に社会に貢献することが責務であると考えられるようになってきた。また、このような社会貢献は、企業自身にとっても、人々に企業の設立の理念を理解してもらい、社会的なイメージを高める上でも価値のある活動であるとの認識が進み、芸術文化活動への支援を含め、企業の大小にかかわらず、全国各地で、ボランティア団体や民間非営利組織への様々な支援活動が展開されている。今後ともこのような支援活動の推進が望まれる。

ⅱ) 企業の社員に対する支援の促進

ボランティア活動は個人の自発性と責任において行うものであるが、雇用主たる企業が、社員のボランティア活動への参加のために、ボランティア休暇を導入したり、ボランティア活動に関する情報を提供したり、活動体験の機会を用意したり、表彰制度を導入することなどは、職員のボランティア活動を促進する上で極めて有効なことであり、望ましいことである。

（略）

国家公務員については、平成9年1月に、ボランティア休暇制度が法制化され、5日以内での休暇が認められることとなり、地方公務員についても、ほとんどすべての都道府県、約3分の1の市町村で同様の制度化が行われている。

企業においては、全国の企業全体の約2％にあたる2000社でボランティア休暇制度を持つに至っている。今後とも休暇が取りやすくなるよう配慮するとともに、有給のボランティア休暇・休職制度の導入を図ることが望まれる。

（略）

第4章 学習の成果を「地域社会の発展」に生かす

1．なぜ、今、学習成果を「地域社会の発展に」生かすのか

(1) 学習者の学習成果の活用へのニーズの増大

地域において生涯学習が盛んになるにつれて、単に学ぶばかりではなく、学んで得た知識や技術等を地域社会の発展や地域の人々のために活用したいとする人たちが増えてきている。最近の福祉施設や社会教育施設等での盛んなボランティア活動の実践、まちおこし事業やイベント等への広範な参加にそれが現れている。

学習で技術・能力を高めてキャリア・アップを目指したり、新たな職業を求めたりする人々も少なくない。また、文学や音楽・美術、スポーツ等の文化・教養的、趣味的なものを学習する人も多いが、こうした人々の間にも、より深い喜びや充足感を得るため、しかるべき学習の後、多くの人々の前でその学習の成果を披露し、また、他の人のために指導やアドバイスをしたりする機会を持とうとする傾向が強くなっている。さらに、学習活動を通して、同好の士としての仲間づくりが進められ、好ましい人間関係のネットワークが作られたりもしている。

このように学習を通じて何らかの形で社会につながり、社会的な事業に参画したい、できれば社会のために貢献したいとする人々の意欲が高まってきている。生涯学習の行政も、学習機会の提供のみならず学習成果の活用の促進を重視するようになりつつある。社会教育主事等の専門職員の役割も、自ら学習機会を提供することから、地域住民やその学習グループ等が行う社会教育活動に対する側面からの支援、コーディネートに大きな関心が向かいつつある。学習者が学習によって得られた成果を身近な地域社会でどのように生かしていけるようにするのかが社会的な重要課題となっている。

(2) 生涯学習による地域社会の活性化の必要性

地域社会にとっても、住民の地域活動・事業への参加を促進して、地域社会の課題解決や活性化を図ることが今日的な課題になっている。

今日、地域社会は都市化と過疎化の進行、住民の著しい流入・流出、地域行事の減少、地域意識の希薄化等により地縁的なコミュニティとしての機能を衰退させてきた。このため、地方公共団体にあっては、地域住民の活性化や、特色・活力のあるいきいきとした地域社会づくりが大きな課題となっている。この場合、次のような理由により、生涯学習の振興、特に学習の成果を地域社会に生かすことを促進することが、地域社会に活力を取り戻す上で、大きな役割を果たすものと期待できる。

第一に、生涯学習が盛んであること自体が地域が活性化しているか否かを示す重要な指標であるとともに、生涯学習によって活力ある住民が育成されることにより、そうした人々のネットワークが他のすべての指標での活動の力強い基盤になり得る。

第二に、現在、各都道府県・市町村が抱える、ごみ処理、自然環境の保全、介護・福祉等の様々な現代的課題は、住民自らが学習し、理解し、主体的に関わろうとするときに初めて最も効果的な対処が可能となる問題であり、それだけに生涯学習の役割が大きい。行政部局のみでの対応は限界にあり、住民や民間の非営利公益活動団体等とのパートナーシップの必要性が言われるようになってきており、その場合、生涯学習とそれによる社会参加は不可欠の要素になっている。

第三に、地域づくりにおいては、施設などのハードよりも事業等のソフトの方が問題であるという認識が大勢になってきている。様々な領域での住民の活動の蓄積、人間関係の広がり、まちづくりのためのリーダー・支援者の養成が課題となってきており、生涯学習の役割が一層大きく認識されている。

第四に、近年、地域社会はこれまでもっていた地縁的な共同体としての機能を大幅に弱体化させていることに伴って、地域の教育力の低下が危惧され、地域社会における教育の活性化の必要性が増大している。地域の教育力を高めるためには、地域ぐるみでの生涯学習の推進が極めて有効であることから、地域社会が生涯学習の推進を前提にした地域づくりを進めることが必要である。

(3) ボランティア・グループ等と行政とのパートナーシップの必要性

ボランティア・グループ、社会教育関係団体、民間の非営利公益活動団体等が、行政との連携協調関係を保ちながら、地域の諸課題に応じて地域社会のために、自主的・自立的に様々な活動事業を展開しつつあり、相互のパートナーシップの大切さが認識されつつある。

地域での学習機会の提供にあたっては、行政は、民間教育事業者の事業展開を踏まえ、行政でなければできない事業や特に社会的に要請の高い事業等を中心に計画することがますます必要になってきている。

こうしたことから、地域の人々が学習し、その成果を生活の中で活用できるようにするために、地域社会が生涯学習の推進を前提にした地域づくりを進めることが必要であり、地域社会づくり、地域の活性化のためには、生涯学習の振興と学習成果の活用の推進は欠かすことができないとの認識が広がっている。

2．学習成果を地域の発展に生かすにあたっての課題と対応方策

(1) 生涯学習による地域社会の活性化の推進

生涯学習による地域社会の活性化については、これまでも市町村において、臨時教育審議会第3次答申での提言に沿って、「生涯学習のまちづくり」を目指して様々な取組が行われてきた。しかし、この提言の趣旨は、行政の各部局が連携しながら、まち全体で生涯学習に取り組む体制を整備していこうという「生涯学習のためのまち

づくり」というものであった。このため、実際には、多様な生涯学習活動の実践に終わっているところが少なくなく、全体としては、必ずしもまちづくりという面で十分な成果を挙げてきたとはいえない。多様な生涯学習の展開にもかかわらず、学習成果を活用した地域づくりの活動につながっていないことにその原因がある。生涯学習がまちづくりと結びつくためには、学習の成果を身につけた人々がまちづくりの活動に参加していく必要がある。

　（略）

(2)　活動の場づくり
　A　学校での活動参加
　1)　学校支援ボランティアの推進
　地域社会の重要な核である学校を、地域に支えられ、また地域に貢献するという「地域に根ざした学校」にするためには、学校をより開かれた存在にするとともに、地域住民による多様な学校支援ボランティア活動の充実が重要である。
　また、ボランティアによる学校支援は、学校の持つ閉鎖性を排除し、地域住民の学校への理解・共感を深めるためにも必要なこととなっている。さらに、平成14年度から施行される新学習指導要領の趣旨を生かして、学校においては、特色ある活動を推進し学校を活性化していくうえで、地域の人々にボランティアなどとして学校の場に参加していただく取組が重要となってくる。
　なお、こうした地域社会からの支援の受入れにあたり、学校の教員の意識改革はもとより、学校施設等のあり方の見直しも必要となる。学校開放事業の実質的な促進のための施設整備、余裕教室の活用によるPTAや地域の人々のためのスペースの整備、さらには、社会教育施設や社会福祉施設等との複合化なども前向きに検討されるべきである。

　（略）

　2)　特別非常勤講師制度の活用
　特定の領域において優れた知識や能力を持つ社会人については、教員免許を持たなくとも、特別非常勤講師として、教科の領域の一部やクラブ活動を担当することができるようになっている。
　平成10年6月の教育職員免許法の改正により、対象教科が一部に限定されていた小学校について、全教科を対象にするとともに、採用の要件も都道府県教育委員会の許可制から届出制に手続きが簡素化された。また、国は、この制度の活用を促進するため、都道府県に対し補助を行っており、これらの措置を通じてこの制度の一層の活用が望まれる。

　3)　PTA活動の新たな展開
　PTA活動を一層活発にしていくためには、保護者等が会員としての活動はもとより、関心のある分野の事業などを通して、保護者等の主体的な活動の場としてPTAに積極的に参加することが求められる。

　（略）

　このような、親子のふれあい、子どもたちの健全な育成、町の環境保護などPTA自らの問題、関心に応じて、ユニークな活動を生き生きと続けるところも決して少なくない。地域社会でのボランティア活動を進める基盤的な場として、積極的なPTA活動が展開されることが望まれる。

　B　地域での活動参加
　1)　公民館等の講座・学級の住民参加型の自主的な企画・運営
　従来は、社会教育施設の専門職員が講座を企画し、また、自ら指導者として講義するものも少なくないなど、学習者が受け身で学習することが通例であった。しかし、最近では、学習者が自らが委員会を作って、学習プログラムの全体を企画したり、講師等を選定したりするなど、住民による参加・企画型の市民講座等がでてきている。また、公民館等での学級・講座を住民の個々の小さな学習グループごとの希望によって編成する個別運営型の講座などもある。
　今後、行政は、行政課題に応じて自ら企画・計画する事業のほか、事業の企画・広報を行う委員会の委員や運営スタッフ等に住民の参加を求めるなど、参加者が学習成果を生かして実際に活動を行うような事業の実施にも積極的に取り組む必要がある。

　（略）

　2)　地域ぐるみの組織的活動
　PTA、自治会など地域の様々な団体が集まり、地域ぐるみで、子どもの健全な育成のために、学習し、その成果を生かした活動が求められている。

　（略）

　3)　地域の子育て支援ネットワーク
　核家族化の進展や地縁的つながりの希薄化等を背景に、地域の親たち相互の子育てのための支援活動が行われるようになっている。その際、地域の子育ての経験者やお年寄り等が、子育てについての悩みやストレスを解決するため、大きな役割を果たすことが期待されている。

　（略）

　4)　青少年の健全育成のための社会教育事業
　特に最近、青少年の非行問題等が憂慮される状況となっている。これに対しては、様々な対策を講じる必要があるが、中長期的には、子どもたちに自然の中での遊び、体験活動、サバイバル体験等を重ねさせることの教育上の有効性も指摘されるところとなっている。
　従来、これらの活動は、いつも特定の同じ大人が指導者となって行われてきたが、今後は、これまで子どもたちの活動にかかわりがなかった地域の様々な大人や学生たちが、それぞれの学習活動の成果を生かして、活動の指導者やリーダーとして気軽に参加することができる環境づくりが必要である。このことにより、新たな子どもたちの体験活動プログラムが展開されることとなる。

(3)　学習成果についての様々な評価システムの促進
　学習成果としての知識や技術について客観的評価や証

明のシステムがあれば、人材を登用したり、活用したりする際のてがかりになり、学習者として自らの成果の活用につなげられることは確かである。また、学習成果が広く社会的にも適切に評価され、活用されるようになれば、結果として、学歴偏重といわれてきた社会的な弊害も緩和されることが期待される。

　現在でも、公益的な団体・協会等において、関係する学習分野の領域に応じて、何らかの評価の仕組みが運営され、それによって学習者が地域社会での活動に参加しやすくなっている例がある。学習者にとって資格取得が地域での活動を促進し、その活動が新たな学習への意欲を生み出し、さらに高度な学習へと発展していく好ましいサイクルが展開している例もある。

　（略）

　いずれにしても、行政自身が直ちに学習者の学習成果や能力を一般的に評価することは実際上難しいところから、行政としては、それぞれの分野において行われる団体等の独自の能力評価のシステムを支援し、それぞれのさらなる向上を期待するとともに、希望する学習者に対し、そうしたシステムのあることを情報提供したり、学習成果のある人を受け入れる意向のあるところに能力評価の一つとして活用しうることを紹介したりすることが適当であると考えられる。

生活体験・自然体験が日本の子どもの心をはぐくむ（抄）
－「青少年の［生きる力］をはぐくむ地域社会の環境の充実方策について」
［生涯学習審議会答申　平成11(1999)年］

II　子どもたちの体験を充実させるための地域社会の環境づくり　～基本的な視点～

学校は、地域での子どもたちのボランティア活動、文化・スポーツ活動、自然体験や職業体験に関する情報の親や子どもたちへの提供やこれらの体験の評価を積極的に行うべきです。評価については、高等学校でボランティア活動や就業体験等について広く単位として認定できるようになりました。現在、生徒の学校外における体験的な活動のうち単位認定できるものについて、全国高等学校長協会からガイドラインが示されていますが、今後は、各都道府県等において、地域の実情や生徒の実態などに応じて、ガイドラインを作成し、実社会での就業体験など生徒の学校外における活動の成果を単位として認めるようにしていくべきです。また、このように学校外の体験活動を広く正規の教育として認めるという柔軟で弾力的な高等学校教育を実現するのに、しばしば地域の人々の意見や働きかけが実際の力になることが多いことから、例えば「学校評議員」を活用して、積極的に地域から地元の高等学校に対して要望、注文など具体的な意見表明を行ってもらうことを期待します。

（略）

III　今、緊急に取組がもとめられること

1　地域の子どもたちの体験機会を広げる
(1)　政府全体が連携し、子どもたちの体験の機会を広げる

都市化、産業構造の変化等により、地域において子どもたちが田植えなどの農作業を経験したり、工場で職人さんの働く姿を見たりすることも少なくなってきました。地域社会の結びつきが弱まったことにより、子どもたちが地域の伝統行事に参加することも稀になり、地域のお年寄りや若者に交じって昔から受け継がれてきた行事をやり遂げたときの満足感や地域社会への郷愁を感じることもほとんどなくなりました。このように、一昔前の地域社会の状況であれば、子どもたちが自然に体験できたことで、今日ではできなくなってしまった日常体験が非常にふえています。

また、都市化や少子化が進んだことにより、地域で集団的遊びが成立せず、子どもたちが異年齢集団の中で切磋琢磨しながら過ごす機会も格段に少なくなってきています。かつてのように、子どもたちが近所の大人に誉められたり、叱られたりすることが日常的に見られることもなくなりました。他方、子どもたちが学校の成績だけで評価されることが多い状況に置かれていることもよく指摘されるとおりです。これらのことは、子どもたち同士の間で、互いに多角的に評価しあう場面が乏しくなり、子どもたちが自分自身の価値を自ら見出すことが難しくなってきていることを意味しています。地域社会で大人が子どもたちに積極的にかかわり、同学年の子どもたちとのつながりだけでなく、異年齢集団の中で多様な活動を行う機会と場を子どもたちに提供することが大切です。そのような機会を充実させることによって、子どもたちは学校での勉強とは異なった活躍の場が得られ、そこに子どもたち一人ひとりにとって多角的な評価が生まれること、そのことがそれぞれの子どもたちに自信を持たせ、他者に対する思いやりの心や協調性などの社会性がはぐくまれることにつながるでしょう。

いまや私たち地域の大人がこぞって意図的・計画的に、子どもたちを様々な職業体験やものづくり、伝承遊びなど地域に根ざした活動に参加させ、子どもたちがこれらの活動を通して、郷土への理解や愛着を深め、しつけを体得し、新しい職業観や将来への夢をはぐくんでいくことができるようにしなければならないのです。

地域社会における様々な活動の中でも、自然体験は、子どもたちにとって、自然の厳しさや恩恵を知り、動植物に対する愛情をはぐくむなど、自然や生命への畏敬の念を育てたり、自然と調和して生きていくことの大切さを理解する貴重な機会となります。さらに、自然の中での組織的な活動は、きまりや規律を守ること、友達と協力することなどの大切さや自ら実践し創造する態度を学ぶことができるなど、まさに総合的な学習の機会ということができます。

子どもたちの自然体験活動については、これまでは学校引率中心の自然体験プログラムが広く見られましたが、学校が教育課程の中で全員一斉に実施するプログラムには日程や内容において限界があると指摘されています。子どもたちの自然体験の機会の充実は、むしろ地域社会が中心となり幅広くその機会を提供できるよう取り組むべきです。地域社会が担い手となる子どもたちの活動は、自然体験の先輩である地域社会の大人たちとの交流や学年を超えた異年齢の子どもたちが一緒に活動できるといった観点からも、優れた内容を提供することが可能ですし、子どもたちの自然体験活動に実績のある青少年団体の協力を得ることもできます。

他方、自然体験活動は、多くの省庁でそれぞれの観点から積極的な取組が進められており、省庁間で連携した体験プログラムとすることによって、その活動の広がりや深まりが可能となります。文部省や教育委員会だけで進めるのではなく、各省庁や地方自治体の各部局の既存の組織・資源・マンパワーと連携して進めることができれば、子どもたちが通常得難い多彩なプログラムを提供

することができます。例えば、農業体験は、農業の重要性や苦労を知るだけでなく、働くことの大切さや環境を守ることの意義を学び、毎日口にする食べ物あるいは健康について考えるきっかけを与え、生きるものに対する思いやりの気持ちをはぐくむことのできる貴重な機会となります。農林水産省は、このような食農教育の意義を提唱していますが、文部省が農林水産省と連携して、農村で都会の子どもたちを受け入れて農業体験の機会を提供できれば、中山間地域の活性化にもつながるのです。関係省庁と連携することにより、最近、自然体験活動の中で大きな注目を集めている長期の自然体験活動、国立公園での環境保全活動、森林の保全活動等に子どもたちを参加させることも可能になるのです。

【当面緊急にしなければならないこと】

◎ 全国津々浦々で地域に根ざした子どもたちの体験活動を展開する

地域に古くから伝わる伝承遊びやものづくりなど地域の文化を伝える活動、冒険的な活動や自然体験活動、世代を超えてのボランティア活動やお年寄りや障害をもった人たちとのふれあい体験活動、地域に住む外国人との交流等、全国津々浦々で地域に根ざした子どもたちの体験活動を展開する。実施に当たっては、市町村におけるPTA、青少年団体の関係者、企業・地場産業関係者、自治会の代表者、その他関係機関・団体（JA、JC、老人クラブ等）、教育委員会等行政関係者などで構成されるネットワーク組織をつくって進める。一過性のイベントでなく継続的な事業となるよう配慮する。また、青少年団体等の地域に根ざした特色ある活動への取組を促進する。

◎ 国立公園管理官のお手伝いをしながら、環境保全の意義や苦労が学べる機会を提供する

国立公園で環境保全活動を担い、自然を守るため大変な努力をしている国立公園管理官（パークレンジャー）やパークボランティアに子どもたちが同行して、パトロール、一般利用者への指導啓発、登山道、海辺等の清掃・維持補修、植栽・種子散布などの植生保全、動植物生息調査などの活動を体験できる機会を提供する。子どもたちは、環境保全の意義や国立公園管理官やパークボランティアの苦労を学び、倫理観、思いやりの心などの豊かな人間性をはぐくむことができる。（環境庁と連携）

◎ 子どもたちが、農家やユースホステル等に長期間宿泊して、自然体験、農作業等を体験できる機会を提供する

子どもたちに、少しでも長く豊かな自然体験をさせるため、施設を新たにつくるのではなく、農家やユースホステル等既存の施設を活用し、夏休みに2週間程度の長期間宿泊して、自然体験、農作業等の勤労体験、環境学習、地域の伝統行事への参加、レクリエーション等が体験できる機会を提供する。（農林水産省・日本ユースホステル協会と連携）

◎ 子どもたちが、植林・下刈り等を体験しながら、森林保全の苦労や森林文化が学べる機会を提供する

地域の生活環境や文化の形成に深い関わりをもつ森林を守る活動をしている森林インストラクターに子どもたちが同行して、植林・下刈り等の森林づくり活動、森林環境学習、野鳥観察、木工・炭焼き等のものづくりなどを体験しながら、森林保全の苦労や森林文化が学べる機会を提供する。（林野庁・PTAと連携）

◎ 子どもたちや親子が地域でスポーツを楽しめるきっかけづくりを行う

子どもから高齢者、初心者からトップアスリートまで、様々な年齢、技術・技能の住民が、多様なスポーツに親しむため、住民参加で運営される総合型地域スポーツクラブ、それを支援するための広域スポーツセンターを育成したり、プロスポーツ選手などの協力を得て子どもスポーツ教室を開催するなどして、子どもたちや親子が、異なる年齢の人々とともに各種のスポーツや健康プログラムを楽しめるきっかけづくりを進める。

また、子どもたちや親子が安心してスポーツに親しめるよう、スポーツ安全保険等について周知し、その活用をすすめる。

◎ 地域社会における子どもたちの文化活動を充実させる

子どもたちが、地域社会で、ミュージカル、オーケストラ等の舞台芸術や美術等の優れた芸術文化、民俗芸能や伝統技術等のふるさとの文化に触れることができるよう、学校、文化施設等の相互連携を密にし、子どもたちが自ら参加する文化活動や鑑賞の機会を広げる。

(2) 民間企業の力を借りて、子どもたちの体験の機会を広げる

平成11年2月、PTAが、東京都内の2カ所の商店街で、小・中学生が商業活動体験に取り組むモデル事業を実施しました。子どもたちは、薬局、花屋、おもちゃ屋、食堂などの中から自分が働きたい店を選んで、レジ打ち、商品の陳列、注文受けなど様々な体験をしました。参加した子どもたちの顔は、それぞれにやり遂げたあとの充実感に満ちあふれ、子どもたちからは、働くことの大変さや喜びが実感できたという感想も聞かれました。また、お客さんからは励ましの声がかかるなど、地域の大人が地域の子どもに目を向ける契機ともなりました。

現代社会では、子どもたちが接する大人は、極端にいえば、家族や学校の先生だけというケースが増えてきています。以前ですと、お使いに行って、商店街のいろいろなお店の人とその店の様子を見ながら話す機会がありましたが、大型スーパー等の出現により、そのような機会も減ってきました。近所のいろいろな職業を持つ人たちから声をかけられたり、叱られたりといったことも少なくなりました。親も含めて生活圏から離れた会社勤めの人々が増え、いろいろな職業の大人の働く姿を見ることもなくなってきています。このような状況において、子どもたちに商店街を開いてもらうことの意義は極めて大きいのです。

今日、昔ながらの中心市街地の中には、その活性化や振興が課題となっているところが多くなっていますが、

商店街が子どもたちを受け入れる活動を通して、子どもたちの家族や友達だけでなく、地域の人々が商店街を訪れ、商店街のよさに改めて気づくきっかけともなります。このように、商店街が子どもたちに開かれれば、子どもたちは日常の生活では得難い体験ができるだけでなく、商店街としてもそのアイデンティティーづくりやまちづくりの契機となることが期待できるのです。

また、様々な業界の民間企業に、その工場、研究所や事業所を子どもたちのために開いてもらえば、極めて有意義な機会を子どもたちに提供することになります。例えば、保険業界が週末、子どもたちや親子のために事務所を開き、保険についての体験学習の機会を提供すれば、子どもたちは保険の仕組みや自己責任の重要性を生きた知識として学習することができるでしょう。子どもたちにとっては、教科書でよりも、身近なものとして保険制度を深く理解できることになるのです。このような取組は、民間企業に企業メセナのような社会貢献事業に新たに取り組むことをもとめ、景気の影響を受けやすい新たな負担をお願いすることにもならず、むしろ実のある広報にもなるはずです。

さらに、民間企業は従業員によって支えられていますが、従業員の家庭生活が安定していることや子どもが健やかに育っていることは、活力ある企業活動を営んでいくうえで基本となることでしょう。そこで、民間企業が従業員の家族やその子どもに自然体験、職業体験など、家族が一緒になって活動できるよう積極的に促していくことは、従業員の家庭にうるおいをもたらし、それが従業員の人々を元気づけ、必ず企業自身の活力につながります。このような取組はそれぞれの民間企業において極めて重要になっていくのではないでしょうか。この点、労働界における取組にも期待されます。

このほか、自然体験についても、子どもの体験不足が指摘されており、その体験機会を飛躍的に拡充していかねばなりません。そのためには、青少年団体や地域での取組が広がることに加えて、旅行業界による自然体験活動への取組が重要となります。このため、多彩で良質な自然体験プログラムが旅行業界の手で提供されることになるような仕組みが必要となるでしょう。

【当面緊急にしなければならないこと】
◎ 子どもたちが商店街で様々な商業活動を体験し、しつけも体得できる機会を提供する

子どもたちが、夢や希望を抱いて将来の進路について考える機会を持ち、しつけも体得できるようにするため、PTAや子ども会の活動の一環として、商店街で子どもたちを受け入れてもらい、実際に働きながら商業活動を体験する機会を提供する。子どもたちは、商業活動を通じて、挨拶が人とのコミュニケーションづくりに役立つことや、働く人の生き甲斐や生産活動に対する心構えなどを身につけることができる。(中小企業庁・全国商店街振興組合連合会・PTA・子ども会と連携)

◎ 産業界の協力を得て、企業が従業員の家族や子もに体験活動へ参加するよう促すことを普及奨励する

産業界の協力を得て、民間企業が、従業員の家族やその子どもが農家等に宿泊して農作業体験・自然体験をする機会へ参加することを促す。

また、民間企業が、工場、研究所や事務所などの施設を子どもたちや親子に開放し、体験に基づいた学習ができる機会を提供する。(経済同友会等との連携)

◎ 旅行業界と青少年団体等との連絡会をつくり、自然体験プログラムを充実させていく

子どもたちの自然体験の機会を充実させていくには、民間企業、特に旅行業界の取組が重要となることから、旅行業界と青少年団体や自然体験・環境教育に取り組んでいる民間団体との間で連絡会(コンソーシアム)の結成を進め、旅行業者の主催する子どもや家族向けの自然体験プログラムを質量ともに充実させていく。

2 地域の子どもたちの遊び場をふやす

(1) 川・農村のあぜ道・都市公園を子どもたちにとって遊びやすい場にする

私たちは、子どもたちに、21世紀を主体的に生きていくためにふさわしい心を持ってほしいと願っていますが、そもそも心は教えるものではなくはぐくまれるものです。子どもたちは遊びや体験活動の中から自分のやりたいことを見つけ、それに夢中になることにより自らの心をはぐくんでいきます。今私たちにとっては、子どもたちに「いかに勉強させるか」と同様に、「いかに遊ばせるのか」が重要な課題となっているのです。

しかしながら、現代社会では子どもたちが自由に遊べる場も少なく、小さい頃から個室で過ごすことが多いのが現状です。幼児期から、激しい遊びから遠ざけられて、仲良く、おとなしくするよう育てられており、達成感が味わえる経験が不足していたり、けんかをした場合の手加減といったこともわかっていません。また、自分の意思を伝えるコミュニケーションが苦手で、特に異年齢間の子どもたちの人間関係が失われつつあります。子どもたちが屋外で自由に遊ぶ機会をもち、その中で達成感を味わったり、感動する体験を豊富にもつことができるようにすることが緊急の課題とされているところです。

子どもたちにとって、遊びは自分の内面を自由に表現できる楽しい活動です。遊びは子どもたちが自発的に行うもので、身体活動を活発にし、仲間集団での多様な人間関係を体験し、新しいアイデアを生み出したり、未知なるものを探索したりといった創造的な活動も行われるなど、人間形成にとって極めて重要なものです。また、遊びは自然な内的発展としての自己活動であり、発達課題を達成するために有効な体験の多くがそこで得られることをみても、本人には学習という意識はないでしょうが、教育的価値の高いものといえます。特に、屋外での遊びは、日光、外気など自然の刺激を直接受けながら、のびのびとした全身活動として展開されますし、また、集団的な活動になることが多いため、運動機能の向上や

社会性の発達にもとりわけ有効です。

　子どもたちの成長にとって大切な意義をもっている遊びを行う場所として、身近な河川や農業用水路は極めて重要なフィールドになる可能性があります。私たち大人が子どもの頃は、川で泳いだり、魚とりをするなどして遊んだものです。しかしながら、いつしか河川の岸壁はコンクリートで覆われ、子どもたちは近づかなくなりました。いまや、関係省庁と連携することにより、河川等を子どもたちの自然体験活動の場、遊び場として見直していく必要があります。河川等の整備・改修等は、これまで防災・治水等の観点から行われてきましたが、子どもの活動場所としても生かす観点をもち、できるだけそのままの自然環境を生かしながら行われることが期待されるのです。

　また、公園についても、人工的に管理されたスペースの比重が大きくなっていて、子どもたちが木登りやどろんこ遊びをしたいと思ってもできなかったり、芝生はあっても立ち入ることが禁止されていたりするのが実情です。子どもたちが自由に遊ぶことのできる公園を各地域に用意することを大いに進めるべきです。その際に気をつけたいのは、ハードだけでなくソフトの面も含めて、「量」と「質」を合わせた視点を取り入れることが必要だという点です。地域によっては、プレイパークのように地域住民が行政と協力しながら遊び場の運営に主体的に取り組む体制をつくりあげ、プレイリーダーが遊び場で子どもたちを見守り、私たちが子どもの頃経験した遊び方を伝承しているなど、単に施設を整備したというにとどまらないユニークな活動が展開されているところもあります。

　地域の子どもたちの遊び場を整備する観点から注目されるのは、近年、河川、港湾、森林、都市公園といった資源を子どもたちの体験活動のフィールドとしても活用しようという関係省庁の動きが広がりを見せていることです。例えば、海岸については、文部省と海岸事業を所管している4省庁（農林水産省、水産庁、運輸省、建設省）が共同で、良好な海辺の自然環境を活用し、子どもたちが豊かな人間性や健康・体力をはぐくむ場として利用しやすい海岸づくりを行う「いきいき・海の子・浜づくり」事業を実施しています。この事業は、海岸整備の計画段階から教育委員会と海岸事業担当部局が連携し、整備後の活用方法を念頭におきながら、子どもたちが海辺の自然やスポーツを安全に楽しめる海岸を創り出していこうというものです。

　このように、公共事業を所管する省庁が事業段階から完成後のフィールドの活用に関係する省庁との連携を模索する傾向が見られることから、文部省や教育委員会においてもこのような方向を積極的に推進し、子どもたちの自由な遊び場の整備に結びつけていくことがもとめられるのです。

【当面緊急にしなければならないこと】
◎　川を子どもの遊びや自然体験の場にふさわしい水辺にする

　河川管理者、教育関係者と環境保全関係者が一緒に全国の各地域の河川を調査し、子どもたちの活動場所としてふさわしいところをリストアップし、登録する。リストアップされた水辺には、掲示板を設置したり、河川の地図やどのような活動ができるのかといった情報を、地域の親や子どもたちに提供する。また、必要なものについては、教育関係者等の意見も採り入れながら整備や改修工事を行い、川を自然の姿に戻し、子どもの遊びや自然体験の場にふさわしい水辺にかえていく。（建設省・環境庁と連携）

◎　農村の水路を子どもたちが足を浸して魚つりや水遊びができるようにする

　農業部局関係者と教育委員会関係者が一緒に農村の水路等を調査し、子どもたちの活動場所としてふさわしいところをリストアップしていく。リストアップされた水路等を整備し、農村の水路を昔ながらの農村の水路のように、子どもたちが足を浸して魚つりや水遊びができるようにかえていく。リストアップされた水路等で、どのような活動ができるのかといった情報を、地域の親や子どもたちに提供する。（農林水産省と連携）

◎　子どもたちが木登りや芝生の中で自由に遊べる都市公園をつくる

　子どもたちが、都市公園で木登りをしたり、芝生の中で自由に遊べるよう、公園の設計者、野外教育の専門家、公園利用者等で構成する研究会をつくって、都市公園の機能を見直し、その整備・運営方法等を研究する。研究会の報告を踏まえ、都市公園の在り方に関するガイドラインを策定し、全国で子どもたちの自由な活動ができる都市公園の整備を促進する。（建設省と連携）

(2)　大学・専門学校等の高等教育機関や専門高校の教育機能を活かす

　大学・専門学校等の高等教育機関や専門高校には、子どもたちの関心や興味を呼び起こし、夢をはぐくむことが期待できる施設や設備があります。その教育機能を活かすことができれば、子どもたちに様々な体験の機会が広がるでしょう。大学・専門学校等の高等教育機関や専門高校の教育機能を子どもたちのために活かすことは、学校側にも大きな意義があるのです。これらの学校は地域にありながら、地域住民にどのような学校でどのような教育が行われているのかあまり知られていません。そこで、子どもたちのために学校を開くことにより、地域の人々に学校の存在や役割を広く知ってもらい、その理解を促進するよい機会になるのです。また、学生や生徒にとっても、子どもたちの指導に当たったり、子どもたちのお父さん、お母さんや地域の大人たちの前で専門的な知識・技能を披露したりすることを通じて、専門的な知識や技術を学ぶことの誇りや意義を改めて自覚できる機会ともなります。

　大学や大学共同利用機関には、高度な研究・実験施設や様々な自然体験活動ができる附属農場・演習林などがあり、これらの教育機能を地域の子どもたちのために活

かすことができれば、他の施設では得られない貴重な体験ができます。また、各種工作機械を備えた実習工場や設計製図、パソコンなどの最新の設備をもつ高等専門学校の教育機能を活用すれば、ものづくりの機会を子どもたちに提供することができます。

地域に密着した高等教育機関として、実践的な職業教育・専門的技術教育を行っている専門学校の教育機能を地域の子どもたちのために活かすことができれば、子どもたちの興味・関心を引く多彩な体験学習の機会が提供できます。コンピュータで設計図をつくるCADシステムの体験やロボットの製作実習、プロの料理人に学ぶ調理実習、理容・美容についての専門的な講義や実習、介護福祉の実習などの機会が考えられ、子どもたちの世界はますます広がることとなるでしょう。

また、農業高校、工業高校等の専門高校では、農業・園芸を実習し、生産することの意義や気候に左右されやすい農業の難しさを学習したり、自動車の整備方法を体験し、自動車のメカニズムを学習するといったすばらしい機会を子どもたちに与えることができます。生徒たちもいきいきと子どもたちや親を指導してくれるのではないでしょうか。

学校施設の開放が度々提唱され、地域社会のコミュニティーセンターにするための学校施設の在り方の研究も始められていますが、学校施設の利用について、手続が煩雑だという声を依然として耳にするところです。子どもたちのための地域社会の環境を充実させる観点から、利用手続の簡素化や弾力化を図ることがもとめられます。

【当面緊急にしなければならないこと】
◎　大学、大学共同利用機関や高等専門学校の教育機能を子どもたちの体験活動に活かす

週末や夏休み等に、高度な研究・実験施設等をもつ大学や大学共同利用機関、高等専門学校を地域の子どもたちに開放し、超伝導実験、体験航海、星座教室、望遠鏡の公開、農業体験、パソコン、工作機械を使ったものづくり体験など、多彩な活動が体験できる機会を提供する。

◎　専門学校等の教育機能を子どもたちの体験活動に活かす

週末や夏休み等に、専門学校等を地域の子どもたちに開放し、ロボットの製作実習、プロの料理人が教える調理実習、理容・美容の実習等、多彩な活動が体験できる機会を提供する。

◎　専門高校の教育機能を子どもたちの体験活動に活かす

週末や夏休み等に、専門高校を地域の子どもたちに開放し、農業実習や園芸教室、ものづくり教室、パソコン教室等の多彩な活動を体験できる機会を提供する。

◎　学校施設の開放について、利用する側の立場からの利用手続等の弾力化を促進する

学校施設の利用申込書の提出期間の指定、訪問しての申込書の提出、あるいは申込書への押印などの手続を利用者の立場に立って見直し、電話、FAX、電子メールでも申込みができるようにするなど、利用手続の簡素化や弾力化を促進する。

(3)　博物館や美術館を子どもたちが楽しく遊びながら学べるようにする

博物館や美術館は、子どもたちの体験活動の観点からみると、学校ではできない実物との出会いなど貴重な学習機会が提供できる社会教育施設です。しかしながら、現在の博物館や美術館の運営をみると、子どもたちの体験活動の充実という観点からは、必ずしもその潜在的な資源が有効に活かされているとはいえないケースも多いのではないでしょうか。博物館や美術館は、静かに見学するだけではなく、その豊富な資料を活かして、子どもたちが自分たちの血となり肉となるような学習ができる場として期待されています。

このため、博物館や美術館には、子どもたちが主体的に五感を使って体験できるような展示や事業を展開し、子どもたちが楽しく遊びながら学べる「子どもや親に開かれた施設」になるようにしていくことがもとめられます。博物館や美術館が本来持っている様々な教育機能を積極的に活用していくことによって、子どもたちは自然界の原理や技術、歴史、伝統文化、美術等を体験的に理解できるようになるのではないでしょうか。

さらに、このような子どもたちが主体的に五感を使って体験できるような活動は、博物館や美術館のみならず、公民館等の社会教育施設においても積極的に取り組まれ、全国の子どもたちが身近なところで、科学やものづくりへの関心がかきたてられるようになることが望まれます。

【当面緊急にしなければならないこと】
◎　博物館や美術館で、子どもたちが主体的に五感を使って体験できるような展示活動を進める

学校休業土曜日等を中心に、子どもたちが楽しく遊びながら自然界の原理や技術、歴史、伝統文化、美術等を体験的に理解できるようにするため、参加体験型やハンズ・オン（自ら見て、触って、試して、考えること）を活用した展示を進める。

事業を進めるに当たっては、博物館や美術館からアイディアを募集し、優れたアイディアを事業化するなどモデル事業としての取組を進め、その成果を全国に普及する。

◎　子どもたちの科学やものづくりへの関心を深める教室を全国的に開催する

子どもたちの科学やものづくりへの関心を深めるためには、時間を気にせずトライ・アンド・エラーが許されることが必要であり、週末等に全国の公民館や科学館において、地域の教員、職人、企業の技術者等が子どもたちに、ボランティアで科学の実験・ものづくりの指導を行う教室を全国的に開催する。また、そのプログラムの充実を図るため、国立科学博物館、国立オリンピック記念青少年総合センターにおいて、実験シナリオ、マニュアル、モデルキット等を作成する。

◎　子どもたちが最先端の研究成果に触れる機会を提供する

大学や大学共同利用機関が、科学系博物館等と連携し、子どもたちが最先端の研究成果に直接触れることができるよう、科学実験体験、施設見学等を開催する。(科学技術庁と連携)

◎ 子どもたちが美術に親しみ、理解を深める機会を提供する

主として公立の美術館・博物館において、子どもたちがなじみやすい作品を中心とした展覧会、文化財公開事業を開催し、子どもたちの美術や伝統文化に対する理解を深める。

◎ 学校休業土曜日等の博物館・美術館の無料開放等を促進する

全国の国公私立博物館・美術館に、学校が休みとなる土曜日等の子どもの入館料の無料化を呼びかけるなど、子どもたちが参加しやすい活動の場となるよう促進する。

なお、私立の登録博物館については、このような無料化の優遇措置を講じることなどにより、登録博物館の設置運営を主な目的とする民法法人に特定公益増進法人となる道が開かれているということについて、広く周知する。

(略)

4 子どもたちの活動を支援するリーダーを育てる

(1) 子どもたちのためのボランティアを紹介し、参加できる体制をつくる

地域コミュニティーや子ども同士のつながりが弱くなっている現在、地域における様々な体験の機会を充実させていくには、遊び場で子どもたちを見守り、昔ながらの遊びなどを伝承するプレイリーダーが必要とされる時代にあるということもできます。

また、親たちや地域で子どもたちをどこかへ連れていって、色々な体験をさせようとしたとき、ボランティアとして一緒に活動してくれる人たちがいれば、親たちは気軽に子どもたちにこのような活動をまたさせてみようということになります。

一方、最近、仕事を持つ社会人や比較的時間に余裕のある学生、高校生や地域の高齢者の間に、自らの心を豊かにするために、社会に何らかの関わりを持ったり貢献してみようと考えている人たちが増えてきています。このような意欲のある人たちが「新しい人材」となって、地域社会で子どもたちの体験活動のお手伝いができるようなきっかけが提供できないでしょうか。

学生や高校生、会社員、高齢者等が、子どもたちのためにボランティアをしたいと思っても、どこに連絡すれば活動できるか分からない状況にあることから、地域でボランティアをもとめるグループの情報とボランティアになりたい人をつなげる仕組みをつくっていくことが必要です。

また、ボランティア団体等がもつ人材情報を活用し、そのネットワーク化を進めるとともに、このような活動を希望する人たちのための情報を集約する機関(ボランティアセンター)を設けることももとめられます。

【当面緊急にしなければならないこと】

◎ 全国津々浦々の「子どもセンター」でボランティアを紹介する

全国の「子どもセンター」において、PTAや地域のグループが子どもたちの活動を支援してくれるボランティアを募集しているという情報を収集し、プレイリーダーを派遣することのできる青少年団体やグループ等の窓口の紹介を行うなど、相談に応じ、派遣を支援する。

また、ボランティアになりたい人たちにも、これらの団体・グループの窓口を紹介したり、ボランティアバンクへの登録を奨めるなど、相談に応じる。

◎ ボランティア活動についての全国的な情報提供・相談窓口を開設する

ボランティア活動に対する関心の高まりに対応し、ボランティア活動を行いたい人が、電話などにより容易にボランティア活動の情報を入手できる全国的な情報提供・相談窓口を国立婦人教育会館に開設する。

相談窓口においては、全国のボランティア活動に関する情報をデータベース化し、a.子育てボランティアへの参加希望者に対する実施団体の紹介、b.介護ボランティアを必要とする人への実施団体の紹介、c.定年退職後のボランティア活動希望者への団体紹介などを行う。

(2) 学生や社会人が子どもたちの自然体験活動のリーダーとなれるよう、登録制度をつくる

子どもたちの自然体験活動については、非日常的な自然の中で宿泊を伴い、しかも行動半径の広い活動を行うことが多くなることから、子どもたちの活動を支援するリーダーの存在が不可欠です。子どもたちの自然体験活動の機会を拡充していくには多数のリーダーが必要となりますが、それにはリーダーになりたいという学生や社会人に道を開いていくことが鍵となります。

どのような進路を目指す学生であっても、自然の中で子どもたちのために汗を流すことに充実感を味わい、自ら進んでリーダーを目指し研鑽を積むことが誇りとなり、それが社会からも積極的に評価されること、そしてこのような学生が社会人になって我が国における地域の自然体験のリーダーや支援者に育つことが期待されます。

フランスでは、自然体験活動のリーダーの統一的な養成制度が確立しており、そのリーダーは、アニマトゥール(男性)、アニマトゥリス(女性)と呼ばれています。資格は17歳から取得することができ、資格を取った多くの大学生たちが、フランス各地の自然体験活動の施設で夏休みの間アルバイトとして活躍しています。また、アメリカでは、各団体ごとに体系化されたカリキュラムに沿って、大学生はカウンセラーとして、高校生はジュニアリーダーとして養成され、子どもたちの指導に当たっています。

我が国においては、自然体験活動の指導者を養成するための標準的なカリキュラムは整備されておらず、青少年団体や自然体験・環境教育に取り組む様々な分野の民

間団体がそれぞれ独自にリーダーを養成していますが、参加の広がりが乏しいのが現状です。これは、各団体が独自にリーダーを養成し、その間につながりがないため、子どもたちの自然体験活動のリーダーになりたい人やお手伝いをしたい人たちに幅広く広報することができず、リーダーになりたい人は口コミでしか接する手段がないためです。

そこで、このような現状を改め、リーダーになりたい人がその申込窓口や方法を的確に知ることができ、リーダーになるための研修を受けることができるようにするため、青少年団体や自然体験・環境教育に取り組む様々な分野の民間団体が、ゆるやかに連携して、広報周知活動を行い、参加希望者のニーズにあわせて受入れができるようにしていくことが大切です。そのために、これらの民間団体がネットワークを形成し、ある団体のリーダーの資格・登録が他の団体の資格・登録のどのレベルに当たるのかがわかるように、各団体の資格・登録に共通のランクを設定するなどして、各団体の自然体験活動のリーダー養成を互換しあえるようにすることが必要です。

子どもの自然体験活動の裾野を広げるには、青少年団体、自然体験・環境教育に取り組んでいる様々な分野の民間団体、民間教育事業者、旅行業者・観光業者等の民間企業などがそれぞれ主催する多彩な自然体験プログラムが提供されていく必要があります。そのために、親が安心して子どもを自然体験活動に参加させることができるよう、自然体験プログラムを指導するリーダーについて社会的信頼を確保するための基準となる仕組みがつくられることが重要であり、そのような仕組みとして、学生や社会人が子どもたちの自然体験活動のリーダーになれるよう、民間団体間のネットワークによる登録制度を是非作ってもらいたいのです。

自然体験活動のリーダー養成は、青少年団体等の民間団体のほか、大学等の高等教育機関においても自然体験活動の指導者養成が行われています。しかしながら、現在、2大学1大学院で履修できる課程・コースが設けられているほか、教員養成系や体育系の一部の学部において、野外教育・環境教育等関連する授業科目が開設されているに過ぎません。大学等の高等教育機関における自然体験活動指導者の養成が、今後さらに拡充されることが望まれます。

このようにして、養成された学生には、例えば青少年教育施設の指導系職員や国立公園管理官（パークレンジャー）、日本の自然体験活動指導者のトップランナーとして活躍することが期待されるとともに、今後、アウトドア産業、旅行業、ホテル・旅館等の分野で活躍の場も多くなると予想されます。

また、長年企業等で勤めてきた熟年層にも、子どもたちの自然体験活動のリーダーにふさわしい意欲や体験をもっている人たちが多くいると考えられますが、自然の中で子どもたちを指導しようと思っても、リーダーになれないのは、情報不足や仕事をしながら学べる研修の場がないためであり、このような状況を抜本的に改めていく必要があります。登録制度は、このような人たちにも、リーダーとして活躍するための方法を伝えることになります。さらに、大学等の高等教育機関における自然体験の指導者養成の授業を、衛星通信システムを活用して受講できるようになれば、社会人にとっては仕事をしながら学べる機会が得られることにもなります。

　（略）

6　過度の学習塾通いをなくし、子どもたちの「生きる力」をはぐくむ

子どもたちの学校外の学習環境としては、社会教育施設をはじめ、通信教育など各種メディアによる教育機会提供事業、おけいこごと塾、スポーツ教室、学習塾など多様な民間教育事業による活動があります。民間教育事業は、小学生の7割以上が習字、そろばんやピアノなどの音楽関係、水泳・サッカーなどの各種スポーツといったいわゆるおけいこごとを習うなど、青少年団体の実施する様々な体験的な活動とあいまって、多様な学習機会を提供しており、子どもたちの学校外での学習環境のひとつとして大きな役割を果たしています。特に、今後学校がその本来の役割をより有効に果たすとともに、学校・家庭・地域社会における教育のバランスをより良くしていくという観点から学校教育のスリム化が図られていく中で、これらの民間教育事業は学校教育とは異なる子どもたちの多様な学習ニーズに応えていくという役割が求められていくものと考えられます。

しかしながら、子どもたちの「生きる力」をはぐくむためには、今後とも家庭や地域での豊かな体験活動が必要であるということを考えると、このような学習活動への参加も子どもたちの「生きる力」をはぐくむものとして行われることが大切であり、このような観点からは、本審議会では、子どもたちの長時間に及ぶ通塾や土曜日・日曜日や夜間の通塾によって健康や心身の発達に著しい影響を生ずるおそれのある過度の学習塾通いとその低年齢化ということについては、子どもの発達段階にふさわしい生活体験、自然体験など様々な学習機会を制約し、その結果、知徳体のバランスのとれた望ましい人間形成に悪影響を及ぼすおそれがあるとの強い懸念をもつものです。

本審議会では、民間教育事業の今後の方向性を示すとともに、過度の学習塾通いの現状を明らかにし、改善の方向等について提言を行うこととします。

（1）民間教育事業の今後の方向性

民間教育事業は、学習塾のほかにも、小学生の7割以上が習字、そろばんやピアノなどの音楽関係、水泳・サッカーなどの各種スポーツといったいわゆるおけいこごとを習うなど、青少年団体の実施する様々な体験的な活動とあいまって、多様な学習機会を提供しています。民間教育事業は、子どもたちの学校外での学習環境のひとつとして大きな役割を果たしています。特に、今後学校

がその本来の役割をより有効に果たすとともに、学校・家庭・地域社会における教育のバランスをより良くしていくという観点から学校教育のスリム化が図られていく中で、これらの民間教育事業は学校教育とは異なる子どもたちの多様な学習ニーズに応えていくという役割が求められていくと考えられます。

しかし、一方で、都市部を中心にして、小学校低学年ではスポーツや音楽などのおけいこごとを習い、高学年からは学習塾通いというパターンが定着しつつあることが指摘されています。

そして、一部のいわゆる進学塾を中心として過度の学習塾通いがみられる一方、学習塾でもキャンプや野外体験活動などのプログラムを導入しているところもありますし、学習塾で理科・科学実験教室などを開設するところもでてきています。

今後、学校教育は、教育内容を基礎・基本に厳選して、子どもの体験を重視しつつ、自ら学び自ら考える「生きる力」を育成する教育を目指していきます。このため、学習塾を含めた民間教育事業も、学校教育における基礎・基本のうえにたって、いわゆる受験のための知識や技術ではなく子どもたちの「生きる力」をはぐくむような自然体験・社会体験プログラム、創造的体験活動や課題解決型の学習支援プログラムなどの提供を進めていくことが望まれます。

また、地域における子どもたちの体験プログラムを充実していく観点からも、民間教育事業と行政とが連携して地域の中で親や子ども、地域の人々の異年齢集団でともに楽しめる多様なプログラムが展開されることが切に望まれます。

【当面緊急にしなければならないこと】

◎ 民間教育事業者に自然体験・社会体験プログラム、創造的体験活動や課題解決型の学習支援プログラムなどの提供を促す

学習塾を含めた民間教育事業も、学校教育における基礎・基本のうえにたって、いわゆる受験のための知識や技術ではなく子どもたちの「生きる力」をはぐくむような自然体験・社会体験プログラム、創造的体験活動や課題解決型の学習支援プログラムなどの提供を進めていくことを促す。

◎ 地域の中で異年齢集団による多様なプログラムが展開されるように促す

地域における子どもたちの体験プログラムを充実していく観点からも、民間教育事業と行政とが連携して地域の中で親や子ども、地域の人々の異年齢集団でともに楽しめる多様なプログラムが展開されるよう促す。

（以下、略）

新しい情報通信技術を活用した生涯学習の推進方策について（抄）
―情報化で広がる生涯学習の展望
［生涯学習審議会答申　平成12(2000)年］

I　生涯学習における情報化の現状と展望

II　情報通信技術を活用した生涯学習施策の基本的方向

1　生涯学習に関連する人材・機関・施設等に求められる役割・機能

今後、生涯学習における情報化を推進していくためには、生涯学習関連施設はもとより、それぞれの生涯学習に関するグループ、団体、サークルなどが情報化に対応できるように、情報リテラシーを身につけた地域の学生や生徒などの情報ボランティアや大学、短期大学、高等専門学校、専修学校などの人材を活用し、助言を受けたり、情報リテラシーを身につけるための学習機会を設けることなどが必要です。

また、情報リテラシーを身につける際には、単に情報機器の操作など技術的なコンピュータ活用能力だけではなく、主体的に情報を収集・選択し、活用する能力、さらには情報を生み出し発信する能力、情報社会における規範や自己責任能力、危機管理能力、社会の中での実体験とのバランスの取り方など基礎的な能力や態度を身につけることができるようにすることが大切です。

特に、心身の成長発達の過程にある子どもに対しては、調和のとれた人格形成を促すため、豊かな感性や道徳心などを身につけさせるための生活体験・自然体験を与えることなどについて十分に注意することが必要です。

それとともに、人々が実際の学習機会に参加できるようにすることが最も重要であることから、学習機会と学習者を結びつけるための調整機能を整備することが必要です。

一方、生涯学習関連施設に情報機器を整備し、施設の機能の向上を図るとともに、それらの施設を情報ネットワークに接続することにより、学習者の多様な学習需要に対応した学習機会やその情報を提供するなど、それらの施設の本来の機能を活かした特色づくりを推進することが必要です。

また、効率的に情報化を推進するため、地域の中心となる生涯学習関連施設が情報化の拠点的な役割を担い、そのほかの施設がその拠点に接続することにより、学習機会やその情報、学習資源を十分に活用できるようにすることが必要です。

なお、その際には、今後予想される情報通信技術の急速な発展に適切に対応していくため、なるべく柔軟性のある施設・設備とするとともに、学習者が十分に活用できるようソフト面でも柔軟性、汎用性をもったものとすることが大切です。

さらに、今後、大学の公開講座等の動画を含む豊富な生涯学習用の教材などの情報や、完全学校週5日制の実施に向けて子どもたちが利用できる様々な生涯学習用の情報の蓄積を促すとともに、そのような生涯学習用の教材などの情報の作成を支援し、多様な学習需要に応えられるようにすることが求められます。

これらの観点から、今後、生涯学習に関連する機関・施設などは、以下のような役割・機能が求められます。

(1) 公民館等

【学習機会やボランティアなど地域のあらゆる情報を提供する機能〈地域の大人センターに〉】

生涯学習の振興を図るためには、「いつ、どこで、何が行われるか」という情報をはじめ、様々な生涯学習に関する情報が容易に入手できるようにすることが最も重要です。

今後、公民館や生涯学習センターは、高度化・多様化する学習者の個別の学習需要に対応するため、職業に関する学習機会、ボランティア、まちづくり・県政情報など地域のあらゆる情報を容易に入手できるようにすることにより、そこに行けば、知りたいことがわかり、様々な人々と出会うことができ、学習意欲がかき立てられるような地域住民のための情報センターとなることが求められます。

そのため、公民館や生涯学習センターは、都道府県や市町村内の公民館、図書館、博物館をはじめ、地域の行政施設、民間を含む様々な事業体において実施される文化・スポーツ事業を含んだ生涯学習に関する情報が得られるように、様々な機関等との連携を図り情報収集機能を一層充実するとともに、それらの情報を整理し、一覧として発信するなど情報提供の中心的機能を持たせることが必要です。さらに、それらの公民館や生涯学習センターの情報ネットワークを構築することにより、地域を超えた情報を容易に入手することが可能となります。

一方、現在、文部省では、地域の親や子どもたちに対し、週末や夏休みの自然体験活動の機会などの情報を提供する子どもセンターを全国に展開しているところであり、今後とも子どもセンターを積極的に整備するとともに、将来的には子どもセンターが公民館などと連携して、社会人などへの情報を含むすべての生涯学習に関する情報を総合的に提供することができるようになることが求められます。

【情報リテラシーを身につけるための学習機会など様々な学習機会を提供する機能】

さらに、地域住民の高度化・多様化する学習需要に広く適切に対応していくためには、衛星通信等の情報通信技術を積極的に活用して、全国の大学の公開講座等の学習プログラムを地域住民に提供する拠点としての機能を

備えていくことが必要です。

このためには、衛星通信受信設備の整備を進めるとともに、全国の公民館や生涯学習センターがこのような機能を果たせるようにするためのシステムを開発することが必要です。

また、特に情報リテラシーを身につけるための学習機会が不足しがちな社会人、高齢者や女性などに対して、情報機器を用いて情報を収集・選択し、活用する、さらには自分で情報を発信していくための能力や情報ネットワーク上での規範や規則などに関する学習の機会と場を、地域の人材を活用しつつ提供することが必要です。

【地域社会のコミュニケーション・まちづくりの拠点としての機能】

公民館や生涯学習センターは、様々な学習機会やその情報を提供し、地域の住民の学習の場や学習に関する相談窓口としての機能を果たすとともに、情報機器を使った学習方法や情報収集・活用方法に関し気軽に問い合わせることができる窓口としての役割を果たしていくことが必要です。

これにより、公民館や生涯学習センターが地域のコミュニケーション拠点となり、まちづくりや地域の活性化に寄与することが期待されます。また、地方公共団体においても、公民館や生涯学習センターを地域の拠点として様々な形で活用していくことが望まれます。

(2) 図書館

【「地域の情報拠点」としての機能の飛躍的な拡大】

各地域の図書館は、地域住民の様々な要求に応じて、情報提供のためのサービスを行う施設ですが、近年急速に発展・普及しつつある情報通信技術を積極的に活用することにより、「地域の情報拠点」としての機能を飛躍的に拡大する好機を迎えています。

このようなことを実現するためには、従来から扱ってきた紙媒体を中心とする資料に加えて、インターネットや衛星通信を活用しつつ、デジタル化された資料・情報を地域住民に提供するなど、情報拠点としての機能を高度化することが望まれます。

また、各地域の図書館は、インターネットなどの情報通信技術を活用することにより、これまで収集してきた各地域の情報を全国の多くの地域や外国にも提供できるようになり、「地域への情報提供」に加え、「地域からの情報発信」という機能を持つことができるようになります。

このような機能の拡大は、単に電子化された新しい媒体の利用を付加するだけではなく、今後も継続して利用される紙媒体等による資料・情報と、電子化された資料・情報とを有機的に連携させることにより、図書館全体として行われる必要があります。

【「新たな図書館サービス」の展開】

図書館において情報通信技術を積極的に活用することにより、様々な新しいサービスを提供することが可能になります。

例えば、インターネット等に接続することにより、外部のデータベース等の情報を提供することができ、(その際、情報等を図書館の端末を通じて提供するような場合については、図書館設置者の裁量により有料とすることも考えられます。)また、ホームページを開設することにより、地域住民が資料検索や電子化された情報そのものの閲覧ができるようなシステムを整備したり、電子メールによるレファレンスサービスを行うことができるようになります。このようなことにより、障害者や高齢者など日頃図書館に来館しづらい利用者にとっても図書館の資料・情報が利用しやすくなるなど、より住民に開かれた施設となることができます。

また、住民が自由に情報機器に触れる機会を図書館において提供することで、実際の情報検索などを通じた情報リテラシーの習得を支援することができ、エル・ネット受信設備の整備を一層推進することにより、図書館においても「子ども放送局」やエル・ネット「オープンカレッジ」の番組を提供するなど、住民にとっての様々な学習の場となることが求められます。

さらに、平成13年度までにすべての公立学校がインターネットに接続される予定であることから、電子化された資料・情報を提供することにより、学校における図書館の利用促進を期待することができます。

また、図書館に「情報ボランティア」などボランティアを積極的に受け入れることで、資料のデジタル化や住民の情報リテラシーの育成支援等図書館サービスの一層の充実を図ることができます。そのため、図書館には、ボランティアを養成するための研修の実施や、活動の場の確保など受入れ促進のための環境整備が求められます。

(3) 博物館

博物館は、歴史系、芸術系、自然科学系等多様なものがあり、それぞれの博物館は、全国的にも貴重な学習資料や郷土を理解する上で重要な学習資料等を収蔵しています。このような展示物を電子情報化し、それをインターネット等で提供することが求められます。

これを実現するために、各博物館においてデジタルアーカイブ化（資料の電子情報による保管）を進め、それぞれの博物館が持っている膨大な資料を種別ごとに分類し、電子情報化して、インターネット上で提供することにより、利用者が学習に関する情報を簡単に入手できるようにすることが求められます。さらに、それを集約して、全国的・体系的な電子博物館網（バーチャルミュージアム）の形成を目指すことが必要です。

これにより、学習者が実際に博物館を訪れることなく、博物館資料を開館時間の制約なく全国どこでも利用できることとなります。なお、その際には、料金システムなどについても併せて検討することが必要です。

また、このようなデジタルアーカイブ化により、来館者には、見学時に展示物の関連資料を展示コーナーの隣で情報として見せたりするとともに、博物館資料に関する詳細な情報をインターネット等で事前及び事後に学習することができるようになるなど、様々な学習の場面で活用可能な形で提供できるようになります。

さらに、このような新しい学習機会を提供することにより、人々が博物館により一層関心を持ち、来館することが予想されます。また、実際に博物館に来る前に、インターネット等で博物館資料について学習し、目的意識を持って来館することが可能となり、博物館自体の活性化も期待されます。
　（略）

(7) 地域住民の身近な公的施設等

公民館、生涯学習センター、図書館、博物館以外の視聴覚センター・ライブラリー等の地域住民に身近な様々な公的施設などにおいても、生涯学習の観点から、地域の状況に対応して、施設相互の連携を図りつつ情報化を進めることにより、新たに多様な学習に役立つ情報を提供したり、様々な学習機会を設けたり、あるいは、学習機会に関する各種情報を提供するなど生涯学習の推進を図ることが望まれます。

(8) 社会通信教育

社会通信教育では、伝統的な印刷教材だけではなく、マルチメディアを活用した教材を開発するとともに、インターネットや衛星通信を活用した学習方法を推進することが必要です。

(9) 技能審査事業

青少年・成人が習得した知識や技能について民間団体がその水準を審査・証明する事業については、生涯学習の成果の評価の観点から大きな役割を果たしていますが、今後は、インターネットを活用し、コンピュータ上で受検できるシステムについて検討することが必要です。

(10) 学習者のネットワークづくり

学習成果を活用して住民が講師になって講座を開くなど、学習者同士のつながりにより、学習者自らが発信し、他の学習者がそれにより学習する学習者間での学び合いという手作りのカルチャーセンターのような取組みを振興することが必要です。

また、それぞれの地域でこのような取組みを推進することにより、地域の情報ネットワークづくりと相まって、生涯学習を推進する人と人とのつながりを構築することが必要です。

さらに、それぞれの学習者が情報ネットワークに接続することにより、地域を超えて講義抄録をインターネットで流したり、自らの興味に応じて情報を収集、整理して紹介したり、音声や動画を合成して立体的な視聴覚教材などを開発したりするような新たな取組みが広がることが期待されます。

(11) 不登校児童の在宅学習等

現在、不登校の子どもたちが毎年増加する傾向にあります。学校には、集団生活を通して人格形成を行う基本的な機能があり、このような子どもたちに対しては、学校に復帰することを目指し、例えば適応指導教室の活用が図られたりしているところです。今後は、このような子どもたちや中途退学の子どもたちに対しては、その必要に応じて、家庭での学習を支援する観点から、学校等との連携を十分に図りながら、インターネットなどを活用して在宅で学習することを支援するような取組みを進めることが求められます。

また、病気療養児など通学して学習することが困難な子どもたちについても、新たな教育用のソフトウエアを開発したり、インターネットによる授業の展開などマルチメディアを活用した教育を支援することが大切です。
　（略）

III　当面推進すべき施策

1　情報リテラシーを身につけるための学習機会や研修体制の整備

【情報リテラシーを身につけるための学習機会の拡充】

IIで述べたように、情報通信技術のめざましい発展は、生涯学習のあり方を変え、その可能性を飛躍的に拡大すると考えられますが、そのためには、いわゆる「デジタル・デバイド」を防止・解消する観点からも、国民一人一人が情報通信技術を活用できるリテラシーを身につける必要があります。

今後、特に情報リテラシーを身につけるための学習機会が不足しがちな社会人、高齢者や女性などに対しては、生涯学習関連施設において、情報リテラシーに関する講座などを積極的に開設していくことが必要です。

特に、情報社会による恩恵をすべての人々が受けることができるようにするため、基礎的な技能を習得することを目的とした講習の機会を飛躍的に拡大することが急務であり、そのため、地方公共団体が自主的に行う講習会の開催を支援することが求められます。

【生涯学習行政に携わる職員等の研修の充実】

生涯学習行政に携わる職員、特に生涯学習関連施設の職員は、情報機器の操作など技術的なコンピュータ活用能力、主体的に情報を収集・選択し、活用する能力、さらには情報を生み出し発信する能力、情報社会における規範や自己責任能力、危機管理能力、社会の中での実体験とのバランスの取り方など基礎的な能力や態度に加えて、学習者から情報検索の方法や情報の活用方法について相談を受けた場合の対応能力、情報ネットワークで問題が生じた場合の対処方法・指導方法などのより幅広い情報リテラシーを身につけることが必要です。

そのため、大学、短期大学、高等専門学校や専修学校など専門的な知識を持った人材・施設を活用して、生涯学習行政に携わる職員などの情報リテラシーに関する研修体制を整備・構築することが必要です。

また、都道府県や市町村においては生涯学習センターなどの中心的な生涯学習関連施設を情報リテラシーに関する研修拠点として活用し、研修機会を増やすほか、国においては都道府県や市町村における研修に対し支援を行うなど、研修体制の充実を図り、情報リテラシーを計画的に身につけさせることが求められます。

さらに、社会教育主事の資格取得のための「社会教育主事講習」においても、情報リテラシーを身につけるためのプログラムを組み入れる必要があります。

なお、先に指摘した学習機会と学習者を結びつける調整機能の整備については、その機能を担う職員等の養成にあたり、情報リテラシーを身につけさせることが必要です。

このため、公民館や生涯学習センターにおいて地域の実情に応じて実践的な養成研修を行う体制を整備するとともに、国においてはこれに対し支援を行うことが望まれます。

また、学習機会と学習者を結びつける調整機能を担う職員等を含め、生涯学習行政に携わる職員の養成・研修にあたっては、単に知識を習得するだけではなく、受講者がお互い議論し合いながら情報交換を行うことも重要であり、このような集合学習の効用を公民館や生涯学習センターが積極的に活用していくことも必要です。

一方、民間教育事業者やNPOなどの職員についても、生涯学習関連施設と連携を図るためにも、同様に情報リテラシーを身につけることができるようにすることが望まれます。

【情報ボランティアの活動の促進】

情報ボランティアなど情報通信技術に通じた人々の参加を求めるためには、人材の登録を促進し、情報ボランティアを必要とする団体や施設などに対してその情報を提供するとともに、情報リテラシーに関する講座を多く設け、情報ボランティアの養成を図る必要があります。

2　生涯学習関連施設の情報化の推進

今後、生涯学習における情報化を推進するためには、公民館、図書館、博物館や大学などの生涯学習関連施設において情報機器、インターネットへの接続などネットワーク環境を飛躍的に整備し、すべての施設で自由に情報機器を使用できるようにすることが必要です。また、学習者の誰もが情報リテラシーを身につける機会を最大限に確保できるようにするために必要な環境を整備することが必要です。

そのためには、まず、基礎的な環境整備として学習者に身近な生涯学習関連施設において必要な情報機器を整備することが求められます。

その上で、それぞれの地域において、その実情等に応じて、整備目標を設定するなど、地方公共団体の主体的な取組みが行われることが望まれます。

なお、情報機器の整備にあたっては、現在、すべての国民が基礎的な技能を習得することができるようにするための学習環境を緊急に整備することが必要なことから、その中核的な役割が期待される公民館や図書館等の生涯学習関連施設に対し、速やかに必要な情報機器の整備を進めることが必要です。また、例えば、パソコンを寄付しようとする企業に受入れ先を紹介し、生涯学習関連施設の需要に応じたパソコンを斡旋する組織などパソコン等を安価、または無償で整備できるような方法やリースなどの方法を検討することが必要です。

また、整備された情報機器の管理・維持についても、効率的な運営を図る観点から、地域共通の支援体制のあり方などについて検討することが必要です。

一方、今後、生涯学習関連施設を設置する場合には、情報化に対応できるように施設の高機能化を図ることが必要です。さらに、図書館や公民館の機能など多面的な機能を持たせるような複合的な生涯学習関連施設を設置する場合には、例えばそのような施設でグループ活動を行っているときに、図書館の資料を即座に検索し、その場で使用することができるようにするなど、施設としての機能が総合的に活用できるような体制を作ることが望まれます。

（略）

4　生涯学習用の教材などの情報の開発の必要性

情報通信技術を活用することにより、遠隔地の珍しい動物の生態をそのままじかに映像資料として活用したり、デジタルアーカイブ化された博物館などの学習資源を引き出して加工するなど、単なる文字情報だけではなく、映像や音声を用い、五感を通して体験的に学習効果を高めることができるようにすることが求められます。そのためには、学習者の手作りの教材などの開発を含め、生涯学習用の教材などについて民間教育事業者、NPOなどの活力を活かしながら開発する必要があります。

また、学習者のネットワークによる学び合いの中から、学習者からの発信型の問題提起、問題解決型の教材などの開発が進むことが期待されます。

さらに、そのような素材的なものばかりではなく、例えば「子ども放送局」番組のようなエル・ネットを活用したプログラムなど、情報通信技術の活用により、多様かつ優れた生涯学習用の教材などを開発することが必要です。

そのため、国立教育研究所や、メディア教育開発センターなどにおいて、情報通信技術の活用について積極的に研究を行っていくことが求められます。

なお、これらの教材を活用する際には、実際に現物を見たり、実体験を行うなどの活動と適切に組み合わせて実践することが望まれます。

5　学習機会に関するデータベースの整備等

都道府県や市町村が共同で、生涯学習関連施設で開設している学級・講座など様々な学習機会に関する情報やボランティアに関する情報などを情報掲載様式を規格化するなど効率化を図りながらデータベース化し、常に最新の情報を提供していくことが必要です。

また、民間教育事業者等が開設している講座などについても併せて情報提供することにより、学習者がより幅広い学習機会を選択できるようにすることが求められます。

さらに、生涯学習の振興のための施策、実践等についての多様な情報をデータベース化し、都道府県や市町村のみではなく、様々な社会教育・青少年団体や民間教育事業者、NPOなどが活用できるようにすることが必要です。

このような情報については、「まなびねっと」などのポータルサイトを窓口として全国すべての情報を利用できる体制が整備されることが必要であり、また、同じテーマに関する各地域の学習機会を比較することなどができるよう、横断検索が可能なシステムを開発することが望まれます。

さらに、このような情報提供システムでは、学習者が検索等を行う必要がありますが、将来は、各学習者が関心のある分野等をあらかじめ登録しておくことにより、これに係る学習機会に関する情報が自動的・定期的に端末等に送り込まれるような工夫（いわゆる「プッシュ型」の情報配信）も望まれます。

6 大学等の公開講座を公民館等を通じて広く全国に提供するシステムの構築

質の高い大学、短期大学、高等専門学校及び専修学校（以下「大学等」という。）の公開講座を、情報通信技術を活用して広く全国に提供していくことが必要です。具体的には、「衛星通信」の活用と「インターネット」の活用が考えられ、それぞれ「同時送信型」と「オン・デマンド型」があり得ます。このようなシステムは、将来は融合されて総合的なものになると考えられますが、当面衛星通信による配信システムを具体化することが期待されます。このシステムの具体化にあたっては、大学等と公民館等やその設置主体である地方公共団体との緊密な連携・協力が必要です。

(1) 衛星通信の利用

すでに述べたように、大学等の公開講座については、衛星通信等の情報通信技術を活用して貴重な学習機会を全国津々浦々の人々に、身近な公民館等を通じて提供していくことが望まれていますが、回線を使用するための経費の問題や、一大学ではひとつの回線を常時使用するだけの講座を用意できない等の問題があります。このため、開設する講座の数が少ない大学等も参加できるシステムの構築が期待されています。

一方、公民館等の側においては、各地域の住民の高度化・多様化する学習需要に対応するため、衛星通信等の情報通信技術を活用して、全国の大学等の公開講座の学習プログラムを各地域に提供する拠点としての機能を整備することが期待されていますが、個々の公民館等がそれぞれの大学等と個別に契約を行うことは複雑、かつ煩雑であり、必ずしも合理的ではないこと、また、現在公民館等を中心に整備が進んでいるエル・ネットを活用することが有効であることなどから、総合的なシステムを開発することが望まれています。

このようなシステムの機能としては、［1］全体のスケジュールを組んで大学等の公開講座を提供し、［2］受講希望者への広報や募集を行い、［3］受講者から受講料を集めることなどが含まれます。

衛星通信を活用することにより、受講者の受講料を、大学等で受講する場合よりも低額に抑えることができるようになり、また、このシステムのもと、受講者からの受講料等の収入から衛星チャンネルの借上などの経費を差し引いた後、これを各参加大学等への分配や、参加する各公民館等の事業への援助に活用することができるようになります。

このような状況を目指し、当面以下のような考え方に立ち、必要な施策を実施していくことが重要であると考えられます。

【送信側について】

大学等の公開講座を広く提供する上で、広域を同時にカバーできる衛星通信は非常に有効ですが、衛星通信チャンネルの確保は、毎年約1億円かかるため、多くの大学等が共同でチャンネルを確保する必要があります。

また、送信会場の受講者と多くの受信会場の受講者の双方を同時に対象とし、双方向送信も活用するような状況を前提として、新しい講義の形態、表現・発表の手法、質疑応答の方法等について、さらなる研究を行うことや、技術的側面についての開発を進めることが望まれます。

さらに、このようなシステムにより大学等の公開講座を受講した者について、生涯学習として正規の単位認定とは別に特別の単位の認定を行うなど、学習成果の適切な評価を行うことにより学ぶ意欲を高めるような方策も検討する必要があります。

【受信側について】

衛星通信を利用した公開講座の受信については、放送予定表や資料の送付などに対応するため、一斉データ送信・イントラネット送信等も利用できる受信設備の整備が必要になりますが、個々人で対応するにはかなりの費用がかかります。また、学習者が学びの場を共有することの価値も考慮し、このシステムにおいては、公民館等を活用した集合学習方式を前提とすることが適切であると思われます。

また、受信局となる公民館等においては、地域住民への情報提供、受講者の募集、テキストの入手、それぞれの受講者自身による学習プログラムの設定等について、受講者のための種々のサービスを提供することが必要です。

さらに、送信される講座について、録画による二次利用も含め、受信局となる公民館等が独自に企画する学習プログラムへの活用を進めることや、地域からの情報発信を行うことなど、各地域における様々な学習機会の中に積極的に位置づけることも期待されます。

【運営のシステム】

衛星通信により大学等の公開講座を全国に提供するシステム全体の円滑な運営を確保するため、既に述べたように、送信側の大学等と受信側の公民館等の双方をカバーし、衛星通信チャンネルの確保、種々の情報の収集・提供、番組の企画・利用に係る助言・援助、受講料の徴収・分配、テキストの送付等のサービスを行うようなシステムを整備することが望まれます。なお、運営のシステムについては、例えば大学等のコンソーシアム（連合体）を形成し、そこで運営したり、あるいは生涯学習関連の既存の団体等を活用するなど、今後その方策につい

て検討することが必要です。

また、このシステムに参加する大学等は、衛星通信チャンネルの確保等に要する経費を分担して負担しますが、受講料の分配も受けることとなり、収支的にも十分自立したシステムを構築できると思われます。

さらに、このシステムによる収入（受講料等）は、各大学等に分配するほか、システムに参加する各公民館等の事業の援助にも活用できるようにすべきと思われます。

なお、情報通信技術の発展・変化は、今後ますます急速になっていくことが予想されるため、このシステムが現時点での技術水準や情報機器によって拘束されないものとするよう注意する必要があります。

以上のようなシステムを具体化していくにあたっては、解決すべき様々な課題もあることから、公民館などを中心としてエル・ネットが普及拡大する中で、現在実施しているエル・ネット「オープンカレッジ」事業などの調査研究等も踏まえた検討を進めていく必要があります。

(2) インターネットの利用

衛星通信を活用した上記のようなシステムでは、受講者は公民館等に出向く必要がありますが、将来は自宅で簡単に受講できるシステムも並行して整備する必要があり、インターネットの活用が望まれます。

また、インターネットの利用は、[1]いわゆる「インターネット放送」のように受講者が同一内容を同時に受信するような方法と、[2]サーバーに蓄積された各講座を好きな時間にダウンロードして視聴する方法とがあります。

このようなシステムを効果的に運用するためには、回線の高速化（1.5Mbps以上）が不可欠であるため、政府の高度情報通信社会推進本部の決定（平成10年11月9日）により、平成17年度が努力目標とされている光ファイバー網の全国整備ができるだけ早期に実現されることが期待されます。

また、インターネットを利用する場合の受講料徴収システムとしては、クレジットカードやプリペイドカードなどがありますが、様々な学習機会について共通して用いることができる、「生涯学習カード」のようなものの発行も検討に値すると思われます。また、将来は、サーバー内の特定のサイトの利用状況を自動的に調べ、回線接続料金にサイト利用料（受講料）を自動的に加算するシステムの開発が望まれます。

インターネットを利用したシステムの場合も、サーバーの確保など、前記のシステムによる広範なサービスの提供が必要になると思われます。

(3) 衛星通信利用とインターネット利用の連携

すでに述べたように、回線速度や課金システムなどの問題のため、現時点ではインターネットのみを用いて衛星通信と全く同じ講座配信を行うことは困難ですが、衛星通信利用とインターネット利用を連携させることにより、より有効な講座提供を行うことは可能です。

このような連携の例としては、インターネットを利用して、衛星通信によって提供される講座に関する広報を行うこと、関係する資料や情報の提供を行うこと、小画面による講座の配信を行うことなどが考えられます。

このような試みにより、新たな技術の開発・普及の状況も見極めつつ、様々なメディアを積極的・総合的に活用したシステムを構築していくことが望まれます。

（以下、略）

新しい時代における教養教育の在り方について（抄）

[中央教育審議会答申　平成14(2002)年]

第1章　今なぜ「教養」なのか

　我が国は、戦後の経済発展と科学技術の進歩によって、便利さと物質的な豊かさを手に入れた。しかし、その反面、多くの国民が、この物質的な繁栄ほどには、一人一人の生活においても、社会全体としても豊かさは実現されていないと感じている。

　社会が物質的に豊かになる過程で価値観の多様化、相対化が進み、一人一人の多様な生き方が可能になった一方で、社会的な一体感が弱まっている。また、近年の経済構造の変化や経済的な停滞、冷戦構造崩壊後のグローバル化の進展等による社会・経済環境の変化により、社会に共通の目的や目標が失われている。

　また、少子・高齢化、都市化の進展や産業構造・就業構造の大きな変化の中で、家族や地域社会、企業の在り方及びこれらと個人との関係が大きく変わりつつある。

　急速な情報化の進展は、世界中の情報を瞬時に入手することを可能にする一方で、生活、社会活動等のあらゆる面で、直接的な体験の機会を減少させ、人間関係の希薄化を招いている。科学技術の著しい発展は、人類に計り知れない恩恵をもたらす一方で、地球規模での環境問題や生命倫理にかかわる問題などの新たな問題を引き起こしている。

　これらの大きな社会的変動の中で、既存の価値観が大きく揺らいでいる。一方で、新たなモラルや、これからの社会、その中で生きる個人の姿は未だ明確になっておらず、個人も、社会も、自らへの自信や将来への展望を持ちにくくなっている。

　社会全体に漂う目的喪失感や閉塞感の中で、学ぶことの目的意識が見失われ、まじめに勉強したり、自ら進んで努力して何かを身に付けていくことの意義を軽んじる風潮が広がっている。特に幼・少年期や青年期の若者に、自我の確立を求め自ら学ぼうとする意欲が薄れている。こうした傾向の広がりは、我が国社会の活力を失わせ、その根幹をむしばむ危機につながるものと危惧せざるを得ない。

　このような時代においてこそ、自らが今どのような地点に立っているのかを見極め、今後どのような目標に向かって進むべきかを考え、目標の実現のために主体的に行動していく力を持たなければならない。この力こそが、新しい時代に求められる教養であると考える。我々は、このような前提を踏まえながら、歴史的な転換期・変革期にあって、一人一人が自らにふさわしい生き方を実現するために必要な教養を再構築していく必要がある。

　また、教養が求められているのは個人に対してだけではない。教養は、個人の人格形成にとって重要であるのみならず、目に見えない社会の基盤でもある。一人一人が広く深い教養を持つことは、それぞれの多様な生き方を認め合い、生涯にわたって自らを高めながら、社会の一員としての責任と義務を自覚して生きることのできる魅力ある社会を築くことにつながる。このような社会の実現こそが、我が国を国際社会において尊重され、尊敬される「品格ある社会」として輝かせることになるものと考える。

第2章　新しい時代に求められる教養とは何か

　教養とは、個人が社会とかかわり、経験を積み、体系的な知識や知恵を獲得する過程で身に付ける、ものの見方、考え方、価値観の総体ということができる。教養は、人類の歴史の中で、それぞれの文化的な背景を色濃く反映させながら積み重ねられ、後世へと伝えられてきた。人には、その成長段階ごとに身に付けなければならない教養がある。それらを、社会での様々な経験、自己との対話等を通じて一つ一つ身に付け、それぞれの内面に自分の生きる座標軸、すなわち行動の基準とそれを支える価値観を構築していかなければならない。教養は、知的な側面のみならず、規範意識と倫理性、感性と美意識、主体的に行動する力、バランス感覚、体力や精神力などを含めた総体的な概念としてとらえるべきものである。

　21世紀を迎え、変化の激しい流動的な社会に生きる我々にとって必要な資質や能力は何か、これを培うための教育はどうあるべきか、こうした観点から、本審議会は、新しい時代に求められる教養について検討を行い、その要素として次の5つの点を重視した。

　(1)　新しい時代を生きるための教養として、社会とのかかわりの中で自己を位置付け律していく力や、自ら社会秩序を作り出していく力が不可欠である。主体性ある人間として向上心や志を持って生き、より良い新しい時代の創造に向かって行動することができる力、他者の立場に立って考えることができる想像力がこれからの教養の重要な要素である。

　(2)　東西の冷戦構造の崩壊後、グローバル化が進む中で、他者や異文化、更にはその背景にある宗教を理解することの重要性が一層高まるなど、世界的広がりを持つ教養が求められている。そのためには、幾多の歳月を掛けてはぐくまれてきた我が国の伝統や文化、歴史等に対する理解を深めるとともに、異なる国や地域の伝統や文化を理解し、互いに尊重し合うことのできる資質・態度を身に付ける必要がある。世界の人々と外国語で的確に意志疎通を図る能力も求められる。

　(3)　科学技術の著しい発展や情報化の進展は、人類に恩恵をもたらす一方で、地球規模の環境問題、情報通信技術や遺伝子操作技術などその使い方をめぐって倫理的課題をはらむ問題をも生み出し、科学技術の進展を単純

に是としてきたこれまでの価値観を問い直すことも求められるようになっている。一人一人が、自然や物の成り立ちを理解し、論理的に対処する能力を身に付けるとともに、科学技術をめぐる倫理的な課題や、環境問題なども含めた科学技術の功罪両面についての正確な理解力や判断力を身に付けることは、新しい時代の教養の基本的要素である。

(4) 時代がいかに変わろうとも普遍的な教養がある。かつて教養の大部分は古典などの読書を通じて得られてきたように、読み、書き、考えることは、教養を身に付け深めるために中心的な役割を果たす。その礎となるのが、国語の力である。国語は、日常生活を営むための言語技術であるだけでなく、論理的思考力や表現力の根源である。日本人としてのアイデンティティの確立、豊かな情緒や感性の涵養には、和漢洋の古典の教養を改めて重視するとともに、すべての知的活動の基盤となる国語力の育成を、初等教育の基軸として位置付ける必要がある。

(5) 教養を形成する上で、礼儀・作法をはじめとして型から入ることによって、身体感覚として身に付けられる「修身的教養」は重要な意義を持っている。このためにも、私たちの思考や行動の規範となり、教養の基盤を形成している我が国の生活文化や伝統文化の価値を改めて見直す必要がある。

これらのことを総合的にとらえれば、新しい時代に求められる教養の全体像は、変化の激しい社会にあって、地球規模の視野、歴史的な視点、多元的な視点で物事を考え、未知の事態や新しい状況に的確に対応していく力として総括することができる。こうした教養を獲得する過程やその結果として、品性や品格といった言葉で表現される徳性も身に付いていくものと考える。

このような資質や能力をだれがどこまでの水準で身に付ける必要があるかは一律に決められるものではない。しかし、今後の激しい変化の中で、社会における自らの生き方を主体的に選び取り、異なる生き方や価値観との調和を図りながら、より良い社会の構築に寄与する力を身に付けるために必要な教養を、一人一人が生涯にわたって主体的に培っていく努力が必要であることは疑いない。

このために求められる教養教育の在り方について、以下に具体的に述べることとしたい。

第3章 どのように教養を培っていくのか

教養教育については、これまで、主として高等教育における問題として議論されることが多かった。しかし、前章までに述べてきたように、教養の涵養は個人にとって生涯の課題であり、教養を身に付ける努力は、いずれの年齢や職業においてもすべての人に求められるものである。教養教育の在り方を検討するに当たっては、高等教育だけでなく、幼児期からの家庭教育、初等中等教育も含めた学校の教育活動全体、地域での様々な活動、社会生活における様々な体験や学習を通じて、いかに教養を身に付けていくかを考える必要がある。

例えば、それぞれの年齢や立場に応じて、自然に接してその摂理を学ぶこと、人類の偉大な遺産である古典に学ぶこと、各地の歴史的遺跡や現場に接してその教訓を学ぶこと、勤労を通じて働くことの喜びを体得すること、芸術に親しむことによって美意識と感性を磨くこと、スポーツを通して心身を鍛え、フェアプレーの精神を養うこと、さらに、これらの諸活動を通じて調和の精神を磨くことなどは、生涯にわたって教養を培う上での重要な課題と考えられる。これらが、年を重ねるにつれて個人の内面でつながり合い、より深い教養を形成していく相乗効果を重視したい。

教養教育を考えるに当たって、特に重視すべき観点として、次の3点が挙げられる。

第1点は、教養教育を通じて、学ぶことやより良く生きることへの主体的な態度を身に付け、何事にも真摯に取り組む意欲を育てていくことである。教養とは、本来自発的に身に付けるべきものであり、学ぼうとする意欲が重要である。自発的に学ぼうとする力の基礎には、忍耐力や勤勉性が不可欠である。教養教育の在り方を考えるに当たっては、このような資質を幼少期から培っていくことの重要性を改めて認識するとともに、学ぶことへの意欲を高め、自分のためだけでなく、他者や社会全体のために何事かを成すことを尊重する社会的気運を高めていく必要がある。

第2点は、教養教育は、個人が生涯にわたって新しい知識を獲得し、それを統合していく力を育てることを目指すものでなければならないということである。21世紀は知識や情報が社会を動かす原動力となる「知識社会」と言われる。様々な形で提供される膨大な情報の中から自らに必要なものを見付け、獲得し、それを統合していく知的な技能を一人一人が培うことを、教養教育の一貫した課題として位置付け取り組んでいく必要がある。

第3点は、教養の涵養にとって、異文化との接触が重要な意味を持つということである。ここでいう異文化とは、単に異なる国や地域の文化という意味だけでなく、異なる性、世代、国籍、言語、宗教、価値観、生き方、習慣などあらゆる「自分とは異なるもの」のことである。異文化との相互交流を通じて、自分とは何かを考え、自己を確立するとともに、自分と異なる人や社会や文化などを理解し、これらを尊重しながら共に生きていく姿勢を身に付けることは、教養の重要な柱である。

本審議会では、上記のような観点に立ち、これまでの教育改革の成果を検証しつつ、新しい時代に求められる教養教育の実現のための方策を検討してきた。

ここでは、個人の生涯を、[1]幼児期からおおむね12、13歳ごろまでの「幼・少年期」、[2] 14、15歳頃から社会的活動を始めるころまでの「青年期」、[3] 社会人となって以降の「成人期」の三つの段階に分けて、それぞれの段階における教養教育の在り方について、主要な課題と今後求められる具体的な方策を提示することとした

い。

第1節　幼・少年期における教養教育
(2) 具体的な方策
[1] 家庭や地域で子どもたちの豊かな知恵を育てる
◇地域社会における子どもの居場所づくりの推進

地域で子ども同士が思い切り遊んだり運動したりすることのできる場や、自然と触れ合うことのできる場の整備、青少年教育施設の積極的な活用、親子で参加できるスポーツ活動や地域行事の充実など、ボランティアの協力も得ながら、子どもが地域で伸び伸びと育つことのできる環境づくりを推進する必要がある。

第3節　成人の教養の涵養
(1) 成人の教養を涵養するための課題

大人一人一人が常に自らの教養を高め、主体性ある社会の一員であろうと努力する社会を築くことは、品格ある社会を築くことでもある。今の大人社会は、子どもたちに夢や希望を与えているだろうか。子どもたちの学ぶことや将来への意欲の低さは、大人社会の現状への視線の反映と言えないだろうか。こうした社会を作ってしまった大人の責任は大きい。大人が真摯に努力し、苦労し、そして充実感を味わっている姿を子どもたちに見せ、話し、伝えていく努力をしなければならない。また、我が国には、広く一般に様々な学問や技芸を学び、それを楽しみながら自分を高め、人生に喜びを見出していくという長い伝統がある。そうした伝統の良さは今後とも受け継いでいかなければならない。

今後の高齢化社会においては、だれもが一生の間「完成」を目指して研鑽を積むという生涯学習の考え方が一層重要になる。その際、社会との関係の中で、知識を獲得するための技術や、様々な思考の方法論を学びながら、自分なりのものの見方や考え方を確立し、深めていく必要がある。何かを学び、考え、社会に参加することを通じて、例えば高齢期にあって社会とのつながりが弱くなりがちな人々も、社会に対する興味を失うことなく、しなやかな感性や柔軟性を保ち続けることができる。大人自身が生涯にわたって学び、いきいきと自己実現に努めることができるような社会であってはじめて、子どもたちは目指すべき目標を得ることができ、社会としての品格も生まれる。

(2) 具体的な方策
[1] 教養を尊重する社会の実現に向けた気運を醸成する

学ぶことを通じてより良く生き、より良い社会を作るという意識を、社会を構成するすべての主体が共有することが必要である。このために、まず一人一人が自らの在り方を考えるとともに、産業界やマスコミも含め、社会全体で取り組む気運を醸成する必要がある。

◇大人一人一人の自覚の必要性

大人自身がまず自分の在り方を振り返ることから始めなければならない。大人には、家族や地域の一員として、職業人として、また、社会の構成員として負うべき責任がある。その責任を果たし、自ら納得のいく生き方を実現するためには、生涯にわたって教養を高める努力が求められることを自覚し、実践していく必要がある。

◇産業界における取組の要請

教養豊かな人材は企業にとっての財産である。企業は、社員が社会と能動的にかかわる力を持ち、企業の価値観とは異なる価値観やものの見方を身に付けることが、今後の企業経営にとっても重要だという視点を持つべきである。各企業においては、休暇制度の整備や勤務形態の柔軟化等を通じ、社員の学習活動や地域貢献活動を支援するとともに、そうした活動の成果を積極的に評価することが求められる。また、企業自らも、社会の構成員として教養を備えた良識ある存在となることが一層求められる。インターンシップの受入れや、学校への講師派遣といった教育への協力に積極的に取り組む企業を、社会的に認証し奨励していく方策も検討すべきである。

◇マスコミにおける取組の要請

社会全体の教養を高めていく上で、マスコミに期待される役割はきわめて大きい。マスコミには、自らの社会的影響力や責任を自覚した上で、良質な作品や番組、情報の提供に努めて欲しい。また、情報化社会の中で、マスコミの評論機能は一層重要になる。書評や論壇時評などの充実を図り、優れた作品と読者とを仲介する機能を強化することが求められる。各界のリーダーと言われる人が子どもや若者に向けて本を書くことや、専門化が進む学問分野の内容を、専門家が一般読者向けに分かりやすく解説した新書などを積極的に発刊することも、国民の教養を高める上で重要な役割を果たす。マスコミ業界における取組を支援するために、多様な主体が、優れた書籍や雑誌、番組、映画やビデオ作品などの助成や顕彰を行ったり、推薦リストを作成したりすることも奨励したい。

[2] 大人が教養を高めるために学ぶ機会を充実する

大人が生涯を通じて学び、考え、教養を高めていく機会を充実する必要がある。併せて、民間の教育事業として行われるもの、公的な機関で提供されるものなど、様々な形で提供される学習機会に関する情報提供の仕組みを充実するとともに、学んだ成果を社会の中で生かす仕組みの充実を進める必要がある。

◇多様な学習機会の充実

成人の教養を高めるための多様な学習機会の整備が必要である。例えば、親としての心構えや役割、地域での活動の在り方を学ぶ機会や、老いや死などに向き合い、人生の円熟期を豊かに過ごすための学習機会などは今後特に重要となる。社会生活を営む上で必要な実践的・制度的な経済知識を身に付けるために学ぶ機会や、社会の第一線で働く人が学位取得を目指して学習する機会、国際社会で通用する高いレベルの教養を身に付けるための学習機会も重要である。さらに、転職や再就職の際にも、視野を広げ、関連する分野についての知識を深めるような教育の機会を整備するなどの配慮が望まれる。

◇学びやすい環境の整備

　就職後間もない若い時期から高齢期に至るまで、成人が時間的、地理的、経済的制約を超えて学びやすい環境を整備することが必要である。大学や専修学校等における社会人受入れの大幅な拡充や、交通至便な場所へのサテライトキャンパスの設置、放送大学をはじめ情報通信技術やインターネットを活用した学習機会の充実とともに、奨学金事業の充実など学習に対する経済的支援を充実することが求められる。さらに、成人の身近な学習の拠点として地域の図書館の整備やその機能の充実を図る必要がある。親子連れ向けの演奏会・演劇やサービスの充実など多様なニーズに対応できる学習環境の整備も重要である。また、これらをより有効に活用することができるよう、情報提供の仕組みの充実が求められる。

◇学習成果を社会に生かす仕組みの整備

　住民が学習の成果を生かし、まちづくりや学校の教育活動の支援などに取り組むことを通じて、参加者自身も楽しみながら、新しいコミュニティを形成することが期待される。その際、学校や公民館等を地域の学習グループやNPOの活動拠点として積極的に位置付けるべきである。

　また、自分の経験や能力を生かし、NPO等で生きがいをもって働くことを望む人も増えており、こうした働き方やNPO活動の意義が社会の中で更に認知され、評価されるような雰囲気を作っていくことも重要である。

　　（以下、略）

大学等における社会人受入れの推進方策について（抄）

[中央教育審議会答申　平成14(2002)年2月]

I　基本的考え方

　21世紀を迎え、社会、経済が高度化、複雑化し、グローバル化が一層進展する中で、情報通信技術をはじめとする科学技術が急速に進歩するとともに、産業構造の変化、職業の多様化が顕著になってきている。個人が豊かで充実した人生を送るためには、このような状況に的確に対応して、職業においても、生活においても、高度で先端的な知識や能力を適時適切に修得することが必要となってきている。また、近年、長期雇用を中心とする雇用環境の変化や、企業内教育の減少等を背景として、個人が自ら積極的に学習を行い、高度で多様な職業能力を身に付けることにより、生涯にわたるキャリア形成を積極的に展開していくことが求められている。社会全体にとっても、その活力を維持向上させていくためには、時代の変化や困難な状況に柔軟に対応し、新しい時代を切り開いていくことができる、最新の知識に裏打ちされた、課題探求能力、問題解決能力に富む有為な人材が求められている。さらに、高齢社会を迎えた我が国において、個人が自己啓発を図り、より一層心豊かで潤いのある人生を実現することを目指して、人々の多様な生涯学習需要は増大する傾向にある。

　以上のような状況を踏まえ、我が国の大学等は、社会に一層開かれた機関として、産学連携の推進をはじめ、社会経済の活性化や地域コミュニティーの形成に積極的に貢献していくことが求められてきており、それらに資する開かれた教育の在り方が必要となっている。

　事実、人々の高等教育に対する需要も個々の事情に応じて急速に多様化してきている。例えば、高度で専門的な職業能力の向上を目指して大学院での高度な再学習を求める者、職業等による時間的制約から長期の在学での学位取得や、情報通信技術の活用により通信制課程における学習を希望する者、あるいは、一般教養を高めるために大学等における学習を望む者等、多様な学習需要が生じている。

　これらの様々な需要に対応し、我が国の大学等は、幅広い年齢層の人々に積極的に開かれ、これらの人々に多様で柔軟な学習機会を提供していくことが求められている。

　このため、本審議会においては、社会人等の大学等への受入れ促進のための各般の施策を踏まえ調査検討を行い、その一層の促進のための当面の具体的な改革方策について成案を得たので、以下のとおり提言を行うものである。

II　具体的な方策

1　学生が個人の事情に応じて柔軟に修業年限を超えて履修し学位等を取得する仕組み（長期履修学生）の導入

　現在、我が国の大学においては、職業等を有しながら学習を希望する人々の様々な学習需要に対応し、多様な履修形態で卒業・修了要件を満たし、学位等を取得できるよう、夜間において教育を行う学部等及び通信による教育を行う学部等が設置されているほか、昼夜開講制により授業を行うことができることとされている。

　また、大学等が提供する授業科目等を学生が自らの希望に応じて適宜選択し単位を修得することができる制度として、科目等履修生制度が設けられている。科目等履修生は非正規の学生であり、科目等履修生としての単位修得のみをもって学位を取得することはできないこととされている。

　このように様々な履修形態上の工夫が行われているものの、正規の学生として卒業・修了要件を満たし学位等を取得するためには、大学等が編成する教育課程を修業年限に応じて履修することが必要であり、個人の事情に応じて修業年限を超えて履修を行う場合は、現状では一般的に留年や休学として取り扱われている。

　一方、諸外国においては、個人の事情に応じて修業年限を超えて履修を行い、学位を取得する正規の学生（いわゆるパートタイム学生）が制度的に存在しており、平成12年の大学審議会答申「グローバル化時代に求められる高等教育の在り方について」においても、このような制度の導入についての検討が求められている。

　学生が留年や休学として取り扱われることなく、個人の事情に応じて柔軟に修業年限を超えて履修し学位等を取得できるようにすることは、職業等に従事することにより日常的に様々な制約を抱える人々の学習を容易にし、各大学等におけるこれらの人々の受入れを一層活発化すると考えられる。

　また、このことにより、通常の修業年限で卒業・修了することを予定していたものの、在学中に起きた何らかの事情で勉学意欲がありながら予定していた学習が困難となった学生が、留年、休学、退学をすることなく、学習を継続することも可能となると考えられる。

　さらに、昨今、自らの進むべき道を模索する若年層が増加しつつあるが、これらの人々が学問を通じて教養を身に付けたり専門的知識に触れたりする機会を拡大し、自らの社会的な役割を認識する契機の一つとなるとも考えられる。

　以上のことを踏まえ、職業等に従事しながら大学等で学ぶことを希望する人々の学習機会を一層拡大する観点

から、個人の事情に応じて柔軟に修業年限を超えて履修を行い学位等を取得できる新たな仕組みを、各大学等が各々の判断で導入できることとすることが必要である。

その際、学生個人の事情に応じて柔軟な履修を可能とする観点から、できる限り弾力的な仕組みとすることが適切である。

(1) 対象となる学生の位置付け

上記のような新たな仕組みの導入を各大学等において積極的に推進していくに当たっては、対象となる学生の位置付けを明確にしておく必要がある。

当該学生は、職業等との兼ね合いにより、通常の修業年限在学する学生よりも1年間又は1学期間に修得可能な単位数が限定されるため、修業年限を超えて在学することを予定し、それを各大学等があらかじめ認めた上で在学し、各大学等の定める単位の修得等の要件を満たして卒業・修了することにより、学位等を取得する正規の学生（以下「長期履修学生」という。）と定義することができる。

(2) 長期履修学生を受け入れる高等教育機関

人々の多様な学習需要に対応し、高等教育機関における学習機会をできるだけ拡大する観点から、各機関の特性を踏まえつつ、それぞれの機関の判断により長期履修学生を柔軟に受け入れることができることとすべきである。

大学の学部においては、高等教育に対する多様な学習需要に幅広くこたえるために、長期履修学生を積極的に受け入れていくことが期待される。

また、大学院においては、職業上必要な高度専門的知識・能力を修得することを目的として入学を希望する社会人が今後一層増大し、これに伴い、学習時間等の制約により標準修業年限を超えて学習することを求める者が今後増大することが考えられることから、大学院においてもこのような需要に適切に対応して長期履修学生を受け入れていくことが望まれる。なお、現在でも大学院修士課程においては、社会人の多様な学習需要にこたえるため、あらかじめ長期の教育課程を編成し、標準修業年限を2年を超えるものとすることができることとされている（大学院設置基準第3条第2項に基づくいわゆる長期在学コース）。一方、長期履修学生は、学生個人の事情により、大学等が標準修業年限に従って編成する教育課程の期間を超えて在学するものであり、いわゆる長期在学コースとは趣旨を異にするものである。

短期大学においては、地域に密着して生涯学習機会を幅広く提供することが期待されるところであり、長期履修学生を積極的に受け入れることが望まれる。例えば、社会人を含めた地域の学習需要にこたえるために、多様なコースを設定した総合的な学科等を設け、長期履修学生を積極的に受け入れることも一つの方法である。

また、高等専門学校においても、専攻科については大学と同様に単位制を採用していることから、長期履修学生を受け入れることが可能であると考えられる。

さらに、専門学校においても、その自由で弾力的な制度によって、多様な学習需要に対応できるという利点を生かして、数多くの社会人を受け入れていることから、長期履修学生を積極的に受け入れることが期待される。

なお、長期履修学生を受け入れるか否かの判断は、各機関が、各々の教育課程の目的や教育方法・内容等を考慮して自主的に行うことは当然である。

(3) 在学年限及び年間修得単位数

大学等は、本来、学生が計画的に履修を行い学位等の取得を目指す場であることにかんがみれば、長期履修学生が在学できる最長年限については、各大学等において学則等で定め、各学生の在学期間はその範囲内で、学生の希望を考慮しつつ定めることが適当である。なお、期限を定めないで在学し履修することを希望する者については、科目等履修生制度を活用することが適当である。

また、長期履修学生の年間修得単位数については、より柔軟に履修できるようにする観点から、各大学等が定める上限の範囲内において学生が毎年自由に登録できることとすることが適当である。その際、実験・実習を行う課程においてはある程度継続的な学習が必要であること等を踏まえ、各大学等においては、その教育内容や学生の要望等を考慮して適切な履修が行われるよう配慮することが必要である。

さらに、通常の修業年限在学することを予定していた学生が、何らかの事情により、在学中に、より長期の履修への切替えを希望することや、その逆の場合もあると考えられる。したがって、これらの状況に柔軟に対応できるよう、学生の希望に応じて、通常の修業年限在学することを予定する学生と長期履修学生の履修形態の切替えを可能とすべきである。ただし、履修形態の変更に当たって相応の理由がないと判断される場合にまで、この取扱いを認める必要はない。

もとより、学生の卒業時における質の確保を図ることは、大学等の社会的責任であり、長期履修学生に対しても、厳格な成績評価を実施するなど、安易な単位認定や卒業を抑制することにより、教育水準の維持向上を図ることが必要である。

(4) 配慮事項

長期履修学生は修業年限を超えて在学することから、その授業料については、通常の修業年限在学する学生との均衡に配慮しつつ、学生の負担軽減を図る観点から、修業年限分の授業料総額を学生が在学を希望する年限で分割して納めることができるようにしたり、単位制授業料制度を導入するなど、設置者の判断により適切な方法で徴収することが求められる。

設置基準の適用上や私学助成の算定上の収容定員の取扱いについては、長期履修学生は正規の学生として受け入れる以上、定員内の扱いとすることが適当であるが、長期履修学生の受入れを促進する観点から、通常の修業年限在学する学生よりも1年間又は1学期間の修得単位数が少ない当該学生数の算定方法については、その履修形態を反映させるため、その実員に一定係数（例えば、修業年限を長期履修学生の在学期間で除して得られた数）

を乗じて算定するなど、適切な対応が必要である。

なお、職業等に従事しながら大学等で学ぶ長期履修学生に対しては、通常の修業年限在学することを予定する学生とは異なる、よりきめの細かい履修上の指導が必要となると考えられることから、各大学等が各々の実状に応じて、アドバイザーの配置、教員の教育能力を向上させるためのファカルティ・ディベロップメントの実施など適切な配慮を行うことが適当である。

(略)

3　通信制博士課程の制度化

自宅や職場から通学できる範囲に必ずしも希望する大学院がないことや、職場環境によって通学可能な時間帯が限られることなど、地理的・時間的制約等から大学院レベルの学習を希望しながら、その実現に困難を伴う社会人が少なくないと考えられる。通信制大学院は、このような学習需要に、より適切にこたえていくために、授業による比重が高い修士課程について、専攻分野によっては通信教育による十分な教育効果を得ることが可能であるとの判断の下、平成9年の大学審議会答申「通信制の大学院について」の提言を受けて、平成10年に制度化されたものである。平成13年度現在、7大学9研究科22専攻が設置されている。

通信制博士課程の設置については、上記答申において、博士課程は研究課題に即した研究指導と学生自身の自発的な研究活動が中心であるため、通信教育により十分な教育効果が得られるか否かについては慎重な検討が必要であり、修士課程の開設・運営状況、実績等を見ながら判断することが適切であるとされたため、制度化が見送られ、現行制度上認められていない（大学院設置基準第25条）。

平成12年の大学審議会答申「グローバル化時代に求められる高等教育の在り方について」においても指摘されているように、今後、インターネット等の情報通信技術を大学教育において一層活用していくことは、教育内容を豊かにし、教育機会の提供方法を変え、大学教育へのアクセス拡大に資するものであり、教育研究活動を革新していく上で重要なことである。

また、メディア教育開発センターが取りまとめた「通信制大学院修士課程に関わる調査研究（中間報告）」（平成13年9月）によると、通信制修士課程在学者のうち9割以上が博士課程の開設を望んでおり、修士課程での研究活動を継続し、より高度な学習を行いたいと考えている。また、現在通信制修士課程を開設している大学院においては、社会人が主な対象であり、学生の多くは明確な目的や強い問題意識を持っており、その学力及び教育効果については通学制課程の学生と比較して遜色がなく、博士課程において研究を行う能力を備えていると考えており、通信制博士課程の制度化を望んでいる。

通信制修士課程を修了した学生が博士課程での学習を行うことを希望する場合、現行制度上、通学制博士課程において学習するほかないが、その授業の方法としては、印刷教材等による授業や放送授業が認められていないことから、当該博士課程においてインターネット等の多様なメディアを高度に利用して行う授業を実施していない場合には、自宅や職場の近くに大学院が存在しない社会人にとって、引き続き学習を行うことが困難な状況にある。また、大学院における研究指導についても、通学制では「直接の対面指導を行うことが原則であること」（「大学設置基準等の一部を改正する省令等の施行等について（平成10年3月31日文高大第36号事務次官通知）」）とされていることから、上記の制約を有する社会人にとっては研究指導を受ける際に困難が生じる場合もある。

今後、我が国の大学院においては、社会人の多様な学習需要への対応を積極的に図っていくことが必要であり、以上のような状況を踏まえ、社会人が、修士課程における学習の成果に基づき、継続してより高度な研究を行う機会を拡大し、社会の多様な方面で活躍し得る高度な能力と豊かな学識を有する人材を養成する観点から、制度的に通信制博士課程の設置を認めることが適当である。

(1)　分野

現行制度上、通信制修士課程においては、通信教育によって十分な教育効果が得られる専攻分野について、通信教育を行うことができることとされている。

現在設けられている通信制修士課程は、多くの場合、実験・実習を必要としない学習内容となっており、一部実験を必要とする専攻においては、併設されている通学制大学の施設を利用して行っている状況にある。

これらを踏まえ、通信制博士課程については、各大学院が専攻分野ごとにその学習内容を考慮し、主に通信手段を活用しながら、必要に応じて実験・実習等を併せ行うことにより、十分な教育効果が得られると判断される場合において、通信教育を行うことができることとすることが適当である。

(2)　教育方法、研究指導

現在設置されている通信制修士課程においては、従来の印刷教材等の郵送による授業や放送授業、面接授業に加え、電子メールを活用したレポート指導やグループ討議、メディア・スクーリング（テレビ会議システムを利用した双方向・リアルタイムで行う授業）を行うなど、教育方法について様々な工夫が行われている。また、研究指導の方法については、スクーリングを行ったり、大学院によっては情報通信技術を積極的に活用したりすることにより、指導教員と学生との接触機会をより多く確保するための努力が行われている。さらに、補助教員やティーチング・アシスタントを配置するなど、個々の学生の学習需要に対応したきめ細かな指導体制を整えている大学院も見られる。

これらを踏まえ、通信制博士課程においては、研究課題に即した適切な研究指導と学生自身の自発的な研究活動が中心であることにかんがみ、情報通信技術の積極的な活用と併せ、必要に応じて、面接指導の機会を適切に設けること等により、教員が学生に対し十分な指導を行える体制を築くことが不可欠である。その際には、学生

が目的を持って研究活動を遂行しやすいよう、具体的にどのような成果を求め評価していくのかをあらかじめ明確にし、指導していくことが求められる。

また、各大学院においては、個々の学生の多様な研究需要に対応するため、研究活動に当たっての指導・助言を行うティーチング・アシスタント、チューター、アドバイザー等の適切な配置に努めることが必要である。

さらに、学習過程において、学生間で意見交換や情報交換等の交流を行うことは、相互に刺激を与え合い、研究活動にも好ましい影響をもたらし得ると考えられることから、各大学院においては、学生が交流できるような配慮を積極的に行うことも必要である。

(3) 教育研究水準の確保、評価制度

現在、通信制修士課程においては、入学者選抜において、学力試験（記述試験、小論文）、面接・口述試問のほか、研究計画書の提出を義務付けることにより、研究テーマや研究目的、志望動機などが明確な学生を受け入れる努力を行っている。また、授業や研究指導においては、情報通信技術を積極的に活用することにより効果をあげることに努めており、修士の学位を授与するにふさわしい水準の確保が図られている。

このような状況を踏まえ、通信制博士課程についても、きめの細かい入学者選抜や情報通信技術の積極的活用などによる教育研究指導方法の工夫などにより、博士課程にふさわしい水準を確保することが可能であると考えられるところであり、各大学院は様々な工夫を凝らすことにより教育研究水準の確保に努める必要がある。

一方、実質的に教育研究水準を確保し、国際的通用性に配慮しながら教育研究の質を高めていくためには、各大学院において不断の自己点検・評価に努め、その結果を広く社会に公表するとともに、第三者による客観的な評価を行うことが重要であると考えられる。このため、アクレディテーション（適格認定）・システムを導入することが考えられるところであり、その在り方について今後検討する必要がある。

子どもの体力向上のための総合的な方策について（抄）

［中央教育審議会答申　平成14(2002)年7月］

II　体力の意義と子どもの体力低下の原因

2　体力の意義と求められる体力
（略）

(1)　人間の発達・成長における体力の意義

　意図的に体を動かすことは、更なる運動能力や運動技能の向上を促し、体力の向上につながっていく。同時に、病気から体を守る体力を強化してより健康な状態をつくり、高まった体力は人としての活動を支えることとなる。

　また、子ども、特に小学校低学年以下の子どもは、他者との遊びなどによる身体活動を通して、体の動かし方を会得し、脳の発達を促していくなど、体を動かすことと心身の発達が密接に関連している。このように、体を動かすことは、身体能力を向上させるだけでなく、知力や精神力の向上の基礎ともなる。

　したがって、体を動かすことによって得られる体力は、人間の活動の源であり、病気への抵抗力を高めることなどによる健康の維持のほか、意欲や気力の充実に大きくかかわっており、人間の発達・成長を支える基本的な要素である。また、より豊かで充実した人生を送るためにも必要な要素である。

　現代の生活は便利であり、かつ、家事に係る労力も軽減されており、単に日々生活するためだけであれば、そのための体力があれば差し支えないという考え方もあるであろう。しかし、体力の低下により、より豊かな人生を送ることを阻害するなどの悪影響が考えられることから、体力の低下傾向を放置することはできない。
（略）

III　子どもの体力向上のための総合的な方策

2　子どもが体を動かすための動機付け
　―「外遊び・スポーツスタンプカード（仮称）」と親子で行うスポーツ活動―
（略）

(2)　親子で行うスポーツ活動

　子どもがスポーツを始めるきっかけとして、また、スポーツを続けていく動機付けとして、親子でスポーツをすることが有効である。また、体力やスポーツの意義をあまり積極的にとらえない親を子どものスポーツの場に導き出し、理解を促す機会となることが期待できる。

　このため、学校の授業参観の時間に親子でスポーツする「親子スポーツ参観日」を設けたり、地方公共団体やスポーツ施設においては、「親子スポーツの日（仮称）」の設定、親子で公共スポーツ施設を利用する場合の割引、親子で体力の向上やスポーツに関して学習する場の設定などの工夫が求められる。また、親子でできるスポーツのプログラムの工夫が考えられる。さらに、親子で行うスポーツ活動を指導できる指導者の充実も重要である。
（略）

3　地域において子どもが体を動かすための環境整備
　―「スポーツふれあい広場」などによる機会、場、仲間の確保―
（略）

(1)　地域におけるスポーツや外遊びの機会や場、仲間の確保
　―だれでも集まることができるスポーツや外遊びの場「スポーツふれあい広場」の確保―

　子どもが日常的に体を動かすには、個人単位でも子どもが集まって、手軽にかつ安全にスポーツや外遊びができる「スポーツふれあい広場」を各地域で発掘することが必要である。具体的には学校の運動場や体育館などの学校施設や公園、未利用地の活用などが考えられ、例えば、公園については、種々の利用上の規制を緩和し、自由に遊べるようにしたり、公共施設の跡地や利用されていない公共用地などを活用することも考えられる。

　特に、学校の運動場や体育館などの学校施設は、地域における子どもの最も身近な遊び場であり、スポーツ施設である。このように学校は「スポーツふれあい広場」として大いに活用されることが求められる。さらに、単なる場の開放にとどまらず、地域住民との共同利用を進めていくことが期待される。特に、子どもや親子が気軽に、かつ安全にスポーツや外遊びができるよう、利用日を決めて個人単位でも利用できるような管理運営についての工夫が求められる。

　さらに、企業や個人が所有する未利用地や運動場、体育館などの施設を地域住民に開放することが期待される。地方公共団体がこれにより、子どもの「スポーツふれあい広場」を確保するには、所有者が土地を提供しやすいよう、税の減免などの工夫が有効である。

　地方公共団体が子どもの遊び場等となる「スポーツふれあい広場」を運営する際は、地域住民でつくる組織に運営を委託するなど、地域住民が主体的に運営するような工夫も求められる。

　また、総合型地域スポーツクラブにおいても、幼児や運動嫌いの子どものため、スポーツだけではなく、外遊びや体を動かす楽しさが実感できるメニューを用意したり、指導者や種目の工夫など女子の参加について配慮することにより、だれでも気軽に集まって体を動かす場となることが期待される。

　なお、「スポーツふれあい広場」の運営にあたっては、

障害のある子どもたちの体を動かす機会の確保にも、配慮を行うことが望ましい。
　　（略）

(3) スポーツや外遊びの指導、見守り　地域におけるスポーツ指導者の資質の向上
　　（略）

　スポーツや外遊びの指導、見守りのボランティアの確保
　スポーツ少年団などにおいて子どもがスポーツをする場合、スポーツ指導者が必要であるが、子どもが地域の「スポーツふれあい広場」でスポーツや外遊びをする場合についても、けがなどのトラブルに備えて子どもたちの活動を見守ったり、必要に応じてスポーツや外遊びのやり方を教える者が必要である。このため、地域のスポーツ指導者、教員養成系や体育系の大学生、高校生、保護者、企業等の定年退職者等に、ボランティアを積極的に働き掛けていく必要がある。
　このようなボランティアの確保のため、例えば、子どものスポーツや外遊びの指導などのボランティアを行えば、活動実績や資格などを履歴書に書くことができ、そのことが積極的に評価されたり、スポーツボランティア休暇など休暇をとることができるようにすることも考えられる。
　また、地方公共団体において、ボランティア指導歴をボランティア手帳のようなものに記録し、一定の回数や時間に達したら、例えば、スポーツ施設の利用料の減免など何らかのサービスを受けられる、いわゆるボランティアパスポートの考え方を採り入れていくことも考えられる。さらに、ボランティアをしたい人が円滑にボランティアの機会を得ることができるよう、ボランティアをコーディネイトする仕組みを構築することも求められる。
　加えて、地方公共団体が中心になり、スポーツ少年団やスポーツ団体などと連携することによって、スポーツボランティアバンクの整備・活性化などが求められる。

(4) 自然体験活動
　自然体験活動は、自然の厳しさや恩恵を知り、動植物に対する愛情を育（はぐく）むなど、自然や生命への畏（い）敬（けい）の念を育てたり、自然と調和して生きていくことの大切さを理解する貴重な機会となる。また、様々な活動に積極的に取り組む意欲や困難を乗り越える力を育むと同時に、自然の中で体を思い切り動かすことから、体力の向上に有効である。
　したがって、子どもに自然と親しむ態度を育成するとともに、子どもが自然体験活動に積極的に参加できるよう、保護者の理解を促進することが重要であり、体力向上のための全国キャンペーンの中で訴えていくことが求められる。
　また、青年の家、少年自然の家などの国公立の青少年教育施設や青少年団体などの民間団体、各学校や教育委員会が様々な自然体験活動を実施しているが、情報提供など子どもが自然体験活動に参加しやすくする取組とともに、関係団体が連携した指導者の養成・活用システムの充実など指導者の養成に一層取り組むことが求められる。
　　（略）

4　学校の取組の充実－創意工夫をこらした体力つくりと地域社会との連携－
　　（略）

(2) 運動部活動の充実－スポーツにおける学社連携・融合の推進－
　運動部活動は子どもの体力向上に有効であることに加え、子どもの自主性や協調性、克己心、フェアプレーの精神を育むなど教育的効果も大きく、より多くの児童生徒が自ら意欲的に興味・関心のあるスポーツに取り組めるよう充実を図る必要がある。

　外部指導者の充実
　指導する教員の高齢化が進んだことや、すべての教員が必ずしも専門種目を指導できるとは限らないことから、子どもたちのニーズに適切に対応するためには学校の外に指導者を求める必要があり、地域のスポーツ指導者の運動部活動への積極的な活用が必要である。このため、国の支援の一層の充実とともに、子どもの発達段階に応じた適切な指導ができるよう、外部指導者の研修の充実が求められる。その際、受講者が参加しやすいよう工夫することが期待される。
　　（略）

　運動部活動と地域スポーツの連携・融合
　総合型地域スポーツクラブなど地域スポーツと運動部活動との一層の連携・融合を進めることが重要である。具体的には、運動部活動と地域スポーツクラブの指導者や施設を相互に活用したり、合同練習、子どもが双方に同時に所属することなどが考えられる。このような取組を進めるため、学校体育大会への地域のスポーツクラブの参加について、学校体育団体において検討が求められる。

(3) 幼児教育の充実
　幼児期は、体力を培う上で、非常に大切な時期であり、この時期に運動や遊びの中で十分に体を動かすことが必要である。このような経験により体力が培われることは、生涯にわたって健康を維持し、積極的に学習活動や社会的な活動に取り組み、豊かな人生を送るための重要な要素となる。幼児期の体力は、一人一人の幼児の興味や生活経験に応じた遊びの中で、幼児自らが十分に体を動かす心地よさや楽しさを実感することでつくられることから、幼稚園など幼児教育において、幼児が体を動かす機会や環境を充実することが必要である。

心と体の健康が相互に密接な関連をもち、体を動かすことで意欲も出てくることから、幼児期には運動を重視した指導を行うことが重要である。その際、幼児が自発的に体を動かすようになるための指導の工夫が重要である。

　また、体を動かすことが幼稚園などで一過性のものにならないよう、子どもの体力向上について保護者の意識を高め、家庭と連携して、家庭において積極的に外遊びの機会をつくるなど体を動かす習慣をつけるようにすることも重要である。このため、幼稚園などにおいて、保護者を対象に親子でふれあう運動や生活のリズムを整えるといった体力向上に関する講座や勉強会を開くなどの取組が期待される。

　施設・設備においても、幼児が体を動かしたくなったり、戸外に興味・関心を持ったりするよう、幼稚園などにおいては、土や芝生の前庭などを整備したり、遊具を工夫することなどが重要である。（事例12）外遊びを促す幼稚園の取組（東京都文京区立第一幼稚園）

- 子ども自ら外遊びの楽しさを実感し、主体的にかかわっていけるよう、教師は幼児の行動を引き出す意図的・計画的な環境の工夫をしたり、実技研修で指導の充実に努めたりしている。
- 元気な子どもを育むため、家庭と連携した子育てキャラバン隊をつくり、母親も先生となるジョイント週間、父親と遊ぶプレイデーを行ったり、講演などの活動を実施している。

5　体力向上のためのプログラム開発と「スポーツ・健康手帳（仮称）」の作成

　（略）

(2)　「スポーツ・健康手帳（仮称）」の作成・配布

　子どもや保護者が子どもの体力について認識を深め、体力向上のための取組の実践を推進していく方策として、「スポーツ・健康手帳（仮称）」を作成することが効果的である。これには、体力・運動能力・健康に関する全国的な傾向を示すデータや体力向上のためのプログラム、食生活なども含めた生活習慣の改善方法を掲載するだけでなく、個人の健康・体力の関連データやそれに基づく健康・体力の向上目標などを自ら記入することができるような配慮も必要である。また、「外遊び・スポーツスタンプカード（仮称）」と関連させて活用を図ったり、後に述べる「生活習慣チェックリスト」などと一体化することもより一層効果を強めることになると考えられる。このことによって、子どもに自らの体力や健康について主体的な意識や取組を促すことになる。

　「スポーツ・健康手帳（仮称）」については、その基本的な内容などについて、国において作成し、これを基に地方公共団体などにおいて、それぞれ工夫をこらした関係情報などの内容を盛り込み、子どものみならず関係者に配布することが期待される。この手帳の活用によって、保護者、教員、スポーツ指導者など子どもにかかわる者が、全国的な傾向を示すデータなど子どもの体力向上のための情報を共有することが重要である。

　　（以下、略）

青少年の奉仕活動・体験活動の推進方策等について（抄）

［中央教育審議会答申　平成14(2002)年7月］

はじめに
（略）

今日、いじめ、暴力行為、ひきこもり、凶悪犯罪の増加など青少年をめぐり様々な問題が発生し、深刻な社会的問題となっている。こうした問題の背景には、様々な要因が考えられるが、思いやりの心や社会性など豊かな人間性が青少年にはぐくまれていない現実とともに、他者を省みない自己中心的な大人の意識や生き方、さらには様々な社会的課題に対し行政だけでは適切に対処できないという状況等が深くかかわっている。

社会の形成者となる青少年に自信を持って未来を託すためには、今こそ、こうした問題に正面から向き合い、手立てを講じないと取返しがつかなくなる状況にあると言える。

中央教育審議会では、こうした認識に立って、諮問事項について検討し、「奉仕活動・体験活動」が、我々が直面する問題を解く糸口となると考えた。「奉仕活動・体験活動」は、人、社会、自然とかかわる直接的な体験を通じて、青少年の望ましい人格形成に寄与する。大人にとっても、家族や周囲の人々、地域や社会のために何かをすることで喜びを感じるという人間としてごく自然な暖かい感情を湧き起こし、個人が生涯にわたって、「より良く生き、より良い社会を作る」ための鍵となる。国民一人一人が「奉仕活動・体験活動」を日常生活の中で身近なものととらえ、相互に支え合う意識を共有し活動を重ねていくことができるような環境を、皆で協力して作り上げていくことが不可欠であると考える。

今回の答申では、「奉仕活動・体験活動」が個人や社会にとってどのような意味を持ち、社会においてなぜ推進する必要があるのか、「奉仕活動・体験活動」の範囲をどのようにとらえるのか等について整理し、その上で、初等中等教育段階までの青少年、18歳以降の青年や勤労者等の個人の「奉仕活動・体験活動」の奨励・支援のための方策、「奉仕活動・体験活動」を社会全体で推進していくための社会的仕組みの在り方や社会的気運を醸成していくための方策等についてまとめた。

本答申をきっかけとして、個人がごく自然に、日常的に「奉仕活動・体験活動」を行い自立した個人が社会に参加し、相互に支え合うような社会の実現に向けての取組を推し進める気運が高まることを切に願うものである。

今なぜ「奉仕活動・体験活動」を推進する必要があるのか

1. 奉仕活動・体験活動を推進する必要性及び意義
～個人の豊かな人生と新たな「公共」による社会を目指して～

> 都市化や核家族化・少子化等の進展により、地域の連帯感、人間関係の希薄化が進み、個人が主体的に地域や社会のために活動することが少なくなっている。個人と社会との関わりが薄らぐ中で、青少年の健全育成、地域の医療・福祉、環境保全など社会が直面する様々な課題に適切に対応することが難しくなっている。
>
> このような社会状況の中にあって、個人や団体が地域社会で行うボランティア活動やNPO活動など、互いに支え合う互恵の精神に基づき、利潤追求を目的とせず、社会的課題の解決に貢献する活動が、従来の「官」と「民」という二分法では捉えきれない、新たな「公共」のための活動とも言うべきものとして評価されるようになってきている。
>
> 本答申では、このような、個人が経験や能力を生かし、個人や団体が支え合う、新たな「公共」を創り出すことに寄与する活動を幅広く「奉仕活動」として捉え、社会全体として推進する必要があると考えた。
>
> また、青少年の時期には、学校内外における奉仕活動・体験活動を推進する等、多様な体験活動の機会を充実し、豊かな人間性や社会性などを培っていくことが必要である。そのような機会の充実を図ることが、社会に役立つ活動に主体的に取り組む、新たな「公共」を支える人間に成長していく基盤にもなると期待される。

現在、我が国では、都市化の進展や核家族化・少子化等により、地域の連帯感が薄れ、地域社会における人間関係の希薄化が進んでいる。こうした傾向は、自分に直接かかわる事柄以外は行政にゆだねる傾向を招き、政府や地方自治体など行政を肥大化させ、社会における自己中心的な考え方とあいまって、個人が地域や社会のために活動を行うことができにくい一因となっている。

社会の主要な構成者である企業も、社員のもつ、親、家族の一員、地域の一員としての役割について理解し、尊重してきたとは言えず、「会社人間」と言われるように、会社以外に居場所や活動の場を持たない個人を生み出してきた。高齢化の急速な進展により、我が国の老年人口は平成25年までに800万人増加して3000万人を突破すると言われており、高齢者が社会との関わりを維持し、活力を持ちながら生きることができるようにすることや、高齢者の能力をいかに活用するかが社会において重要な問題になっている。

また、今日、地域社会の様々な分野で、例えば、青少年の健全育成、地域の福祉・医療、災害・防災への対応、治安の維持、環境保全など解決が求められる様々な問題が生じている。しかしながら、迅速かつ機動的な対応や

状況に応じたきめ細やかな対応という点では、公平・公正を基本とする行政のみの対応ではおのずと限界がある。
　一方、こうした社会状況の中にあって、新たな動きが見られるようになってきている。我が国を含め多くの国々で、個人や団体の地域社会におけるボランティア活動やNPO活動など、利潤追求を目的としない、様々な社会問題の解決に貢献するための活動を行うことが社会の中で大きな機能を果たすようになってきている。このような活動は、個人が社会の一員であることを自覚し、互いに連帯して個人がより良く生き、より良い社会を創るための活動に取り組むという、従来の「官」と「民」という二分法では捉えきれない、言わば新たな「公共」のための活動とでも言うべきものであり、豊かな市民社会を支えるための大きな原動力となっている。
　こうした活動を貫く考え方は、社会が成り立つためには、個人の利潤の追求や競争のみならず、互いに支え合うという互恵の精神が必要であり、同時に個人が自己実現や豊かな人生を送るためには、生涯にわたって学習を重ね、日常的に社会の様々な課題の解決のための活動に継続して取り組むことが必要であるというものである。
　本答申においては、このような、個人が経験や能力を生かし、個人や団体が支え合う新たな「公共」を創り出すことに寄与する活動を幅広く「奉仕活動」として捉え、個人や団体が支えあう新たな「公共」による社会をつくっていくために、このような「奉仕活動」を社会全体として推進する必要があると考えた。
　また、「奉仕活動・体験活動」の意義は、個人の側、特に成長段階にある青少年の側からもとらえることができる。
　人間は生まれてから、次々と経験を蓄積して人間としての成長を遂げていく。新たな経験をすると、それが既に蓄積されている経験の中の関連する要素と結合して、その一部を変形したり、切り捨てたりしながら、新たに蓄積される経験を形成していく。そのような経験には、奉仕活動・体験活動などのような直接経験もあるし、書物、テレビやコンピュータなどによる間接経験もある。それらが様々に結合して、その人の行動の仕方やものの考え方を形成していく。
　したがって、経験は直接、間接の両方をバランスよく豊かにした方が良いとされる。青少年の奉仕活動・体験活動は、まだ直接経験の乏しい段階において、直接経験を豊かにするという貢献をする。
　青少年の現状を見ると、多くの人や社会、自然などと直接触れ合う体験の機会が乏しくなっている。特に、情報化や科学技術の進展は、直接経験の機会を減少させている。青少年の豊かな成長を支えるためには、学校や地域において、青少年に対し意図的、計画的に「奉仕活動」をはじめ多様な体験活動の機会の充実を図り、思いやりの心や豊かな人間性や社会性、自ら考え行動できる力などを培っていくことが必要である。いじめ、暴力行為、引きこもりなど青少年をめぐる様々な深刻な問題が生じており、子どもたちの精神的な自立の遅れや社会性の不足などが見られる。このような中で、青少年に、社会の構成員としての規範意識や、他人を思いやる心など豊かな人間性をはぐくんでいくためには、社会奉仕体験活動、自然体験活動など様々な体験を積み重ね、社会のルールや自ら考え行動する力を身に付け、自立や自我の確立に向けて成長していくことができる環境を整備することが求められている。また、そのような機会の充実を図ることが、将来にわたって、日常的に社会に役立つ活動に主体的に取り組む人間に成長していく基盤を作ることにつながる。

○　青少年にとっての意義
　社会奉仕体験活動、自然体験活動、職業体験活動など様々な体験活動を通じて、他人に共感すること、自分が大切な存在であること、社会の一員であることを実感し、思いやりの心や規範意識をはぐくむことができる。また、広く物事への関心を高め、問題を発見したり、困難に挑戦し解決したり、人との信頼関係を築いて共に物事を進めていく喜びや充実感を体得し、指導力やコミュニケーション能力をはぐくむとともに、学ぶ意欲や思考力、判断力などを総合的に高め、生きて働く学力を向上させることができる。
　さらに、幼少期より積み重ねた様々な体験が心に残り、自立的な活動を行う原動力となることも期待され、このような体験を通じて市民性、社会性を獲得し、新しい「公共」を支える基盤を作ることにつながるものである。
○　18歳以降の青年にとっての意義
　社会人に移行する時期ないしは社会人として歩み出したばかりの時期に、地域や社会の構成員としての自覚や良き市民としての自覚を、実社会における経験を通して確認することができる。また、青年期の比較的自由でまとまった時間を活用して、例えば、長期間の奉仕活動等に取り組んだり、職業経験を積んで再度大学等に入り直したりなど、実体験によって現実社会の課題に触れ、視野を広げ、今後の自分の生き方を切り開く力を身に付けることができる。
　また、特に、学生にとっては、何を目指して学ぶかが明確になって学ぶ意欲が高まり、就職を含め将来の人生設計に役立てることができる。
○　成人にとっての意義
　これまでに培った知識や経験を生かして様々な活動を行うことにより、自己の存在意義を確認し、生きがいにつながる。また、企業等で働く者、主婦、退職者など成人は、市民の一員として、新たな「公共」を支える担い手となることが期待される。
　将来的にはワークシェアリングなどを通じて労働時間の短縮や多様な就業形態が進展し、社会人にとって職場での労働以外の時間を生み出すことも予想されるが、奉仕活動等は、社会人にとっての新たな「公共」を生み出すための活動の場となり得る。

2．奉仕活動・体験活動のとらえ方
～奉仕活動・体験活動を幅広くとらえる～

> ○ 「奉仕活動」を、自分の能力や経験などを生かし、個人や団体が支えあう、新たな「公共」に寄与する活動、具体的には、「自分の時間を提供し、対価を目的とせず、自分を含め地域や社会のために役立つ活動」としてできる限り幅広く考える。
> 「体験活動」については、特に初等中等教育段階の青少年がその成長段階において必要な体験をすることの教育的側面に注目し、社会、自然などに積極的に関わる様々な活動ととらえることとする。
> ○ 奉仕活動には、活動に必要な物品やコーディネートに係る費用など一定の社会的なコストが生じるものであり、個々の事例により、適切に分担することも認められる。
> ○ 個人の自発性は奉仕活動の重要な要素であるが、様々なきっかけから活動を始め活動を通じてその意義を深く認識し、活動を続けるというかかわり方も認められてよい。

1．で述べたように「奉仕活動・体験活動」を身近なものとしてとらえ、日常生活の中で継続して行う活動として定着させていくことが大事であり、こうした観点から、本審議会では、奉仕活動や体験活動に関する基本的事項、すなわち、「奉仕活動・体験活動」の概念や「奉仕活動」に係る自発性や無償性の考え方等について、以下のように整理した。

(1) 奉仕活動・体験活動の概念

「奉仕活動」という用語をめぐっては様々な議論がある。例えば、「奉仕活動」は押し付けの印象を与えることから、むしろ個人の自発性に着目し「ボランティア活動」としてとらえるべきではないかという意見がある。一方、青少年の時期には発達段階に応じて、教育活動として人や社会のために役立つ活動などを体験し、社会の一員としての意識や責任感を身に付けるようにすることも必要であり、そのようなことを考慮すると「奉仕活動」という用語が適当であるとする意見もある。

しかしながら、用語の厳密な定義やその相違などに拘泥することの意義は乏しいと考える。

我々は、個人が能力や経験などを生かし、個人や団体が支え合う、新たな「公共」に寄与する活動、具体的には、「自分の時間を提供し、対価を目的とせず、自分を含め他人や地域、社会のために役立つ活動」を可能な限り幅広くとらえ、こうした活動全体を幅広く「奉仕活動」と考えることとしたい。ただし、言葉として、広く一般に定着していると考えられる場合など、「ボランティア」、「ボランティア活動」という用語を用いることがよりふさわしい場合には、そのまま「ボランティア」「ボランティア活動」としても用いることにする。

こうした観点から見れば、実際、我々の周りには、様々な種類や形態の活動が存在している。a）気軽に取り組める身近な活動から専門的能力が必要な活動や常勤で関わることが必要な活動、b）個人や子どもが参加する活動から、グループや大人と子どもが一緒になって参加する活動、c）コーディネーターやボランティア団体等の仲介が必要な活動から仲介者を介せず直接参加できる活動、などがある。さらに、地域においては、例えば、自治会活動、青年団活動、消防団活動、祭りなどの伝統行事への参加など従来から行われている地域の一員としての活動もある。

また、特に初等中等教育段階での青少年の活動については、その成長段階において必要な体験をして、社会性や豊かな人間性をはぐくむという教育的側面に着目し、社会、自然などに積極的にかかわる様々な活動を幅広く「体験活動」としてとらえることとする。

これらを踏まえ、本報告では、社会全体で奨励していくべき幅広い活動の総体を「奉仕活動・体験活動」と捉えたい。

(2) 無償性の取扱い

国民にとって「奉仕活動」を身近なものとしてとらえる観点から、活動にかかわる無償性や自発性の問題については、次のようにとらえることが適当と考えられる。

すなわち、「奉仕活動」、「ボランティア活動」とも、無償性が強調されがちであるが、このような活動を行う際には、交通費や保険料、活動に必要な物品やコーディネート等に係る経費など、一定の社会的なコストを要し、このコストをどのように分担するかについては、個々の事例により、様々な判断があり得る。このような活動を一般的に定着させていく過程では一部を行政が負担することも考えられる。また、寄附など社会がいろいろな形で負担する仕組みが形成される中で、実費等の一定の経費について、労働の対価とならない範囲で実費や謝金の支払いなど有償となる場合もあり得ると考えることができる。

(3) 自発性の取り扱い

奉仕活動等においては個人の自発性は重要な要素であるが、社会に役立つ活動を幅広くとらえる観点からすれば、個人が様々なきっかけから活動を始め、活動を通じてその意義を深く認識し活動を続けるということが認められてよいと考えられる。特に学校教育においては、「自発性は活動の要件でなく活動の成果」ととらえることもできる。

(4) 日常性

「奉仕活動」を特別な人が行う特別な活動ではなく、新たな「公共」のための幅広い活動としてとらえることにより、日常的に参加できる活動として無理なく定着させていく必要がある。「奉仕活動」を行う立場と受ける立場は固定したものではなく、活動の内容に応じて、常に替わるものである。また、活動に楽しみを見いだせる工夫や心の余裕を持つこと、特定の個人に負担が集中しないような活動の企画や支援体制への配慮などが求められる。

◎新たな「公共」を担う「奉仕活動」の例
1．保健、医療又は福祉の増進を図る活動
 （例）高齢者・障害者・子どもたちへの支援活動、子育て支援、ホームヘルプ活動・デイケア、グループホーム、移送、食事サービス、家事援助、介護、福祉マップ作成、声かけ・見守り・話し相手、病院ボランティア、献血支援　等
2．教育の推進を図る活動
 （例）社会教育講座の講師、行事の運営、いじめ110番などの相談活動、図書館・博物館等でのボランティア、「総合的学習の時間」等の学校の活動の指導者・協力者、場の提供　等
3．まちづくりの推進を図る活動
 （例）地域興し、町並み保存、商店街の活性化、花いっぱい運動、町の清掃、都市と農村の交流、地域情報誌の発行、街づくりの政策提言　等
4．文化、芸術又はスポーツの振興を図る活動
 （例）オーケストラ、劇団などの運営、音楽会、演劇や映画などの開催、博物館・美術館等のガイドボランティア、祭りなど伝統文化の継承・発展、スポーツ大会の開催、地域でのスポーツ指導　等
5．環境保全を図る活動
 （例）リサイクル、募金、ナショナルトラスト、大気汚染調査、公園ボランティア、野鳥・森林の保護、道路、河川や港湾の清掃
6．災害救援活動
 （例）震災・風水害被害復旧支援、災害ボランティア、消防団活動、防災　等
7．地域安全活動
 （例）防犯、街灯の設置・点検、安全の維持　等
8．人権の擁護又は平和の推進を図る活動
 （例）社会を明るくする運動、犯罪被害者の支援　等
9．国際協力活動
 （例）発展途上国・紛争地域への人道支援（募金、援助物資送付）、ホームステイの受入れ、留学生支援、外国人への観光案内、NGO活動への参加・協力　等
10．男女共同参画社会の形成の促進を図るための活動
 （例）性差別の撤廃、セクハラの撲滅　等
11．子どもの健全育成を図る活動
 （例）子どもの世話や遊びへの協力、青少年の体験活動への協力（活動の指導者、職業体験、自然体験等活動の場所の提供）、地域の見回り　等
12．以上の活動を行う団体等の運営又は活動に関する連絡、助言、援助
 （例）団体への情報提供、相互調整、経理処理・人事・労務管理等運営ノウハウ提供、活動にかかわる安全管理　等
（注）特定非営利活動促進法による分類を参考として作成

II．奉仕活動・体験活動をどのように推進していくのか
 1．奉仕活動・体験活動に関する現状
 　（略）

2．初等中等教育段階の青少年の学校内外における奉仕活動・体験活動の推進
 ～多様な体験を重ね、豊かな人間形成と将来の社会参加の基盤作りを～

> 初等中等教育段階のすべての青少年に対し多様な奉仕活動・体験活動の機会が与えられるように、学校内外を通じて質量共に充実した活動の機会を拡充していく必要があり、小・中・高等学校、専修学校高等課程など、初等中等教育段階の時期における発達段階に応じたふさわしい活動を行うことが重要である。
> 　学校においては、活動の連絡調整の窓口を明らかにするとともに、すべての教職員が協力して取り組むための校内推進体制の整備、地域の協力を得るための学校サポート（学校協力）委員会（仮称）を設けるなど体制作りに努める必要がある。また、実施に際しては、発達段階に応じた活動の実施、興味関心を引き出し自発性を高める工夫や、自発的なボランティア活動等の高校における単位認定など、活動の適切な評価などに配慮して取り組む必要がある。また、教育委員会においては、各学校における取組が円滑に行われるよう、学校での具体の活動の実施のために必要な支援措置を講じるなど様々な措置を行う必要がある。
> 　教育委員会においては、地域の関係団体や関係行政機関等と連携しつつ、支援センターなどの推進体制を整備し、学校の教育活動と地域の活動の効果的な連携に留意しながら、教材・プログラムの開発、指導者の養成・確保とともに、ボランティア活動等を積極的に評価する高校入試の工夫や「ヤング・ボランティア・パスポート（仮称）」の作成、活用などによる地域における活動の促進等に努める必要がある。また、企業においても、社会を担う主要な構成者として、学校や地域における様々な体験活動に対する施設の開放や、社員の指導者としての派遣、青少年の受入れなど、青少年の奉仕活動・体験活動に対する積極的協力を求めたい。
> 　国においては、こうした学校や地域における取組を支援するため、推進体制の整備や教職員研修等に対する支援、参考となるプログラムの開発や事例集の作成等を行うとともに、すべての青少年が発達段階に応じて、奉仕活動・体験活動を着実に経験できるようにするため、奉仕活動・体験活動の実施状況の全国調査、学校や地域を通じた活動の目標の検討、ボランティア活動等と関連付けた大学入試の推進が求められる。

　平成13年7月の学校教育法及び社会教育法の改正により学校内外を通じた体験活動の促進が求められることとなった。学校においては、平成14年度から実施される新学習指導要領において、「生きる力」の育成を目指す観点から体験活動を重視するとともに、新たに「総合的な学

習の時間」の創設等を行ったところであり、体験活動を教育活動に適切に位置付け、その充実を図ることが求められている。

また、平成14年度から学校週5日制が完全実施されることを受け、家庭や地域における多様な体験活動の振興や奨励を一層推進する必要がある。

高校までの青少年の時期においては、豊かな人間性や社会性を培うため、学校教育や地域において、社会奉仕体験活動、自然体験活動、職業体験活動など、質量共に充実した多様な体験活動を提供していくことが求められる。子どもたちの豊かな直接体験は、人や社会、自然などへの興味や関心を高め、思考や理解の基盤となるとともに、問題解決的に活動に取り組むことで各教科等で学んだ知識・技能等が生活と結び付き、総合的に働くようになることが期待される。また、様々な対象と直接かかわることは、机の上だけの学習と異なり、大きな成就感や充実感などが得られるとともに、他者との関係の在り方を学び、生き方の探求などにつながり、豊かな心の育成や望ましい人間形成に資するものと考える。

青少年の時期においては、子どもたちの成長が著しいことから、それぞれの発達段階にふさわしいねらいや内容を創意工夫し、多様な体験活動を行うことが重要である。小学校の時期においては、具体的な活動を通した思考から徐々に物事を対象化して認識できるようになり、例えば、身近な対象にかかわる体験から、教科等の学習も生かして社会や自然などに広く目を向け、かかわる体験に発展させていくことが考えられる。中学校の時期においては、自己の内面に気付いていくという特徴が見られ、例えば、自分の思いを生かしながら大人の社会にかかわったり、友達と共に活動し感動を味わったりする体験が考えられる。また、高校生の時期においては、自己を確立し、成人となる基礎を培う段階に当たることから、例えば、社会奉仕や職業など社会にかかわる体験は、自己の在り方や生き方を考え、将来の進路を主体的に選択する能力や態度を身に付けるとともに、社会についての認識を深める上で重要な要素と考えられる。

なお、いうまでもなく、すべての教育の出発点は家庭教育にある。家庭は基本的な生活習慣や倫理観、自制心、他人に対する思いやり、自立心などを育成する上で重要な役割を果たしている。家庭において、子どもに毎日決まった手伝いをさせるなど家庭での役割を与える、親子で地域の様々な活動に参加する等、社会を支える一員としての自覚を育む基盤づくりをしていくことが重要である。

(1) 学校における体験活動の充実のための取組

学校においては、地域における活動との連携と適切な役割分担を図りながら、奉仕活動・体験活動を学校の教育計画に適切に位置付けて実施する必要がある。その際、学校において次のことに配慮することが重要である。

1) 学校としての体制作り

各学校においては、奉仕活動・体験活動の連絡調整の窓口となる担当を明らかにし校長の指導の下に全教職員が協力して校内推進体制を整備する必要がある。また、地域の人々の協力を得るとともに関係団体等との継続的な連携関係を構築し学校の活動に幅広い支援が得られるように、保護者、地域の関係者等による学校サポート(学校協力)委員会(仮称)を設けるなど推進体制を整備することが求められる。更には、地域のボランティア団体や青少年関係団体等の人材の協力を得て、学校における活動の推進のための助言者として、具体の活動の企画や校内研修などに対する支援を受けることも考えられる。

2) 教職員の意識・能力の向上

学校の体制作りとあわせて、教職員一人一人が奉仕活動・体験活動の意義や理念を正しく理解し、これらの活動に係る指導の力量を高めていくことが不可欠である。奉仕活動等の経験のない教職員も多い現状を踏まえ、教職員一人一人が自信を持って指導に当たることができるように、校内の研修はもとより、後述のような教育委員会等が実施する研修や、ボランティア団体や青少年関係団体等の外部機関が実施する研修等に積極的に参加することが求められる。

【学校における多様な体験活動の例】
○ボランティア活動など社会奉仕にかかわる体験活動
・学校の周辺や駅前、公園、河川や海岸等の清掃、空き缶回収
・花いっぱい運動へ参加しての地域での花作りや環境美化
・老人ホーム等福祉施設を訪問し話相手や手伝い、清掃、交流
・幼児への本の読み聞かせや簡単な点訳
・得意な技術や学習を生かして、車椅子、お年寄り宅の電気製品、子どものおもちゃ、公園のベンチ等の簡単な修理・整備　など
○自然にかかわる体験活動
・学校を離れ豊かな自然の中や農山漁村での自然とのふれあいや農山漁村体験、登山、郷土食作り
・学校林等での野鳥の保護活動
・身近な公園や川等の自然を生かした探求活動、フィールドワーク
・地域の特色を生かしウミガメの産卵地の保護、生態観察、放流　など
○勤労生産にかかわる体験活動
・地域の農家の指導を得ながら米作りや野菜作り
・鶏、やぎ、羊、豚などの家畜や魚の飼育
・地域産業を生かした漁労や加工品製造の体験
・森林での植林、下草刈り、枝打ち、伐採、椎茸栽培、炭焼き　など
○職場や就業にかかわる体験活動
・生徒の希望を生かして地域の事業所や商店などでの職場体験
・将来の進路について学ぶインターンシップ　など
○文化や芸術にかかわる体験活動
・身近な地域に伝わる和紙作り、染物、竹細工、焼き物

等に触れる活動
・踊り、太鼓、浄瑠璃など伝統文化や芸能を地域の人等から学び伝える活動、地域の祭りへの参加　など
○交流にかかわる体験活動
・老人会や一人暮らしのお年寄りを招いてのレクリエーション等の交流体験会
・幼稚園・保育所を訪ねたり幼児を招いたりしての幼児との遊び、ふれあい
・小・中・高等学校と盲・聾・養護学校との共同行事等を通じた交流
・学習を生かした地域の人との学び合いの交流
（生徒から：パソコン、野菜栽培等⇔地域の人々から：わらじ作り、郷土料理等）
・地域に在住する外国の人々を招いて生活や文化を紹介し合うなどの交流
・農山漁村部の学校と都市部の学校など特色が異なる学校の相互訪問交流　など

3) 活動実施上の配慮
　体験活動を学校の教育活動として実施する場合、以下の点への配慮が求められる。
◇教育活動全体を通じた体験活動の充実
　発達段階に応じた適切な活動の機会の提供が行われるよう、自校の教育目標や地域の実情を踏まえ、学校として活動のねらいを明確にし、現状の教育活動全体を見直し、(a)学校行事等の特別活動、総合的な学習の時間をはじめ教科等の学習指導、及び部活動等の課外活動など教育活動において適切な位置付けを行うこと、(b)小・中・高等学校等のそれぞれの取組に継続性を持たせ、発達段階に即して活動の内容や期間等を工夫すること、(c)各教科等における学習指導との関連を図ることなどが求められる。特に教科担任制を採る中学校・高等学校においては、教科担任の教員の間の緊密な連携協力が求められる。
　また、長期休業日は、まとまった体験活動を行いやすい。学校も、児童生徒が任意で参加する活動などを計画、実施したり、地域における社会福祉協議会、NPO関係団体、青少年団体、少年自然の家や青年の家等の青少年教育施設などの関係団体等による取組に協力したり、様々な活動の場や機会についての情報の提供を行うなどして、子どもたちの体験活動の充実に努めることが大切である。
◇興味・関心を引き出し、自発性を高める工夫
　子どもの興味・関心を引き出し、自発性を育てる工夫として、例えば、(a)発達段階や活動の内容に応じ、活動の企画段階から子どもを参加させたり、(b)子どもが選択できるよう多様な活動の場を用意することも考えられる。
◇事前指導・事後指導
　活動前に、体験活動を行うねらいや意義を子どもに十分理解させ、子どもたちがこれから取り組む活動についてあらかじめ調べたり、準備をしたりすることを通じ、意欲を持って活動できるようにするとともに、活動後は、感じたり気付いたことを振り返り、まとめたり発表したりするなど、適切な事前指導・事後指導が大切である。

◇活動の円滑な実施のための配慮
　活動を効果的かつ安全に行うために必要な知識・技能やマナー等の習得のための事前指導が必要である。また、活動内容によってはあらかじめ実地調査による点検等を行う必要がある。
　さらに、活動によっては、例えば、受入人数の適正化や受入先との綿密な連絡調整など企画段階での配慮、活動を実施する際の留意点などについての十分な調整、参加者への周知・活動を支援するボランティア等の参加など受入先等への十分な配慮が必要である。また、例えば、学校において受入先を公表すること、感謝状や受入先であることを示す証（あかし）を贈呈するなど活動の場を提供した受入先が社会的にも評価されるような取組も重要である。
◇活動の適切な評価
　体験活動の評価については、点数化した評価ではなく、子どもの良い面を積極的に評価し、どのような資質や能力が育っているのかという観点を重視して適切に行う必要がある。その際、子どもの感想・意見、保護者の感想・意見、受入先の感想・意見等を把握するなど適切な評価を行うための工夫をするとともに、その結果を次年度以降のプログラムの内容や活動の在り方に反映させていくことが求められる。また、高等学校においては、生徒の地域での自主的なボランティア活動等について、後述の「ヤング・ボランティア・パスポート（仮称）」等の活用などにより、これらの活動を単位認定するなど積極的に評価することが考えられる。
◇事故発生時の備え
　緊急時対応マニュアルを作成するとともに、必要に応じた地域の警察・消防等への事前の連絡、緊急時の連絡先リストの作成などの準備、保険の利用を行うことが必要である。また、事故の事例や事故予防の取組についての情報を提供することも求められる。なお、指導者等を含め損害事故や賠償事故を安価な保険料でカバーする保険の開発が望まれる。

4) 教育委員会の役割
◇学校での取組の推進・支援
　都道府県、市町村の教育委員会においては、学校における取組が着実に実施されるように、後述の協議会・支援センター等を通じて、関係団体等と連携しつつ、基本的な活動方針等の策定や、児童生徒の発達段階に応じた適切な活動プログラムの開発や教職員向け手引書の作成を行うほか、学校での具体の活動の実施のために必要な支援措置を講じ、学校の取組を推進し、支援することが求められる。
◇教職員の意識・能力の向上
　教育委員会においては、教職員の資質能力の向上のため、地域のボランティア推進団体等の協力も得ながら、次のような取組を行うことが考えられる。
・教職員の初任者研修を始め各種研修においてボランティア講座や体験活動等の機会を設ける（初任者研修においては、奉仕体験活動、自然体験活動に関する指導力の

向上を重視する）。
・活動の企画や指導などの中心となる教職員を養成するために、地域のボランティア推進団体等が実施するコーディネーターや指導者の養成講座等への参加を研修に位置付ける、ボランティアセンター、NPO等での長期社会体験研修を実施する。

また、以下のような取組を行うことが考えられる。
・夏休み等の長期休業期間など、授業がない期間を利用して、教職員に奉仕活動・体験活動等も含めた研修の実施や機会の提供を図る。
・児童生徒の受入れ先となる施設や団体等で教職員の研修を行う等により、学校と受入施設や団体等との連携を深めるとともに、受入先の施設や団体等の実情を学ぶことにより、教職員の連絡調整能力を高める。

また、教育委員会においては、教員養成大学等と連携し教員を志望する学生を教育支援ボランティアとして活用すること、教員採用選考においてボランティア活動等の経験を一層重視するための工夫（例：ボランティア活動等の有無を記載する欄を充実させる。）、も求められる。

(2) 青少年の学校及び地域における奉仕活動・体験活動の促進のための取組

学校及び地域を通じて、初等中等教育段階の児童生徒に対して、奉仕活動・体験活動を推進するためには、学校・地域・家庭が連携してこれらの活動を支援することができるような仕組み作りをすることが必要である。個別の教職員や地域の有志の属人的な努力や善意だけにその推進を依存していては、活動を長期にわたって存続させることができず、その効果も減殺されてしまう。

このため、これらの活動の推進を図るために、以下のような体制等を整備していく必要がある。

1) 学校及び地域の連携の在り方

学校の教育活動と地域の活動のそれぞれの特性を生かすとともに、相互の有機的な連携が求められる。

このため、特に市町村レベルにおいては、教育委員会が中心となり、あるいは主唱して、地域のボランティア推進団体や、福祉、農林水産、商工などの関連行政部局が密接に連携し、後述の支援センターなどの推進体制を整備することが重要である。

また、地域での活動と学校での教育活動が日常的に密接な関係を持つ必要があり、学校サポート（学校協力）委員会などの学校の推進体制への地域の関係団体の参加や、地域で行われる奉仕活動・体験活動について、学校を通じて児童生徒やその保護者に情報提供を行うなど、日常的な連携協力関係を保つ工夫が必要である。

（図は省略）

2) 地域における活動の促進

教育委員会、社会福祉協議会、NPO関係団体、スポーツ団体、青少年団体等地域の関係機関・団体が連携し、地域での多様な幅広い奉仕活動・体験活動の機会を拡充し、青少年の活動への参加を促していく必要がある。その際、例えば、a）高校生と小・中学生など地域の異年齢の青少年が協力して自ら活動を企画し実施する、b）親子が共に活動に参加する、c）従来、地域社会とのかかわりが薄い傾向にあった中高年が協力して活動を企画し実施する、d）小・中学生の活動への参加のきっかけや励みの証を作る（例：ボランティア活動等を記録するシール等）、など地域ぐるみで活動を活発にしていく工夫が求められる。このため、後述のように、学校の余裕教室等を活用し、地域住民が関係機関・団体等の協力を得て活動を行う拠点（地域プラットフォーム）を整備するなどの取組が期待される。

また、企業においても、社会を担う主要な構成員として、学校や地域における様々な体験活動に対する施設の開放や、社員の指導者としての派遣、青少年の受入れなど、青少年の体験活動に対する積極的協力を求めたい。

地域での自発的なボランティア活動は、特に中・高生にとって、人間としての幅を広げ、大人となる基礎を培う意味で教育的意義が大きいが、現状では十分に行われているとは言い難い。このため、例えば、(a)高校入試においてボランティア活動等を積極的に評価する選抜方法等を工夫する（例：調査書に活動の有無を記載する欄を充実させる。推薦入試において活動経験について報告書を提出させる等）、(b)高校生等が行う学校や地域におけるボランティア活動などの実績を記録する「ヤング・ボランティア・パスポート（仮称）」を都道府県や市町村単位で作成し活用する、などの方策について検討する必要がある。

特に「ヤング・ボランティア・パスポート（仮称）」については、青少年の日常の活動の証としたり、高等学校における単位認定や、就職や入試への活用、文化施設、スポーツ施設等公共施設の割引や表彰を行うなど、いろいろな形での奨励策を検討することが考えられる。国においても、「ヤング・ボランティア・パスポート（仮称）」の全国的な普及・活用が促進されるように、例えば全国的なボランティア推進団体、関係行政機関・団体等が連携協力しパスポートの標準的なモデルを作成する、入試や就職等で適切に活用されるよう大学や企業等に対し働き掛けるとともに、国等の行政機関においても、採用等に活用する、青少年が文化施設、スポーツ施設を利用する場合の割引などを関係機関・団体等に呼び掛けを行うなどの取組を検討する。

(3) 国等において取り組むべき方策

国等においては、以上のような学校や地域における取組を支援するため、関係省庁とも連携しつつ、(a)地域における推進体制の整備及び様々な場や施設・団体等における活動の受入れの促進、(b)奉仕活動・体験活動に関する教職員研修の充実、(c)青少年を対象とした学校や地域における発達段階を踏まえた魅力ある活動プログラムや活動に携わる指導者養成プログラムの開発・支援や、他のモデルとなる先駆的な実践の促進と学校や地域の参考となる事例集の作成、教職員向け手引書の作成、(d)教員志望学生による教育支援ボランティアの全国的普及、(e)子どもゆめ基金（注1）等を通じた体験活動を行う団体等に対する助成の取組を推進するとともに、青少年が小・

中・高等学校それぞれの段階において、その発達段階に応じた活動の機会を得ることができるようにするために、次のような取組の検討が求められる。

1) 奉仕活動・体験活動の実施状況の全国調査

現状においては、青少年の奉仕活動・体験活動が必ずしも十分行われていない状況にかんがみ、学校内外を通じた青少年の活動の全国的な実施状況調査を実施し、その結果を分析・公表し、各学校及び地域での取組を促す。

2) 学校内外を通じた活動の目標の検討

活動の実施状況や支援体制の整備の進展状況等を見極めた上で、今後、青少年が高等学校卒業段階までに学校や地域を通じて行うことが期待される活動の目標を検討する。

3) ボランティア活動等と関連付けた大学入試の推進

高等学校段階までの青少年の学校内外の生活において、大学入学者選抜の在り方が与える影響が大きい。大学にとっても、高等学校段階までに多様な体験活動を行った生徒は、大学入学後の学ぶ姿勢や意欲が高く大学教育の活性化にも資するものと考えられる。このため、大学においては、受入方針において、ボランティア活動等を積極的に行う学生を評価することを明確にし、例えば、論文試験にボランティア活動の実践を含め高等学校時代の活動を前提とした出題も含める、先述のヤング・ボランティア・パスポート（仮称）を活用する等、高等学校段階までの活動経験と関連付けた大学入学者選抜の取組が期待される。

3．18歳以降の個人が行う奉仕活動等の奨励・支援
～奉仕活動を日常生活の一部として気軽に行う～

Ⅱの1で見たように、我が国では、多くの人が奉仕活動等について興味を抱いてはいるが、一歩を踏み出せないという状況にある。大学等の学生も含め、18歳以降の個人が日常的に奉仕活動等に取り組むことができるように、以下のような奨励・支援の方策を検討することが求められる。

（略）

(2) 企業、社会人に対する奨励・支援

> 国、地方公共団体、企業や労働組合などにおいては、気軽に参加できる職場環境作り、柔軟な勤務形態の導入など社会人が参加しやすい環境の整備や、地域での諸活動への参加を含め勤労者が行う幅広いボランティア活動等を奨励するための支援が期待される。
>
> 国においても、こうした取組を支援するため、取組の事例紹介など情報提供を積極的に行うとともに、社会人に適した活動の機会の充実を図ることが適当である。また公務員や教員の活動を奨励するため、研修の一環として活動を位置付けることや、公務員や教員の経験を生かした活動のプログラムの開発等を検討することが望ましい。

社会人の幅広いボランティア活動等を奨励・支援するため、国、地方公共団体、企業等においては、職員や社員が気軽に参加できる職場環境作り、柔軟な勤務形態の導入など社会人が参加しやすい環境の整備が期待される。

また、企業や労働組合などにおいては、社会の主要な構成者としての役割や社会的責任を踏まえ、自らがボランティア活動等に対する支援を行うことや、社員が活動を行うことに対する積極的な支援を期待したい。

1) 企業の社会的役割

企業等においては社会の主要な構成者としての役割や社会的責任を踏まえ、市民社会の一員として、企業自身がボランティア活動やNPO活動に対し継続的に助成や支援を行うことを通じ、社会に貢献することが期待される。また、青少年に社会体験やインターンシップなどの就業体験の場を積極的に提供することを通じ、一定の教育機能を果たすことも求められている。

2) 社員が気軽に活動に参加できる職場環境の整備等

企業等においては、長期間にわたる活動の実施に適したボランティア休暇制度の導入のみならず、地域での諸活動への親子や家族での参加を含め活動を幅広くとらえるとともに、(a)気軽に参加できる職場環境作り（定時退社の奨励、有給休暇の取得促進、サービス残業の解消など）、(b)柔軟な勤務形態（短時間の継続的な活動の実施に適したフレックスタイム制など）の導入に積極的に取り組むことが期待される。

◇企業等のボランティア活動等に対する奨励・支援

さらに、企業や労働組合等が社員のボランティア活動や地域の活動を支援するため、次のような取組を行うことが期待される。

・ボランティア推進団体等との協力による社員向けボランティアセミナー等の開催
・社員が属している活動団体への助成、社員が活動支援のために団体に寄附する際に企業等が一定の上乗せをするなどの支援の拡大
・地域社会の一員としての企業や労働組合等の社会貢献活動の推進（例：地域の清掃活動、寄附、献血等の呼び掛け等）
・地域や学校での青少年の体験活動等への協力（例：施設の開放、社員を指導者として派遣、青少年の受入れ等）

◇国等の奨励・支援

こうした企業等の取組や社会人のボランティア活動を奨励・支援するために、国等においては、以下のような取組の一層の充実が望ましい。

・ボランティア推進団体、経営者団体、NPO等の連携による社会人に適したボランティア活動等の機会の提供
・社員のボランティア活動等を支援する企業等の支援方策やその導入に当たっての取組などの事例紹介などの情報提供　等

3) 公務員・教職員のボランティア活動等の奨励

ボランティア活動は公務員や教職員にとっては、行政や学校現場を離れて、新たな社会とのかかわりを持つ場

となる。特に教職員にとってはボランティア活動等の経験を教育指導に生かすことができるとともに、一方で、文化・運動部活動等で培った指導技術を地域における活動に活用するなど、日常業務で得た経験を社会に還元することもできるなどの意義がある。

公務員や教職員が自発的にボランティア活動を行うことができる機会を整備するため、特に以下のような取組を検討することが望ましい。

ア）公務員
○公務員の自主的な奉仕活動を支援
・ボランティアに関するセミナーの開催、事例集の作成等による啓発の充実
・現行のボランティア休暇制度（国家公務員）の一層の活用・促進に努める。
○公務員の研修の一環としての体験研修
・一定期間介護等を実地に体験することを研修カリキュラムに位置付ける

イ）教職員
○初任者研修等教員の研修のプログラムとしてボランティア活動等を積極的に導入
○教職員生涯福祉関係団体等によるボランティア活動等に係る啓発の一層の充実

さらに、関係行政機関が、ボランティア推進団体等と連携協力し、公務員や教職員の専門性を生かした活動のプログラムの開発についても検討することが適当である。

(3) 個人が参加できる多彩なプログラム等の開発・支援

> 奉仕活動・体験活動は、基本的には個人が自らプログラムを立て、自主的に活動を行うことが望まれるが、奉仕活動・体験活動を気軽に行うことができるようにするためには、様々な魅力的な活動の受け皿やプログラムを用意することが必要である。そこで、そのような取組の一例として、(a)青年、勤労者向けの長期の社会参加プログラム、(b)公共施設等におけるボランティアの受入れの促進、(c)ボランティア・パスポートなどボランティア活動等の実績に応じて、活動を行う個人一般や団体に対する支援を行う仕組み作り、(d)国際ボランティアの裾野（すその）の拡大などを提案したい。

1) 青年・社会人向け長期参加プログラム

奉仕活動等を長期間にわたって行うことは、青年にとっては知識・技術を習得し将来の人生設計に役立てることができ、また、社会人にとっても視野を広げ新たな人間関係を構築し、転職を含め新たな人生を切り開く契機となるものである。また活動を行う施設等においても、こうした活動に参加する青年や社会人を人材として期待できる。諸外国においても、こうしたプログラムが実施されている例もある。

関係府省、ボランティア推進団体等が協力して、例えば、以下のような国内外の長期の社会参加プログラムを創設することを提案したい。また、こうしたプログラムの経験者について、官公庁、企業等の採用において積極的な評価が行われることが期待される。

○青年、社会人向け長期参加プログラム（案）
・対象：18歳以上
・活動場所：社会福祉施設、社会教育施設、学校、青少年教育施設、子どもの遊び場、NPO、ボランティアセンター等のボランティア推進機関、官公庁、環境保全、国際協力のフィールド等
・活動期間：1年～2年
・支援措置：大学、職業訓練施設等と提携し資格等の取得も含めた学習プログラムを適宜取り入れる（企業等の協力も得ながら、一定の実費等の支給も検討）。

2) 身近に参加できる魅力あるプログラムの開発

活動を行う主体や、活動分野などそれぞれの特性を踏まえつつ、参加者の能力や経験、興味や関心に応じて身近に参加できるように多彩な活動の機会が用意される必要がある。

活動プログラムの開発に当たっては、例えば若者を引き付けることができるようにゲーム性や娯楽性を持たせたプログラムや、親子で参加できる活動、中高年齢者が技能や経験を生かしてできる活動など、活動に参加する者の特性に応じた配慮が必要である。また、プログラムのアイデアを公募したり、各分野で活動する多彩な人材の参加協力によるプログラムなどの工夫も求められる。特に、今後、本格的に高齢化社会を迎える我が国において、高齢者が社会とのかかわりを維持し、活力を持ちながら生きることができるように、社会参加の場として高齢者のボランティア活動の機会を拡充していくことが必要である。

さらに、地域においては、環境保全、国際理解、高齢化社会への対応など現代的課題の学習機会が充実されてきており、また、IT普及国民運動の一環としての全国民を対象としてのIT講習が実施されたところである。こうした学習の成果等を活用した活動の機会の提供やプログラム開発についても検討することが適当である。

①公共施設等におけるボランティアの受入れの促進

近年、社会人、主婦、退職者等が、知識や経験、技術を生かして、地域の学校、社会教育施設、青少年教育施設、文化施設、スポーツ施設・病院などの公共施設においてボランティア活動を行う例が増えている。例えば、学校での教科や部活動の指導、地域でのスポーツや文化活動の指導、公民館、図書館等社会教育施設でのボランティア、博物館・美術館等でのガイドボランティア、スポーツ大会での組織運営・通訳など幅広い活動が行われている。こうした活動は個人の能力や経験、学習成果を生かし日常的に取り組めるものであり、活動の裾野（すその）を広げる上で意義が深い。また、地域に開かれた施設としての事業や運営の改善充実や活性化に資する面も大きい。

このため、公共施設等においては、ボランティアの受け入れ・活用を組み込んだ事業の運営、施設の担当者の指定、ボランティア及び職員双方への研修など受入れに

必要な環境整備を行うことを求めたい。
　さらに、特別非常勤講師制度、スポーツや文化の指導者派遣制度など学校教育への社会人の活用のための施策の一層の充実を図る必要がある。
② 個人一般に対する奨励・支援
　個人が、生涯にわたってボランティア活動を行うことを社会的に奨励し、こうした活動が持続的に行われる仕組みを検討していく必要がある。こうした観点から、試行的な取組として以下の取組を提起したい。
○ボランティア・パスポート（仮称）
　市町村など地域単位で、地方自治体ないしボランティア推進団体等が、ボランティア活動等の実績等を記録・証明するボランティア・パスポートを発行し、希望する住民に交付する。
　住民がボランティア活動等を行った場合に、これをポイントとして付加し、活動実績に応じて、公共施設の利用割引などの優遇措置、協賛団体等からの様々なサービス、利用する住民の様々な助け合いなどを受けることができるようにすること等が考えられる。
　国の機関・団体等に広く協力を呼び掛け、例えば、博物館・美術館の割引など特典や優遇措置を広げていくことも検討に値する。
　地域通貨など既に取組を実施している地域や団体等の協力を得て、こうした取組を試行的に実施し、持続可能な取組として広域的に広げていく方策について検討する。
③ ボランティア団体・NPO等への援助
　NPOやボランティア団体の活動の財源は、基本的には寄附や会費による収入が中心となっている。安定的な資金の確保のためには、ボランティア活動に対する個人や法人のNPO等への寄附を促す税制上の優遇措置等の一層の充実について検討が進められる必要がある。また、個人の寄附を広く募る方策として、例えば、ボランティア推進団体等において以下のような仕組みについて検討することも考えられる。
・幅広く民間企業の協力を得て商品にポイントを付加し、売上げに伴うポイント数に応じて企業から団体に寄附するもの
・カード会社、航空会社等の協力を得て、クレジットカードやマイレージカードのポイントをボランティア活動の財源として寄附できるようにするもの
3）国際ボランティアの裾野（すその）の拡大
　学生や退職者などを中心に開発途上国での援助活動や技術協力など国際ボランティア活動に対する関心が高まっている。また、国内においても、異文化交流の手伝い、ホームステイやバザーの開催等による留学生の支援など様々な形で活動が行われている。このような活動は、参加者個人にとって国際的な視野を広げ、多様な価値観の中で生きる寛容の精神を養うとともに、草の根レベルでの国際貢献を推進する上で意義が大きい。
　今後、国際的なボランティアの裾野（すその）を拡大していくために、国の関係行政機関、国際協力事業団、学校関係者、NGOなど関係団体等が連携協力し、次のような方策について検討することが望ましい。
① 大学等における国際ボランティアの養成及び大学関係者の積極的参加のための取組の充実
　大学関係団体、青年海外協力隊、NGO等が連携協力し、例えば、(a)大学等における国際ボランティア経験者の積極的活用（例：大学等の要請に応じ国際ボランティア経験者を担当教官やコーディネーター等として国際ボランティア講座や大学ボランティアセンター等へ派遣する「国際ボランティア養成人材バンク（仮称）」の設立等）、(b)受入国の要請の把握、語学や専門性の向上のための大学での指導体制、学生の参加の便宜等を勘案した国際ボランティアの養成のためのプログラムの開発、(c)教育援助や環境保全など専門性を生かし青年海外協力隊の活動等を支援する事業、(d)大学教員等がその専門性を生かし、NGO等の国際ボランティアに積極的に参加できるような環境作りなどの取組を図る。
② 国際ボランティアに対する協力
　シニアを含め、海外ボランティアの一層の拡充を図るため、国際協力事業団やNGOなどの団体が地域で行う海外ボランティアのシニア海外ボランティアの募集や説明会の開催等に協力するなど、連携協力を図る。
③ 学校教育における裾野（すその）の拡充
　青年海外協力隊やシニア海外ボランティア等、教職員の国際ボランティアへの参加を一層拡充するため、派遣元である地方自治体の主体性を高め、より長期的な計画をもって派遣を可能とする更なる工夫や、より生産的で効果のある派遣方法など現行制度の一層の改善を図る。また、児童生徒の国際理解教育や進路指導に国際ボランティア経験者等を社会人講師として活用する取組の充実を図る。

4．国民の奉仕活動・体験活動を支援する社会的仕組みの整備

> 　奉仕活動・体験活動を支援していくためには、個人、ボランティア団体、企業、学校及び行政などが共に協力して、推進体制をつくっていく必要がある。
> 　そのため、国、都道府県、市区町村のそれぞれのレベルで、関係者による連携協力関係を構築するための協議の場（協議会）や、活動に関する情報提供、相談・仲介などを通じて個人、学校、関係団体等が行う奉仕活動・体験活動を支援する拠点（センター）を設ける必要がある。
> 　また、こうした推進体制が有効に機能していくためには、a）だれもがいつでも容易に必要な情報を得ることができる国及び地方を通じた情報システムの構築、b）地域におけるボランティア団体、受入施設、送出施設など関係機関・団体等が日常的に連絡・交流する市区町村のセンター等を中心とした地域ネットワークの形成、c）センター等において活動が円滑に実施されるために必要な連絡調整等を担うコーディネーターの養成・確保が求められる。

奉仕活動・体験活動に関する現状及び課題を踏まえ、個人、学校、関係団体等の活動を支援できるような以下のような仕組みを作ることが有効である。

(1) 奉仕活動・体験活動を支援する仕組みづくり

1) 協議会・センターの設置

特に学校内外での青少年の奉仕活動・体験活動の円滑な実施のためには、国、都道府県、市区町村のそれぞれのレベルで、ボランティア推進団体、学校、関係行政機関をはじめ関係者による連携協力関係を構築するための協議の場（協議会）を設けるとともに、コーディネーターを配置し、活動に関する情報提供、相談・仲介などを通じて、奉仕活動・体験活動を支援する拠点を設けることが必要である。このような拠点は、一般の社会人や学生等の活動のセンターとしても機能し得ると考えられる。

また、協議会やセンターの設置・運営、さらには各種施策等の展開に当たっては、国レベルにおける関係府省や全国規模の関係団体等による連携はもとより、地方においても教育委員会と首長部局、さらには行政と学校、社会教育施設、青少年教育施設、社会福祉協議会等の関係団体、地域の経済団体、地域の代表者など活動にかかわる様々な関係機関・団体等の密接な連携が必要である。

なお、協議会については、関係する行政部局が多く、広く関係団体等の協力を得ることが必要であるため、ネットワーク作りなど行政が一定の役割を果たすことが適当である。

一方、センターについては、既に蓄積されたノウハウ等を活用するとともに、機動的かつ柔軟な運営を確保するため、教育委員会など行政がその機能を担うほか、状況に応じてボランティア推進団体等にゆだねることも有効である。特に市区町村のセンターについては、幅広い関係団体等との協力関係が構築できる場合には、教育委員会のほか、社会福祉協議会ボランティアセンターその他既にコーディネート等を活発に行っている団体等にゆだねるなど地域の実情を勘案した柔軟な対応が適当であると考えられる。

（図は省略）

2) 国及び地方を通じた情報システムの構築

だれもがいつでも容易に必要な情報を得ることができるシステムが求められる。

特に市区町村、都道府県レベルでは、前述のセンターを中心に、既存のボランティア活動や体験活動に関する情報データベース等を活用しつつ、地域内の活動の場や指導者、活動団体や活動プログラム等に関する情報を整理し、活動を始めようとする個人、学校関係者、ボランティア活動関係者等様々な個人や団体の求めに応じて必要な情報を提供するシステムを構築する必要がある。

国レベルにおいても、関係府省、ボランティアや体験活動にかかわる関係機関・団体等が連携協力し、全国的なボランティアや体験活動に関する情報等を利用しやすい体系に整理し、上記の地方のセンターの情報とともに関連するすべての情報が総覧できる情報システムの構築が必要である。その際、利用者が居住する地域以外の情報も容易に入手できるように配慮することが大切である。

なお、情報システムの整備に当たっては、可能な限り広く収集し掲載することが適当であるが、例えば、特定の団体の誹謗中傷、政治や宗教への利用など不適切な活動の可能性があると判断される場合には管理者で削除するなどの規則を決めておくことが適当である。また、指導者等の人材等についての情報の登録に当たって、センターのコーディネーターなどが適切な判断を行うことが適当である。

さらに、将来的には、国及び地方を通じて、各種情報をデータベース化し、活動分野、年齢、親子など参加形態、地域等により参加し得る活動が検索できるシステムや、生涯学習の視点を踏まえた活動手法や活動事例などの情報提供、希望団体自体による情報提供のために開放できる場の提供などの工夫が求められる。

(2) 地域ネットワークの形成

奉仕活動・体験活動を日常的な活動として、着実に実施していくためには、市区町村のセンターのほか、地域の実情に応じて、社会福祉協議会、自治会、民生委員、青年会議所、商店会等地域の団体が連携協力して、小学校区単位で公民館や余裕教室、地区センター等を活用し、地域住民が日常的に活動に取り組むために集うことができる身近な地域拠点（地域プラットフォーム）を整備することも有効であると考えられる。ここでは、市区町村のセンターを補完して、身近な活動の場の開拓や地域住民の活動への参加を促すことが想定される。

一方、地域住民の生活圏域に応じた広域的な活動の要請にこたえるため、例えば、市区町村単位などで、県内のボランティア推進団体、大学、NPO等が連携協力して、広域的な拠点（広域プラットフォーム）を整備していくことも検討に値する。

（図は省略）

(3) コーディネーターの養成・確保

1) コーディネーターに期待される役割

コーディネーターは、奉仕活動・体験活動の推進において重要な存在であり、センターないし仲介機関にあっては、活動参加を希望する者と活動の場を円滑に結び付けるため、活動の準備、実施、事後のフォローアップなど活動の各過程を通じて、参加者に対する活動の動機付け、情報収集・提供、活動の場の開拓、受入先の活動メニューの提供、活動の円滑な実施のための関係機関等との各種の連絡調整などの役割を担う。

また、学校などの参加者を送り出す施設や福祉施設などの参加者を受け入れる施設にあっても、コーディネーターの役割を担う担当者が必要であり、送出し側では事前指導や関係機関等との連絡調整、受入れ側では参加者へのガイダンス、活動内容の企画、施設内での連絡調整等の役割を担う。

2) 養成・確保

コーディネーターには、ボランティア活動や体験活動、企画・広報、面接技法等に関する専門的知見とともに、

関係機関との人的ネットワークやその背景にある豊かな人間性など幅広い素養・経験等が求められる。さらには、活動の適正さを確保するため、活動に関する情報や団体や人物に対する確かな目利きといった能力も必要である。このため、関係する行政部局や団体等の協力を得つつ、都道府県と市町村が共同して人材の積極的な発掘、計画的な養成が必要である。

コーディネーターの養成については、社会福祉協議会、ボランティア推進団体、教育委員会、スポーツ団体、青少年団体をはじめ、関係機関・団体等が連携協力して、養成講座の体系化を図り、養成講座を共同で開設することや、さらには関係機関・団体が協力して養成のための各種のモデルプログラムの開発等を行うことも検討する必要がある。また、受講者の経験や知識のレベルに応じた必要事項の補完や、担当する分野の特性に応じた多様なプログラムを用意する必要があることから、基本的には一定人数をまとめ得る都道府県単位で養成講座を行うことが効果的と考えられる。

(4) 行政機関におけるボランティア活動や体験活動を担当する部局の設置・明確化等

ボランティア活動や体験活動を効果的に推進していくためには、行政機関とNPO、ボランティア団体その他関係団体などが連携・協力しやすい仕組みを作ることが重要である。また、活動を行おうとする個人にとっても、行政機関の窓口が明確であれば、情報提供や相談対応を求めることができ、活動に気軽に参加しやすくなる。そこで、各行政機関等に、これらの活動を担当する部局を設置(「ボランティア課」等)、又は明確化し、それらの推進に取り組むとともに、国民にアピールするなどの取組も求められる。

5. 社会的気運の醸成
　～皆が参加したくなる雰囲気づくりを～

> 国民一人一人が奉仕活動・体験活動の意義を理解し、身近なものとしてとらえ、日常生活の一部として継続して取り組んでいくためには、社会全体でこれらの活動を推進していく気運を醸成していくことが不可欠である。このため、奉仕活動・体験活動に関する年次報告など奉仕活動・体験活動に関する積極的な広報・啓発、ボランティア活動推進月間など活動に気軽に参加できる雰囲気作り、活動を継続して取り組む者に対する顕彰の工夫などに取り組む必要がある。
>
> また、奉仕活動・体験活動の推進の上で果たすべき役割が大きい企業等の取組を促す方策として、積極的に取り組む企業の社会的奨励や関係府省と経済団体等との協議の場の設置などについても検討する必要がある。

(1) 奉仕活動・体験活動に対する社会的気運の醸成
1) 奉仕活動・体験活動の魅力をアピールする取組の実施
　奉仕活動等に対する社会的気運を醸成するため、関係機関等が連携協力し、例えば、以下の取組について検討することが適当である。
○「ボランティア活動推進月間」などを設けて、関係府省、民間団体等が協力して奉仕活動等に対する国民的な啓発運動を実施
○奉仕活動・体験活動の全国的な概況をまとめた年次報告書等の作成
○国民の関心を引き付ける広報・啓発の実施
・奉仕活動等を自ら実践している各界の著名人が集まり、その意義を国民に対し働き掛ける活動等の実施
・テレビ等の媒体を通じ活動への参加が若者にふさわしいライフスタイルとしての印象を与えるような工夫
○地域の未経験者の参加者を促す工夫
・例えば、地域でのボランティア活動経験者に「語りべ」となってもらい、地域で友人や仲間に参加の喜びや感動を伝えて一緒に活動に参加する
・地域における行事などの身近な活動に家族一緒に参加するように呼び掛けを行う

2) 活動の顕彰
　奉仕活動・体験活動に継続的に取り組む者を幅広く社会的に認知し、その取組を顕彰していくことも重要である。ボランティア活動等に関する表彰・顕彰については、既に国や地方公共団体、企業や民間団体等により様々なものがあるが、例えば、以下のような点について検討することが望ましい。
○活動に携わるあらゆる人や団体が対象となる工夫
・例えば、青少年の奉仕活動等に対する顕彰など既存の表彰・顕彰の対象となりにくい者に対する新たな制度の創設、既存の表彰・顕彰の実施の工夫による対象者の拡大
○国民の関心を集める顕彰の工夫
・積極的に活動を行っている個人や団体などが社会から脚光を浴びるような環境を作り、関係者の意欲を鼓舞し、国民にその功績を広める顕彰の工夫(例:前述の推進月間に合わせて顕彰を実施(「ボランティア大賞」の創設等)、顕彰と合わせて行事の開催等)

(2) 企業等の取組を促す方策
　奉仕活動・体験活動を社会的に定着させるためには、(a)青少年の体験活動への協力、(b)ボランティア団体等への支援、(c)社員のボランティア活動等への支援など企業等の取組が果たす役割が大きい。このため、以下のような方策についても検討する必要がある。

1) 積極的に取り組む企業の社会的奨励
・奉仕活動・体験活動を積極的に支援する企業を、例えば、「ボランティア活動支援企業(仮称)」のような形で広く公表する方策の検討

2) 関係府省と経済団体等との連携
・奉仕活動・体験活動の推進に関する官民を通じた共通認識の醸成、推進のための具体的な方策を検討するための関係府省と経済団体等による協議の場を設置

　　(以下、略)

新しい時代にふさわしい教育基本法と教育振興基本計画の在り方について

［中央教育審議会答申　平成15(2003)年3月20日］

第1章　教育の課題と今後の教育の基本的方向について

1　教育の現状と課題

○　昭和22年3月、民主的で文化的な国家を建設し、世界の平和と人類の福祉に貢献しようとする憲法の理想の実現を教育の力に託し、戦後における日本の教育の基本を確立するため、教育基本法が制定された。教育基本法の下に構築された学校教育制度をはじめとする教育諸制度は、国民の教育水準を大いに向上させ、我が国社会の発展の原動力となった。

○　今日、我が国社会は、大きな危機に直面していると言わざるを得ない。国民の間では、これまでの価値観が揺らぎ、自信喪失感や閉塞（そく）感が広がっている。倫理観や社会的使命感の喪失が、正義、公正、安全への信頼を失わせている。少子高齢化による人口構成の変化が、社会の活力低下を招来している。長引く経済の停滞の中で、多くの労働者が離職を余儀なくされ、新規学卒者の就職は極めて困難となっている。

○　このような状況を脱し、我が国社会が長期的に発展する礎（いしずえ）を築くために、戦後の我が国社会を支えてきた政治、行政、司法や経済構造などの基本的な制度の抜本的な改革が進められている。教育は、我が国社会の存立基盤である。現在あるいは将来の我が国社会が直面する様々な困難を克服し、国民一人一人の自己実現、幸福の追求と我が国の理想、繁栄を実現する原動力たり得るものは、教育をおいて他（ほか）にない。我が国社会が、創造性と活力に満ち、世界に開かれたものとなるためには、教育についても、これら一連の改革と軌を一にして、大胆な見直しと改革を推進していかなければならない。

○　我が国の教育については、中央教育審議会、臨時教育審議会、教育改革国民会議等の提言に基づく改革をはじめ、様々な観点から不断の改革が行われてきた。しかしながら、関係者の努力による数々の取組にもかかわらず、我が国の教育は現在なお多くの課題を抱え、危機的な状況に直面している。

○　青少年が夢や目標を持ちにくくなり、規範意識や道徳心、自律心を低下させている。いじめ、不登校、中途退学、学級崩壊などの深刻な問題が依然として存在しており、青少年による凶悪犯罪の増加も懸念されている。

　家庭や地域社会において心身の健全な成長を促す教育力が十分に発揮されず、人との交流や様々な活動、経験を通じて、敬愛や感謝の念、家族や友人への愛情などをはぐくみ、豊かな人間関係を築くことが難しくなっている。

　また、学ぶ意欲の低下が、初等中等教育段階から高等教育段階にまで及んでいる。初等中等教育において、基礎的・基本的な知識・技能、学ぶ意欲、思考力、判断力、表現力などの「確かな学力」をしっかりと育成することが一層重要になっている。

○　科学技術の急速な発展と社会構造の変化に伴い、それを支える学問分野は高度に専門分化し、現実社会との乖（かい）離が問題視されるようになっている。同時に、学問領域の融合によって新たな分野も形成されつつある。大学・大学院には、基礎学力と分野横断的かつ柔軟な思考力・創造力とを有する人材の育成を目指した教育研究体制の構築と、教育研究を通じた社会への貢献が強く求められている。

　教育行政を含め、教育関係者はこのような現状を真摯に受け止め、これらの課題の解決に向けて今後一層の努力を重ねる必要がある。

○　また、教育基本法制定から半世紀以上の間に我が国社会は著しく変化しており、その趨（すう）勢は今後も衰える気配がない。同時に、国際社会も大きな変貌（ぼう）を遂げ、その中で我が国の立場や果たすべき役割も変化し、世界の中の日本という視点が強く求められるようになった。我が国が、国際社会の一員としての責任を自覚し、国際社会において存在感を発揮し、その発展に貢献することが一層重要となっている。

　こうした国内的、国際的な大きな変化の中で、国民の意識も変容を遂げ、教育において重視すべき理念も変化してきている。

○　現在直面する危機的状況を打破し、新しい時代にふさわしい教育を実現するためには、具体的な改革の取組を引き続き推進するとともに、今日的な視点から教育の在り方を根本までさかのぼり、現行の教育基本法に定める普遍的な理念は大切にしつつ、変化に対応し、我が国と人類の未来への道を拓（ひら）く人間の育成のために今後重視すべき理念を明確化することが必要である。そして、その新しい基盤に立って、家庭教育、幼児教育、初等中等教育、高等教育、社会教育等の各分野にわたる改革を進めていくことが求められる。

　国民一人一人が、国家・社会の形成者、国際社会の一員としての責任を自覚し、主体的に教育の改革に参画するとともに、社会全体での取組を推進することにより、新しい時代の教育の実現を目指す必要がある。

2　21世紀の教育が目指すもの

○　教育には、人格の完成を目指し、個人の能力を伸長し、自立した人間を育てるという使命と、国家や社会の形成者たる国民を育成するという使命がある。すべての人はそれぞれ多様な個性や特性を持つ。教育は、それを尊重し、生かし、育てることによって、多様な成長過程

○ と人生を保障するものでなければならない。この基本的使命は、今後の時代においても変わることはない。
○ 一方、これからの教育には、少子高齢化社会の進行と家族・地域の変容、高度情報化の進展と知識社会への移行、産業・就業構造の変貌、グローバル化の進展、科学技術の進歩と地球環境問題の深刻化、国民意識の変容といった歴史的変動の潮流の中で、それぞれが直面する困難な諸課題に立ち向かい、自ら乗り越えていく力を育てていくことが求められる。このためには、一人一人が生涯にわたり学び続けるとともに、それを社会全体で支えていく必要がある。
○ さらに、21世紀の社会の最も大きな課題の一つは、人間と自然との共生であり、様々な文化や価値観を持つ多様な主体がこの地球に共生することである。日本人が古来大切にしてきた、自然の美しさに感動し心を震わせる感性や、自然の本質を理解し、自然と人間との調和を重視する行動様式は、今後より一層重要な意義を持つものであり、我が国の文化として、教育においても大切に継承し、発展させていくべきである。
○ 教育の普遍的な使命と新しい時代の大きな変化の潮流を踏まえ、「21世紀を切り拓く心豊かでたくましい日本人の育成」を目指すため、これからの教育は、以下の五つの目標の実現に取り組み、多様な個性や特性を持った国民を育成していく必要がある。

①自己実現を目指す自立した人間の育成

すべての国民は、一人の人間としてかけがえのない存在であり、自由には規律と責任が伴うこと、個と公のバランスが重要であることの自覚の下に、自立した存在として生涯にわたって成長を続けるとともに、その価値が尊重されなければならない。個人の能力を最大限に引き出すことは、教育の大切な使命である。一人一人が学ぶことの楽しさを知り、基礎的・基本的な知識、技能や学ぶ意欲を身に付け、生涯にわたって自ら学び、自らの能力を高め、自己実現を目指そうとする意欲、態度や自発的精神を育成することが大切である。

②豊かな心と健やかな体を備えた人間の育成

豊かな心をはぐくむことを人格形成の基本として一層重視していく必要がある。社会生活を送る上で人間として持つべき最低限の規範意識を青少年期に確実に身に付けさせるとともに、自律心、誠実さ、勤勉さ、公正さ、責任感、倫理観、感謝や思いやりの心、他者の痛みを理解する優しさ、礼儀、自然を愛する心、美しいものに感動する心、生命を大切にする心、自然や崇高なものに対する畏敬の念などを学び身に付ける教育を実現する必要がある。

また、健やかな体は、人間の心の発達・成長を支え、人として創造的な活動をするために不可欠なものである。子どもたちがたくましく成長し、充実した人生を送ることができるよう、生涯にわたって積極的にスポーツに親しむ習慣や意欲、能力を育成するとともに、心身の健康の保持に必要な知識、習慣を身に付けさせることを一層重視していく必要がある。

③「知」の世紀をリードする創造性に富んだ人間の育成

これからの「知」の世紀においては、情報通信技術の進展等による教育環境の大きな変化も十分に生かしつつ、基礎・基本を習得し、それを基に探究心、発想力や創造力、課題解決能力等を伸ばし、新たな「知」の創造と活用を通じて我が国社会や人類の将来の発展に貢献する人材を育成することが必要である。特に大学・大学院の教育研究機能を飛躍的に高め、国際競争力を強化し、未来への扉を開く鍵（かぎ）となる独創的な学術研究や科学技術の担い手となる人材を様々な分野で豊富に育てていく必要がある。同時に、急速に進展する科学技術をめぐる倫理的な課題を理解し、的確に判断する力を国民一人一人が身に付けることも求められる。

④新しい「公共」を創造し、21世紀の国家・社会の形成に主体的に参画する日本人の育成

自分たちの力でより良い国づくり、社会づくりに取り組むことは、民主主義社会における国民の責務である。国家や社会の在り方は、その構成員である国民の意思によってより良いものに変わり得るものである。しかしながら、これまで日本人は、ややもすると国や社会は誰（だれ）かがつくってくれるものとの意識が強かった。これからは、国や社会の問題を自分自身の問題として考え、そのために積極的に行動するという「公共心」を重視する必要がある。

近年、阪神・淡路大震災の際のボランティア活動に見られるように、互いに支え合い協力し合う互恵の精神に基づき、新しい「公共」の観点に立って、地域社会の生活環境の改善や、地球環境問題や人権問題など国境を越えた人類共通の課題の解決に積極的に取り組み、貢献しようとする国民の意識が高まりを見せている。個人の主体的な意思により、自分の能力や時間を他人や地域、社会のために役立てようとする自発的な活動への参加意識を高めつつ、自らが国づくり、社会づくりの主体であるという自覚と行動力、社会正義を行うために必要な勇気、「公共」の精神、社会規範を尊重する意識や態度などを育成していく必要がある。

⑤日本の伝統・文化を基盤として国際社会を生きる教養ある日本人の育成

グローバル化の中で、自らが国際社会の一員であることを自覚し、自分とは異なる文化や歴史に立脚する人々と共生していくことが重要な課題となっている。このためには、自らの国や地域の伝統・文化についての理解を深め、尊重する態度を身に付けることにより、人間としての教養の基盤を培い、日本人であることの自覚や、郷土や国を愛し、誇りに思う心をはぐくむことが重要である。こうした自覚や意識があって初めて、他の国や地域の伝統・文化に接した時に、自他の相違を理解し、多様な伝統・文化に敬意を払う態度も身に付けることができる。このような資質を基盤として、国際社会の責任ある構成員としての自覚を持ち、世界を舞台に活躍し、信頼され、世界に貢献できる日本人の育成を目指す必要があ

る。

3　目標実現のための課題

○　これからの教育の目標の実現のためには、教育基本法をはじめ教育関連法制の見直しまでさかのぼった教育改革が必要である。その中で、学校教育制度をはじめとする教育諸制度や諸施策を見直すとともに、学校教育のみならず教育の各分野にわたる具体の施策を総合的、体系的に位置付ける教育振興基本計画を策定することによって、実効性のある改革を進めていく必要がある。

○　教育は未来への先行投資であり、今日の教育が、個人の明日をつくり、社会の未来をつくる。これからの教育の目標を実現するため、教育への投資を惜しまず必要な施策を果断に実行していく必要がある。現在の国、地方を通じた厳しい財政状況の下で、教育への投資の充実を図っていくためには、すでに実施している施策も含め、適切な政策評価を行い、その結果を反映させながら、施策の重点化・効率化を図ることが必要である。また、評価結果の積極的な情報公開に努め、幅広く国民の支持を得ることが重要である。

第2章　新しい時代にふさわしい教育基本法の在り方について

1　教育基本法改正の必要性と改正の視点

○　戦後の我が国の教育は、教育基本法の精神に則り行われてきたが、制定から半世紀以上を経て、社会状況が大きく変化し、また教育全般について様々な問題が生じている今日、教育の根本にまでさかのぼった改革が求められている。

○　このため、前章において明らかにした、教育の現状と課題と、21世紀の教育の目標を踏まえて、

(ⅰ) 現行の教育基本法を貫く「個人の尊厳」、「人格の完成」、「平和的な国家及び社会の形成者」などの理念は、憲法の精神に則った普遍的なものとして今後とも大切にしていくこととともに、

(ⅱ) 21世紀を切り拓く心豊かでたくましい日本人の育成を目指す観点から、今日極めて重要と考えられる以下のような教育の理念や原則を明確にするため、教育基本法を改正すること、

が必要である。

①信頼される学校教育の確立

　これからの学校教育においては、一人一人の個性に応じて、基礎的・基本的な知識・技能や学ぶ意欲をしっかりと身に付けさせるとともに、道徳や芸術など情操を豊かにする教育や、健やかな体をはぐくむ教育を行い、これらによりその能力を最大限に伸ばしていくことが重要であり、その視点を明確にする。その際には、グローバル化や情報化、地球環境問題への対応など、時代や社会の変化に的確に対応したものとなることが重要である。

②「知」の世紀をリードする大学改革の推進

　これからの国境を越えた大競争の時代に、我が国が世界に伍して競争力を発揮するとともに、人類全体の発展に寄与していくためには、「知」の世紀をリードする創造性に富み、実践的能力を備えた多様な人材の育成が不可欠である。そのために大学・大学院は教育研究の充実を通じて重要な役割を担うことが期待されており、その視点を明確にする。

③家庭の教育力の回復、学校・家庭・地域社会の連携・協力の推進

　家庭は教育の原点であり、すべての教育の出発点である。家庭教育の重要性を踏まえてその役割を明確にするとともに、学校・家庭・地域社会の三者が、緊密に連携・協力して子どもの教育に当たるという視点を明確にする。

④「公共」に主体的に参画する意識や態度の涵（かん）養

　人は、一人だけで独立して存在できるものではなく、個人が集まり「公共」を形づくることによって生きていくことができるものである。このことを踏まえて、21世紀の国家・社会の形成に主体的に参画する日本人の育成を図るため、政治や社会に関する豊かな知識や判断力、批判的精神を持って自ら考え、「公共」に主体的に参画し、公正なルールを形成し遵守することを尊重する意識や態度を涵養することが重要であり、これらの視点を明確にする。

⑤日本の伝統・文化の尊重、郷土や国を愛する心と国際社会の一員としての意識の涵養

　グローバル化が進展する中で、自らの国や地域の伝統・文化について理解を深め、尊重し、郷土や国を愛する心をはぐくむことは、日本人としてこれからの国際社会を生きていく上で、極めて大切である。同時に、他の国や地域の伝統・文化に敬意を払い、国際社会の一員としての意識を涵養することが重要であり、これらの視点を明確にする。

⑥生涯学習社会の実現

　時代や社会が大きく変化していく中で、国民の誰もが生涯のいつでも、どこでも、自由に学習機会を選択して学ぶことができ、その成果が適切に評価されるような社会を実現することが重要であり、このことを踏まえて生涯学習の理念を明確にする。

⑦教育振興基本計画の策定

　教育基本法に示された理念や原則を具体化していくためには、これからの教育に必要な施策を総合的、体系的に取りまとめる教育振興基本計画を策定し、政府全体で着実に実行することが重要であり、そのための法的根拠を明確にする。

2 具体的な改正の方向

(1) 前文及び教育の基本理念

> (前文)
> ○ 教育理念を宣明し、教育の基本を確立する教育基本法の重要性を踏まえて、その趣旨を明らかにするために引き続き前文を置くことが適当。
> ○ 法制定の目的、法を貫く教育の基調など、現行法の前文に定める基本的な考え方については、引き続き規定することが適当。
>
> (教育の基本理念)
> ○ 教育は人格の完成を目指し、心身ともに健康な国民の育成を期して行われるものであるという現行法の基本理念を引き続き規定することが適当。
>
> (新たに規定する理念)
> ○ 法改正の全体像を踏まえ、新たに規定する理念として、以下の事項について、その趣旨を前文あるいは各条文に分かりやすく簡潔に規定することが適当。
> ・個人の自己実現と個性・能力、創造性の涵養
> ・感性、自然や環境とのかかわりの重視
> ・社会の形成に主体的に参画する「公共」の精神、道徳心、自律心の涵養
> ・日本の伝統・文化の尊重、郷土や国を愛する心と国際社会の一員としての意識の涵養
> ・生涯学習の理念
> ・時代や社会の変化への対応
> ・職業生活との関連の明確化
> ・男女共同参画社会への寄与

(前文)
○ 教育基本法は、日本国憲法に基づく戦後の新しい教育理念を宣明するとともに、その後に続く教育関係諸法令制定の根拠となる教育の基本を確立する重要な法律であり、これを踏まえ、その趣旨を明らかにするために、特に前文が設けられたものである。

このような教育基本法の教育法体系における位置付けは、今後とも維持していく必要があり、その重要性は変わるものではないことから、引き続き前文を置くことが適当である。

○ 法制定の目的、法を貫く教育の基調など、現行法の前文に定める基本的な考え方については、引き続き規定することが適当である。

(教育の基本理念)
○ 教育基本法は、「教育の目的」として、
(ⅰ) 教育は、人格の完成を目指し、平和的な国家及び社会の形成者として、心身ともに健康な国民の育成を期して行うこと、
(ⅱ) このような平和的な国家及び社会の形成者として、「真理と正義」、「個人の価値」、「勤労と責任」、「自主的精神」の徳目が求められること、
を規定している。

そして、この「教育の目的」を達成する上での心構え、配慮事項を、「教育の方針」として規定している。

このような現行法に定められた基本理念(教育の目的及び教育の方針)は、憲法の精神に則った普遍的なものであり、引き続き規定することが適当である。

(新たに規定する理念)
○ さらに、制定から半世紀以上が経過した今日において、現在及び将来の教育を展望した場合、特に掲げて強調すべきと考えられる理念として、以下の事項があり、その趣旨を教育基本法に規定することが適当である。
○ なお、現行法においては、教育の目的と教育の方針については、両者一体となって教育の基本理念を構成していること、以下の事項の中には現行法に既に類似の理念が規定されているものもあることに十分留意した上で、法改正の全体像を踏まえ、新たに規定する理念として、これらの事項について、その趣旨を前文あるいは各条文に分かりやすく簡潔に規定することが適当である。

(個人の自己実現と個性・能力、創造性の涵養)
○ 教育においては、国民一人一人が自らの生き方、在り方について考え、向上心を持ち、個性に応じて自己の能力を最大限に伸ばしていくことが重要であり、このような一人一人の自己実現を図ることが、人格の完成を目指すこととなる。また、大競争の時代を迎え、科学技術の進歩を世界の発展と課題解決に活(い)かすことが期待される中で、未知なることに果敢に取り組み、新しいものを生み出していく創造性の涵養が重要である。

(感性、自然や環境とのかかわりの重視)
○ 美しいものを美しいものとして感じ取り、それを表現することができる力は、人の有する普遍の価値であって、文化の創造の基礎にある心であり、力である。特に、日本人は、古来より自然を愛(め)で慈しみ、豊かな文化を築いてきた。しかし今や、子どもの生育環境の中からは、自然が失われつつある。地球環境の保全が大きな課題となっている今日、自然と共に人は生きているものであり、自然を尊重し、愛することが、人間などの生命あるものを守り、慈しむことにつながることを理解することが重要である。

(社会の形成に主体的に参画する「公共」の精神、道徳心、自律心の涵養)
○ これからの教育には、「個人の尊厳」を重んじることとともに、それを確保する上で不可欠な「公共」に主体的に参画する意識や態度を涵養することが求められている。このため、国民が国家・社会の一員として、法や社会の規範の意義や役割について学び、自ら考え、自由で

公正な社会の形成に主体的に参画する「公共」の精神を涵養することが重要である。さらに、社会の一員としての使命、役割を自覚し、自らを律して、その役割を実践するとともに、社会における自他の関係の規律について学び、身に付けるなど、道徳心や倫理観、規範意識をはぐくむことが求められている。

（日本の伝統・文化の尊重、郷土や国を愛する心と国際社会の一員としての意識の涵養）
○　グローバル化が進展し、外国が身近な存在となる中で、我々は国際社会の一員であること、また、我々とは異なる伝統・文化を有する人々と共生していく必要があることが意識されるようになってきた。そのような中で、まず自らの国や地域の伝統・文化について理解を深め、尊重し、日本人であることの自覚や、郷土や国を愛する心の涵養を図ることが重要である。さらに、自らの国や地域を重んじるのと同様に他の国や地域の伝統・文化に対しても敬意を払い、国際社会の一員として他国から信頼される国を目指す意識を涵養することが重要である。

なお、国を愛する心を大切にすることや我が国の伝統・文化を理解し尊重することが、国家至上主義的考え方や全体主義的なものになってはならないことは言うまでもない。

（生涯学習の理念）
○　今日、社会が複雑化し、また社会構造も大きく変化し続けている中で、年齢や性別を問わず、一人一人が社会の様々な分野で生き生きと活躍していくために、家庭教育、学校教育、社会教育を通じて職業生活に必要な新たな知識・技能を身に付けたり、あるいは社会参加に必要な学習を行うなど、生涯にわたって学習に取り組むことが不可欠となっている。教育制度や教育政策を検討する際には、これまで以上に学習する側に立った視点を重視することが必要であり、今後、誰もが生涯のいつでも、どこでも、自由に学習機会を選択して学ぶことができるような社会を実現するため、生涯学習の理念がますます重要となる。

（時代や社会の変化への対応）
○　教育においては、次代に継承すべき価値を大切にするとともに、年齢や性別を問わず国民一人一人が時代の変化や社会を取り巻く環境の変化に対応できる能力を身に付けることが重要である。グローバル化や情報化の進展、地球環境問題の深刻化や科学技術の進歩など、国民を取り巻く環境は大きく変貌を遂げており、教育も、これらの時代や社会の変化に常に的確に対応していくことが重要である。

（職業生活との関連の明確化）
○　職業は、一人一人の人生において重要な位置を占めており、人は働くことの喜びを通じて生きがいを感じ、社会とのつながりを実感することができる。しかし、経済構造が変化する中で、価値観の多様化が進んでおり、職業観・勤労観の育成がこれまでにも増して必要となってきている。また、若者の就職難が恒常化したり、年齢を問わず転職が一般化する中で、やり直しが可能となるよう必要な専門知識や技能を身に付けることが強く求められるようになってきている。さらに、我が国を支えてきた「ものづくり」の衰退が懸念される中で、その技術や能力を尊重する重要性が指摘されている。また、女性の人生における職業の位置付けも変化してきている。

このため、これからの学校教育においては、子どもに的確な職業観・勤労観や職業に関する知識・技能を身に付けさせるとともに、自己の個性を理解し、主体的に進路を選択する能力や態度をはぐくむための教育の充実に努めることが重要であり、また、社会においても生涯にわたり職業にかかわる学習機会を充実していくことが重要である。

（男女共同参画社会への寄与）
○　憲法に定める男女平等に関し、現行法は、「男女共学」の規定において男女が互いに敬重し協力し合わなければならないことを定めている。しかし、社会における男女共同参画は、まだ十分には実現しておらず、男女が互いにその人権を尊重しつつ責任も分かち合い、その個性と能力を十分に発揮することができる男女共同参画社会を実現するためには、このような現行法の理念は今日においてより重要である。

なお、現在では、男女共学の趣旨が広く浸透するとともに、性別による制度的な教育機会の差異もなくなっており、「男女の共学は認められなければならない」旨の規定は削除することが適当である。

(2)　教育の機会均等、義務教育

①教育の機会均等

> ○　教育の機会均等の原則、奨学の規定は、引き続き規定することが適当。

○　教育の機会均等は、憲法に定める教育を受ける権利（憲法第26条第1項）、法の下の平等（同第14条）の規定を受け、その趣旨を教育において具体的に実現する手掛かりとして規定されたものである。これは、「個人の尊厳」を実質的に確保する上で欠かせない大切な原則であるが、これまでの教育がややもすれば過度の平等主義や画一主義に陥りがちであったという指摘にも留意した上で、教育の機会均等の原則や奨学の規定については、引き続き同様に規定することが適当である。

○　また、憲法や教育基本法の精神に基づいて教育を行うに当たっては、障害のある子どもなど教育を行う上で特別の支援を必要とする者に対して、その必要に応じ、より配慮された教育が行われることが重要である。

②義務教育

> ○ 義務教育期間9年間、義務教育の授業料無償の規定は、引き続き規定することが適当。

○ 義務教育は、近代国家における基本的な教育制度として憲法に基づき設けられている制度であり、普通教育が民主国家の存立のために必要であるという国家・社会の要請とともに、親が本来有している子を教育すべき義務を国として全うさせるために設けられているものである。このように、国民に教育を受けさせる義務を課す一方、国及び地方公共団体は共同して良質の教育を保障する責任を有しており、義務教育の充実を図っていく必要がある。

○ 義務教育については、憲法の規定を受けて、義務教育期間を9年間と規定するとともに、国公立学校における授業料は無償とすることを定めているが、これについては、引き続き同様に規定することが適当である。

(3) 国・地方公共団体の責務

> ○ 教育は不当な支配に服してはならないとする規定は、引き続き規定することが適当。
> ○ 国と地方公共団体の適切な役割分担を踏まえて、教育における国と地方公共団体の責務について規定することが適当。
> ○ 教育振興基本計画の策定の根拠を規定することが適当。

○ 教育行政の在り方については、現行法は、教育は不当な支配に服してはならないとの原則とともに、教育行政は必要な諸条件の整備を目標として行われなければならないことを定めている。前者については、引き続き規定することが適当である。

教育行政の役割については、地方分権の観点から国と地方公共団体が適切に役割分担していくことが重要となっていることを踏まえて、教育における国と地方公共団体の責務について規定することが適当である。なお、「必要な諸条件の整備」には、教育内容等も含まれることについては、既に判例により確定していることに留意する必要がある。

○ さらに、教育基本法に規定された理念や原則を実現する手段として、教育振興に関する基本計画を策定する根拠となる規定を、教育基本法に位置付けることが適当である。なお、教育振興基本計画の基本的考え方については、次章で述べることとする。

(4) 学校・家庭・地域社会の役割等

①学校

> ○ 学校の基本的な役割について、教育を受ける者の発達段階に応じて、知・徳・体の調和のとれた教育を行うとともに、生涯学習の理念の実現に寄与するという観点から簡潔に規定することが適当。その際、大学・大学院の役割及び私立学校の役割の重要性を踏まえて規定することが適当。
> ○ 学校の設置者の規定については、引き続き規定することが適当。

○ 現行法は、学校の役割については一切規定しておらず、学校教育法において、各学校種ごとの目的、目標が規定されている。

教育の目的を実現する上で、今後とも学校教育は中心的な役割を果たすことが期待されている。特に、今後の学校には、基礎・基本の徹底を通じて生涯にわたる学習の基盤をつくり、共同生活を通じて社会性を身に付けていくこととともに、社会人の再教育など多様なニーズに対応した学習機会の充実を図ることが強く求められている。

また、今後の教育を進めていく上で、学校・家庭・地域社会の三者の連携・協力をより一層強化することが求められており、そのためには、この三者の適切な役割分担が明確にされることが必要である。

このため、学校の基本的な役割について、教育を受ける者の発達段階に応じて、知・徳・体の調和のとれた教育や、豊かな感性をはぐくむ教育を行うとともに、生涯学習の理念の実現に寄与するという観点から簡潔に規定することが適当である。

○ 大学・大学院は、我が国の教育において、高度で専門的な知識を備えた人材の育成を図るとともに、真理の探究を通じて、新たな知見を生み出し、これを活用して文芸学術の進展や社会の発展に貢献することなどにより、現代社会において欠くことのできない大変重要な役割を果たしている。このため、学校の役割について規定する際には、このような大学・大学院の役割の重要性についても十分に踏まえる必要がある。

○ さらに、私立学校は、幼稚園から大学・大学院までの学校教育全体にわたって、我が国の公教育の重要な一翼を担っている。その果たしている役割の大きさにかんがみ、学校の役割について規定する際には、その重要性についても十分に踏まえる必要がある。

○ 現行法は、学校は「公の性質をもつ」ものとし、その設置者の具体的な範囲は学校教育法に委(ゆだ)ねている。学校には、国民全体のために教育を行うという公共性が求められること、また、その設置者には、一定水準の教育条件を確保するために運営の安定性や継続性を担保する能力が求められることを踏まえて、引き続き同様に規定することが適当である。

②教員

> ○ 学校教育における教員の重要性を踏まえて、現行法の規定に加えて、研究と修養に励み、資質向上を図ることの必要性について規定することが適当。

○ 学校教育の成否は、子どもの教育に直接に当たる教員の資質に大きく左右される。教員に対する評価の実施

と、それに応じた適切な処遇の実施や、不適格な教員に対する厳格な対応とともに、養成・採用・研修や免許制度の改善等を通じて、教員の資質の向上を図ることは教育上の最重要課題である。

このような、学校教育における教員の重要性を踏まえて、教育基本法において、国・公・私立学校の別なく、教員が自らの使命を自覚し、その職責の遂行に努めるという現行法の規定に加えて、研究と修養に励んで資質向上を図ることの必要性について規定することが適当である。

また、このためには、教員の身分が尊重され、その待遇の適正を期すことが重要であり、引き続き同様に規定することが適当である。

○ 学校教育においては、子どもが自ら学習に取り組む主体的な存在として尊重され、子どもの学習意欲を引き出し、個性に応じて能力を伸ばすことができるよう教育上配慮されなければならない。同時に、子どもが学習する際には、規律を守り、真摯に学習に取り組むことが重要であり、教員は、子どもにそのような態度を身に付けさせることにより、安心して学習することができる環境を形成するよう努めることが重要である。

③家庭教育

> ○ 家庭は、子どもの教育に第一義的に責任があることを踏まえて、家庭教育の役割について新たに規定することが適当。
> ○ 家庭教育の充実を図ることが重要であることを踏まえて、国や地方公共団体による家庭教育の支援について規定することが適当。

○ 家庭は教育の原点であり、すべての教育の出発点である。親（保護者）は、人生最初の教師として、特に、豊かな情操や基本的な生活習慣、家族や他人に対する思いやり、善悪の判断などの基本的倫理観、社会的なマナー、自制心や自立心を養う上で、重要な役割を担っている。しかし、少子化や親のライフスタイルの変化等が進む中で、過干渉・過保護、放任、児童虐待が社会問題化するとともに、親が模範を示すという家庭教育の基本が忘れ去られつつあるなど、家庭教育の機能の低下が顕在化している。また、父親の家庭教育へのかかわりが社会全体として十分ではない。

○ しかしながら、現行法においては、家庭教育について、社会教育の条文の中に、「家庭教育は……国及び地方公共団体によつて奨励されなければならない」と規定されているにとどまっている。家庭教育の現状を考えると、それぞれの家庭（保護者）が子どもの教育に対する責任を自覚し、自らの役割について改めて認識を深めることがまず重要であるとの観点から、子どもに基本的な生活習慣を身に付けさせることや、豊かな情操をはぐくむことなど、家庭の果たすべき役割や責任について新たに規定することが適当である。なお、その際には、家庭が子どもの教育に第一義的な責任を負っているという観点に十分留意し、最小限の範囲で規定することが適当である。

○ また、教育行政の役割としては、家庭における教育を支援するための諸施策や、国・地方公共団体と企業等が連携・協力して子どもを産み育てやすい社会環境づくりを進めていくことなどにより、家庭における教育の充実を図ることが重要であることを踏まえて、国や地方公共団体による家庭教育の支援について規定することが適当である。

④社会教育

> ○ 社会教育は国及び地方公共団体によって奨励されるべきであることを引き続き規定することが適当。
> ○ 学習機会の充実等を図ることが重要であることを踏まえて、国や地方公共団体による社会教育の振興について規定することが適当。

○ 心の豊かさを求める国民意識の高まりの中で、余暇活動をより豊かにしたり、ボランティア活動に参加するために、必要な知識・技能を身に付けるなどの学習への期待が高まるとともに、長寿化や産業・就業構造の変化の中で、生涯にわたる継続的な学習の重要性が高まっている。このため、社会教育は国及び地方公共団体によって奨励されるべきであることを引き続き規定することが適当である。

あわせて、学習機会の充実等を図ることが重要であることを踏まえて、国や地方公共団体による社会教育の振興について規定することが適当である。

⑤学校・家庭・地域社会の連携・協力

> ○ 教育の目的を実現するため、学校・家庭・地域社会の三者の連携・協力が重要であり、その旨を規定することが適当。

○ 子どもの健全育成をはじめ、教育の目的を実現する上で、地域社会の果たすべき役割は非常に大きい。学校・家庭・地域社会の三者が、それぞれ子どもの教育に責任を持つとともに、適切な役割分担の下に相互に緊密に連携・協力して、教育の目的の実現に取り組むことが重要であり、その旨を規定することが適当である。

○ なお、連携・協力を進めていく上で、これからの学校は、自らの教育活動の状況について積極的に情報提供するなど説明責任を果たしながら、保護者や地域の人々の積極的な参加や協力を求めていくことが重要である。

(5) 教育上の重要な事項
①国家・社会の主体的な形成者としての教養

> ○ 自由で公正な社会の形成者として、国家・社会の諸問題の解決に主体的にかかわっていく意識や態度を涵養することが重要であり、その旨を適切に規定することが適当。
> ○ 学校における特定の党派的政治教育等の禁止については、引き続き規定することが適当。

○ 国民一人一人が、法や社会の規範の意義や役割を単に知識として身に付けるにとどまらず、自由で公正な社会の形成者として、国家・社会の諸問題の解決に主体的にかかわっていく意識や態度を涵養することが重要であり、その旨を適切に規定することが適当である。
○ また、現行法は、学校においては「特定の政党を支持し、又はこれに反対するための政治教育その他政治的活動」を行うことを禁止している。教育の政治的中立を確保するために、学校における特定の党派的政治教育等を禁止することは、今後の教育においても重要な原則として引き続き規定することが適当である。

②宗教に関する教育

> ○ 宗教に関する寛容の態度や知識、宗教の持つ意義を尊重することが重要であり、その旨を適切に規定することが適当。
> ○ 国公立学校における特定の宗教のための宗教教育や宗教的活動の禁止については、引き続き規定することが適当。

○ 教育と宗教とのかかわりについては、大きく、「宗教に関する寛容の態度の育成」、「宗教に関する知識と、宗教の持つ意義の理解」、「宗教的情操の涵養」、「特定の宗教のための宗教教育」といった側面に分けてとらえることができる。
○ 憲法に定める信教の自由を重んじ、宗教を信ずる、又は信じないことに関して、また宗教のうち一定の宗派を信ずる、又は信じないことに関して、寛容の態度を持つことについては、今後とも教育において尊重することが必要である。
○ 宗教は、人間としてどう在るべきか、与えられた命をどう生きるかという個人の生き方にかかわるものであると同時に、社会生活において重要な意義を持つものであり、人類が受け継いできた重要な文化である。このような宗教の意義を客観的に学ぶことは大変重要である。
　また、国際関係が緊密化・複雑化する中にあって、他の国や地域の文化を学ぶ上で、その背後にある宗教に関する知識を理解することが必要となっている。
○ しかしながら、現在、国公立の学校においては、現行法の特定の宗教のための宗教教育を禁止する規定（第9条第2項）を拡大して解釈する傾向があることなどから、宗教に関する知識や宗教の意義が適切に教えられていないとの指摘がある。このため、憲法の規定する信教の自由や政教分離の原則に十分配慮した上で、教育において、宗教に関する寛容の態度や知識、宗教の持つ意義を尊重することが重要であり、その旨を適切に規定することが適当である。
　また、国公立学校において、特定の宗教のための宗教教育や宗教的活動を行ってはならないことについては、引き続き規定することが適当である。
○ 人格の形成を図る上で、宗教的情操をはぐくむことは、大変重要である。現在、学校教育において、宗教的情操に関連する教育として、道徳を中心とする教育活動の中で、様々な取組が進められているところであり、今後その一層の充実を図ることが必要である。
　また、宗教に関する教育の充実を図るため、今後、教育内容や指導方法の改善、教材の研究・開発などについて専門的な検討を行うことが必要である。

(6) その他留意事項
（教育を受ける権利等）
○ 教育の機会均等に関して、現行法に「教育を受ける機会」と規定されているのを、憲法と同様に「教育を受ける権利」と改めてはどうかとの意見があったが、現行法の規定が、憲法上の権利を具体化してそれをより実質化するためには「教育を受ける機会」が確保される施策を進めることが重要である、との趣旨を表現したものであることに十分留意する必要がある。また、「生涯にわたり学習する権利」を規定してはどうかとの意見があったが、生涯学習については、教育全体を貫く基本的な理念として位置付けることが適当と考える。

（義務教育制度の在り方）
○ 義務教育に関して、社会の変化や保護者の意識の変化に対応し、義務教育制度をできる限り弾力的なものにすべきとの観点から、
(ⅰ) 就学年齢について、発達状況の個人差に対応した弾力的な制度
(ⅱ) 学校区分について、小学校6年間の課程の分割や幼小、小中、中高など各学校種間の多様な連結が可能となるような仕組み
(ⅲ) 保護者の学校選択、教育選択などの仕組み
などについて様々な意見が出された。
　これらの事項については、法制上は、学校教育法等において具体的に規定されている就学年齢、学校区分、就学指定等に関する事項であるので、今後、関係分科会等において検討し、実現可能なものについては、学校教育法等の改正などにより対応することが適当である。

3　教育基本法改正と教育改革の推進

○ 本審議会においては、教育の基本的な理念や原則を定める教育の根本法としての教育基本法の意義を十分に踏まえて、教育の諸制度や諸施策を個別に論じるだけでは取り上げにくい、教育の目的や方針、学校教育制度の在り方、家庭教育の役割など、教育の根本的な部分について審議を行い、その結果を取りまとめた。
○ 今後、政府においては、本審議会の答申を踏まえて、教育基本法の改正に取り組むことを期待する。法制化に際しては、国民に分かりやすい明確で簡潔なものとなるよう配慮する必要がある。
　また、教育基本法改正の趣旨が教育制度全般に生かされるよう、学校教育法、社会教育法、生涯学習の振興のための施策の推進体制等の整備に関する法律などに定め

る具体的な制度の在り方や、学習指導要領などの教育全般にわたって見直しを行うことが必要と考える。

特に、学校教育法については、教育基本法改正に合わせて、各学校種ごとの目的、目標に関する規定などについて、見直す必要が生じると考えられる。

○ また、本審議会においては、義務教育制度の在り方や、次章で述べる教育振興基本計画の具体的内容について、今後、関係分科会等において検討を深める必要がある。

第3章　教育振興基本計画の在り方について

1　教育振興基本計画策定の必要性

○ 実効ある教育改革は、教育基本法の理念や原則の再構築とともに、具体的な教育制度の改善と施策の充実、さらに、教育に携わる者、教育を受ける者、国民一人一人の意識改革とがあいまって、初めて実現されるものである。

近年、「環境」、「科学技術」、「男女共同参画」、「食料・農業・農村」、「知的財産」など、行政上の様々な重要分野について、基本法が制定されるとともに、それぞれの基本法に基づく基本計画が策定されている。これらの計画には、施策の基本方針や目標、各種の具体的な施策、施策を推進するために必要な事項等が、総合的・体系的に盛り込まれ、国民に分かりやすく示されており、閣議決定を経て政府全体の重要課題と位置付けられている。

○ しかしながら、昭和22年に制定された教育基本法には、基本計画に関する規定が置かれておらず、現在まで、教育に関する政府全体の基本計画は策定されてこなかった。教職員定数改善計画、国立大学施設整備計画、コンピュータ整備計画、留学生受入れ10万人計画など、個々の施策の計画は策定されてきており、最近では「21世紀教育新生プラン」のように教育施策を体系化して国民に分かりやすく示す試みも行われている。しかし、これらは、文部科学省の施策の枠内で取りまとめられたものであり、政府全体として教育の重要性に明確な位置付けを与え、総合的に取り組む計画とはなっていない。

政府として、未来への先行投資である教育を重視するという明確なメッセージを国民に伝え、施策を国民に分かりやすく示すという説明責任を果たすためにも、教育の根本法である教育基本法に根拠を置いた、教育振興に関する基本計画を策定する必要がある。

○ このため、本審議会は、教育振興基本計画の骨格となる基本的考え方について以下のように提言する。また、教育基本法の改正後、政府において直ちに教育振興基本計画の策定作業に入ることができるよう、計画に盛り込むべき具体的な施策の内容について、今後、本審議会の関係分科会等においてより専門的な立場から検討を行うこととしたい。

なお、計画のイメージをできるだけ分かりやすく示し、関係分科会等での検討に資するため、計画に関して本審議会において出された様々な意見を整理し、参考資料として「今後の審議において計画に盛り込むことが考えられる具体的な政策目標等の例」を添付する。また、中間報告に記述されている「教育振興基本計画に盛り込むべき施策の基本的な方向」や計画について寄せられた意見・要望についても、実際に計画を策定する際には十分参考にしてほしい。

教育基本法改正後、同法の理念や原則を実現するために必要な諸施策の実施につき、関係府省に対しても幅広く協力を求め、政府全体として教育振興基本計画を速やかに策定されることを期待する。

2　教育振興基本計画の基本的考え方

(1)　計画期間と対象範囲

○ 計画期間については、科学技術の進展や、社会や時代の変化が急速であることにかんがみて、あまり長期になることを避け、おおむね5年間とすることが適当であると考える。また、計画期間内に定期的に政策評価を実施し、その結果を踏まえ必要に応じ見直しを行うものとする。なお、従来の教育関係の個別の計画には5年間程度を計画期間とするものが多いが、それらとの整合を図る必要がある。

計画の対象範囲は、原則として教育に関する事項とし、教育と密接に関連する学術やスポーツ、文化芸術教育等の推進に必要な事項も、この計画に含めるものとする。

(2)　これからの教育の目標と教育改革の基本的方向

（これからの教育の目標）
○ 教育振興基本計画では、教育の目標と、その目標を達成するための教育改革の基本的方向を明らかにする必要がある。「これからの教育の目標」については、第1章で述べたように、例えば以下のとおりとすることが適当と考える。
①自己実現を目指す自立した人間の育成
②豊かな心と健やかな体を備えた人間の育成
③「知」の世紀をリードする創造性に富んだ人間の育成
④新しい「公共」を創造し、21世紀の国家・社会の形成に主体的に参画する日本人の育成
⑤日本の伝統・文化を基盤として国際社会を生きる教養ある日本人の育成

（教育改革の基本的方向）
○ 「教育改革の基本的方向」については、上記の教育の目標と第2章で述べた教育基本法改正の視点を勘案して、例えば以下のとおりとすることが適当と考える。
①信頼される学校教育の確立・一人一人の個性・能力を涵養する教育の推進
・豊かな心をはぐくむ教育の推進
・健やかな体をはぐくむ教育の推進

・グローバル化、情報化等社会の変化に的確に対応する教育の推進
② 「知」の世紀をリードする大学改革の推進
③ 家庭の教育力の回復、家庭・学校・地域社会の連携・協力の推進
④ 生涯学習社会の実現

(3) 政策目標の設定及び施策の総合化・体系化と重点化

○ 計画においては、これからの教育の目標と教育改革の基本的方向を踏まえて、中長期的に今後の社会の姿を見通しながら、今後おおむね5年間に重点的に取り組むべき分野・施策を明確にするとともに、具体的な政策目標と施策目標を明記する必要がある。これらの目標の策定に際しては、国民に分かりやすいものとすることが重要である。また、施策目標のうち可能なものについてはできる限り数値化するなど、達成度の評価を容易にし、施策の検証に役立つよう留意する必要がある。

○ 計画の策定に当たっては、施策の総合化・体系化、政策効果についての十分な検証を踏まえた施策の優先順位の明確化と施策の重点化、これまでの答申等における提言の実現状況等に十分留意しつつ、例えば、以下に掲げるような基本的な教育条件の整備について、その方向性を明確に示していく必要がある。

・「確かな学力」の育成
　国と地方の適切な役割分担の下、教職員配置の見直し等を通じた少人数指導や習熟度別指導など個に応じたきめ細かな指導の推進により、基礎的・基本的な知識・技能、学ぶ意欲や考える力などの「確かな学力」を育成する。

・良好な教育環境の確保
　初等中等教育から高等教育までを通じた学校施設の耐震化・老朽化対策などの整備・充実等を通じ、良好な教育環境を確保する。

・教育の機会均等の確保
　次代を担う意欲と能力のある人材を育成するため、奨学金制度の充実等を通じ、教育の機会均等を確保する。

・私立学校における教育研究の振興
　我が国の教育において私立学校が果たす役割の重要性等にかんがみ、私学助成等を通じた良好な教育研究環境の整備を図り、特色ある教育を展開する私立学校の振興を図る。

・良好な就学前教育環境の整備
　幼児期から「生きる力」の基礎を育成する環境を整備するため、幼稚園と小学校などとの連携・協力を推進するとともに、地域社会や家庭の多様なニーズに対応しつつ、就学前の幼児がそのニーズに応じた教育を適切に受けられるようにする観点から、幼稚園と保育所との連携・協力を推進する。

(4) 計画の策定、推進に際しての必要事項

(教育投資の充実)
○ 教育は、個人の生涯を幸福で実りあるものにする上で必須のものであると同時に、社会を担う人材を育成することにより、我が国の存立基盤を構築するものである。今後、我が国が国家戦略として人材教育立国、科学技術創造立国を目指すためには、計画に定められた施策を着実に推進していく必要がある。一方、現在の厳しい財政状況の下で、未来への先行投資である教育投資の意義について、国民の支持・同意を得るためには、今まで以上に教育投資の質の向上を図り、投資効果を高めることにより、その充実を図っていくことが重要である。そのためには、上記で述べたように、施策の総合化・体系化、また重点化によって教育投資の効率化に努めるとともに、政策評価の結果を適切に反映させる必要がある。

(国と地方公共団体、官民の適切な役割分担)
○ 計画の策定に際しては、教育における地方分権、規制改革を一層推進するとともに、教育の機会均等や全国的な教育水準の維持向上を図る観点から、国が責任を負うべき施策と地方公共団体が責任を負うべき施策とを明確に区別した上で、相互の連携・協力が図られるようにする必要がある。また、職業能力開発、高度専門職業人の教育訓練など関係行政分野との連携・協力に努めるとともに、行政と民間との間の適切な役割分担、連携・協力にも配慮することが大切である。

(政策評価の実施)
○ 政策評価を定期的に実施し、政策目標や施策目標の達成状況、投資効果を明らかにするとともに、その結果を計画の見直しや次期計画に適切に反映させていく必要がある。また、国民に対する説明責任を果たすため、評価結果の積極的な公開を行うとともに、国民からの意見を計画に適切に反映させることが大切である。

(参考) 今後の審議において計画に盛り込むことが考えられる具体的な政策目標等の例

(1) 信頼される学校教育の確立

① 一人一人の個性・能力を涵養する教育の推進
○ 児童・生徒の学習到達度を調査するための全国的な学力テストを実施し、その評価に基づいて学習指導要領の改善を図る。「確かな学力」を育成し、国際的な学力調査 (PISA/IEA など) での上位成績を維持する。
○ 少人数指導や習熟度別指導など個に応じたきめ細かな指導を推進して、分かる授業を行い、学ぶ意欲を高めるとともに、楽しい学校生活を実現する。
○ 学習障害 (LD)、注意欠陥／多動性障害 (ADHD) 等への教育的対応を含めた特別支援教育体制の構築を図る。
○ 当面、高等学校の通学範囲に少なくとも1校を目標

に中高一貫教育校の設置を推進するとともに、小中一貫、幼小一貫など弾力的な学校種間連携等を積極的に推進する。

○ 教育委員会と大学の教員養成系学部との連携による教員養成や研修の効果的実施、教員の能力、実績を適切に評価するシステムの導入等を通じて、教員間の切磋琢磨を促し、教えるプロとしての使命感と能力を備えた優れた教員を育成・確保する。あわせて、学校職員の資質の向上を図る。

○ 学校施設の耐震化の推進など良好な教育環境の確保を進めるとともに、学校の安全管理の徹底を図る。

○ 私立学校における独自の建学の精神に基づく特色ある教育と多様な教育研究の振興を図る。

②豊かな心をはぐくむ教育の推進

○ 地域の人材の活用や体験活動等を通じて、道徳教育の充実を図る。

○ いじめ、校内暴力の「5年間で半減」を目指し、安心して勉強できる学習環境づくりを推進する。また、不登校等の大幅な減少を目指し、受入れのための体制づくりを推進する。

○ 学校、市町村、都道府県等の各段階における教育相談体制の整備を図り、子どもの心のケアを充実する。

○ 学校における司法教育の充実を図り、すべての子どもに、自由で公正な社会の責任ある形成者としての資質を育てる。

○ 宗教に関する教育について専門的な検討を行い、教育内容の改善、指導方法や教材の研究・開発の充実を図る。

○ 伝統文化や現代文化を鑑賞し、体験する機会の充実を図るなど文化芸術に関する教育の充実を図る。

○ 小学校就学前のすべての子どもが適切な幼児教育を受けることができるよう幼児教育体制の充実を図る。また、幼稚園・保育所と小学校以降の教育との連携の強化を図る。

○ 「職場体験学習」など、学校と職業生活との接続を改善し、将来の職業や働き方、生き方を考えさせる教育を、初等中等教育の各段階を通じて実施する。

③健やかな体をはぐくむ教育の推進

○ 生涯にわたって積極的にスポーツに親しむ習慣や意欲、能力を育成するため、教員の指導力の向上、優れた指導者の確保、運動部活動の改善・充実を図る。

○ 子どもの体力や運動能力の低下に歯止めをかけ、上昇傾向に転じさせることを目標として、子どもの体力向上を推進する。

○ 子どもたちに生涯にわたる心身の健康の保持に必要な知識や適切な生活習慣等を身に付けさせるための健康教育を推進する。

④グローバル化、情報化等社会の変化に的確に対応する教育の推進

○ 高校卒業段階で英語で日常会話ができ、大学卒業段階では英語で仕事ができることを目標とした英語教育など、外国語教育の充実を図る。TOEFL等の客観的な指標に基づく世界平均水準の英語力を目指す。大学入試センター試験に平成18年度入試から外国語リスニングテストを導入する。

○ 教員の国際性を涵養するとともに、教員の国際教育協力の経験や異文化体験等を生かした教育を実践することにより、児童生徒の国際理解を促進する。

○ 知識社会・高度情報化社会を生きる子どもの情報活用能力の向上を目標とし、新しい教材・教育用コンテンツ（インターネットや電子媒体等における情報の内容）の充実を図るとともに、すべての学校の教室への校内LANの設置等による校内ネットワーク化、光ファイバー、ADSL等によるインターネットの高速化を行うなどにより、学校の情報通信環境の整備を推進する。

○ 生涯にわたり自立的な生活を全うすることができるよう、経済をはじめ広く社会の仕組みに関する学習の機会を充実する。

(2) 「知」の世紀をリードする大学改革の推進

○ 大学改革の流れを加速し、活力に富み国際競争力のある大学づくりを目指すため、国立大学の法人化など大学の構造改革を推進する。

○ 世界水準の教育研究成果の創出及び確保を目標として、大学等の施設整備を推進する。

○ 高等教育機関の活性化を図るため、各大学において具体的目標を定め、教員の公募制・任期制の導入の推進を図るほか、教員の自校出身者比率の低下や大学院入学者中の他大学出身者の割合の増加についての数値目標の設定など、各大学において具体的な目標を定め、教員・学生の多様性を高める。

○ 学校管理職への女性の登用や大学・大学院における女性教員比率等の飛躍的な向上を促進する。

○ 「留学生受入れ10万人計画」に続く新たな留学生政策を早期に策定し、高等教育の国際化及び国際競争力の強化等に資する留学生施策を推進する。

○ 奨学金の充実など学生支援の推進を図る。

○ 安易な卒業をさせないよう学生の成績評価を厳格化し、高等教育修了者にふさわしい学生の質（基礎的な教養、専門的な学力、人生観と世界観など）を保証する大学教育の実現を図る。

○ 優れた研究教育拠点形成等の重点的な支援とともに、博士課程学生、ポストドクター（博士課程修了者）支援の充実など優れた若手研究者の育成を推進する。

○ 国際的な通用性等を踏まえた高等教育機関の質を確保するための第三者評価システムの構築を推進する。

○ 産学官連携を推進する。

○ 研究開発成果等の知的財産の創出、保護、活用等を推進する。

○ 大学・大学院等への社会人の受入れを拡大するため、

社会人特別選抜制度や夜間大学院、昼夜開講制、長期履修学生制度の充実、サテライト教室の設置など、社会人の再教育を推進する。

(3) 家庭の教育力の回復、学校・家庭・地域社会の連携・協力の促進

○ 希望する保護者が全員参加できることを目指し、家庭教育に関する学習機会の提供や子育て支援ネットワークの形成等、家庭教育の充実のための環境を整備する。企業等に対して、雇用環境の整備など家庭教育の充実に向けた取組を要請する。
○ 学校の教育活動等に対する保護者や地域住民の参加・協力を促進する。
○ 小・中学校で全員が体験することを目指し、地域におけるボランティア活動や自然体験活動などの奉仕活動・体験活動の機会を充実する。
○ すべての子どもが自主的に読書活動を行うことができるよう、家庭、地域、学校を通じた、子どもが読書に親しむ機会の提供、図書やその他の情報資料の整備などの諸条件の充実等、環境の整備を推進する。

○ 青少年を取り巻く有害環境の問題について、関係業界に対する一層の自主規制の要請や経済団体に対する協力要請とともに、有害情報や情報活用能力の問題への取組を推進する。

(4) 生涯学習社会の実現

○ 地域の教育施設を活用した学習機会の提供等、社会・経済の変化や個人の学習ニーズに柔軟に対応し、生涯を通じ必要な時に必要な学習ができる環境づくりを推進する。
○ 学校、地域等あらゆる場面を通じて、男女共同参画社会の理念の理解とその実現に向けた学習機会の充実を図る。
○ 生涯にわたる学習活動の成果の評価・認証体制を整備する。
○ 生涯スポーツ社会の実現のために、住民が主体的に参画する地域のスポーツクラブの育成を促進し、それぞれの技術や体力に応じてスポーツに親しむことのできる環境を整える。

今後の生涯学習の振興方策について（審議経過の報告）
［中央教育審議会生涯学習分科会］平成16（2004）年3月29日

はじめに

平成15年3月の中央教育審議会の答申「新しい時代にふさわしい教育基本法と教育振興基本計画の在り方について」においては，少子高齢化社会の進行などの社会の大きな変化の潮流を踏まえ，我が国の教育を新しい時代にふさわしいものにすることの必要性について提言され，教育の基本理念として生涯学習の理念を明確化することや，家庭教育の支援，社会教育の振興の重要性が提言された。

このことを踏まえ，中央教育審議会生涯学習分科会においては，平成15年7月から，生涯学習の振興方策全般について，委員間の自由討議，都道府県等の関係者や文部科学省内関係各局・文化庁，関係各省等からのヒアリング，課題別討議等，計13回に及ぶ審議を行ってきた。

本報告は，これまでの審議の際に出た意見をまとめ，とりあえず，生涯学習の振興方策に関する「審議経過の報告」として，総会に提出するものである。

I これまでの生涯学習振興施策の経緯と課題

1．これまでの生涯学習振興施策の経緯

(1) ユネスコの提言
　生涯教育の考え方は、昭和40年のユネスコの成人教育に関する会議において、人生の諸段階、生活の諸領域におけるフォーマル、ノンフォーマル、インフォーマルな教育・学習のすべてを含む総合的・統一的な概念として初めて提案されて以来、国際的に普及してきたものである。

(2) 昭和56年の中央教育審議会答申
　我が国では、昭和56年の中央教育審議会（以下「中教審」という。）答申「生涯教育について」において、初めて本格的に生涯学習の考え方を取り上げている。この答申では、「今日、変化の激しい社会にあって、人々は、自己の充実・啓発や生活の向上のため、適切かつ豊かな学習の機会を求めている。これらの学習は、各人が自発的意思に基づいて行うことを基本とするものであり、必要に応じ、自己に適した手段・方法は、これを自ら選んで、生涯を通じて行うものである。この意味では、これを生涯学習と呼ぶのがふさわしい。この生涯学習のために、自ら学習する意欲と能力を養い、社会の様々な教育機能を相互の関連性を考慮しつつ総合的に整備・充実しようとするのが生涯教育の考え方である。」と指摘している。

(3) 臨時教育審議会答申
　昭和59年から62年にかけての臨時教育審議会の4次にわたる答申においては、「生涯学習社会の実現」が、「個性重視の原則」、「国際化、情報化などの変化への対応」と並ぶ教育改革の3つの基本理念の一つとして提言された。

(4) 生涯学習に係る体制の整備
　生涯学習に係る体制の整備については、昭和63年に、文部省（当時）に生涯学習を担う局が置かれた。また、平成2年に、「生涯学習の振興のための施策の推進体制等の整備に関する法律」（以下「生涯学習振興法」という。）が制定されたこと等により、文部省（当時）に生涯学習に係る機会の整備に関する重要事項を調査審議する生涯学習審議会（以下「生涯審」という。平成13年1月の中央省庁再編により、中教審生涯学習分科会に再編。）が設置された。

さらに、現在、すべての都道府県に生涯学習担当部局が設置され、37都道府県に生涯学習審議会が設置されている。平成11年には、全国生涯学習市町村協議会が発足し、現在216市町村が加盟している。このように、都道府県及び市町村における生涯学習振興のための体制の整備等は一定程度進展してきている。

(5) 近年の動き（略）

２．生涯学習振興施策の課題

これまでの取組を踏まえつつ、今後、生涯学習振興施策を進めるに当たって、次のような課題について意見等があったところである。
① 生涯学習が、家庭のもつ教育機能をはじめ、学校教育、社会教育、さらには民間の行う各種の教育・文化事業・企業内教育等にわたるあらゆる教育活動、及び、スポーツ活動、文化活動、趣味・レクリエーション活動、ボランティア活動などにおける学習の中でも行われるものであるということが、都道府県、市町村等の関係者や国民の間に共通認識として浸透していない。また、「生涯学習」と「社会教育」との混同が見られる。
② 生涯学習を担当する行政や公民館・図書館・博物館等の社会教育施設等の関係機関の取組が、現在の社会の要請に必ずしも適合していない面がある。
③ 学習機会の提供や、学校、公民館・図書館・博物館等の社会教育施設、民間教育事業者、社会教育関係団体、NPO等（以下「関係機関・団体等」という。）の間の連携、学習成果の評価・活用についても、今後の課題として指摘されている。
④ これらは、これまで、生涯学習に係るその時点で緊急的と考えられる課題に焦点が当てられ、生涯学習振興の基本的考え方が必ずしも明確に示されていなかったことに一因がある。

II　今後の生涯学習振興方策の基本的方向

１．生涯学習を振興していく上での基本的考え方

我々は、「人々が、生涯のいつでも、自由に学習機会を選択して学ぶことができ、その成果が適切に評価される」ような「生涯学習社会」の実現を目指すということを共通認識とし、生涯学習が、学校教育、家庭教育、社会教育など人の生涯を通じた幅広い学習機会の場で行われるものであることを確認した。
　そのような生涯学習社会は、①教育・学習に対する個人の需要と社会の要請のバランスを保ち、②人間的価値の追求と職業的知識・技術の習得の調和を図りながら、③これまでの優れた知識、技術や知恵を継承して、それを生かした新たな創造により、絶えざる発展を目指す社会である。

(1) 「個人の需要」と「社会の要請」のバランス
　個人的な興味、関心、希望などを充たすべく、教育・学習の機会を活用する場合には、個人的要求が中心となりがちであり、ともすれば、社会にとって必要なことへの関心や対応が欠如しがちである。
　社会の存続を図るためには、社会に共通の課題に取り組む必要がある。しかし、それは、必ずしも個人の興味・関心に合致しないことが多いが、それへの取組を怠ると、社会的に様々な問題の発生につながるおそれが生ずる。
　したがって、生涯学習振興にあっては、個人の需要と社会の要請の両者のバランスを保つことが必要である。

(2) 「人間的価値」と「職業的知識・技術」の調和
　21世紀は、これまでになく変化の激しい時代になると言われ、誰もが生きがいを持ち、働くことに意味を見出して充実した人生を送るためには、生涯を通じての学習がより一層重要な意味を持つようになる。その場合には、芸術・文化・スポーツ、趣味、教養、生きがいとなるもの、人間的なつながりなどの人間的価値（人間の持つよさ）を追求する学習と、財やサービスなどの経済的価値を生みだすための職業的知識・技術を習得する学習が調和的に行われる必要がある。

(3) 「継承」と「創造」

いつの時代でも、伝統を継承しつつ、新たな創造をしていくことは必要であるが、これからの知識社会、高度情報通信社会にあっては、蓄積された知識・技術、情報を生かして新たな創造や工夫につながる生涯学習が求められている。

継承が必要なのは、学問、芸術、スポーツなどが生み出した成果だけではない。我が国が長年にわたって培ってきた優れた文化などもそうである。新たな創造という場合も、科学・技術に限らず、生活全般にわたっての創造である。

21世紀の我が国は、このような継承と創造によって社会の発展を図る必要がある。

2．生涯学習を振興していく上で今後重視すべき観点

上述の3つの基本的考え方に基づき、現在の状況を勘案すると、本分科会では、今後、生涯学習を振興する上で特に重視すべき観点として、次の5つの観点を取り上げることとした。これら5つの観点は、3つの基本的考え方のいずれとも深いかかわりをもっている。

```
今後の生涯学習を振興していく上での基本的考え方
①「個人の需要」と「社会の要請」のバランス
②「人間的価値」と「職業的知識・技術」の調和
③「継承」と「創造」
            ↓
生涯学習を振興していく上で今後重視すべき観点
1．国民全体の人間力の向上
2．生涯学習における新しい「公共」の視点の重視
3．人の成長段階ごとの政策の重点化
4．国民一人ひとりの学習ニーズを生かした、広い視野に立った多様な学習の展開等
5．ITの活用
```

図1：基本的考え方と今後重視すべき観点の関係図

(1) 国民全体の人間力の向上

平成14年に出された政府の「経済財政運営と構造改革に関する基本方針 2002」においては、「経済成長も、社会の安定も結局は「人」に依存する。能力と個性を磨き、人と人の交流・連携の中で相互に啓発されることを通じて、一人一人の持つ人間力が伸び伸びと発揮され、活力あふれる日本が再生する。人間力の向上のために、一人一人の基礎的能力を引き上げるとともに、世界に誇る専門性、多様性ある人材を育成し、国としての知識創造力を向上させる。また、職場、地域社会等での交流や対話を深め、人を育む豊かな社会を構築する。」とされている。

生涯学習は本来個人の領域に属するものではあるものの、こうした自立した個人の資質・能力の向上を通して、国民全体の資質・能力の向上を図っていくためには、学校教育で培われる基盤の上に、各人が生涯を通じて学習していけるような環境づくり、すなわち、あらゆる人々が、いつでも、どこでも生涯学習に取り組むことができるよう環境を整備していくことが必要である。

また、現代社会を不安定にしている要因の一つとして、経済的格差の拡大、それによる社会階層の二極分化とその固定化という問題があると指摘されている。すなわち、内容の充実した学習や事業への参加の機会を提供してもそれを活用しようと思わない、あるいはできない人々の問題があることが指摘されている。例えば、子育てを放棄しているような親、働く力はあるのに働こうとしない人など、かつての貧しい中から国民が豊かさを求めて立ち上がろうとしていた時代には大きく問題にならなかった人々が近年増加し、これが社会の不安定感、閉塞感を助長している。こうした人々の人間力の向上について、国や地方公共団体は十分に留意しつつ、国民全体の人間としての資質・能力の向上を確保することが求められていると考えられる。

さらに、国や地方公共団体の資源が財政面を含めて著しく制約されている中で、生涯学習振興を考える視点として、国民の生活の質の向上をできるだけ少ないコストで向上させるという視点も重要である。

(2) 生涯学習における新しい「公共」の視点の重視

　平成15年3月の中教審答申の柱の一つとして、新しい「公共」の創造、国家・社会の形成に主体的に参画する日本人の育成ということが提言された。このように、現在、社会を形成する自立した個人の育成が課題であると同時に、自らが社会づくりの主体となって社会の形成に参画する「公」の意識を持つことが重要になっている。こうした「公」の意識は、個人の人格形成のすべての段階において、あらゆる機会の中ではぐくまれることが期待されるものである。生涯学習にあっては、個人の需要に基づく学習を進め、学習の成果を社会で生かそうとする中で、そのような意識を持つようになることも期待される。

　また、社会の現状を見たとき、「行政が主導して住民に学びの機会を提供する」ということよりも、個人が主体となって社会に働きかけていくということが重要になってきている。

　したがって、国、都道府県、市町村をはじめ、関係機関・団体等が生涯学習の振興を進めるに当たっては、国民各個人が可能な限り、職業を持つことなどにより、自立し、社会において健康で文化的に生涯を送ることが重要である。それとともに、社会を構成する国民として社会に主体的に参加・参画することにより、新しい「公共」を形成するという視点により社会をつくり、社会の活性化を図るということを目的とすることも重要である。すなわち、これまでの、ともすれば行政に依存しがちな発想を転換し、個人やNPO等の団体が社会の形成に主体的に参画し、互いに支え合い、協力し合うという互恵の精神に基づく、新しい「公共」の観点に視点を向けることが必要である。

(3) 人の成長段階ごとの政策の重点化

　国や地方公共団体、関係機関・団体等は、人が成長する各段階、すなわち、出生から乳児期、幼児期から就学前、小中学校、高校、大学から大学院、社会人、中高年、老年期などにおける課題を明らかにすることが求められる。その上で、実施主体間の役割分担を明確にし連携を図り、緊急かつ重大なものに対して、現有の教育関係の資源をどのような形で有効活用するかということについて、重点的に対応することが求められる。例えば、①乳幼児期から小学校期における、子ども同士の交流のみならず、大人たちとの交流の場づくり、②若者、中高年層の職業能力の向上、③子育て期の親に対する家庭教育支援、④社会保障制度を維持していく観点からの中高年期から老年期の健康づくりなどに力を入れることが重要ではないかと考える。

　すなわち、国や地方公共団体等が、国民が生涯の成長段階において最低限持つべき「人間力」が何かを認識することと、国民が各段階において人間力を高めていくための契機となる場を提供することなど、何をすべきかを共通理解していくことが求められる。さらに、国はそのための広報活動等を行っていくことが必要と考えられる。

(4) 国民一人ひとりの学習ニーズを生かした、広い視野に立った多様な学習の展開等

① 特定の世代の人だけではなく、若者を含むあらゆる層の学習者の多様なニーズ（需要）に対応し、人間的価値の追求と職業的な知識・技術の習得の実現に資するようにすることが必要である。特に、働き盛りの世代、中でも、職業生活、地域生活等の様々な活動と家庭生活との両立等の課題を持つ人々に対応することが重要である。このため、誰でも、いつでも、どこでも学べるように、大学や公民館、図書館等の改善を図ることが必要である。また、国民一人ひとりの学習ニーズを生かした、個々人が利用しやすく、学習意欲が高まるような学習機会の提供等を図っていくことが必要である。

② 市町村等において、あらゆる資源の把握と有効活用を図ることが必要である。学習の資源としては、学校、公民館、図書館、博物館、生涯学習推進センター、青少年教育施設、文化施設、スポーツ施設等の教育施設のみならず、児童館等の福祉施設、さらには、商店街や神社・寺院、公園などの地域にある身近なものや、山林、河川などの自然なども活用することができる。

　　また、地域の様々な学習情報や、高齢者や大学生、保護司、PTA、青少年関係団体、スポーツ指導者などの地域の人材を把握し、積極的に発掘することにより、学習者に提供することが重要である。

③ 学校教育におけるやり直し、学び直しができる体制づくりを図ることが必要である。また、廻り道や試行錯誤が許容される社会づくりを図ることが必要である。日本の社会は、年齢主義による入学・就職システムがいまだ主流となっており、学校教育における学び直しや職業生活の再チャレンジができにくいという面がある。したがって、生涯学習の振興を進めていく上で、高等学校段階を終了した後での入学留保制度の導入、海外留学、ボランティア休学、労働体験、社会体験などの「自分探し」や、進路の試行錯誤をすることが許容される社会づくりと、学歴社会から学習歴社会への移行が必要である。

④ 生涯学習の振興を考える場合、新たに教える、学ぶという視点だけではなく、人生の各段階の活動・体験の中に人格形成に当たって有益に働く面と不適切に働く面の両方があることに配慮するという視点を持つこ

とが必要である。例えば、テレビが提供する情報には有益なものも多い反面、幼児期にテレビを見る時間が長過ぎると、それ以降、対人関係をつかさどる感情が阻害されるといった知見が発表されていることもその例と言える。情報化社会には光と影の両面があり、情報を活用する力とともに批判的に読み解く力を身に付けさせることが重要である。

⑤ 人格形成にあたって、「子どもの姿は、大人の姿を写した姿である」と言われるように、大人の社会規範の低下についても十分留意することが必要である。

(5) ITの活用

情報通信技術の急速な発展を踏まえ、ITの活用を大幅に拡充することにより、時間的・空間的な制約を越えて、いつでも、どこでも、誰でも学べる生涯学習社会の実現に向け、大きな発展を図ることが期待される。

①生涯学習へのアクセス

現在、政府全体で、情報インフラ（社会基盤）の整備を全国規模で着実に進めているところであるが、ITの活用については、国民に等しく学習機会を提供するという学習機会の地域格差を是正するという効果がある。富山県などの一部地域で発展してきたインターネットを活用した市民講座の活動としての「インターネット市民塾」のような先進的な事例によれば、ITを有効に活用することにより、働き盛りの世代など幅広い層の学習参加が促進されている。また、市民の生涯学習への意欲や興味・関心が高まり、積極的に地域の公民館等における集団での学習に参加するきっかけづくりにも寄与している。そこで、今後、こうした取組を全国、各地域に普及・定着させていくための、国や都道府県の支援の充実を図っていくことが必要と考えられる。

なお、職業教育を含む日本の教育においては、不登校の児童生徒や、高校中退者、フリーター等の再教育の場があまり多くない実態にある。今後の生涯学習社会においては、やり直し、学び直しができる教育が求められていると考えられるため、今後、情報化が進む中で、学び直しの手段として、対面による教育のほか、インターネットや、テレビ等のメディアを活用した教育も重視することが必要と考えられる。

②学習資源の創造・蓄積・共有・循環

各地域には、学びの対象となる特色ある地域の「知識財」が豊富に存在している。これらを把握した上で発掘し、学習資源として広く共有していくためには、都道府県や市町村における生涯学習推進センター等において、歴史的背景や学術的価値に関する情報、関連する生涯学習の講座の情報等を付加した上で、体系的な収集・蓄積を推進していくことが重要である。

また、各地域や個人が自ら創り上げ、自ら探した学習資源を発信することや、これらの学習資源を利用した学習者が更に自らの学習成果を付け加えていくことにより、創造、発信、蓄積、共有の循環が生まれ、より深みのある学習資源が形成されることが期待される。そこで、こうした循環を促進するための方策について、著作権に関する事項も含め検討することが重要である。

さらに、インターネット上での学校教育をはじめとした生涯学習関連情報を収集・提供している「教育情報ナショナルセンター」等の機能を充実させ、利用者の立場に立って学習内容を提供していくことも重要である。

③ネット・コミュニティの形成

ITの活用は、個々の学習者の利便性の向上に資するのみならず、地域や個人からの情報発信が活性化することにより、ITなくしては実現しなかった、人と人との交流を促す媒体としての役割を担うものである。また、同じテーマについて関心を持ったり悩んだりしている他地域の学習者との接点が生まれたり、思いがけない才能を持った隣人の発見につながることもある。ITの活用により、全国や各地域における「ネット・コミュニティ」が形成され、人と人との交流を通じた学習の深化が促され、新たな価値観が創出されることが期待される。

また、成熟した情報化社会を構築していくためには、ITを利用した学習活動を振興することはもとより、ITそのものの可能性や成り立ちを理解することや、ITを活用した効果的なコミュニケーションの在り方の学習を充実することが必要と考えられる。

Ⅲ 近年の社会の変化と今後の重点分野

1．従来の重点分野（略）

2．近年の社会の変化（略）

3．今後の重点分野

上記の5つの観点と近年の社会の変化を踏まえ、我々は、今後、特に、重点的に取り組むべき分野として議論した中では、次の5点を重要と考えた。
　①職業能力の向上
　②家庭教育への支援
　③地域の教育力の向上
　④健康対策等高齢者への対応
　⑤地域課題の解決

生涯学習を振興していく上で今後重視すべき観点	今後重点的に取り組むべき分野
1. 国民全体の人間力の向上 2. 生涯学習における新しい「公共」の視点の重視 3. 人の成長段階ごとの政策の重点化 4. 国民一人ひとりの学習ニーズを生かした，広い視野に立った多様な学習の展開等 5. ITの活用	① 職業能力の向上 ② 家庭教育への支援 ③ 地域の教育力の向上 ④ 健康対策等高齢者への対応 ⑤ 地域課題の解決

図2：今後重視すべき観点と今後重点的に取り組むべき分野との関係図
（今後重視すべき観点については、図1の関係図を参照）

(1) 職業能力の向上

　職業能力の向上を図るためには、学校教育段階から、勤労観・職業観の育成を図るとともに、社会教育施設等においても、若者や働き盛りの世代の人のための職業能力の向上につながる学習支援を充実していくことが重要である。
　この際、フリーターなどの中でも、就きたい職が見つからない若者、自分がどう生きたらよいのか分からないといったことのために自分探しをしている若者などが多数存在しているとの指摘があるため、こうした人への対応を検討していく必要がある。また、働く期間が長期化していることに対応し、高齢者の職業能力を高めていくとともに、男女ともに、生き方を主体的に選択し、生涯にわたり学び、力を付け、その成果を生かして様々な分野で能力を発揮できるような学習環境の整備を図ることにより、男女共同参画社会の形成を促進するという視点も重要である。

(2) 家庭教育への支援

　家庭の教育力の向上を図るためには、学校や地域において、できるだけ早い段階から、親になるための学習の充実を図るとともに、親になった後も、広く子どもから学び、仲間同士の親とも学び合うことなどにより、地域全体で学び合って、親が親として育ち、力をつけるような学習を大幅に充実するための方策を検討することが必要である。

(3) 地域の教育力の向上

　子どもが「生きる力」をはぐくむためには、学校、家庭、地域が相互に連携しつつ、家庭や地域社会における教育力を充実させ、社会全体で子どもを育てていくことが重要である。このため、異年齢の子どもや異世代の地域の人々とのかかわりの中で、様々な体験の機会を提供し、子どもの自主性・創造性・社会性を涵養するとともに、触れる・体験するといった感覚を通して情操を養うなど、地域の大人の力を結集して子どもを育てる環境を整備することが求められる。

(4) 健康対策等高齢者への対応

　元気な高齢者づくりのためには、様々な生活の場や企業の中で気軽に体を動かすことから始め、地域全体が健やかな意思と健康な体を持つための取組が求められる。

また、高齢化する地域社会を活性化していくためには、高齢者の学習活動について、生きがいづくりとともに、能力開発関係のものなども含めて、高齢者の多様な学習ニーズにこたえるとともに、学習成果を活用できる機会を充実していくことが求められる。

(5) 地域課題の解決

各地域において、まちづくりや地域の文化の継承・創造、自然環境の保全、地域に根ざした経済活動の活性化の促進、介護・福祉、男女共同参画等の現代の切実な地域の課題に適切に対応していくことにより、個性豊かな活力ある地域社会を築いていく必要がある。

| IV 関係機関・団体等の活動の活性化のために | (略) |

| V 国・地方公共団体の今後の役割等 | (略) |

教育基本法（平成18年法律第120号）
（平成18年12月22日公布、施行）

前　文

　我々日本国民は、たゆまぬ努力によって築いてきた民主的で文化的な国家を更に発展させるとともに、世界の平和と人類の福祉の向上に貢献することを願うものである。

　我々は、この理想を実現するため、個人の尊厳を重んじ、真理と正義を希求し、公共の精神を尊び、豊かな人間性と創造性を備えた人間の育成を期するとともに、伝統を継承し、新しい文化の創造を目指す教育を推進する。

　ここに、我々は、日本国憲法の精神にのっとり、我が国の未来を切り拓く教育の基本を確立し、その振興を図るため、この法律を制定する。

　　第1章　教育の目的及び理念

（教育の目的）
第1条　教育は、人格の完成を目指し、平和で民主的な国家及び社会の形成者として必要な資質を備えた心身ともに健康な国民の育成を期して行われなければならない。
（教育の目標）
第2条　教育は、その目的を実現するため、学問の自由を尊重しつつ、次に掲げる目標を達成するよう行われるものとする。
　一　幅広い知識と教養を身に付け、真理を求める態度を養い、豊かな情操と道徳心を培うとともに、健やかな身体を養うこと。
　二　個人の価値を尊重して、その能力を伸ばし、創造性を培い、自主及び自律の精神を養うとともに、職業及び生活との関連を重視し、勤労を重んずる態度を養うこと。
　三　正義と責任、男女の平等、自他の敬愛と協力を重んずるとともに、公共の精神に基づき、主体的に社会の形成に参画し、その発展に寄与する態度を養うこと。
　四　生命を尊び、自然を大切にし、環境の保全に寄与する態度を養うこと。
　五　伝統と文化を尊重し、それらをはぐくんできた我が国と郷土を愛するとともに、他国を尊重し、国際社会の平和と発展に寄与する態度を養うこと。
（生涯学習の理念）
第3条　国民一人一人が、自己の人格を磨き、豊かな人生を送ることができるよう、その生涯にわたって、あらゆる機会に、あらゆる場所において学習することができ、その成果を適切に生かすことのできる社会の実現が図られなければならない。
（教育の機会均等）
第4条　すべて国民は、ひとしく、その能力に応じた教育を受ける機会を与えられなければならず、人種、信条、性別、社会的身分、経済的地位又は門地によって、教育上差別されない。
2　国及び地方公共団体は、障害のある者が、その障害の状態に応じ、十分な教育を受けられるよう、教育上必要な支援を講じなければならない。
3　国及び地方公共団体は、能力があるにもかかわらず、経済的理由によって修学が困難な者に対して、奨学の措置を講じなければならない。

　　第2章　教育の実施に関する基本

（義務教育）
第5条　国民は、その保護する子に、別に法律で定めるところにより、普通教育を受けさせる義務を負う。
2　義務教育として行われる普通教育は、各個人の有する能力を伸ばしつつ社会において自立的に生きる基礎を培い、また、国家及び社会の形成者として必要とされる基本的な資質を養うことを目的として行われるものとする。
3　国及び地方公共団体は、義務教育の機会を保障し、その水準を確保するため、適切な役割分担及び相互の協力の下、その実施に責任を負う。

4 国又は地方公共団体の設置する学校における義務教育については、授業料を徴収しない。

（学校教育）

第6条　法律に定める学校は、公の性質を有するものであって、国、地方公共団体及び法律に定める法人のみが、これを設置することができる。

2　前項の学校においては、教育の目標が達成されるよう、教育を受ける者の心身の発達に応じて、体系的な教育が組織的に行われなければならない。この場合において、教育を受ける者が、学校生活を営む上で必要な規律を重んずるとともに、自ら進んで学習に取り組む意欲を高めることを重視して行われなければならない。

（大学）

第7条　大学は、学術の中心として、高い教養と専門的能力を培うとともに、深く真理を探究して新たな知見を創造し、これらの成果を広く社会に提供することにより、社会の発展に寄与するものとする。

2　大学については、自主性、自律性その他の大学における教育及び研究の特性が尊重されなければならない。

（私立学校）

第8条　私立学校の有する公の性質及び学校教育において果たす重要な役割にかんがみ、国及び地方公共団体は、その自主性を尊重しつつ、助成その他の適当な方法によって私立学校教育の振興に努めなければならない。

（教員）

第9条　法律に定める学校の教員は、自己の崇高な使命を深く自覚し、絶えず研究と修養に励み、その職責の遂行に努めなければならない。

2　前項の教員については、その使命と職責の重要性にかんがみ、その身分は尊重され、待遇の適正が期せられるとともに、養成と研修の充実が図られなければならない。

（家庭教育）

第10条　父母その他の保護者は、子の教育について第一義的責任を有するものであって、生活のために必要な習慣を身に付けさせるとともに、自立心を育成し、心身の調和のとれた発達を図るよう努めるものとする。

2　国及び地方公共団体は、家庭教育の自主性を尊重しつつ、保護者に対する学習の機会及び情報の提供その他の家庭教育を支援するために必要な施策を講ずるよう努めなければならない。

（幼児期の教育）

第11条　幼児期の教育は、生涯にわたる人格形成の基礎を培う重要なものであることにかんがみ、国及び地方公共団体は、幼児の健やかな成長に資する良好な環境の整備その他適当な方法によって、その振興に努めなければならない。

（社会教育）

第12条　個人の要望や社会の要請にこたえ、社会において行われる教育は、国及び地方公共団体によって奨励されなければならない。

2　国及び地方公共団体は、図書館、博物館、公民館その他の社会教育施設の設置、学校の施設の利用、学習の機会及び情報の提供その他の適当な方法によって社会教育の振興に努めなければならない。

（学校、家庭及び地域住民等の相互の連携協力）

第13条　学校、家庭及び地域住民その他の関係者は、教育におけるそれぞれの役割と責任を自覚するとともに、相互の連携及び協力に努めるものとする。

（政治教育）

第14条　良識ある公民として必要な政治的教養は、教育上尊重されなければならない。

2　法律に定める学校は、特定の政党を支持し、又はこれに反対するための政治教育その他政治的活動をしてはならない。

（宗教教育）

第15条　宗教に関する寛容の態度、宗教に関する一般的な教養及び宗教の社会生活における地位は、教育上尊重されなければならない。

2　国及び地方公共団体が設置する学校は、特定の宗教のための宗教教育その他宗教的活動をしてはならない。

第3章　教育行政

（教育行政）

第16条　教育は、不当な支配に服することなく、この法律及び他の法律の定めるところにより行われるべきものであり、教育行政は、国と地方公共団体との適切な役割分担及び相互の協力の下、公正かつ適正に行われなけ

ればならない。
2 国は、全国的な教育の機会均等と教育水準の維持向上を図るため、教育に関する施策を総合的に策定し、実施しなければならない。
3 地方公共団体は、その地域における教育の振興を図るため、その実情に応じた教育に関する施策を策定し、実施しなければならない。
4 国及び地方公共団体は、教育が円滑かつ継続的に実施されるよう、必要な財政上の措置を講じなければならない。

（教育振興基本計画）
第17条 政府は、教育の振興に関する施策の総合的かつ計画的な推進を図るため、教育の振興に関する施策についての基本的な方針及び講ずべき施策その他必要な事項について、基本的な計画を定め、これを国会に報告するとともに、公表しなければならない。
2 地方公共団体は、前項の計画を参酌し、その地域の実情に応じ、当該地方公共団体における教育の振興のための施策に関する基本的な計画を定めるよう努めなければならない。

　　　　第4章　法令の制定
第18条 この法律に規定する諸条項を実施するため、必要な法令が制定されなければならない。

　　　附　則
（施行期日）
1 この法律は、公布の日から施行する。
（社会教育法等の一部改正）
2 次に掲げる法律の規定中「教育基本法（昭和22年法律第25号）」を「教育基本法（平成18年法律第120号）」に改める。
　一 社会教育法（昭和24年法律第207号）第1条
　二 産業教育振興法（昭和26年法律第228号）第1条
　三 理科教育振興法（昭和28年法律第186号）第1条
　四 高等学校の定時制教育及び通信教育振興法（昭和28年法律第238号）第1条
　五 義務教育諸学校における教育の政治的中立の確保に関する臨時措置法（昭和29年法律第157号）第1条
　六 国立大学法人法（平成15年法律第12号）第37条第1項
　七 独立行政法人国立高等専門学校機構法（平成15年法律第13号）第16条
（放送大学学園法及び構造改革特別区域法の一部改正）
3 次に掲げる法律の規定中「教育基本法（昭和22年法律第25号）第9条第2項」を「教育基本法（平成18年法律第120号）第15条第2項」に改める。
　一 放送大学学園法（平成14年法律第156号）第18条
　二 構造改革特別区域法（平成14年法律第189号）第20条第17項

解説　教育基本法の改正

平成18年12月に改正された新しい教育基本法では、第3条「生涯学習の理念」が新設され、「家庭教育」、「学校、家庭及び地域住民等の相互の連携協力」の条文も新設された。

1　生涯学習社会の実現を目指すという生涯学習理念の新設

今回改正された教育基本法には、新たに「生涯学習の理念」が加えられた。

> （生涯学習の理念）
> 第3条　国民一人一人が、自己の人格を磨き、豊かな人生を送ることができるよう、その生涯にわたって、あらゆる機会に、あらゆる場所において学習することができ、その成果を適切に生かすことのできる社会の実現が図られなければならない。

この生涯学習の理念は、生涯学習社会の実現を図ることをいっているのであり、生涯学習の概念について、独自の考え方を述べているわけではない。生涯学習については、旧生涯学習審議会や中央教育審議会でも、多様な考え方があるとしてきている。

この生涯学習社会については、昭和56年の中教審答申「生涯教育について」の中で、学歴社会から学習社会へ転換を図るということがいわれ以来、臨教審で学習社会が生涯学習社会と変わってからも、今日に至るまで、その実現を図るべきことがいわれ続けてきた。

生涯学習社会については、中教審答申「新しい時代にふさわしい教育基本法と教育振興基本計画の在り方について」（平成15年3月）が、

「国民の誰もが生涯のいつでも、どこでも、自由に学習機会を選択して学ぶことができその成果が適切に評価されるような社会」

としている。これは、平成3年の中教審答申「新しい時代に対応する教育の諸制度の改革について」に始まり、その後設置された生涯学習審議会、改編された新中教審でもいわれ続けてきたことであった。

この生涯学習社会には、教育・学習支援システムが必要だが、そのサブ・システムとしては、

・教育・学習機会等の選択援助システム
　　（生涯学習支援情報の提供、学習相談など）
・教育・学習機会等の提供システム
　　（生涯学習関連機関・施設・団体等による教育・学習機会、教育・学習コンテンツの提供）
・学習成果の認定・認証サービス・システム
　　（学習成果を適切に生かすための資料となる修了証・単位・免状・資格等の付与、互換、転換等の認証）

の3つが必要である。

第1の教育・学習機会等の選択援助は、多くの教育・学習機会等の中から必要に応じて教育・学習機会等を選択する際の支援で、学習情報提供、学習相談の仕組みの整備が課題である。

第2の教育・学習機会等の提供の仕組みでは、学校教育、社会教育などの教育・学習機会、教育・学習コンテンツの提供システムを整備していく必要がある。これからはこの中の教育・学習コンテンツの充実が大きな課題となるであろう。

第3の学習成果の認定・認証サービスは、評価にかかわるので希望者のみへのサービスで、教育基本法第3条にある学習成果を適切に生かすために、その学習成果が社会的に認められるようにする資料提供である。

1999年のケルン・サミットのケルン憲章、2000年の東京・G8教育大臣会議議長サマリーでは、生涯学習は教育と共に社会における流動性へのパスポートといわれた。生涯学習による社会の活性化を図り、格差の固定化を防ぐためには、パスポートになりうる内容証明が必要だが、我が国では学習成果の認定・認証サービス・システムの整備が遅れている。その整備は教育基本法改正に伴う当面の課題となっている。

2　社会教育と家庭教育及び学校、家庭、地域住民等の連携協力

改正された教育基本法の社会教育の規定は次のようになっている。

> （社会教育）
> 第12条　個人の要望や社会の要請にこたえ、社会において行われる教育は、国及び地方公共団体によって奨励されなければならない。
> 　　２　国及び地方公共団体は、図書館、博物館、公民館その他の社会教育施設の設置、学校の施設の利用、学習の機会及び情報の提供その他の適当な方法によって社会教育の振興に努めなければならない。

旧教育基本法では、社会教育の条文に家庭教育が入っていた。
旧教育基本法・社会教育
第７条　家庭教育及び勤労の場所その他社会において行われる教育は、国及び地方公共団体によって奨励されなければならない。
しかし、今回は家庭教育が独立した条文となっており、その点が旧教育基本法との大きな違いとなっている。

> （家庭教育）
> 第10条　父母その他の保護者は、子の教育について第一義的責任を有するものであって、生活のために必要な習慣を身に付けさせるとともに、自立心を育成し、心身の調和のとれた発達を図るよう努めるものとする。
> 　　２　国及び地方公共団体は、家庭教育の自主性を尊重しつつ、保護者に対する学習の機会及び情報の提供その他の家庭教育を支援するために必要な施策を講ずるよう努めなければならない。

旧教育基本法で社会教育に家庭教育が入っていたのは、６・３制の義務教育について、保護者の理解を得ることが大きな課題であったことによるが、60年の歳月を経て、家庭教育の課題は大きく変わった。
中教審答申「新しい時代にふさわしい教育基本法と教育振興基本計画の在り方について」は、家庭教育について次のように述べている。
　「家庭は教育の原点であり、すべての教育の出発点である。親（保護者）は、人生最初の教師として、特に、豊かな情操や基本的な生活習慣、家族や他人に対する思いやり、善悪の判断などの基本的倫理観、社会的なマナー、自制心や自立心を養う上で、重要な役割を担っている。しかし、少子化や親のライフスタイルの変化等が進む中で、過干渉・過保護、放任、児童虐待が社会問題化するとともに、親が模範を示すという家庭教育の基本が忘れ去られつつあるなど、家庭教育の機能の低下が顕在化している。また、父親の家庭教育へのかかわりが社会全体として十分ではない。
　しかしながら、現行法においては、家庭教育について、社会教育の条文の中に、「家庭教育は……国及び地方公共団体によって奨励されなければならない」と規定されているにとどまっている。家庭教育の現状を考えると、それぞれの家庭（保護者）が子どもの教育に対する責任を自覚し、自らの役割について改めて認識を深めることがまず重要であるとの観点から、子どもに基本的な生活習慣を身に付けさせることや、豊かな情操をはぐくむことなど、家庭の果たすべき役割や責任について新たに規定することが適当である。なお、その際には、家庭が子どもの教育に第一義的な責任を負っているという観点に十分留意し、最小限の範囲で規定することが適当である。
　また、教育行政の役割としては、家庭における教育を支援するための諸施策や、国・地方公共団体と企業等が連携・協力して子どもを産み育てやすい社会環境づくりを進めていくことなどにより、家庭における教育の充実を図ることが重要であることを踏まえて、国や地方公共団体による家庭教育の支援について規定することが適当である。」
また、学校をめぐる教育問題の時代的変化も、教育基本法の改正に影響を及ぼしており、学校、家庭、地域の連携協力が必要とされるようになったことから、第13条として学校、家庭、地域住民等の連携協力に関する条文が新設された。

> （学校、家庭及び地域住民等の相互の連携協力）
> 第13条　学校、家庭及び地域住民その他の関係者は、教育におけるそれぞれの役割と責任を自覚するとともに、相互の連携及び協力に努めるものとする。

この点につき、中教審答申「新しい時代にふさわしい教育基本法と教育振興基本計画の在り方について」は
　「子どもの健全育成をはじめ、教育の目的を実現する上で、地域社会の果たすべき役割は非常に大きい。学校・家庭・地域社会の三者が、それぞれ子どもの教育に責任を持つとともに、適切な役割分担の下に相互に

緊密に連携・協力して、教育の目的の実現に取り組むことが重要であり、その旨を規定することが適当である。

なお、連携・協力を進めていく上で、これからの学校は、自らの教育活動の状況について積極的に情報提供するなど説明責任を果たしながら、保護者や地域の人々の積極的な参加や協力を求めていくことが重要である。」
としており、審議の中でも連携の必要性が強調されていた。

3 教育振興基本計画について

以上のような改正に加えて、今回の教育基本法には、教育振興基本計画の条文が新設されている。

> （教育振興基本計画）
> 第17条　政府は、教育の振興に関する施策の総合的かつ計画的な推進を図るため、教育の振興に関する施策についての基本的な方針及び講ずべき施策その他必要な事項について、基本的な計画を定め、これを国会に報告するとともに、公表しなければならない。
> 　2　地方公共団体は、前項の計画を参酌し、その地域の実情に応じ、当該地方公共団体における教育の振興のための施策に関する基本的な計画を定めるよう努めなければならない。

中教審答申「新しい時代にふさわしい教育基本法と教育振興基本計画の在り方について」の中から、教育振興基本計画の計画期間と対象範囲についての基本的考え方を拾い出しておくと、

「計画期間については、科学技術の進展や、社会や時代の変化が急速であることにかんがみて、あまり長期になることを避け、おおむね5年間とすることが適当であると考える。また、計画期間内に定期的に政策評価を実施し、その結果を踏まえ必要に応じ見直しを行うものとする。なお、従来の教育関係の個別の計画には5年間程度を計画期間とするものが多いが、それらとの整合を図る必要がある。

計画の対象範囲は、原則として教育に関する事項とし、教育と密接に関連する学術やスポーツ、文化芸術教育等の推進に必要な事項も、この計画に含めるものとする。」
となっている。

[事項索引]

> 1. 索引は五十音順に配列した。外国語の略語は、ローマ字読みを原則とし、慣用に従って読み下したものもある。
> 2. 索引ページの太字は、「解説」の掲載ページである。

[あ]

- 新しい学力 …………110
- 新しい「公共」 …………38
- 新たな「公共」 …………19, 47, 98, **108**, 111
- 生きて働く学力 …………110
- 生きる力 …………13, **28**, 52, 69, 91, 96, 111
- SCS（スペース・コラボレーション・システム）…61
- NGO …………**100**
- NPO …………44, **46**, 57, 96, 98, 100, 113
- エル・ネット …………14, 61
- エンパワーメント …………**72**, 81, **134**
- OECD …………19, 25

[か]

- 学社融合 …………9, 51, 124
- 学習情報提供・学習相談 …………**55**, 146
- 学習情報の提供 …………**40**
- 学習成果の評価 …………12
- 学習相談 …………40, 54, **86**, 146
- 学校施設の情報化への対応 …………138
- 合宿通学 …………**77**
- 家庭教育の役割 …………16, 28
- 完成 …………**67**
- 規制の廃止、基準の緩和、指導の見直し等、地方分権 …………148
- 技能審査（文部科学省認定技能審査）…………**117**
- 基本的な生活習慣 …………**28**, 131
- キャリア …………56, **79**
- キャリア開発 …………63, 73, 81, 118, 153
- 教育改革国民会議 …………15
- 教育基本法 …………16, 17, 20
- 教育情報衛星通信ネットワーク …………**61**
- 教育情報のナショナルセンター …………58
- 教育振興基本計画 …………16, 17, 20
- 教養 …………**67**
- 教養教育 …………**76**
- 現代的課題 …………**60**, 74
- 現代的課題に関する学習 …………9, 75
- 現代的課題の学習 …………54
- 広域行政 …………**145**
- 広域的なネットワーク …………40
- 高等学校における学校外活動の単位認定 …………**115**
- 公民館運営審議会 …………12, **149**, 150
- 高齢化社会 …………**74**
- 高齢社会 …………73, 75
- 国際協力事業団 …………**100**
- 国立教育会館社会教育研修所 …………124
- 国立教育会館と教育情報のナショナルセンター …………58
- 個人学習 …………**83**
- 子どもの居場所づくり …………**133**

[さ]

- サテライトキャンパス …………136
- 自己評価 …………**105**, **114**, 119
- 児童虐待 …………**29**
- 社会教育 …………4, 9, 16
- 社会教育関係団体 …………**44**, 96, 101
- 社会教育施設 …………**141**
- 社会教育主事講習規程 …………6
- 社会教育主事のコーディネート機能 …………**80**, **129**, 133
- 社会教育主事の資質、能力 …………6, **124**
- 社会教育審議会 …………4, 6
- 社会教育法 …………11, **141**
- 社会教育法第11条 …………96
- 社会教育法第12条 …………96
- 社会人の大学等への入学 …………55
- 社会通信教育 …………**64**, 84
- 社会福祉協議会 …………**111**, 112
- 生涯学習 …………17, 18, 24, 25
- 生涯学習社会 …………9, 11, 17, 30, 34, 64, 84, 91, 101, **114**, **134**, 141, 147, 154
- 生涯学習社会の3条件 …………**34**
- 生涯学習審議会 …………7, 9, 11, 12, 13, 14, 15
- 生涯学習推進センター …………**39**, 151
- 生涯学習成果の認証システム …………13
- 生涯学習と社会教育の関係 …………27
- 生涯学習によるまちづくり …………41, 42
- 生涯学習の基礎 …………**29**, 85
- 生涯学習の振興のための施策の推進体制等の整備に関する法律 …………**141**
- 生涯学習の範囲 …………25
- 生涯学習パスポート …………13, 119, **121**

事項索引

生涯学習フェスティバル……………………10
生涯学習歴の記載 ……………………**120**
生涯教育 ……………………4, 18, 24
少子高齢化社会……………………**66**
情報化の「影」の部分……………………**71**
情報の提供・学習相談……………………**85**
情報リテラシー ……………………78, **126**
SCS（スペース・コラボレーション・システム）…61
青少年教育施設 ………**32**, 51, **76**, **91**, 124, 129, 132
青少年団体…43, **44**, 47, 57, 78, **91**, 96, 111, 116
青年学級振興法 ……………………**141**
全国体験活動ボランティア活動総合推進センター………153
専修免許状 ……………………**127**

[た]

大学公開講座の正規単位の認定 ……………………117
大学等での社会人の受入れ …………**82**, **87**, 92, 136
確かな学力 ……………………32, 70, 110, 111
多様化・高度化する学習ニーズ ……………………**142**
第4の領域……………………**45**, 52, 143, 152
地域教育活性化センター ……………………**49**, 143
地域教育連絡協議会 ……………………**49**, 143
地域通貨……………………**106**, 122
地域ビジネス……………………**71**
地域プラットホーム ……………………15, **122**
知識社会……………………**66**, 76
地方分権推進委員会 ……………………**149**
中央教育審議会 ……………………4, 5, 12, 15
中央教育審議会生涯学習分科会……………………15
長期履修学生……………………**88**
通信制大学院 ……………………62, 63, 82
通信制博士課程……………………90
特定非営利活動促進法（NPO法） ……………………**101**
図書館運営協議会……………………12
図書館法 ……………………12, **141**

[な]

ナンバーワン……………………36

ネットワーク型行政……………………12, **37**, 147, 154

[は]

博物館法 ……………………12, **141**
パートタイム形態での教育……………………86
開かれた学校 ……………………48, **49**, 52
不易と流行……………………**66**, 69
フレックスタイム ……………………**103**
奉仕活動 ……………………19, 99, **108**
奉仕活動・体験活動………15, 109, 125, 129, 152
奉仕活動の定義 ……………………108
放送大学 ……………………63, **82**, 85, 87, 88, 136
ボランティア活動…8, 18, 25, 27, 33, 54, 56, 71,
　72, 81, 97, 100, 102, 109, 117, 118, 121, 125
ボランティア活動における無償性 ……………**99**, 104
ボランティア活動の基本的理念……………………**97**
ボランティアパスポート……………………122, 123
ポール・ラングラン ……………………4, 18

[ま]

まちづくり……………………41
民間教育事業者……………………**44**, 57, 64, 134, 143
民間非営利団体……………………96
文部省認定技能審査 ……………………**117**

[や]

有給教育訓練給付金……………………**93**
ゆとり……………………31, **70**
ユネスコ（UNESCO）……………………4, 19, 25
四六答申……………………4, 24

[ら]

リカレント教育……8, 19, **25**, 26, 33, 43, 54, 88,
　93, 139
リフレッシュ教育……………………20, 26
臨時教育審議会……………………5, 6
臨時行政審議会……………………5

[わ]

ワークシェアリング ……………………111

□監修者紹介

井内慶次郎（いないけいじろう）
㈶全日本社会教育連合会会長、㈶日本視聴覚教育協会会長、日本生涯教育学会特別顧問、元文部事務次官
略歴　東京帝国大学法学部卒業。文部省社会教育局に入省後、千葉県社会教育課長、文部省視聴覚教育課長、会計課長、官房長、文部事務次官。退官後、国立教育会館館長、東京国立博物館館長、文部省生涯学習審議会社会教育分科審議会会長を歴任。
主な著書等　『改訂社会教育法解説』（共著、全日本社会教育連合会、平成13年）、『明治文教の曙』（雄松堂出版、平成16年）、『生涯学習［ｅソサエティ］ハンドブック』（監修、文憲堂、平成16年）、『生涯学習［自己点検・評価］ハンドブック』（監修、文憲堂、平成16年）など。

□編者紹介

山本恒夫（やまもとつねお）
現職／八洲学園大学教授、筑波大学名誉教授、教育学博士
専門領域／生涯学習学、関係論
略歴／東京教育大学大学院博士課程（教）修了後、筑波大学、大学評価・学位授与機構教授を経て現職。日本生涯教育学会会長、同常任顧問、文部省生涯学習審議会委員（同審議会社会教育分科審議会会長）、文部科学省中央教育審議会委員（生涯学習分科会長）、独立行政法人評価委員会委員などを歴任。
主な著書／『改訂社会教育法解説』（共著、全日本社会教育連合会、平成13年）、『「総合的な学習の時間」のための学社連携・融合ハンドブック』（共編著、文憲堂、平成13年）、『21世紀生涯学習への招待』（協同出版、平成13年）、『生涯学習論』（共編著、文憲堂、平成19年）、『社会教育計画』（共編著、文憲堂、平成19年）など。

浅井経子（あさいきょうこ）
現職／八洲学園大学教授
専門領域／生涯学習学、社会教育学
略歴／筑波大学大学院博士課程（教）修了後、淑徳短期大学教授を経て現職。日本生涯教育学会副会長、同理事、文部科学省中央教育審議会生涯学習分科会臨時委員、文部科学省政策評価に関する有識者会議委員、文部科学省再チャレンジのための学習支援システム推進委員会委員などを歴任。
主な著書／『改訂社会教育法解説』（共著、全日本社会教育連合会、平成13年）、『「総合的な学習の時間」のための学社連携・融合ハンドブック』（共編著、文憲堂、平成13年）、『生涯学習概論』（編著、理想社、平成14年）、『生涯学習論』（共編著、文憲堂、平成19年）、『社会教育計画』（共編著、文憲堂、平成19年）など。

□執筆分担一覧

井内慶次郎　㈶全日本社会教育連合会会長、㈶日本視聴覚教育協会会長、
　　　　　　日本生涯教育学会特別顧問、元文部事務次官
　（分担）　　［第Ⅰ部　第1章］

山本　恒夫　八洲学園大学教授、筑波大学名誉教授
　（分担）　　［第Ⅰ部　第2章、第3章］［第Ⅱ部　解説、事項分類］［資料編2　解説］

浅井　経子　八洲学園大学教授
　（分担）　　［第Ⅱ部　解説、用語解説、事項分類］

村田　智己　北海道教育庁生涯学習推進局生涯学習課主幹
　　　　　　（元国立教育政策研究所社会教育実践研究センター社会教育調査官）
　（分担）　　［第Ⅱ部　事項抽出］［Q＆A］

井浦　政義　福岡県教育庁教育企画部生涯学習課社会教育班班長
　　　　　　（元国立教育政策研究所社会教育実践研究センター専門調査員）
　（分担）　　［第Ⅱ部　事項抽出］［Q＆A］

伊原　浩昭　千葉市立若松台小学校教頭
　　　　　　（元国立教育政策研究所社会教育実践研究センター専門調査員）
　（分担）　　［第Ⅱ部　事項抽出］［Q＆A］

加藤　美幸　埼玉県教育局市町村支援部生涯学習文化財課主任社会教育主事
　　　　　　（元国立教育政策研究所社会教育実践研究センター専門調査員）
　（分担）　　［第Ⅱ部　事項抽出］［Q＆A］

井上　昌幸　栃木県教育委員会事務局生涯学習課社会教育主事
　　　　　　（元国立教育政策研究所社会教育実践研究センター専門調査員）
　（分担）　　［第Ⅱ部　事項抽出］［Q＆A］

生涯学習［答申］ハンドブック
——目標・計画づくり、実践への活用——

2004年4月24日　初版第1刷発行
2007年7月5日　第2版第1刷発行

監 修 者	井内慶次郎
編　　者	山本恒夫・浅井経子
発 行 者	小林恒也
発 行 所	株式会社　文　憲　堂
	〒163-8671　東京都新宿区大京町25番地
	☎03-3355-1584　FAX 03-3355-0186
	振替　00140-1-123289
製　　版	株式会社　タイプアンドたいぽ
印刷製本	株式会社　フクイン

Ⓒ T. YAMAMOTO, K. ASAI　2007　　　Printed in Japan
ISBN978-4-938355-16-6 C3037
落丁・乱丁本は小社にてお取り替えいたします。